THE LOGIC
OF MARKET IN REALITY

AN ANALYSIS BASED ON THE CHARACTERISTICS
OF MARKET SUBJECTS

本书出版受到中央财经大学中国财政发展协同创新中心资助

真实市场的逻辑

市场主体的特性解析

朱富强 著

人民出版社

目　录

第 2 篇　异质主体与市场机制缺陷

第3篇　逻辑化市场理论及其批判

第4篇　市场伦理与社会秩序扩展

跋　文

导　言

　　作为一门经世济民的致用之学，经济学尤其是政治经济学所研究的基本问题就是国家和市场之间的关系，中心议题就在于合理界定市场和政府的作用范围，目的则在于促进两类协调机制的互补和共生。究其原因在于，市场和政府都是资源配置的基本机制，同时又都面临着失灵问题。进而，政府与市场之间的关系问题又涉及两方面：一、对市场机制和组织机制之间相互关系的认知；二、对国家性质和政府功能的认识。此外，宏观社会协作系统中还存在一个基础性的法律机制，它调节和规定了市场运行和政府作用的方式：一方面，法律不仅夯实了市场机制运行和社会经济活动的基础，而且调节了人们在日常生活中更广泛的社会交往行为，从而成为维持日常社会秩序的基本机制；另一方面，法律也是政府介入市场经济活动的重要方式和基本依据，构成了人们的市场交往权力与政府的行政管理权力之间的中介，从而在组织良善的社会中应该占有核心地位。有鉴于此，我们需要拓展视野，以更全面的视角去挖掘人类社会中的协调机制并促进它们的互补共进，这包括市场、政府以及引导行为规范的法律，等等。

　　事实上，早在 2000 年左右，笔者就开始系统审视新古典自由主义将市场与政府对立起来的二元观，剖析了自生自发市场秩序的扩展困境，探究了市场机制和政府机制之间的内在互补性，揭示了架通市场和政府之桥梁的法律机制；尤其是，挖掘了嵌入在市场、政府和法律这三大机制中并使之得以有效运行的伦理关系，从而揭示出促进和维持社会秩序持续扩展的基本动力和社会基础。到 2008 年左右，大致完成了《真实市场的逻辑：市场主体的特性解析》《国家性质与政府功能：有为政府的理论基础》和《法理的经济分析基础：作为社会协作系统中行为规范的法律》这三部著作。当然，要真正实现各种协调机制的互补共进，就必须遵循从本质到现象的研究路线来全面审视这些社会机制的本质和现状，探究它们各自存在的问题及其作用界限。这三本书总体上也是基于从本质到现象的研究路线而对市场、国家和法律关系及社会秩序所展开的系统审视，进而界定了市场、政府和法制之间的相互关系和作用范围。

然而，长期以来学术界尤其是经济学界却盛行着市场与政府的对立二元观：新古典自由主义经济学极力推崇自发市场的作用，马克思主义经济学则往往会忽视政府行动中潜含的"理性自负"。尤其是，在过去半个世纪，新古典自由主义几乎支配了主流经济学的思维，成为经济学界主导性的意识形态，进而压制和瓦解了其他一切异己、批判和反抗的力量。资深的西方左翼学者安德森写道："自宗教改革以来第一次出现这种情况——如果我们把宗教教条斥为腐朽的古训，在整个西方，甚至是全世界的思想界，已经听不到任何显著的系统化的反对呼声了。"① 显然，新古典自由主义的基本取向就是，神话市场。它先验地将市场机制的资源配置视为最优，进而将自发市场秩序等同扩展秩序，进而渲染和推行市场原教旨主义。受此影响，以新古典经济学为主的正统经济学也积极鼓吹市场机制和自发市场秩序，炮制和推广"华盛顿共识"，进而极力否定和排斥政府在现代经济活动中的应有作用。

在很大程度上，这就涉及如何认识市场失灵的表现及其原因，因为政府功能主要在于弥补市场不足和纠正市场失灵。显然，新古典经济学也承认市场失灵的存在。但问题在于，它往往将之归咎于信息不完全、垄断、外部性以及公共品等市场客体，而新古典自由主义的发展又进一步否定了由此引发

---

① 转引自［英］卡利尼科斯：《反资本主义宣言》，罗汉等译，上海世纪出版集团 2005 年版，"引言"第 3 页。

的市场失灵的广泛性和持久性。例如，科斯中性定理就表明，只要产权界定清楚，所有的外部性都可以内部化；相应地，新古典自由主义经济学家就认为，根本就不再存在所谓的外部性。再如，奥地利学派宣称，根本就没有生产垄断而只有行政垄断，所有生产性垄断都源于更高的效率。更进一步地，新古典自由主义经济学认为，也根本就没有什么纯粹的公共品，因为任何商品都具有某种程度的争夺性和排他性。正是在新古典自由主义的支配下，诸如联邦监狱管理、军事基地运作甚至维护治安的警察系统等都外包给私人公司，而医疗、教育和社会保障以及其他众多公共品也交由市场来提供。在新古典自由主义经济学看来，缓和并最终解决市场失灵的根本途径就是推进市场信息机制的发展和完善，而基本途径则是诉诸自发市场的深化；究其原因，市场本身就是最为高效的信息收集和传播机制，能够有效地将分散的市场信息浓缩在价格信号中并协调个体行为。

　　果真如此吗？明显的事实是，随着互联网技术的发展，信息获得和传播的效率已经大大增加了。但试问：我们从市场中获得的信息更真实了吗？人们的决策更为准确了吗？答案显然是否定的。为什么呢？根本上就在于市场主体。新古典自由主义经济学之所以如此偏好市场机制和市场秩序，就在于，一方面，它想当然认定市场主体自觉遵循"为己利他"行为机理，将市场逻辑等同于君子之道，由此实现社会合作；另一方面，它又基于还原思维而设定了理性经济人，并以此为基础打造出一个逻辑化市场，由此就难以看到真实市场中的问题。但是，市场主体本身却存在根本性缺陷，这是造成市场失灵的深层原因。一方面，市场主体的理性具有有限性，其结果就是：（1）随着市场所提供的信息、产品、机会越来越多，市场主体往往更难有效辨识其优劣和真伪以做出更好的选择，反而陷入施瓦茨的选择悖论和阿克洛夫等的钓愚之中；（2）即使在信息完全的市场情形中，市场主体间的互动往往也难以达到具有帕累托优境的一般均衡，反而陷入由可逆性策略导向的囚徒困境之中。另一方面，市场主体之间具有人际相异性，其结果就是：

（1）每个市场主体都会尽可能地炮制各种噪音来误导和诱导其他人以追求个人最大利益，由此也就导致市场秩序的混乱和秩序扩展的中断；（2）每个市场主体还会尽可能利用自身优势或权力压榨他人以攫取更大收益，由此也就产生了市场中收入转移和剥削现象。显然，尽管市场客体的缺陷可以随着市场机制的建设而不断完善，但市场主体的缺陷却很难在短期内得到根本性的克服。这也反映出，市场失灵具有内在的持久性，进而也就为有为政府的经济功能夯实了科学基础。

上面分析就反映出两点：一方面，市场经济是现代社会的经济主体，市场行为主体也是分散而独立的，市场机制也就成为引导行为和配置资源的基本乃至主要机制；但另一方面，市场主体的行动存在盲目性，市场主体间的利益也存在冲突性，这些必然会导致市场机制本身存有缺陷，由此甚至就会出现大面积的市场失败。事实上，无论是理论还是实践都已经揭示出了广泛的市场失灵，进而也没有任何理由认为市场失灵就会轻于政府失灵，没有任何证据表明自发市场秩序一定是持续扩展的而不会出现内卷。那么，市场为何会失灵？又如何解决市场失灵？有鉴于此，本书基于批判理性主义思维对真实市场的运行机制及其内在缺陷做一深层剖析，进而从现实意识和理论意识两个层面对新古典自由主义经济学的思维和政策主张进行系统审视，主要包括四大部分内容。

第一部分是"理性行为与市场秩序困境"。它通过剖析市场主体的理性特征来洞察市场机制的运行特性，进而以此挖掘自发秩序持续扩展和市场机制有效运行所根基的更深层次的社会基础。事实上，以新古典经济学为代表的现代主流经济学也承认市场失灵，但又坚持市场失灵可以通过市场机制的建设和完善而逐渐缓和乃至克服，因为它仅仅将市场失灵归咎为市场客体（机制）的缺陷。相反，如果我们转向市场主体方面，考虑行为者的有限认知和有限理性这些基本特性。显然，由市场主体的内在缺陷造成的市场失灵根本上就难以通过外在的力量加以克服，而必须诉诸人性的升华和伦理的形塑；进而，这也就意味着，我们无法像新古典自由主义经济学所宣扬的那样通过市场机制的建设就可以解决市场失灵问题，也无法保持强大忍耐心而诉诸时间来最终解决市场失灵问题。

第二部分是"异质主体与市场机制缺陷"。它从市场主体的异质性来剖析纯粹市场机制的内在缺陷，进而探究市场原教旨主义政策所带来的社会经济问题。事实上，造成市场失灵的市场主体因素不仅在于个体的理性特质，更在于个体之间的异质性；相应地，如果说市场主体的有限理性导致了短视行为以及相应的囚徒困局，那么，人际异质性就产生了市场交换和收益分配的不平等，进而就瓦解了论证市场有效性的各种学说、定理和命题。譬如，新古典自由主义经济学信守市场有效性的主要理由是：一、市场体系中的行为主体是自由平等的，自愿交换的结果也是公正合理的；二、市场机制的生产是根据消费者的需要，从而能够提供满足社会大众不断增长之需要的那些产品。但显然，这两点理由都建立在一种纯粹的抽象假设基础之上，而没有考虑现实社会中的异质性以致权力结构的不均衡性，乃至所倡导的市场化主张就具有明显的简单化倾向，而在现实中也很难得到实质性的印证。

第三部分是"逻辑化市场理论及其批判"。它通过辨识逻辑化市场和真实市场的逻辑来对现代主流经济学了所持守的一系列市场有效观进行深入审视。事实上，市场失灵的根本原因在于市场主体的异质性，但新古典自由主义经济学在构建市场模型时却做了两方面的抽象化和逻辑化：一、在逻辑前提上，将社会化的行为主体还原为同异的原子经济人；二、在逻辑关系上，将意向性的个人选择约化为工具理性的极大化原理。这样，新古典自由主义经济学也就得到一个逻辑化市场，并以此成为现实市场的想象。现代主流经济学的一系列命题和原理都是基于逻辑化市场而非真实市场的逻辑之上，如"无形的手"原理、一般均衡理论、福利经济学三大定理、科斯中性定理、边际生产力分配定理、供求均衡价格论、有效市场说、利益和谐论、自生自发秩序原理、社会达尔文主义信条以及"As If（似乎）"假说等。同时，正是由于混同了逻辑化的市场和现实市场的逻辑，新古典自由主义经济学人就误解了自由价格和企业家的内涵等，这些信念充分体现在自由市场鼓吹者的文章和著作之中。

第四部分是"市场伦理与社会秩序扩展"。它集中探究市场机制的另一重要内容——市场伦理，以此来缓和基于工具理性的过度竞争以及人际不平等带来的权利冲突。事实上，针对由市场主体缺陷所引发的市场失灵，所要采取的相应措施包括：一、针对个体有限理性所引发的市场失灵，往往需要引入社会性和价值理性；二、针对人际相异性所引发的市场失灵，则需要依靠引入抗衡力量和市场伦理。一般地，流行观点往往将市场机制等同于市场规则，但实际上，它更主要也是更基础的内容是市场伦理。究其原因，抽象的市场规则只能对恶性的机会主义行为起到抑制作用，却无法激发内在的更为主动积极的互惠合作行为；相反，市场伦理为市场主体的互动提供了一种带字符的信任关系，从而使之更关注其他互动者的利益诉求，更倾向于采取互惠合作的方式。在现实世界中，市场规则的制定和运行往往都以市场伦理为基础，离开市场伦理的市场规则根本就不存在；而且，如果过分偏重市场规则而忽视市场伦理，就会极大地激发机会主义心理和策略性行为，最终造成市场的严重失灵。

总之，本书基于批判理性主义思维对这种市场神话的深层原因及其逻辑缺陷做了深入剖析。事实上，正如麦克洛斯基所说，我们不能简单地假设市场规律的作用，除非存在一个真实的自我调节的市场。显然，新古典自由主义经济学的市场理念具有明显的简单化倾向，它没有考虑市场主体的异质性以及工具理性之间的冲突；相应地，即使它也承认存在市场失灵，但往往也会以"政府失灵更为严重"为由来否决政府的经济干预。同时，现代主流经济学基于自然神学而强调一般性的抽象规则之建设，但由此却忽视了市场秩序所内含的市场伦理；相应地，它就片面理解和扭曲了市场机制，导致了社会秩序扩展的内卷化现象。为此，卡尔·波兰尼很早就指出，自由主义的无节制发展产生出了市场社会自身无法克服的两大问题：（一）社会分化（Social Diremption），这体现为国家与市场的分离，进而产生政治民主与商业寡头政治之间难以调和的冲突；（二）伦理碎化（Ethical Fragmentation），这创造了一种高度理性的社会环境，进而造就仅仅遵循效用逻辑的理性利己主义者。[1] 在很大程度上，基于行为主体的特性角度，我们可以深刻洞悉市场原教旨主义的逻辑缺陷，进而可以系统反思流行的新古典自由主义及其自由市场政策。

有鉴于此，本书紧扣市场主体的两大特征——个体的有限理性和人际的不平等性——探究了市场失灵之所以如此持久而严重的深层原因，并系统地剖析和辨识了教材上的逻辑化市场和真实世界中的市场逻辑；同时，又挖掘市场机制的两方面内容：抽象规则和市场伦理，剖析基于纯粹抽象规则的资源配置所存在的缺陷，进而揭示出现实市场所内含的市场伦理及其基础性作用。事实上，正是由于有限理性和人际异质性的存在，一方面赋予人类展开分工合作的空间，但另一方面又会限制分工的进一步拓展。因此，市场化改革过程中就需要考虑市场主体的力量差异所带来的社会冲突和分化。同时，市场本身则扎根于文化伦理之中，好的文化伦理成为市场交易半径扩展的推进剂；更进一步地，政府行为也需要受到道德规范的制约，否则社会将陷于权力争斗的动荡之中。相应地，要实现政府机制和市场机制之间的互补和共进，关键就在于伦理道德作为中介的沟通机制。为此，本书强调，市场机制的建设就不能局限于一般市场规则的完善，而是要注重更为基础的市场伦理之塑造，一个伦理认同受限的社会是开不出持续扩展的社会秩序和市场秩序的。总而言之，市场根本上不是先验之物，而是人造之物；而且，市场也不是静态的简单之物，而是呈现出一个日趋复杂化的发展过程。

---

① 参见［英］戴尔：《卡尔·波兰尼：市场的限度》，焦兵译，中国社会科学出版社2016年版，第2页。

第 1 篇

理性行为与市场秩序困境

　　现代主流的新古典自由主义经济学往往乐于鼓吹神话市场，不仅将市场机制的资源配置视为最优的，而且将自生自发的市场秩序视为不断扩展的。但迄今为止的大量社会实践却告诉我们，市场机制存在失灵，甚至没有任何理由认为市场失灵比政府失灵要轻。当然，市场失灵和政府失灵的产生原因是不同的：市场机制的失灵主要在于孤立个体在自发互动上的协调性之不足，政府机制的失灵则主要在于集中的权力在具体使用上的制约性之不足。显然，市场失灵理应是经济学家所重点关注的，政府失灵则是社会政治学家应该重点关注的。但在当前学术界，经济学家却在努力为市场辩护，而政治学家也并没有在制度建设上尽心。现代主流经济学为何不重视市场中出现的种种问题呢？根本上就在于，它倾向于将市场失灵主要归咎于市场客体（机制）的缺陷，如信息不完全、规模经济、垄断、外部性以及公共品等，进而诉诸市场的深化来解决市场失灵问题。

　　然而，造成市场失灵更为持久也是更为根本的因素在于市场主体方面，首先表现为人的认知和理性能力本身就存在不足。显然，市场主体的有限理性就必然产生这样两大后果：一、市场提供信息、产品、机会越多，并不意味着市场主体会做出更好的选择，这就是施瓦茨提出的选择悖论；二、即使在完全竞争情形中，市场主体之间的互动也无法达到具有帕累托优境的一般均衡，这是囚徒困境所揭示的现象。关于这一点，我们可以借鉴哈耶克的看法：对社会秩序的阐释，最终必须依凭的乃是对人性和社会世界性质予以阐释的社会理论。也就是说，对社会秩序的认识必须从人性以及个人与社会秩序间的关系的认知开始，而不能基于先验的抽象假定。因此，本篇也扣紧人性及其行为这一视角，通过剖析市场主体的理性特征来解析市场机制的运行特性，进而挖掘自生自发市场秩序的作用机理及其内在缺陷，并以此来揭示自发秩序有效扩展和市场机制有效运行应该根基于的更深层次的社会基础。

1. 市场主体的有限理性及其问题：

逐利行为、市场外部性与社会困局

导读：基于"无形的手"原理，新古典自由主义经济学认为理性经济人行为可以导向帕累托优化的结果。但是，新古典自由主义经济学的分析仅是基于完全理性所做出的一种虚构，而现实生活中的个体所具有的根本上是短视理性；相应地，现实世界中的经济人行为往往会导致集体非理性的囚徒困境，从而必然无法达到帕累托最优的福利境地。同时，在现实世界中，囚徒困境还会衍生出一系列的问题，如自然资源的掠夺性开发和枯竭、寻租的盛行以及租金耗散等。最后，市场经济中的囚徒困境根本上体现了经济人行为的外部性，因为行为者为最大化自身利益而不惜向外转嫁成本或损失；而且，由于市场信息的不完全性，市场外部性的存在必然会导致资源配置的无效。

一、引言

新古典自由主义经济学强调，市场主体是追求私利最大化的理性人，同时，"无形的手"的预定协调机制可以使得私恶通达公益，从而促进社会分工和合作的不断拓展和深化；相应地，新古典自由主义经济学就为自发市场秩序和帕累托改进辩护，认为自生自发的市场秩序具有持续的扩展性。然而，大量的社会实践却表明，基于个体理性的社会互动往往会陷入囚徒困境，这就引发了对新古典自由主义经济学的理论反思。那么，为何会出现这种悖论呢？这根本上体现了"合成谬误（Fallacy of Composition）"：由成员都具有的特征为前提来推出由这些成员构成的整体也具有这一特征。在新古典自由主义经济学中，它将每个市场主体都设定为具有理性的，由此也认定达成的社会结果必然是帕累托优化的，却丝毫没有考虑到个体理性与集体理性之间的悖论，而这些现象在勒庞的《乌合之众》、蒂利的《集体暴力的政治》、哈丁的《群体冲突的逻辑》以及尼布尔的《道德的人和不道德的社会》中得到充分的揭示和刻画。同时，这也与现代主流经济学在不同情境下使用不同内涵的理性概念有关：一方面，现代主流经济学论证一般均衡时运用的是完全理性；另一方面，在对具体行为做静态分析时所使用的却是近视理性，由此就导致了囚徒困境并使得自发市场秩序的扩展遭到中断。因此，与新古典自由主义经济学的信条相反，现实世界中理性经济人的逐利行为往往潜含着严重的困境，并会对社会发展造成巨大危害。为了使读者有直观而系统的认识，本章基于理论和实践两方面来审视个体的理性行为及其后果，通过反思真实世界中的理性内涵来剖析自由市场的运行机制，并进而对自发市场秩序的扩展性作逻辑上的剖析。

二、经济人的理性含义审视

新古典自由主义经济学推崇市场机制，认为个人逐利行为在"无形之手"的引导下可以且必然会导向社会福利最大化，这就是福利经济学第一定理。不过，新古典自由主义经济学所持的这种市场信念是建立在完全理性之上，这种完全理性能够考虑所有的信息以及未来可能出现的所有情形；同时，新古典自由主义经济学又强调，由理性个体互动所形成的市场具有信息披露功能，能够使得个体信息向共同信息的转化，从而导致市场日趋完全和完美。这样，完全理性的个体在完全信息下的互动就产生出完美的一般均衡。相应地，新古典自由主义经济学就认为市场秩序能够实现竞争和合作的统一：市场竞争的个体为实现利益的最大化不仅可以且必然会充分利用各种市场信息，进而可以且必然在陌生人之间形成互惠合作关系，从而会促进社会分工和专业化的发展，最终实现社会发展的帕累托优化和社会福利的提高。但是，这种分析逻辑却内含着严重的缺陷。

首先，所谓的完全理性只不过是一种虚构，现实生活中的任何个体都不是完全理性的。一般地，任何市场主体都处于一定的社会关系之中，从而具有某种程度的社会性。在很大程度上，离开社会性，就没有个体间的交换，从而也就无法产生市场。但是，新古典自由主义经济学却基于自然主义思维把市场主体抽象为没有任何社会性而只是追求自身效用最大化的经济人。一般地，经济人的基本特性体现为：（一）它为了获得自身的利益而展开竞争，甚至会为了一点小利而不顾其他人的更大损失；（二）它的行为遵循行为功利主义原则，会充分利用基于特点时间和地点的个人信息以追求个人的最大利益。显然，按照这种理解，每个市场主体在社会互动中都会采取基于最大最小化原则的可理性化策略，由此就导向一种具有内固力的市场纳什均衡。

其次，新古典自由主义经济学所定义的经济人又是一种近视理性，甚至是一种极端有限理性。新古典自由主义经济学认为，经济人的每次行为都实现了利益最大化，都是理性的；但实际上，基于这种理性的个体互动往往却导致集体非理性的后果，这就是众所周知的囚徒困境。显然，囚徒困境表明，现代主流经济学所引以为傲的理性行为，实际上就潜含了"致命的自负"。事实上，社会经济中的囚徒困境和混沌现象比比皆是，如金融泡沫、各种经济风潮都是这种预期效应强化的结果。而且，正是囚徒困境造成了当前市场秩序中的规则扭曲、竞争失度，乃至社会资源的大量浪费等诸多问题。同样，在当前国际关系中，世界列强的争霸以及压迫与反压迫的斗争也是明显的囚徒困境。譬如，伊拉克和美国之间的斗争就是如此。如果历史能够重复，笔者相信，布什和萨达姆都是不愿意重蹈覆辙的。

因此，现代主流经济学的分析出发点就存在严重缺陷：一般地，它在构建一般均衡模型时所使用的是完全理性概念，而在运用非合作博弈的具体分析时所使用的却是短视理性或有限理性概念。一方面，现代主流经济学基于一般均衡和帕累托优化来证明市场机制有效时，是建立在抽象还原的逻辑基础之上：（一）它将复杂的个人选择约化为以谋私利为目标的极大化原理，从而以完全理性为基石；（二）它将复杂的人类相互行为约化为上帝式的拍卖人的试错，从而得以实现信息的完全化。这种理想化逻辑构成了有效市场理论的基石：前者将人视为完全理性者，后者将市场信息视为充分的。另一方面，现代主流经济学基于囚徒困境来剖析个体理性与集体理性之间的悖论时，主要是以行为功利主义为基础：静态博弈集中分析的是一次性互动行为，博弈每一方都只是努力最大化一次性或短期功利量；这样，源于行为功利主义的个体理性就具有短视性，由此衍生的社会互动也会陷入囚徒困境。①

正是由于现代主流经济学内含着深刻的逻辑悖论，就激发我们重新审视广受推崇的自发市场秩序：它果真具有持久的扩展性吗？正是基于对自发而扩展的市场秩序的坚定信念，现代主流经济学极力反对政府干预，甚至将那些现实中的市场失灵都视为是由政府干预造成的。例如，巴斯夏认为，建立在人类普遍规律基础上的社会秩序之所以与建立在想象或虚构基础上的人为秩序相去甚远，就在于后者否定、无视或不考虑普遍规律。相反，社会主义学派之所以力图探索一种人为的社会制度，则在于他们认为自然的社会秩序是有缺陷的；进而，社会主义者之所以认为自然的社会秩序是有缺陷的，则又在于他们认定个体的利益是彼此对抗的。② 问题是，现实生活中的个体利

---

① 朱富强：《"经济人"分析范式内含的理性悖论：长远利益、为己利他与行为理性的理解》，《上海财经大学学报》2012年第4期。

② ［法］巴斯夏：《和谐经济论》，许明龙等译，中国社会科学出版社1995年版，第49页。

益即使不是必然冲突的，难道就是天然和谐一致的吗？

一般地，只要个体利益之间存在内在的冲突性，至少在并非无限长的可见时期内都是如此；那么，纯粹自发性的社会合作就难以达致，自生自发的市场秩序也难以获得持续的扩展。关于这一点，大量的文献已经做了理论的分析，其主要论断典型地表现在：团队生产中的激励不相容、产权交易中的无核困境以及由报酬递增带来的主流化趋势诸方面。因此，尽管新古典自由主义经济学推崇自由市场、信奉个人主义和经济自由主义，但从根本上说，这不是基于严格的逻辑基础，而是基于某种信仰，是基于特定的政治哲学和价值立场。现代奥地利学派的代表人物罗斯巴德就承认："我从来未曾相信缺乏价值取向的分析或经济学或功利主义（经济学的标准的社会哲学）的分析可以足够建立自由主义理论。经济学有助于为自由主义者立场提供很多的数据，但经济学本身并不能建立政治哲学。政治上的判断必然是价值判断，政治哲学因而也必然是伦理的，从而为了建立关于个人自由的理论必须建立一个实证的伦理系统。"①

三、团队生产中的激励不相容原理

事实上，经济学文献中已经有了大量理论模型揭示了市场秩序中的逻辑缺陷，这典型地表现在：因团队生产中的激励不相容而引发资源的扭曲配置和不公正分配、因自由交易的无核困境而导致协议谈判的无效以及因报酬递增而带来的主流化趋势等。这里以团队生产中的激励不相容来说明纳什困境问题。

一般地，团队生产具有这样两大特点：（一）每个成员独立地选择努力水平，从而创造一个共同产出；（二）每个人对产出的边际贡献依赖于其他

---

① ［美］罗斯巴德：《自由的伦理》，吕炳斌等译，复旦大学出版社 2008 年版，"自序"第 2 页。

成员的努力水平，从而不可独立观察。在这种情况下，为了更好地提高团队生产的效率，就需要设计出一个有效的激励机制，它使得每个人将团队利益与自身利益结合起来。然而，2016 年诺贝尔经济学奖得主霍姆斯特姆 1982 年提出的激励不相容原理却表明：如果预算是均衡的，即团队的产出为团队的所有成员所分享，则不存在任何一个分享规则，使非合作博弈的结果达到符合帕累托最优的纳什均衡。[①]

说明如下：假设团队有 n 个成员，成员 i 选择不可观测的行动 $e_i \in E_i$ （0，∞），其个人成本 C_i （e_i） 是严格递增的可微凸函数，满足 C_i （0） = 0。用 e_{-i} = （e_1,…, e_{i-1}, e_{i+1},…, e_n） 表示除 i 外其他成员的行动向量，e = （e_i, e_{-i}） 就表示所有成员的行动向量。

显然，如果这 n 个成员的行动决定一个共同产出为 x = x （e），x （e） 严格递增的可微凸函数，满足 x （0） = 0；总产出在 n 各成员之间分配。令 b_i （x） 是成员 i 获得的份额，假设成员是风险中性的以及初始财富为零，因此，效用函数为：

u_i （b_i, e_i） = b_i （x） $-c_i$ （e_i）

那么，在预算平衡的情况下，对团队而言，有：

$$\sum_{i=1}^{n} b_i(x) = x, \quad \forall x$$

对 x 微分就有：

$$\sum_{i=1}^{n} b_i'(x) = 1$$

同时，如果个体 i 独立地选择 e_i 最大化自己的效用，其效用函数就表示为：

u_i （b_i, e_i） = b_i 〔x （e） 〕 $-c_i$ （e_i）

一阶条件为：

---

① Holmstrom, B., "Moral Hazard in Teams", *The Bell Journal of Economics*, Vol. 13, No. 2 （1982）, pp. 324–340.

$$b'_i(x) \ x'_i(e) = c'_i(e_i) \quad (i=1, \ 2, \ldots, \ n)$$

根据帕累托最优条件：

$$e^* = \max_a \left[x(e) - \sum_{i=1}^{n} C_i(e_i) \right]$$

一阶条件有：

$$x'_i = c'_i(e_i) \quad (i=1, \ 2, \ldots, \ n)$$

显然，帕累托最优的纳什均衡要求 $b'_i(x) = 1$，而这与预算平衡相矛盾。

这意味着，满足预算约束的纳什均衡努力水平要小于帕累托最优努力水平。究其原因，在平衡预算约束下，每个成员只能得到自己边际产出的 $b'_i < 1$ 份，因而就可能存在搭便车动机。为此，霍姆斯特姆强调，要在团体成员之外再引入一个委托人，其作用就是为了打破预算平衡，使激励机制发挥作用。同样，阿尔钦和德姆塞茨也认为，团队中必然存在偷懒行为，这需要引入一个监督者；并且，为了使监督者有监督激励，他就应该成为剩余索取者。[①]

问题是：（一）监督活动本身并不创造价值，而仅仅起到转移价值的作用；（二）监督活动往往还会引发被监督者消极的抵抗，反而导致效率下降。[②] 所以，青木昌彦指出，"我承认，在没有监督的团队中人们可能会偷懒，也承认将各种要素集中管理可以减少偷懒的现象或者可以减少监督的成本。但是，（阿尔钦和德姆塞茨等人的）这种观点把测度问题看成是企业出现的唯一或者最重要的原因，似乎走得太远了"；事实上，"如果监督者只能减少偷懒现象，而不能提高团队生产率，那么受监督的团队边际产品就会等于整个团队的产品，从而监督者将会一无所得"。[③] 在很大程度上，那些

---

① Alchian, A. & Demsetz, H., "Production, Information Costs, and Economic Organization", *American Economic Review*, Vol. 62, No. 5 (1972), pp. 777–795.

② 参见朱富强：《有效劳动价值论：以协调洞悉劳动配置》，经济科学出版社 2004 年版，第 140—144 页。

③ ［日］青木昌彦：《企业的合作博弈理论》，郑江淮等译，中国人民大学出版社 2005 年版，第 31、32 页。

资本所有者或者管理者之所以能够获得剩余索取权，仅仅在于他们拥有更强的谈判地位，从而可以在市场竞争中获得更大的利益。

因此，在新古典自由主义经济学所提出的自由市场中，基于供求决定的结果并非就是资源最有效的配置方式，而仅仅体现了既得利益以及强势者的利益。只不过，新古典自由主义经济学却基于先验的伦理自然主义或伦理实证主义而将实然上升为应然，从而将自由市场以及市场价格合理化了。奥地利学派的领袖人物米塞斯就曾指出："财产所有者只有在他对社会做出了不可缺少的贡献的条件下才能保住其舒适的地位。财产所有者只有在以下情况下才能获得优越的地位，即：他必须将生产资料投放到社会最需要的生产领域中去。假如他不这么做——或将财富储存起来——那么他就会蒙受损失。倘若他还不及时纠正或改变其做法，那么他就会毫不留情地被人从优越的地位上挤下来，就再也不是财产所有者了。另外一些比他更适合这一位置的人就会取而代之。在资本主义社会中，只有那些最称职的人才能永远拥有生产资料。不管他们愿意与否，都必须不停地将他们的生产资料使用到能够获得最大利益的地方去。"[①] 在这里，米塞斯强调了剩余产品投入生产或再生产中的重要性。不过，米塞斯主要是从个体的角度上而言的，但个体价值与社会价值却往往并不一致，实现个体价值而展开的过度竞争往往会扭曲整个社会资源的配置。

四、逐利行为导向的恶性竞争和困境

现代主流经济学宣称，作为其理论基石的经济人之重要特征就是理性，这种理性又根植于仅仅关注短期功利总量的行为功利主义之中；因此，在为那些逐利行为辩护时，现代主流经济学所使用的理性也就是仅仅体现为根基

---

① ［奥］米塞斯：《自由与繁荣的国度》，韩光明等译，中国社会科学出版社 1995 年版，第 103 页。

于动物性本能的工具理性，而不是根基于追求长期利益的社会理性或交往理性。事实上，经济人本身就是将具有丰富社会性的人类个体者还原为只有本能的动物，而动物则不会为长远着想，也不会为他人和共同利益着想，其每一行为都是依据个体的势力，实现的是"弱肉强食"原则。在这种情况下，每一当事人采取主流博弈论所推崇的"可理性化策略"时所形成的结局就不是合作均衡，而往往是囚徒困境。显然，这种囚徒困境的一个直接特征就是：每个人都没有实现其可以更好的结果，社会整体福利也处于低水平状态。

关于这一点，我们以图 1-1 所示博弈矩阵做一说明：基于主流博弈论思维，追求个体利益最大化的理性个体 A、B 为了获得 0.5（=10.5-10）这样微小的利益，往往会不惜让对方遭受 20（=-10-10）这样巨大的利益损失；但最终的结果就是，谁也无法获得利益增进。

A		B	
		r	d
	R	10, 10	-10, 10.5
	D	10.5, -10	0, 0

图 1-1　囚徒博弈

显然，这个博弈体现出：基于个体理性的行为在社会互动中往往会呈现出恶性竞争特征。在很大程度上，这也是现代主流经济学所刻画的经济人行为之必然结果。反映这一困局更为经典的例子是 Rosenthal 在 1981 年提出的蜈蚣博弈模型，见图 1-2。①

基于可理性化策略，我们采取后退归纳推理：从最后一阶段博弈方 2 开始，在追求利益最大化的个人理性支配下，将选择 d 策略；而博弈方 1 由于

---

① Rosenthal, R. W., "Games of Perfect Information, Predatory Pricing and the Chain Store Paradox", *Journal of Economic Theory*, Vol. 25, No. 1 (1981), pp. 92-100.

了解到这一点，因此，它在前一阶段将采取 D 策略；……这样类推，两者的策略必然会收敛到最初的博弈方采取 D 策略的接点上，从而两者所得到的收益为（1，1）。在此过程中，尽管似乎每一方的行动都是理性的，但所得到的结果却几乎是所有的可能结果中最差的一种。

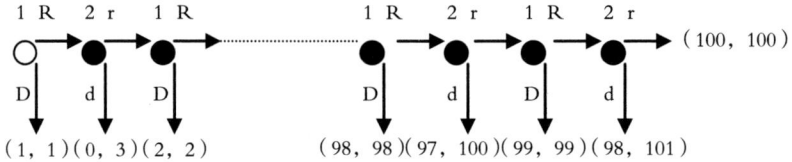

图 1-2　蜈蚣博弈

在现实生活中，这种恶性竞争也时有展现，并导致社会大众的福利损失。关于这一点，这里借鉴霍特林提出的空间分布定理加以说明。在图 1-3 中，现在假设，一条大街上开设了麦当劳和肯德基两个快餐公司，并且该街上均匀分布着一群消费者；同时，消费者对这两种快餐的口味是无差异的，他们对就餐公司的选择取决于他们的交通成本，这里假设交通成本与到达公司的路程成比例。

显然，如果两家公司分别在大街的 1/4 的 A 处和 3/4 的 B 处，快餐店布局是最合理的；因为消费者所花的成本最小，并且，两个公司各自可以分享一半的客户。然而，如果两个厂商都是根据个人理性行事，并只关心自身生意的最大化，那么就会造成恶性竞争：两个公司就会拥挤在整条街道的中间；结果，不但自己的收益没有获得提高，也导致了消费者的福利遭受损失。基本逻辑如下：假设原先 A、B 公司分别设在大街的 1/4 的 A 处和 3/4 的 B 处，那么，此时麦当劳只要稍微向右移动一下，譬如从 A 到 A′，那么它左边的消费者并没有丧失，而增加了右边的生意，因为 AB 的中间点不再是 O 点，而是向右移动，这部分生意是从肯德基中夺取的；基于同样的逻辑，肯德基出于个人理性的考虑，也会向左移动；这样相互的博弈，最后就都会到达了中间点 O。

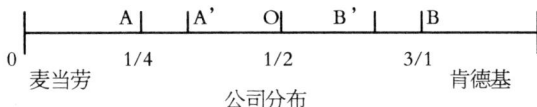

```
         A    A'    O     B'      B
 |———————|————|—————|—————|———————|———————|
 0      1/4        1/2          3/1
 麦当劳                              肯德基
              公司分布
```

图 1-3　选址博弈

显然，在当前商业主义社会中，由于个人主义和功利主义的偏盛，导致恶性竞争充斥在整个社会的各个角落。事实上，经济领域，相互竞争的两个厂商总是设在一起，如麦当劳和肯德基、百事可乐与可口可乐、华联超市与联华超市等。同样，社会生活中也存在大量的类似现象，如同一城市的两家航空公司开辟同一航线的航班时，往往将起飞时刻安排在一起；电视中不同电台的类似节目也往往安排同一时间；等等。这一社会现象也意味着，基于个体理性的纯粹市场竞争往往是无效的，这也是个体理性和集体理性之困境的反映。正如霍特林感叹的："我们的城市大得毫无经济效益，其中的商业区也太集中。卫理公会和基督教长老的教堂剪纸一模一样；苹果酒也是一个味道。"[1] 显然，所有这些理论和现实都表明，单纯地基于工具理性来追求个体最大化往往并不能获得理想的结果，反而往往会导致整个社会福利的下降。

五、逐利行为导向的资源开发和枯竭

在现代工业化社会中，由个体理性引发的囚徒困境所衍生出的一个重要现实后果就是：造成自然资源的掠夺性开发乃至日渐枯竭。哈丁以"公地悲剧"作为形象而深刻的概括，[2] 它说明，当每个个体基于利益最大化而使

---

[1] Hotelling, H., "Stability in Competition", *Economic Journal*, Vol. 39, No. 153 (1929), pp. 41-57.

[2] Hardin, G., "The Tragedy of the Commons", *Science*, Vol. 162 (1968), pp. 1243-1248.

用公共资源时，必然会导致资源被过度使用，最终损害了所有人的利益。更甚者，每个当事人都知道资源将因过度使用而枯竭，但每个人对阻止事态的继续恶化却感到无能为力；究其原因，每个个体都是行为功利主义的，只关注短期的个人利益，从而无法形成有效的协调合作。这也就是"悲剧"的含义所在。这里以公共鱼塘为例加以说明。

假设：一个村庄 n 个村民共同拥有一个鱼塘，可以自由捕捞，$g_i \in [0, \infty]$ 是村民 i 每年进行捕捞的次数，$G = \sum_{i=1}^{n} g_i$ 是所有 n 个村民进行捕捞的总次数；$v(G)$ 是每次捕捞产生的平均收益，它是捕捞总次数的递减函数，即 $\partial v/\partial G < 0$，$\partial^2 v/G^2 < 0$；并且，假设：鱼塘存在一个捕捞上限 G_{max}，超过这个上限鱼资源将会枯竭，即：$G < G_{max}$ 时，有 $v(G) > 0$；当 $G \geqslant G_{max}$ 时，有 $v(G) = 0$。

在这种情况下，对村民 i 而言，他将选择最佳捕捞次数 g_i 以最大化自己的收益；因此，他面临的收益函数为：

$R_i(g_1,..., g_i,..., g_n) = g_i v(G) - g_i c i = 1, 2,..., n$

其最优化的一阶条件为：

$$\frac{\partial R_i}{\partial g_i} = v(G) + g_i v'(G) - c = 0 i = 1, 2,..., n$$

显然，增加捕捞次数将带来两方面的效应：增加捕捞次数所带来的收益增加 v 和增加捕捞次数导致各次捕捞收益的下降（$g_i v'(G) < 0$）。因此，在纳什均衡的捕捞次数，就有：

$g^* = (g_1^*,..., g_i^*,..., g_n^*)$

我们将 n 个村民的一阶条件相加，就可以得到：

$$v(G^*) + \frac{G^*}{n} v'(G^*) = c$$

而对整个村庄而言，集体面临的收益函数为：

$R = G v(G) - G c$

最大化的一阶条件为：

$$v(\hat{G}) + \hat{G}v'(\hat{G}) = c$$

其中，$\hat{G}$ 是集体最优的捕捞次数。

显然，比较集体最优和个人最优的一阶条件，就可以看出：

$$G^* > \hat{G}$$

这意味着，如果每个人基于个体理性进行捕捞决策，就会对渔资源产生过度捕捞行为。

事实上，正是由于过度竞争所引发的资源掠夺性开发，仅在 20 世纪，全世界鱼的捕捞量就增加了 20 倍，而且，过度的捕捞量已经造成了许多不祥的征兆。自从 1988 年以来，世界的鱼产量就没有任何增加，而且在许多著名的渔场鱼的产量在大幅度下降。根据联合国粮农组织的资料，世界上每 15 个海洋渔场就有一个渔场的捕捞已经达到或超过其可持续发展的限度，15 个渔场中有 13 个渔场鱼的产量在下降，而且三分之二的鱼种由于大量捕捞而面临绝种。大西洋蓝色金枪鱼的储量减少了 94%，在北海，每年捕捞了大量的鳕鱼或黑线鳕，其中四分之三是在还没长大成熟的时候捕捞起来的。加拿大纽芬兰的外海是最丰富的渔区，现在由于产卵雌鱼的急剧减少而造成了鱼的数量灾难性的锐减，以致 1992 年纽芬兰岛约有 3.5 万人因为渔业的倒闭而失业。① 可见，正是由于每个人基于个体理性不断地增加对免费的公共品的使用，最终导致了公共资源的耗尽，并造成了不可挽回的损失，因为鲸鱼等都是不可再生的资源。

同时，随着资源的日益耗竭，环境也造成了极大破坏。譬如，工业生产的废气造成了愈来愈严重的酸雨现象，不仅毁掉了大片的森林，并对原始山野的植被和草原造成了愈来愈严重的危害，而且，也毒害了众多的湖泊和河

---

① 参见〔美〕布隆克：《质疑自由市场经济》，林季红等译，江苏人民出版社 2000 年版，第 164 页。

流，甚至连人类的饮用水也越来越成问题。事实上，在 1950 年到 1990 年期间地球上有一半的森林消失了。① 同时，联合国开发计划署 1996 年的《人类发展报告》也估计，酸雨正在影响欧洲 60% 的经济林，每年造成大约 350 亿美元的经济损失。特别是，工业废气中的二氧化碳以及甲烷等对大气层的破坏导致了全球变暖，这小小的敏感性条件改变对地球的生态系统产生了巨大的蝴蝶效应，导致海洋潮流不稳定、冰山融解。例如，20 世纪 80 年代到 90 年代，奥登冰山的溶解就极大地减少了大西洋北部深海的范围。

资源枯竭和环境恶化的困境之所以出现，很大程度上就在于它们属于公共资源。这样，在基于个人利益最大化原则而采取行动时，个体就会将这些公共资源当成一种免费的投入品，而这种行动显然与集体利益是冲突的。事实上，在纯粹自由市场条件下，当一个企业主采用污染严重的生产方式时，其产品的价格往往要比采用较少污染的生产方式所需的成本低。也即，污染并不反映在市场上，其真正的价格也无从计算。同时，由于污染造成的损失往往也不是落在污染的制造者和顾客身上，因而他们也没有积极性去抵制污染企业。也即，自由市场并没有为减少污染提供一个激励机制。② 如何理解呢？根本上就在于人的逐利心，而市场经济的偏盛又瓦解了埃莉诺·奥斯特罗姆在传统社会所观察到的那种公共制约机制。

卢兹和勒克斯曾指出，人类可利用的资本（财富）有两种：自然赋予的资本和人类创造的资本；但是，在个体理性的驱动下，这些资源所提供的服务存量的消耗却仅仅被看成是一种收入，而忽视了这个存量本身也在被损耗。③ 我们从两方面加以理解。（一）由于资源开发中的利益主要为现世人

① ［美］梅多斯等：《超越极限：正视全球性崩溃，展望可持续的未来》，赵旭等译，上海译文出版社 2001 年版，第 60 页。

② 参见［美］布隆克：《质疑自由市场经济》，林季红等译，江苏人民出版社 2000 年版，第 171 页。

③ ［美］卢兹、［美］勒克斯：《人本主义经济学的挑战》，王立宇等译，西南财经大学出版社 2003 年版，第 345 页。

所享有，而环境恶化的成本则主要由子孙后代所承担；因此，基于私利的考虑，现世人就会把自然赐予的资源以及业已存在的社会资源当成了免费的投入品，而不会考虑环境恶化造成的长期后果。（二）基于个体理性的市场竞争，每个国家、企业乃至个体为了私人利益也会对公共资源进行掠夺性开发，而将资源枯竭和环境恶化的后果让其他国家、企业乃至个体去承担或者共同承担。所以，曾任世界银行首席经济学家的尼古拉斯·斯特恩在 2006 年就发表了一篇关于全球变暖的正式报告指出，"从规模上看，它在 20 世纪末以及 21 世纪对经济和社会活动的破坏，将与 20 世纪前半叶的世界大战和大萧条不相上下"，而且，"气候变化向经济学家提出了一个前所未有的挑战，那就是，有史以来最大的、范围最广的市场失败。"①

尤其是，一个社会或国家的社会制度越是不健全，越是过度重视经济的增长和 GDP 数字，从而导致资源枯竭和环境恶化也变得越是严重。显然，没有考虑到那些对自然资源造成损耗的劳动必将在长远上制约人类社会的发展，对此，100 多年前恩格斯就提出了警告："我们不要过分陶醉于我们对自然界的胜利，每一次胜利，自然界都对我们进行了报复，每一次胜利，起初确实取得了我们预期的结果，但是往后和再往后却发生完全不同的、出乎预料的影响，常常把最初的结果又消除了。"② 正因如此，越来越多的生态经济学家呼吁，为了更好地衡量 GDP，应该考虑自然成本的价值跌落，考虑对环境资源的可行性的替换或维护所付出的未来成本。譬如，如果石油和森林资源的损耗从印尼的 GDP 中给予扣除，并对土壤流失的成本做出估计，那么，1971—1984 年印尼经济年增长率就不是官方所说的 7%，而只有 4%。③

---

① 转引自 [美] 卡西迪：《市场是怎么失败的》，刘晓峰、纪晓峰译，机械工业出版社 2011 年版，第 77 页。

② 《马克思恩格斯选集》第 4 卷，人民出版社 1995 年版，第 383 页。

③ [美] 布隆克：《质疑自由市场经济》，林季红等译，江苏人民出版社 2000 年版，第 150—151 页。

正是由于当前的资源枯竭和环境恶化在很大程度上是私人之间的恶性竞争的结果，它是忽视社会外部性的必然后果。因此，要解决这一问题，就必须通过社会规范来进行限制。比如，1988 年欧共体就制定了《大内燃机工厂指南》，规定了减少二氧化硫和氧化氮溢出的目标来减少酸雨现象。再如，1987 年国际社会达成了《蒙特利尔协议》以减少含氯氟烃来防止臭氧层的恶化；而为减少温室气体排放，控制全球气候变暖的趋势的更大范围的协议则是全球 149 个国家和地区于 1997 年在日本京都通过了《京都议定书》。然而，愈是坚持市场经济的国家，愈是坚守自由市场的团体，往往就愈不愿接受国际社会的限制。事实上，日本、瑞士和法国的人均收入都比美国高，但这些国家燃料的使用效率更高，所以人均的废弃排放量还不到美国的一半；并且，这些国家都希望达成国际性协议来减少环境污染，但温室气体排放量占全球排放量 25% 的美国却最不愿意接受减少碳化物排放的强制性限制。而且，美国克林顿政府于 1998 年 11 月签署了该议定书，承诺在 2008—2012 年间将其温室气体排放量在 1990 年水平上削减 7%；此后，克林顿总统每年都通过"行政命令"拨款 10 亿美元，采取一系列措施鼓励使用清洁能源、提高能源利用率、减排温室气体。然而，在 2001 年 3 月，布什政府却以"美国经济优先，美国人民优先"的名义宣布退出《京都协议书》，并于 2002 年 2 月 14 日提出《京都协议书》的替代方案——《晴空与气候变化行动》；其退出《京都协议书》的一个根本性理由竟是，如果美国实现《京都协议书》减排目标，将会给美国造成 4000 亿美元的经济损失，减少 490 万个就业岗位。特朗普上台后，在 2017 年 6 月又退出了奥巴马政府签署的《巴黎气候协定》，其原因也就在于该协定影响美国就业岗位，因为美国在世界能源领域占据领导角色；更进一步地，为了制造更多就业岗位，特朗普政府还同时放松石化能源开采限制。

六、个体理性导向的寻租和租金耗散

在市场经济中，基于短视理性追逐私利最大化的另一个重要后果还表现为：不断升级的过度竞争导致寻租的盛行以及相应的租金耗散，最终浪费了大量的生产性社会资源。这里，我们需要辨析两个基本概念：寻租（Rent-seeking）和寻利（Profit-seeking）。它们是一个相对应的概念，两类行为所产生的结果是迥然不同的。一般地，寻利是指当一个企业家成功地开发一项新技术或新产品，从而能享受超额利润，这个过程也可称作创租活动；相反，当人们不是创造出更大的"租"，而是从事维护既得利益或对既得利益进行再分配的非生产性活动时，就是寻租活动。相应地，寻利过程往往也可称作创租活动；而当人们不是创造出更大的"租"，而是从事维护既得利益或对既得利益进行再分配的非生产性活动时，就是寻租活动。

当然，如果赋予"租"以不同于"利"的特定含义，用来指涉及转移分配的特定利益，那么创租就具有截然不同的含义。在公共选择中，通常将创租（Rent Creation）视为人为增大租金额的活动；与之相对的是抽租（Rent Extraction），是指对固定租金的占有活动。如所谓的政治创租，就是指官僚体系中官僚阶层人为地设计竞争障碍，以吸引人们的寻租行为。显然，在这种意义上，创租的存在是寻租活动的根源，也是抽租的根源。与寻租相对应的另一个概念是避租，因为寻租是一些集团为获取收入转移的活动，这必然会对另一些集团的利益造成损失，为了避免这种损失，这些集团也需要展开一些活动来防止这种不利的结果。显然，避租是寻租活动引起的，都会造成社会资源的浪费。此外，当为了维持已经获得的垄断租金，防止因他人的加入而导致已获租金的侵蚀，由此寻求政府庇护的活动就被称为护租。

一般认为，寻租的主要原因首先在于存在管制。例如，克鲁格在《寻租社会的政治经济学》一文中分析了发展中国家因限制进口而出现大量的寻租活动，根据她的粗略估算，1964年印度由于进口而形成的租金数约占国民收入的7.3%，1968年土耳其仅进口准许一项产生的租金占国民收入的15%。同样，罗斯估计，肯尼亚与贸易相关的寻租占国内生产总值的38%。波斯纳1975年在一篇有影响的文章中试图计算在管制的工业领域内寻租所造成的损失：他假定，租金由塔洛克四边形给定，并且这些租金全部消失了；结果发现，在美国寻租的成本在管制的部门如航空、医疗服务、石油部门是确实存在的，美国垄断的社会成本为3.4%，这还忽略了美国经济中被管制的部门。此外，拉邦德把锁、保险箱、警察等方面的支出都看成是寻租浪费，他这种估算认为，1985年美国国民生产总值的50%都浪费在寻租上。① 显然，寻租活动常常会浪费大量的人力、物力和财力，造成整个社会经济效益的下降。

当然，需要指出，仅仅因为存在管制而创设出了租金，还并不必然会产生寻租的现实，寻租的直接动机是存在基于个体理性的逐利行为。在很大程度上，正是那些希望抽租的政府或其代理者的逐利动机相结合才产生这样的行为：一方面通过管制来创租，另一方面又通过鼓动人的自利行为来寻租。从图1-4所示的寻租博弈模型也可以看出，在制度不完善而具有租金存在的情况下，基于个体理性的行为，每一方的最佳策略都是寻租，最终产生的负和博弈。

同时，需要指出，寻租本身只是资源的转移而不是浪费，只有那些为寻租而投入的大量人力、物力才构成真正的浪费，这也就是租金耗散问题。一般地，随着对寻租的竞争越激烈，这种租金耗散程度越高，从而浪费也就越严重。为了方便，这里以所有的寻租者都是中性风险的情况进行分析，假设：初始收入Y，潜在的租金为R，寻租者人数为N；寻租行列的进出入完

---

① ［美］塔洛克：《寻租：对寻租活动的经济学分析》，李政军译，西南财经大学出版社1999年版，第95页。

寻租者甲		寻租者乙	
		寻租	不寻租
	寻租	−5，−5	5，−10
	不寻租	−10，5	0，0

图 1-4　寻租博弈

全自由，并且每个人选择相同的投资额，赢得该租金的概率相同。因此，代表性的寻租者投资的数额为 I 将持续到一点，在该点上，使得每一个寻租者的预期收入等于一个非寻租者的预期收入，即：

$$E(Y) \frac{1}{N}(Y - I + R) + \frac{N-1}{N}(Y - I) = Y$$

也就是，

R = NI

显然，均衡时，寻租者投入的租金总额将完全耗尽可得到的租金；此时，寻租者人数等也就确定了。

一般地，租金的耗散程度取决于多方面的因素，这包括：为决定寻租胜利者所定规则的性质，竞争者风险转移的程度，那些竞争者是异质性的程度，以及彼此信息知晓的程度。事实上，如果放松下面任一个假设：（一）寻租者是风险中性的；（二）他们处于对称的状态；（三）可以自由进入寻租者行列；那么就可能出现，所投资的总金额或者大于或者小于潜在的租金。

首先，放弃风险中性假设。希尔曼和凯次的研究就表明：[1]（一）租金相对于初始财富的比例越低，租金的耗散比例就越高，当所获得的租金相对于寻租者的初始财富在 20% 以下时，90% 以上的租金值将被消耗掉；（二）

---

[1]　Hillman, A. L. & Katz, E., "Risk Averse Rent Seekers and the Social Cost of Monopoly Power", *Economic Journal*, Vol. 94, No. 373 (1984), pp. 104–110.

租金相对于初始财富的比例增大时，寻租者的人数越多，租金耗散也越严重。这两条实际上也正反映了社会的现实，因此，可以预料竞争性寻租行为导致的租金耗散程度是严重的。特别是，在广泛的委托—代理关系中，代理人往往不是风险厌恶者，代理人寻租的资源出自公司的股东，那么，这就会诱使代理人采取更加冒险的策略，从而可能导致租金被过度消耗。

表 1-1　竞争性的租金耗散，对数效用　　　　　　　（Y = 100）

R/Y	N						
	2	3	5	10	50	100	1000
0.10	98	97	96	96	95	95	95
0.20	95	94	93	92	91	91	91
0.50	88	85	83	82	81	81	81
1.00	76	74	72	70	70	69	69
5.00	32	34	35	36	36	36	36
10.00	18	21	22	23	24	24	24

其次，放弃自由进入和对称性假设，往往会导致租金不被完全消耗。因为，在这种情况下，往往有利于少数几个博弈者对博弈过程进行操纵，从而引起其他人的退出。再次，所发生的租金耗散额也取决于单个寻租者投资的数额和赢得这种租金的概率之间的关系。在线性关系下，如赢的概率等于寻租总投资的比率，如果寻租者是风险中性的，那么他投资于寻租的总额一直会扩大到等于租金的总额。但是，如果赢的概率随着所投资的数额而成比例提高，情形就发生变化。

最后，需要指出的是，竞争性寻租除了造成资源浪费外，更严重的是造成了社会协调的混乱，对经济产生了严重的恶果。主要表现为：（一）经济资源配置的扭曲，阻止了更有效的生产方式的实施；（二）他们本身白白浪费了社会经济资源，使本来可以用于生产性活动的资源浪费在这些社会无益的活动上；（三）这些活动还会引起寻租的连锁反应，导致其他层次的寻租或避租活动。① 而且，正如寻租理论的开创者克鲁格指出的，寻租活动的蔓延，具有恶性循环的趋势：因为寻租的存在，市场竞争的公平性被破坏，使人们对市场机制的合理性和效率产生了根本性的怀疑；于是人们更多地要求政府干预来弥补收入分配不均的现象，这样，反而提供了更多的寻租机会，产生了更多不公平的竞争。② 总之，寻租活动最终导致的是"租的耗散"。所以，塔洛克说："在我看来，零租金耗散的结局是新古典理论家虚构的事实。"③

七、普遍而持久的市场外部性

上面从个人理性与集体理性间的悖论中剖析了现实世界中大量存在的囚徒困境，而这些囚徒困境实质上揭示了广泛存在的市场外部性问题。事实上，现实市场中的个体行为是相互影响的，从而必然具有或多或少的外部性。譬如，每增加一辆私家车，就为社会带来了明显外部性：道路的磨损、交通的拥挤、交通事故的发生、有毒污染物的释放、温室气体的排放以及噪音等，而且，交通事故的发生还会衍生出进一步的外部性，如医院的拥挤、保险成本的提高等。例如，在加利福尼亚，每增加一辆行驶车辆，每年增加的国家范围保险的额外成本在 2000 美元到 3000 美元之间，而这些额外增加的成本都是由所有其他驾驶员分摊（2006 年）。④ 尤其是，"外部性"在真

---

① 陆丁：《寻租理论》，载《现代经济学前沿专题》（第二集），商务印书馆 1993 年版，第 143 页。

② Krueger, A. O., "The Political Economy of the Rent-Seeking Society", *American Economic Review*, Vol. 64, No. 3（1974），pp. 291–303.

③ ［美］塔洛克：《寻租：对寻租活动的经济学分析》，李政军译，西南财经大学出版社 1999 年版，第 81 页。

④ ［加］希尔、［加］迈亚特：《你最应该知道的主流经济学教科书的荒谬》，夏愉译，金城出版社 2011 年版，第 209 页。

实世界上还具有明显的不对称性，这体现为：（一）强势者可以将大量的负外部性转移给弱势者；（二）现代人也可以将大量的负外部性转移给后来人。正因如此，基于对个人利益的追逐，过度竞争就会使得公共资源得到大肆开发和掠夺性使用，从而导致了公共资源的枯竭和自然环境的破坏。

然而，崇尚个人自由的新古典自由主义经济学人却宣称，针对外部性的"庇古税"是对特定人士尤其是对富人的抢劫，从而是不公正的，也是无效率的。譬如，很多经济学人就反对征收汽车拥堵费与污染费，更反对路桥费。关于这一点，我们可以从两方面加以审视。（一）在公正方面。人类资源本身是供所有人共享的，但少数有车族却占用了有限的路桥资源，严重损害了行人或无车族的权利；同时，少数有车族在享有方便的同时所排出的汽车尾气严重污染社会环境，使得其他人大受其害。在很大程度上，正是由于这些成本由其他人承担了，因而越来越多的人倾向于使用个人汽车，结果就导向了道路越来越拥挤、环境越来越恶劣的囚徒困境。就此而言，对汽车征收路桥费、拥堵费与污染费等显然是公正的。（二）在效率方面。由于征收了路桥费、拥堵费与污染费，个人汽车的使用成本增加，从而就会减少车辆的使用频率，而那些收入不丰或者时间成本不大的人也就不倾向于使用个人汽车；这样，道路就会更通畅，社会环境也更清洁。显然，无论是对有车族还是无车族，这都是有效率的。这里的关键是，如何使用这笔路桥费、拥堵费与污染费？如果被挪用或贪污，当然是坏的；但如果能够专款专用，全部用来改善道路与公共交通，显然就是好的。因此，如果真正认识到了外部性问题，也就不会反对庇古税了。

事实上，基于经济人分析框架，一些经济学人鼓吹，人们可以且应该按照个人利益最大化原则而采取理性行为，而不需要关注这种行为带来的外部性。果真如此吗？何宗武就写道："现代经济理论所处理的商品是根据其市场价值，而不是根据商品的真正内涵。市场只能体现社会的表层，其重要性只和货币有关，完全不能深入谈论事情的内在本质，直接指出于其后的大自然或社会现况。在竞价过程，许多对人类社会至关重要的质量差异，全都被隐匿起来。"① 显然，正是对纯粹市场机制的过分鼓噪，造成了社会福利的普遍下降和社会资源的巨大浪费，这已经为大量的经验事实所证明。布罗姆利就写道："市场有其自身的机理，它会产生一些有'效率'的后果，这些后果对社会来说是有害的和可怕的——饥馑、流离失所、绝望、失业、吸毒和无以言表的犯罪。……不受限制的市场可以低成本生产一定的物品和服务，但市场在完成这种任务的同时并不考虑某些真实的成本，这种成本不反映在价格计算上——环境污染就是一个典型的例子。"②

更甚者，尽管过度市场竞争已经造成了当前世界日益严重的自然生态和社会生态危机，但基于现代主流经济学的荒谬逻辑，一些经济学人依然坚持认为："如果人们热爱森林，就要多多浪费纸张；因为对纸张的需求会诱使厂商种更多的树。"③ 果真如此吗？迄今为止的社会实践都已经表明，这种把生态经济问题推由价格机能下的市场供求来调节的观点是荒谬无比的。同时，市场中的外部性如此明显，甚至也已经得到古典经济学以及新古典经济学的普遍承认。但是，更为激进的新古典自由主义者却还在极力加以否定。例如，科斯定理就指出，在完全竞争条件下，私人成本将等于社会成本。这也意味着，在交易成本为零时，就可以通过明确界定的产权之间的交易实现资源的最佳配置，此时外部效应自动消失了。相应地，科斯以后的很多新制度主义者（一个重要代表就是张五常）都认为，外部性实际上是一个错误的、混淆视听的概念，任何外部性都可以通过契约而内部化。

问题是，科斯定理依赖于交易成本为零这一条件，而这一条件在现实世

① 何宗武：《经济理论的人文反思》，载黄瑞祺、罗晓南主编：《人文社会科学的逻辑》，（中国台北）松慧文化 2005 年版，第 417—472 页。
② ［美］布罗姆利：《经济利益与经济制度：公共政策的理论基础》，陈郁等译，上海三联书店、上海人民出版社 1996 年版，中译本"序"。
③ 转引自何宗武：《经济理论的人文反思》，载黄瑞祺、罗晓南主编：《人文社会科学的逻辑》，（中国台北）松慧文化 2005 年版，第 417—472 页。

界是不可能满足的。其实，任何诚实的经济学家都会承认新古典经济学理论依赖于一系列不现实的条件，但是，新古典经济学教材总体上还是选择性地提供为市场辩护和解释的观点，尤其是致力于阐释那些为构建逻辑化市场的数理模型。受此熏陶，就产生了一些市场原教旨主义者，他们宣称，这些数理模型最接近真实市场中的市场运行方式，从而致力于阐释教科书中的那些逻辑化市场定律；为此，他们更乐于为市场失灵辩护，乃至努力寻找各种理由来否定外部性的存在。普拉什写道："最低工资法、高利贷法、诚实广告法、欺诈管制法、健康保险条例、反歧视法、建造检查条例、环境保护法、投资者保护法以及其他种种法律和规章，实际上无一幸免地受到市场原教旨主义或轻率或粗鲁的摒弃，许多专事煽风点火、挑动纷争的专栏作家和政客更是不管那一套。"①

在当前中国经济学界，市场原教旨主义也日益盛行，一些经济学人往往依据教材上的逻辑化市场为现实市场辩护。确实，由于人与人之间存在千丝万缕的联系，现实世界中人的行为几乎都存在外部性。一个明显的例子是，共享单车的发展就带来了广泛的外部性，单车到处乱停乱放，阻塞交通，破坏绿地，炮制垃圾。进一步地，几乎所有的创新活动都伴随着外部性，都会对他人和社会带来影响。譬如，A 因发明某物而取得专利权，结果，B 仅仅晚了一段时间发明出来或者说晚了几个小时申请，他就再也无法使用该发明物，而之前他却为之投入了大量的财力和精力。显然，B 遭受到 A 创新活动的负外部性影响。当然，在这个创新活动中，发明物对社会发展整体是有利的，只是像 B 这样的少数人因此而受损。因此，为了缓解这种负外部性所造成的影响，我们往往对专利权设定一个期限，这个期限需要综合考虑对创新发明的激励以及专利权带来的负外部性。更为严重的是，受逐利心的驱使，大量市场主体仅仅关注个人利益，甚至不惜损害他人的利益而采取某些

---

① 转引自［加］希尔、［加］迈亚特：《你最应该知道的主流经济学教科书的荒谬》，夏愉译，金城出版社 2011 年版，第 6—7 页。

行动；而且，这些行动的外部性非常大，乃至它对社会发展带来的净收益是负的。针对这种市场行为或创新活动，国家甚至需要通过法律加以禁止。从这个意义上说，我们不应该否定市场（创新）活动的外部性，而且要具体考察不同市场活动的外部性程度，看它的净收益大小，并采用有针对性的引导政策。

由此，我们可以对一些新古典自由主义经济学人的观点进行审视。例如，奥地利学派学者布洛克（W. Block）挑战了公共品和私人品的传统区分：针对道路、学校、根源、机场、图书馆等公共品因"具有正外部性而需要政府提供或公共供给"的传统观点，布洛克指出，这种分析存在严重，因为几乎所有的物品都会对第三方产生某种好处。譬如，因为其他人都穿了短袜，因而我就不必整天都闻脚臭味，那么，我需要为别人穿短袜付费吗？如果收费困难，是否应该由政府提供短袜呢？① 显然，这里的分析存在严重的逻辑缺陷。事实上，人类在互通有无的交换和交往过程中本身就是促使正外部性的过程，但是，只有当正外部性足够大，以致物品的提供者无法在赢利的价格上生产和使用进而致使该物品无法提供时，才需要借助集体的力量。譬如，当我个人建一个花园时，其他周边或路过的人也会从花园的芬芳中获得效用。但是，只要我个人从花园中获得的效用大于为之付出的成本，那么，我就会独立筹建，这也是我们可以看到很多家庭花园的原因；但是，如果我筹建的是可以长跑和健身的花园，不仅其健身花费不是我个人力所能及，而且其他人都可以来此地锻炼而获得益处，那么，这就可以并且更应该由公共资金来建设。

由此可以清楚地看到，上述否定外部性的分析明显犯了偷换概念的错误。究其原因，经济学所关注的外部性主要不是那些有利于社会福利提升的正当竞争所带来的，而是指这样两类情况：（一）主要是追求自身利益而损

---

① ［美］卡拉汉：《真实的人的经济学：对奥地利学派的一个介绍》，梁豪、牛海译，上海译文出版社 2013 年版，第 172 页。

害他人利益的非正当竞争行为。譬如，我们不会因为电灯的发明淘汰了原有的油灯，就批判电灯所带来的外部性。（二）主要是指损害他人基本自由和权利的行为。譬如，生产更好的产品会伤害竞争者，这是允许的；但是，以低于下限的价格出售产品，则是不允许的。为此，华裔学者黄有光就指出，上述否定外部性分析的问题在于混淆金钱与实质外部效应：前者通过对市场价格的影响而导致；后者直接产生影响，而不包括通过价格变化起作用的"金钱的"外部效应。黄有光认为，尽管某些人大量增加对某一商品的需求会推动该商品的价格上升，从而使其他的消费者受损，但至少在没有扭曲的完全竞争经济中，消费者剩余的减少可以完全被生产者剩余的相应增加所抵消，因而这种金钱外部效应并未降低效率。譬如，在所上述否定外部性的例子中，尽管饭馆对其竞争者造成损失，却给消费者带来利益，因而不必要求补偿其竞争者。

此外，除了经济学传统上关注的生产外部性外，消费外部性也越来越凸显，并越来越受到经济学的关注。消费外部性体现为，人们对自己物质境遇的评价明显地取决于其他人所拥有的物质水平，因而消费之间就会相互影响。譬如，如果很少人有私家车，你们有就不会感到有什么缺憾；如果社会普遍到 40 岁左右才开始购房置业，你结婚时就不会为没有买房而犯愁。相应地，A 一直使用普通手机也没有感到什么不妥，但有一天他的同事 B 购买了一部最新型号的苹果手机，A 突然就会感到自己使用的手机档次逊色了；显然，正是同事 B 的铺张消费创造了一个负的外部性，使得 A 的消费水平相对于 B 发生了下降，心理效用也遭到了贬值，这就是消费的外部性。显然，为了抵消这种负外部性对自身效用的冲击，A 可能不得不增加开支也购买一部最新型号的苹果手机，或者购买更新型号的苹果手机，这样的相互强化就带来了过度竞争和攀比消费效应，从而也就会造成需求结构和产业结构的扭曲，最终将会造成经济增长的中断。

凯恩斯还提出了另一种消费外部性：如果你不花钱消费，我也就没钱消费；而你花了钱消费，就会有更多人花钱消费。投资行为也是如此：一个投资行为将为其他生产和投资提供便利，进而也就会刺激进一步的生产和投资，这就是宏观经济中的乘数效应，它也就体现了外部性。弗利（Floey）认为，外部性均衡是《通论》的核心和微观基础，它对预期产生了重要影响。正是外部性的存在，导致了市场往往会存在多个均衡，而多数均衡都不是帕累托的结果；这意味着，即使经济处于均衡之中，但并不意味着处于出清状态，如自愿性失业的存在。正因如此，凯恩斯主张，需要通过刺激总需求的政策可以促进就业和收入的变化，而不是像古典主义那样将货币视为中性的。① 根本上，这些政策都根植于社会经济活动中的外部性，体现为对正外部性的利用和对负外部性的规避。

正是由于外部性的无处不在，人类社会的一切活动和一切物品也就都具有公共性；只不过，不同行为或物品在公共性的大小上存在差异，由此也就要求有不同的社会政策。譬如，在当前土地供应相对紧缺的情形下，少数富人大肆购买和炒作房地产就会导致房价飙涨，就会严重影响房屋资源的社会分配，严重影响其他人士的福利水平，因而政府就需要采取某些措施来抑制房地产的炒作和囤积。相反，由于现代社会已经可以随时增减面包、粮食、衣服等日常生活品的供应，一些人对这些基本生活品的需求变化（如购买大量面包）也就不会对他人造成明显影响，因而也就不需要对这些物品进行明显的政策管制。但是，一旦遇到天灾或战争，这些基本社会品的供应出现了明显短缺，那么，政府也会且需要采取某些管制措施。例如，现代芯片的研发、生产和使用本身就体现了国际分工和合作，并且充分体现了市场协调的有效性；但是，一旦特朗普政府认定中国在自由贸易中占了更大好处时，它就以不卖芯片给中国作为要挟了，此时芯片的非私人品属性也就凸显了。

———————

① Foley, D. K., "Varieties of Keynesianism", *International Journal of Political Economy*, Vol. 43, No. 1 (2014), pp. 4-19.

　　显然，这些例子都充分说明，人类社会和市场经济中根本就没有所谓的纯粹私人行为或者私人品，当然也没有所谓的纯粹公共行为或者公共品，而只有具有不同公共性程度的行为和产品，并且，即使同一行为和产品在不同时空中所呈现的公共性程度也不同。正因如此，对不同行为和物品往往就会采取不同的管制措施，或者对不同行为和物品的管制程度往往存在差异。不幸的是，新古典自由主义经济学人往往却只是看到并强调没有纯粹的公共品，任何物品都存在某种排他性，都存在某种价格机制来显示其需求，从而也就片面地强调可以且应该以市场机制来实现这些产品的供求。正是在这种理论的指导下，撒切尔和里根之后，欧美国家中连道路交通、教育卫生乃至警察监狱等都大量地承包给私人并通过市场来解决。但殊不知，这种认知严重忽视了嵌入在这些产品中的公共性，从而也就必然会滋生出各种"看不见"的困境。

　　最后，需要指出，只要市场主体是自私的，市场信息又是不完全的，那么，市场外部性就是无法消除的，市场也就不可能完全有效。卡尔·波兰尼在《巨变》一书中就指出，"自律性市场的信念蕴涵着一个全然空想的社会体制。假如不放弃社会之人性的本质及自然的本质，像这样的一种制度将无法存在于任何时期，它会摧毁人类，并将其环境变成荒野"，进而，"无可避免的，社会将采取手段来保护它自己"；但是，"不论社会采取哪一种手段都会损伤到市场的自律，扰乱到工业生活，进而以另一种方式危害社会。正是这种进退两难的困境使得市场制度发展成一种一定的漠视，并最终瓦解了建立在其上的社会组织。"① 事实上，尽管现代主流经济学倾向于把个人的理性行为视为研究的基本对象，并基于帕累托效率概念来对公共政策进行评估；但显然，基于这种个体理性而展开的社会互动往往会导向集体的无理性，从而导致基于个人效率最大化的帕累托原则这一方法来评估公共政策的

———————————
　　① ［英］卡尔·波兰尼：《巨变：当代政治与经济的起源》，黄树民译，社会科学文献出版社 2013 年版，第 52 页。

失败。布罗姆利就写道："公共政策问题或集体行动问题的产生，正是由于原子式的个人最大化行为所产生的加总结果和社会拥有的结果是不一致的。如果将这种业已发现会产生不能接受的结果的方法视作集体行动借以纠正现有问题的真实法则，这不是很奇怪的吗？"①

八、结语

无论是理论逻辑还是实践现状都促使我们，应该反思为现代主流经济学所神话的市场和个人逐利行为，进而审视现代主流经济学的整个理论思维。

一般地，新古典自由主义经济学对自由市场的推崇主要基于两个层次的逻辑：（一）个体是社会行为的主体，社会只是组成它的个体之和，因而除个人意愿外，不应该对决策外加任何道德规范；（二）社会主体是理性的，不仅清楚自己的偏好，而且会有效地实现这一偏好。正是由于市场主体是理性个体，因而，他不仅能够根据个人偏好进行合理的选择，并且会有意识地追求长期利益并使得市场达致一种和谐状态。果真如此吗？其实，新古典自由主义经济学主张，每个人按照自己特定时间、特定地点并为自己所掌握的特定信息采取行动，这样通过互动就可以推动社会秩序的扩展，但是，它却没有告诉我们"无形的手"的运行机制如何。相反，囚徒困境却表明，每个人的个人理性行为并不一定会产生了帕累托有效的结果。究其原因，要使每个人选择的是可理性化策略，需要有非常强的条件假设：理性和其他信息都是共同知识；但是，在分立的自由市场中，每个人仅仅按照自己的特有信息行事，并不满足这个要求。

事实上，在现实生活中，（一）每个人都知道的知识并不必然是共同的知识，因为它不表明每个人都知道他人也知道这个知识；（二）即使"都具

---

① ［美］布罗姆利：《充分理由：能动的实用主义和经济制度的含义》，简练等译，上海人民出版社 2008 年版，第 6 页。

有的知识"为每个人所有，也不能保证会实现结果理性，这里存在个人理性与集体理性之间的悖论。《皇帝的新装》寓言就做了充分的说明：每个人都看到了皇帝实际上什么都没穿，但是又不知道其他人是否也看到了这一点，结果每个人都对皇帝的新衣进行赞美。正因如此，纯粹市场机制根本无法解决个体理性与集体理性之间的悖论问题，基于私利的个体理性行为必然会导向囚徒困境，不完全性的市场也不能解决社会外部性问题。为此，斯蒂格利茨就呼吁要打破流行的各种神话，要解决这些问题也必须考虑其他的途径。① 甚至哈耶克也指出，"19 世纪的许多自由主义者所犯下的最为致命的策略性错误，很可能就是他们给人们留下了这样一种印象：第一，舍弃一切有害的或不必要的国家活动乃是所有政治智慧的极致；第二，有关国家应当如何使用任何人都不会拒绝赋予它的那些权力的问题，并不会致使明晓事理的人们发生严重的分歧"，而且强调"那种把自由主义的基本原则解释成彻底否弃国家活动的做法（而不是将自由主义的基本原则解释成一种按照精心的方式把竞争、市场和价格作为指导原则接受下来并且通过运用国家强制实施的法律框架而使竞争尽可能的高效和有助益——唯有在竞争效率低下的场合才以法律作为它的救济手段——的政策），与政府以直接或间接的方式主动支持垄断势力的做法一样，都会导致竞争的式微。"②

---

① ［美］斯蒂格利茨：《社会主义向何处去：经济体制转型的理论与证据》，周立群、韩亮、余文波译，吉林人民出版社 1998 年版，第 283 页。

② ［英］哈耶克：《个人主义与经济秩序》，邓正来译，生活·读书·新知三联书店 2003 年版，第 160—162 页。

2. 自由市场的过度竞争及其问题：

欲求膨胀、策略性行为和资源浪费

导读： 新古典自由主义经济学所持的有效市场理论认为，市场价格信号能够充分披露信息，从而实现合作共赢的完全竞争。但是，这一论断是建立在行为者只关心个人的绝对利益并具有长远理性之基础上的，而现实市场主体却不仅关注其绝对收益，而且关注相对收益，从而就会导向过度竞争。正是由于市场上的过度竞争滋生了无限膨胀的欲求，欲求的不断膨胀则加剧了相对位置的争夺；进而，相对位置的争夺又引发了策略性行为，策略性行为则导致内生交易费用飙升，并在对私人信息的争夺中浪费大量的社会资源。

一、引言

新古典自由主义经济学之所以推崇市场，其逻辑基础在于，它不仅将市场主体设定为完全理性的，而且将人类理性仅仅局限为经济理性。显然，基于成本—收益分析的经济理性暗含着，市场主体仅仅关心自己的货币利益或者物质效用最人化，而不关心他人的利益和效用。具有完全理性的市场主体经过长期互动则会"设计"出一系列的信息披露和传达机制，并将这些信息凝结在价格之中，以致市场中的价格机制不仅包括了最丰富的信息，而且是最廉价的信息传播机制。正是基于这两大基石，新古典自由主义经济学推衍出了有效市场理论：有效市场上的价格信号不仅能够充分反映过去收益和当前一切可获得的公开信息，同时还对非公开的信息异常敏感，能立刻反映出全部公开和非公开的有关信息。相应地，基于有效市场理论也就得出了有效市场信念：市场机制能够引导孤立个体之间进行自发的合作，促进人尽其才和物尽其用，从而推动自生自发社会秩序的不断扩展。例如，哈耶克就强调："即时性目的对于个人来说只是他据以实现其终极目的的一种普遍手段；而正是通过上述方式对即时性目的所做的选择，个人才能够运用他所拥有的有关事实的特定知识并服务于其同胞的需求。"①

　　然而，现实世界中的市场主体远非经济人所假设的那种相互冷淡的原子个体，不仅它的偏好和行为往往会受他人或集体行为的影响，而且也会关注他人或社会的利益；相应地，受私利激发的市场主体不仅关注自己的绝对收益，而且还关注与他人相比较的相对收益。在很大程度上，正是对相对收益或相对效用的追求塑造了现代市场的两大特征：（一）导致了人类欲求的无限膨胀，并引发相互倾轧的过度竞争和社会资源的无效配置；（二）导致了信息的匿藏和噪音的制造，并引发扭曲性竞争和内生交易费用的急速上升。显然，只要基于这一前提进行推理，我们就可以揭示纯粹市场中的过度竞争及其导致的市场无效性。事实上，现代主流经济学信奉的有效市场依赖于一系列条件，满足上述条件的市场在现实世界中根本不存在；同时，社会互动中还衍生出一种群体心理，由此导向了显著的集体非理性。席勒就指出，现实市场并不是均衡和出清的，而是极度无常变动的；因此，与其说它遵循有效市场模式，还不如说遵循一种"团队心理学"模式。② 在很大程度上，正是集体非理性的存在和扩展，导致了社会发展的无序性。显然，这一点已经为大量的历史事实所证明，在当前世界经济发展中也得到明显的反映。为

　　① ［英］哈耶克：《法律、立法与自由》第2、3卷，邓正来等译，中国大百科全书出版社2000年版，第12页。
　　② Shiller, R. J., *Market Volatility*, Cambridge, Mass.：Massachusetts Institute of Technology Press，1989.

此，本章从非经济理性的角度来探讨市场主体所追求的真实效用以及由此引发的过度竞争，进而剖析过度竞争对市场机制的扭曲和社会资源的浪费等问题。

二、过度竞争引发的人类欲求膨胀

在现代社会中，人类的效用已经不再仅仅体现在生理的满足，而越来越体现为一种社会效用。譬如，一个人对某种消费的评价往往取决于其他人的消费状况：如果周边朋友都拥有私家车或者苹果手机而自己没有，就会觉得有失面子，从而萌生出购买的欲望；同时，如果自己先于朋友购买了新型号的苹果手机就会觉得很有满足感，而当别人拥有更新型号的苹果手机后则会觉得自己的商品极大地贬值了。为此，凡勃伦写道："任何现代社会中的大部分人所以要在消费上超过物质享受所需要的程度，其近因与其说是有意在外表的消费上争雄斗富，不如说是出于一种愿望——想在所消费的财物的数量与等级方面达到习惯的礼仪标准。"① 也就是说，人们所追求的越来越主要是相对效用而非绝对效用，这就是消费的外部性。进而，当人们的需要超过了生理本能而进入心理层次，并且所追求的不再局限于真实需要（needs）的满足时，就产生了不断膨胀的欲求（wants），体现为无限的要求。

同时，不仅社会效用主要取决于社会竞争中的地位，而且欲求本身也主要为过度竞争所激发。市场竞争的一个重要结果就是优胜者和落败者的分化，而优胜者往往可以获得高于其劳动贡献的报酬，落败者则不得不接受基于程序正义的剥削和掠夺。② 为此，在基于市场机制进行分配的社会中，每个市场主体都会努力追求优胜者的地位，从而就会激发出不断升级的过度竞

---

① ［美］凡勃伦：《有闲阶级论》，蔡受百译，商务印书馆 1964 年版，第 76 页。
② 朱富强：《"蟑螂性生存"还是"优胜劣汰"？基于现实收入分配之决定机制的思考》，《社会科学战线》2012 年第 12 期。

争。同时，随着物质生活的日益丰富，人们也日益注重相对需求的满足，追求那些基于相互攀比、争斗以及压榨的相对效用，从而必然导致不断升级的过度竞争。在很大程度上，正是由于现代主流经济学对纯粹市场竞争的强调，使得人们追求物质积累的同时，也逐渐将物质积累活动变成了自身的目的，从而引发了欲求的膨胀和金钱的竞赛。① 因此，这里就过度竞争所引发的欲求膨胀及其对社会福利和社会秩序的影响做一分析。

事实上，凯恩斯 1930 年在《我们孙辈的经济可能性》一文中曾预言，"大萧条（The Great Depression）"只是短暂的调整期，人类 100 年内就可以完全解决经济问题，后代将更加富足。确实，当前的生产力已经空前提高，物质产品也已经极大丰富，现今英国的人均收入比 100 年前远不止提高了凯恩斯预计的四至八倍。问题是，人们的幸福感似乎并没有多大提高。为什么呢？根本上，也在于凯恩斯所区分的两类需要：（一）绝对需要，是无论同类人的境况如何，人类都会感觉到的需求；（二）相对需求，是只有在得到满足之后能提升我们的地位，进而能让我们觉得比同类优越的时候，才能感觉到的需要。在凯恩斯看来，绝对需要是可以满足的，即使可能要 100 年，这样的经济问题就会得到解决，从而不是人类"永恒的问题"；但是，相对需要却是无法满足的，因为它源自心理冲动和文化意识，从而应该成为人类"永恒的问题"。

不幸的是，在凯恩斯提出这一洞见后的 40 多年里，经济学界却很少关注这一问题。只是到了 1976 年，牛津大学的赫希（F. Hirsch）才重新关注这一问题：西方经济增长带来的往往是令人痛苦的失望，与经济增长相伴随的是理想的破灭。赫希将现代市场体系的产出分为两类：（一）物质产品（和服务），主要包括那些能满足与消费同类物品和服务的其他人无关的个人欲望的产品（和服务），这也是满足凯恩斯绝对需要的物品；（二）地位

---

① ［美］凡勃伦：《有闲阶级论》，蔡受百译，商务印书馆 1964 年版，第 28 页。

产品（和服务），它们对于任何个人的价值取决于经济中的其他人消费同样货物和服务的程度，这也是满足凯恩斯相对需要的物品。显然，物质产品的满足直接取决于资源的供给以及资源的利用效率，从而其生产适用于机械化和技术创新，传统经济学也在这个框架下分析产品供给和经济增长问题；与此不同，地位产品的供给与生产它们所需要的资源却没有直接关系，因为这种产品的满足恰恰来源于它们的相对稀缺。

在赫希看来，地位产品对应的主要是社会的稀缺而非物质的稀缺，这有两层含义：（一）一些地位产品具有"纯"的社会稀缺性，它具有物质供给上的绝对限制，因而市场不能通过把物质稀缺的特定方面简单地加入到更为宽泛的"社会稀缺"中来。例如，即使珍品画作和古董家具具有很大的市场需求，市场依然无法通过投入资源或提高生产率来生产出更多数量。（二）有些地位产品涉及产品的可利用和普遍使用的程度，越是广泛使用或容易得到的地位产品，拥有者的优势就越小，因而地位产品的数量和最终价值就由社会考虑而不是物质经济资源及其可得性来决定。例如，当只有少数人拥有海外留学经历或文凭时，它在竞争一个职位时才有很大优势；但是，如果很多人都拥有了海外学位，其优势也就消失了。

相应地，赫希认为，经济增长主要是指物质产品的增加，而这种经济增长同时会衍生出新的问题。究其原因，更多的产出意味着更高的收入，而更高的收入为人们带来了增加和扩大他们的消费范围的机会，以致人们的消费模式就会从物质产品转向地位产品。这种转变又带来两种后果：（一）那些以纯粹的社会稀缺为特征的地位产品，因为供给上受到绝对限制而使得价格必然提高，大多数人对此只能望洋兴叹；（二）那些因扩大使用而导致稀缺的地位产品，随着因收入提高而导致需求的增加，就会出现消费"拥挤"现象，更多人消费这种地位产品时获得的满足感也就会下降。因此，赫希认为，物质经济增长尽管提高了凯恩斯意义上的绝对需要的满足，但它与欲望的满足转向地位产品的需要相结合却带来了无法实现的预期，不断增加的物质丰裕将给人类带来更大的幸福和更满意的生活这一传统信念是虚幻的。[1]

可见，尽管现代主流的新古典自由主义经济学往往强调，市场竞争可以更好地满足个体的效用，但实际上，过度竞争使得人们所追求的是相对效用，而相对效用则根本上是无法满足的。凡勃伦指出，人们消费所依据的"标准是有伸缩性的，尤其是如果金钱力量有了任何增长，只要有足够时间使人得以习惯于这种增势，使人在随此增势而来的新的、规模更大的消费中获得了便利，标准是可以无限制提高的。"[2] 同样，哈耶克也指出，"一个人为之努力的即时性目的，在绝大多数的情形中，都在于获取某些可以被用来满足位置的未来需求的手段——在一个发达的社会里，人们最频繁使用的那种能够有助于实现其大多数特定目的的普遍手段就是金钱。"[3] 在很大程度上，正是基于即时性目的的追求，市场竞争的结果导致了人的欲求的膨胀；同时，市场经济对金钱货币的大肆引入，又使得人类社会中把人类劳动满足自身需求的原初动机逐渐转变成了对货币的追求。这样，随着商业主义的发展以及相应社会制度系统的形成，人们的日常生活就被扭曲了，人们的生活越来越金钱化和官僚体制化，越来越不以语言媒体而以金钱和权利为媒介进行交往。

三、欲求膨胀引发的相对位置争夺

与过度竞争相伴随的欲求膨胀所带来的一个重要结果就是对相对效用的偏好以及对地位产品的争夺，由此就产生了目前福利经济学和消费经济学领域中的位置消费理论（Positional Consumption Theory）。位置消费理论主要是

---

[1] 以上参见［美］彼得森：《权力与经济绩效》，载［美］图尔、［美］塞缪尔斯主编：《作为一个权力体系的经济》，张荐华、邓铭译，商务印书馆2012年版，第119—124页。

[2] ［美］凡勃伦：《有闲阶级论》，蔡受百译，商务印书馆1964年版，第76页。

[3] ［英］哈耶克：《法律、立法与自由》第2、3卷，邓正来等译，中国大百科全书出版社2000年版，第12页。

指，人们在社会中的竞争已不再局限于满足物质需求本身，而是努力获得因社会地位和竞争的胜利而产生的被承认感；因此，为了达到这一点，就只能进行更为激烈的竞争，这使得人们变得更为好斗，更不安分，也更不满足。事实上，在自由市场支配的现代社会中，人们不再追求简单的物质和生理上的满足，而是追求相对经济地位，包括相对收入、相对效用、相对炫耀性消费等。正因如此，欲望永远不能满足，而且，新欲望产生的速度几乎与旧欲望得到满足的速度一样快，甚至更快。

在博弈论中，我们把为获得相对效用而展开的竞争称为位置争夺博弈。位置博弈的研究滥觞于斯密，而凡勃伦则是集大成者。凡勃伦写道：人们"累积财富时所寻求的目的，是在争取在资力上与社会中其余成员相形之下的优势。一个普通的、正常的人，如果在这样的对比下显然居于劣势地位，他就不免要一直在怨尤中度日，不能满足于当前处境；如果一旦达到了社会的或社会中属于他的那个阶级所谓的正常的金钱标准，他原有的长期不满情绪将为另一种心情所代替，那时他片刻难安的将是，怎样使他自己的金钱标准与这个平均的金钱标准之间的差距能够扩大、再扩大。但个人之间的这种歧视性对比的演进是无止境的，在这种对比下的个人绝不会居于那样的有利地位，以致在金钱地位的角逐中，跟他的竞争者相形之下，竟不想再爬高一步"；"以任何个人为例，其追求财富的欲望简直是永远不餍足的，所谓对财富的平均的或一般的餍足，根本不存在"。①

在这里，凡勃伦先驱性地把从消费中获得的物质满足称为第一级效用，而把从争名、显示财富以及炫耀性消费中获得的满足称为第二级效用。而且，凡勃伦将进行位置博弈而实施的手段归结为两种：（一）通过破坏他人的财产，如偷、抢、骗、砸等，从而降低他人的财产、收入和消费量来相对提高自己的经济地位，这就是所谓的内耗；（二）通过竞争，如加班加点、

---

① ［美］凡勃伦：《有闲阶级论》，蔡受百译，商务印书馆1964年版，第26—27页。

各国通过掠夺性开发资源来提高国内生产总值（GDP）等，从而使自己的收入和财富增加来达到相对地位提高的目的，这也就是所谓的外耗。显然，对产生第二等级效用的炫耀性消费的追求将导致社会的极大浪费，因为一个人从炫耀性消费上得到效用必然是另一个人第二等级的效用的丧失，它们是相互抵消的，即对第二等级效用的追求是个零和博弈。因此，在相对效用的追求过程中，斯密倡导的"无形的手"就失去了它的魅力，"为己利他"行为机理也日益枯萎；相反，个人追求自身利益往往会不惜损害他人或共同的利益，而且还可能因为拥挤及为保持地位优势而使防御性开支不断增加。

首先，在相对效用的追求中，个人的幸福往往不会获得增加。一般地，由于这些位置商品往往是数量有限的，因而就不是人人都能获得的。哈罗德为此创造了"寡头财富"来描述这一类型的产品，在现实生活中，诸如高级住宅区的住房、在最好的餐馆里订的座位以及最具身份的高尔夫俱乐部的会员资格等都属于"寡头财富"。显然，如果更多的人希望获得这些寡头财富，那么就会出现两种情形：（一）这些标志地位的商品的相对价格被提高到保持其精英特点的水平。事实上，除了特定的具有绝对固定数量的商品（如职位）之外，当更多的人来竞争这些数量稀少的象征地位的商品时，这些商品的价格就会被抬高到更高的水平之外。（二）这些商品被过多的人拥有而失去其精英的地位。事实上，随着使用这种有身份商品的人数的增加，其带来的享受可能在繁荣现象的早期较大；但在越过一个特定临界点后，需求的扩展最终会破坏标志身份的商品本身的特性，使它贬值为大众化的东西，从而使得人的效用下降。

其次，在相对效用的追求中，社会利益往往遭到更大的损失。一般地，由于第二等级的社会总效用是不变的，当大量的资源和精力从物质领域转移到第二等级领域时，也就降低了第一等级的社会总效用，从而造成社会总体福利的下降，这实质上也就是一个"抢瓷器"的过程。特别是考虑到社会本来就存在着等级差距，这样一轮接一轮的恶性竞争，将促使社会进入一个

"低水平福利的恶性争夺陷阱"。显然，图 2-1 所示的位置消费博弈矩阵表明：在一个和谐的社会中，追名逐利的风气比较淡薄，社会以有序的方式发展，这时处于社会上层的甲得到 10 单位相对效用，而处于社会下层的乙得到 5 单位相对效用，此时整个社会的总效用是 15。一般地，如果处于一个攀比功利的社会，我们首先假定乙安于现状，而上层的甲则追求更多效用差距，他就可能努力消耗更多的社会资源，致使乙的相对效用大大下降，而社会总效用也下降到 13。相反，如果甲逍遥自在，而乙则由于对甲充满嫉妒而进行攀比，他就会不惜耗费更多的社会资源甚至是破坏性行为，以缩小与甲的差距，这样导致整个社会的效用下降得更大，为 12。进一步地，如果这种相互的攀比、破坏进一步升级，则对整个社会的造成的损失更大，整个社会的效用只有 11 了。

领先者甲		落后者乙	
		争	不争
	争	8, 3	11, 2
	不争	6, 6	10, 5

图 2-1　位置消费博弈

最后，在追求相对效用的社会中，即使那些具有帕累托有效的均衡状态也往往会唾手而不可得。譬如，在图 2-2 所示的分级博弈矩阵中，它具有三个均衡：（9，9）、（7，7）以及一个收益更低的混合均衡；其中，均衡（9，9）帕累托优于其他均衡，但它却不一定是在现实中可以得到的结果。事实上，在一个追求相对效用的社会中，尽管均衡（9，9）具有帕累托有效的特性，但（7，7）要更安全些；因为如果局中人 A 选择 1 策略，而只要局中人 B 选择 2 策略，尽管 B 的绝对效用有所下降，但是相对效用却获得极大提升，反之 A 也是如此。而且，2005 年诺贝尔经济学奖得主奥曼认为，即使双方存在交流，并且局中人会面并保证采取策略（1，1），局中人

A 也不应相信局中人 B 的表面保证。① 究其原因，无论局中人 B 自己如何行动，局中人 A 采取策略 1 都会使局中人 B 获益；因此，无论局中人 B 计划如何行动，他都将告诉局中人 A 他将采取策略 1。

局中人 A		局中人B	
		1	2
	1	9, 9	0, 8
	2	8, 0	7, 7

图 2-2　分级博弈

上述博弈也得到了诸多实验的证实。例如，在图 2-3 所示的协调博弈中，存在两个纯策略纳什均衡（1, 1）和（2, 2），但显然，均衡（1, 1）的收益较差而意味着协调失败，因为存在（2, 2）对双方都更优的选择。然而，尽管这种博弈具有互补性，但这种互补性往往并不能得到充分利用和发挥，究其原因，均衡（2, 2）的策略组合具有较大的风险性。库珀等人的实验表明，结果往往是由风险占优决定的：在最后 11 个阶段中，97% 的结果出现了（1, 1）均衡，而没有观察到（2, 2）均衡。② 显然，这反映出，在纯粹的市场竞争中，行为者之间的协调是很糟糕的。

可见，位置消费理论清楚地揭示了市场上为追求相对效用而进行过度竞争的现实。事实上，约翰·穆勒很早就指出，现实世界中的"人们不渴望成为富人，但却想比别人更富"。例如，有经济学家就曾对哈佛大学学生做过一个简单调查，被调查者要求在两种方案中做出选择：在 A 方案中，你赚 5 万美元，其他人赚 2.5 万美元；在 B 方案中，你赚 10 万美元，其他人

---

① Aumann, R., "Nash Equilibria are not Self-enforcing", in *Economic Decision Making*: *Games, Econometrics and Optimization*, Gabszewicz J. J., Richard J. F. & Wolsey L. A. (Eds.), Amsterdam; North-Holland, 1990.

② Cooper, R., Delong D. V., Forsythe R. & Ross T. W., "Communication in Coordination Games". *Quarterly Journal of Economics*, Vol. 107 (1992), pp. 218-233.

局 中 人 A		局中人B	
		1	2
	1	800，800	800，0
	2	0，800	1000，1000

图 2-3 双重均衡博弈

赚25万美元。结果，多数人选择了 A，即少赚钱但比身边人赚的多。然而，自边际效用学派以降尤其凯恩斯倡导提高有效需求来推动经济增长开始，经济学就一直在努力营造这种促使欲求膨胀的心理和社会氛围：铺天盖地的广告就怂恿人们不断喜新厌旧，让每一个人都觉得自己多么地落后于潮流。正是受物质主义的影响，现代社会中生产组织本身的使命也被视为不断创新，不断创造新需求。例如，通用汽车公司的副总裁凯特林就宣称："经济繁荣的关键是有组织地创造不满足感。"① 尤其是，由于位置争夺是一种零和博弈，由此主导的市场竞争秩序就必然会日趋恶化，乃至丧失互惠合作的社会基础。

四、相对位置争夺引发的策略性行为

市场竞争根本上是力量的博弈，市场竞争的结果根本上则取决于互动双方的力量对比；相应地，优胜者也就是市场竞争中的强势者，由此也获得了更大比例的市场收入，而收入又会进一步增加它的竞争优势，由此就滋生出市场收入分配中的马太效应。这样，为了在市场竞争中获得优胜，每一方都会努力提升自身的势力而削弱对方的势力。正是从这个角度上说，竞争本身不仅体现了力量，而且滋生了权力。相应地，由追求相对效用所引发的过度

① ［美］布隆克：《质疑自由市场经济》，林季红等译，江苏人民出版社2000年版，第200页。

竞争主要激发是一种征服欲、扩张心而不是生产力和合作情，尤其是，商业经济的发展更是促使人们将对权力的欲求转变成了"曲线"式的对金钱的追求。

同时，社会力量对比本身往往取决于当事者的社会经济地位以及对市场信息的掌控程度，相应地，每一方都会努力隐藏其信息以获得更具优势的谈判，并以此采取策略性行为。因此，市场竞争所带来的往往并不是信息的传播而是信息的压制，不是信息的完全化而是偏在化，这也是过度竞争的基本特征。相应地，市场过度竞争的结果往往不是逐渐降低而是提高了交易费用，尤其是提高了内生交易费用。究其原因，交易费用往往与信息和信任度有关，但是，（一）纯粹市场竞争并不能提供完全信息，反而可能促进信息的偏在；（二）纯粹市场竞争并不能强化社会合作，反而会滋生不信任。因此，这里继续就过度竞争引发的信息隐藏、相应的策略行为、交易费用的增加以及他们对市场秩序的影响做一分析。

现代主流经济学认为，市场运行所依据的根本机制就是价格体系：在完全信息和有弹性的价格体系下，在一定市场中的某产品可以形成统一的均衡价格，从而使得市场出清；同时，价格机制促进了信息的传播和交流，从而使得信息共享。1982 年诺贝尔经济学奖得主施蒂格勒就写道："当两个买主比较价格时，他们实际上是在共同使用信息。如果每个人接触 s 个卖主，通过比较，他们实际上接触了 2s 个卖主，两人接触的是同一个卖主的情况除外。……实际上，共享信息可以视作较便宜的搜寻形式。"① 正因如此，在现代主流经济学人看来，价格机制是一种有效而廉价的协调方式，其主要功能就在于降低了交易费用，便于信息的传播流，从而促进合作的机会和增强合作的可能性。例如，杨小凯和黄有光就概括了价格机制的两大功能：（一）由于价格为一定，那么人们将不再在争夺分工利益上耗费资源，从而

---

① ［美］施蒂格勒：《产业组织和政府管制》，潘振民译，上海三联书店、上海人民出版社 1996 年版，第 83 页。

使机会主义无利可图，因此就可以减少由于机会主义所造成的内生交易费用；（二）在分工造成信息极不对称的条件下，价格制度能有效地综合利用所有人的隐秘信息，却不需要人们了解所有这些信息，这样就可以大大减少信息传输和利用中产生的外生交易费用。①

然而，我们却可以看到这样的事实：不同市场价格所聚合的信息量往往相差天壤，如同种劳动力的工资以及同种商品的价格在当前市场上就相差很大。显然，信息程度的不同也是产生市场效率差异的重要原因，这也反映出市场信息并不是完全的。一般地，根据可获得的信息程度，市场往往被细分为弱型有效、半强型有效和强型有效三类：（一）弱型有效，是指现行价格所反映的是有关过去价格和过去收益的一切信息，在这种情形下，交易者完全可以运用其他信息对未来价格进行预测而获得超额利益；（二）半强型有效，是指现行价格不仅反映过去价格和过去收益的一切信息，而且还融合了当前的一切可以公开得到的信息，在这种情形下，只有那些利用非公开信息行事的交易者可以谋取暴利；（三）强型有效，是指价格在充分反映过去收益和当前一切可获得的公开信息之外，还对非公开的信息异常敏感，能立刻反映出全部公开和非公开的有关信息。

同时，在现实世界中，价格几乎在所有的市场上都以不断变化的频率变动着，这种价格的波动极大地提高了交易费用，这就是被称为"信息经济学之父"的施蒂格勒提出的价格离散问题。也就是说，市场本身也是"无知"的，施蒂格勒认为，"价格离散是对市场无知的表现，而且可以测度无知的程度"。② 市场主体的异质性越大，市场信息的"无知"程度也越大，这体现为市场价格的离散程度也越大。譬如，劳动力比同类物质商品往往存在更强的异质性，劳动市场也具有更强的复杂性，市场对劳动力的信息也更

---

① 杨小凯、黄有光：《专业化与经济组织》，经济科学出版社 1999 年版，第 82 页。
② ［美］施蒂格勒：《产业组织和政府管制》，潘振民译，上海三联书店、上海人民出版社 1996 年版，第 75 页。

加不充分；相应地，劳动力市场上的工资离散程度往往比产品市场上的价格离散程度也更大。

一般来说，社会经济运行所产生的总交易费用可简单地表示为：$C_T = \sum_{i=1}^{m} c_i * n_i$。其中，$C_T$ 是总交易费用，m 表示一共有 m 种交易类型，n_i 是某 i 类交易的次数，c_i 是某 i 类交易的单位交易费用；同时，交易类型和交易次数由每个人的专业化水平和全社会的分工水平决定。

显然，就社会总交易费用而言，它呈现出不断上升的趋势，其原因是：随着市场的扩大，社会分工的深化，交易次数必然日益增多。例如，1993 年诺贝尔经济学奖得主诺思等人的考证资料表明，美国从 1870 年到 1970 年期间的交易费用占国民生产总值的份额由 25% 上升到 45%。① 但是，单位交易费用的变动趋势却存在不确定性，因为与社会信息机制产生的外生交易费用以及由道德伦理因素产生的内生交易费用有关。一方面，技术的不断进步、市场的逐渐完善、商品的日益繁多等都会使得信息机制越来越发达和信息成本逐渐下降，从而降低单位的外生交易成本；另一方面，市场竞争的加剧强化了工具理性之间的冲突，促生了大量的策略性行为，从而提高了单位的内生交易成本。

事实上，交易费用根本上与信息的三个特性有关：不确定性、不对称性和复杂性。不确定是指经济活动中不可避免地要和不完全信息打交道，这也就是 1978 年诺贝尔经济学奖得主西蒙提出的"有限理性"；复杂性是指个人或团体在处理或利用可得信息的能力方面，总要受到不可避免的限制；不对称性可区分为事先不对称和事后不对称，这是机会主义产生的必要条件，而机会主义对策行为则是内生交易费用的根源。2009 年诺贝尔经济学奖得主威廉姆森认为，交易成本的存在取决于三个因素：有限理性、机会主义和资产专用性；只有三者同时具备，交易成本才存在。显然，威廉姆森这里所讲的交易成本也就是内生交易成本，并且是将交易费用限制在一个狭隘的范畴之内；

---

① ［美］诺思：《经济学的一场革命》，载梅纳尔：《制度、契约与组织》，刘刚等译，经济科学出版社 2003 年版。

相反，只要存在一个方面，就可能产生交易成本。事实上，威廉姆森对机会主义下的定义就是：信息的不完全的或受到歪曲的透露，尤其是指信息方面的误导、歪曲、掩盖、搅乱或混淆的蓄意行为，它是造成信息不对称的实际条件或人为条件的原因，这种情况使得经济组织的问题大为复杂化。①

因此，在分析内生交易费用时，我们可以分别分析两类人类行为。（一）非策略行为，指人们不直接对别人的自利行为做出反应，而根据自己的一定方式追求自利的行为，它主要是行为者根据自己所拥有的信息采取相对于自然的行动。显然，这也就是罗尔斯所推崇的相互冷淡的人的行为。但是，基于相互冷淡的自利基础上的行动往往也会陷入"理性的陷阱"，使得真正的、长期的利益难以达致，囚徒困境就清楚地表明了这一点。因此，非策略性行为也会产生高昂的内生交易费用。（二）策略行为，则是指在人们的自利行为之间发生直接的交互作用中追求自利的行为。对策行为又可以分为两种：Ⅰ.非机会主义对策行为，即利己不损人或通过利他来达到为己的目的，在这种动机下，往往可以达成合作均衡，因而常常可以抑制内生交易费用的产生；Ⅱ.机会主义对策行为，即只为利己而不惜损人的行为，特别是在追求相对效用的社会中，有时甚至是损人不利己的行为，这种动机和行为显然会造成更严重的机会主义倾向和更高的交易费用，因而是内生交易费用中值得特别关注以及应该首先抑制的部分。

譬如，在图 2-4 中，如果实行博尔达计票：投票人基于个人的偏好次序而对选项 X、Y、Z 进行排序，并根据各自的偏好顺序而分别赋以 3、2、1 的分值。显然，将每个选项的得分加总，Y 将是胜者。但是，如果存在策略行为的情况下，最终的结果将会变得非常复杂，甚至导致了最差结果的出现。首先，在前三投票人知道其他投票人的偏好的话，为了获得其更加的偏

---

① Williamson, O. E., *The Economic Institution of Capitalism*: *Firms*, *Market*, *Relational Contracting*, New York: Free Press, 1985, pp. 47-48.

好 X，他们就有激励错误显示他们的偏好，此时故意申明他们对议案的排序为 XP_iZP_iY。显然，这种情况下，前三个投票人效用的增进是以后两人的效用损失为前提的。但是，在一个互不信任的社会中，另外两个投票者为了避免他们最差的选项 X 的出现，也会像前三人那样错误地显示他们的偏好；此时，他们只要宣称偏好为 ZPYPX，那么，博尔达计票的胜者就是 Z。可见，前三个投票人的策略行为反而为 Z 取胜创造了机会，而对任何投票人来说，Y 选项都是优于 X 选项的。显然，这些损失是由策略行为造成的，因而也属于内生交易费用的范畴。

V1	V2	V3	V4	V5
X	X	X	Y	Y
Y	Y	Y	Z	Z
Z	Z	Z	X	X

图 2-4　多数投票原则

在某种意义上，内生交易费用就是人们争夺分工利益时产生的费用，它有广义和狭义之分。其中，狭义内生交易费用是指交易中人们争夺分工的利益，每个人都希望分得更多的利益，而不惜减少别人从分工中得到的利益，从而导致分工利益不能被充分利用或产生资源配置背离帕累托最优的扭曲；广义内生交易费用则是指凡是在决策的交互作用发生后产生、超过现有技术最佳运用所需成本以外的额外费用。显然，从广义交易费用的角度，在互动的社会中，各自不相协调的行为所造成的超过相互合作所需的额外费用都可以被视为内生交易费用；同时，不确定是合作无法达成的关键，而不确定又与信息的不对称和伦理的不信任有关。例如，巴泽尔在 1985 年的《交易费用：仅仅是成本吗?》一文中，用买草莓时因挑选而损害一些好草莓的例子，说明由于存在不信任而引发"过分选择"而造成不必要的损失；同时，他利用挑选草莓的例子而将交易费用定义为：一些人能够让另外一些人支付成本而自己得好处，所有的人付出的成本减去技术成本就是交易费用。①

　　一般地，一个社会的信息越不对称、市场越不发达、道德伦理越衰落、社会信任度越低下，产生的内生交易费用就越严重，亨廷顿所描述的"普力夺社会"就是如此。② 同时，随着信息技术的进步和市场经济的发展，与信息技术相关的外生交易费用越来越小，而与市场伦理相关的内生交易费用，则越来越凸显。2008 年诺贝尔经济学奖得主克鲁格曼就写道："我们确实已经拥有了非常出色的信息加工和信息传输技术，但是，现代金融世界令人肃然起敬的专门加工即使只是进一步降低了已经非常低、从宏观经济上看已无足轻重的交易成本。同时，与从原理上看可行的程度相比，过去技术的实际使用状况令人失望。我们祖先用账本和电报创造了一个比我们用计算机和卫星更广泛的资本市场。另外，虽然现代资本市场可以加工含有比过去更多的信息的指示，但在使用信息方面——也就是说，根据已有的事实做出合理的判断——在 80 年代却比任何人期望的都更糟。"③

　　可见，为了在相对效用和地位产品的争夺中取胜，参与竞争的每一方都会努力采取策略性行为，从而必然就带来了内生交易费用。这意味着，市场竞争并不必然降低交易费用，反而会促使交易费用的攀升。一个明显的事实是，随着社会的发展，尽管市场交换越来越发达，但主要体现内生性交易费用经济运行摩擦度却越来越高，这正说明了纯粹的自由市场本身存在缺陷，纯粹的市场是机会主义的温床。而且，越是推崇市场活动中的经济人行为，机会主义取向就越泛滥，因为机会主义本身就是经济人的一个基本特征。譬如，威廉姆森就指出，"由于在文化方面和制度方面对机会主义抑制的原

---

　　① 参见汪丁丁：《制度研究框架漫谈》，载张志雄主编：《中国经济学的寻根和发展》，学林出版社 1997 年版，第 238 页。

　　② ［美］亨廷顿：《变化社会中的政治秩序》，王冠华等译，生活·读书·新知三联书店 1989 年版，第 4 章。

　　③ ［美］克鲁格曼：《汇率的不稳定性》，张兆杰译，北京大学出版社、中国人民大学出版社 2000 年版，第 75—76 页。

因，在日本，贸易危险要比在美国较不严重。"① 而 1998 年诺贝尔经济学奖得主阿马蒂亚·森则认为，责任感、忠诚和友善这些偏离自利行为的伦理考虑在日本工业的成功中发挥了十分重要的作用。② 由不信任导致的机会主义行为以及由此衍生的内生交易费用对人类社会的发展产生了巨大的影响，以中国古代为例，如秦国的大将白起诱降并活埋赵军四十万，虽然暂时削弱了对方对抗的实力，却反而致使秦国统一六国的时间大大向后推迟了。③ 当然，这并不是说，市场在降低交易费用方面是不重要的，甚至说应该由计划来取代市场。事实上，张五常等人认为，传统计划经济体制下，产生的交易费用就远大于西方发达国家，这主要是在高度集权的计划经济体制中信息很不对称和市场极不发达的缘故。④ 这里主要说明，所谓的纯粹市场机制并不能一劳永逸地解决交易费用不断攀升的问题，从而不能完全依赖它，而是要寻求对其固有问题的修补。

五、策略性行为引发的社会资源浪费

在激烈的市场竞争中，市场主体为了实行具有优势的策略性行为，一方面会尽可能地隐藏私人信息，另一方面会努力去获取其他人的私人信息。而且，为了获得这种博弈优势，各方都会不惜代价地投入巨大资源。结果，相互间的策略性行为就不仅导致内生交易费用的不断攀升，而且还导致大量资源的无效配置和浪费。

然而，现代主流经济学却强调，这些内生交易费用的付出也是促进社会

---

① Williamson, O. E., *The Economic Institution of Capitalism: Firms, Market, Relational Contracting*, New York: Free Press, 1985, p. 122.

② ［印］森：《经济学和伦理学》，王宇等译，商务印书馆 2000 年版，第 24 页。

③ 参见南怀瑾：《历史的经验》，复旦大学出版社 1992 年版，第 154—158 页。

④ 张五常：《关于新制度经济学》，载《契约经济学》，李凤圣主译，经济科学出版社 1999 年版，第 66 页。

发展的一部分，是不可省略的。例如，有学者就提出，"我们的全部问题乃在于以尽可能快的速度不断地犯错误。"① 正因如此，现代主流经济学依旧推崇自由市场竞争，把市场机制视为有效配置稀缺性资源并实现效率最大化的根本机制。譬如，施蒂格勒就指出："从社会的观点看，对信息投资的报酬是劳动力更有效的配置：劳动市场的信息越充分，在任一给定时间，每个劳动者的（边际）产品越接近极大。从这个观点看，信息的作用是阻止低效率的雇主获得劳力供给，而使无效率的劳动者不能得到较好的工作。在闭塞的制度中，恩里科·费米只能是一个花匠，冯·诺伊曼则会是个药铺的收款员。"② 问题是，浪费就是浪费，也就是资源的无效配置；相应地，作为一个具有高度使命感和责任心的学者，就应该致力于探究如何尽可能地降低资源的浪费性支出以构建出一个良好的社会组织。有鉴于此，这里继续就过度竞争引发的资源无效配置问题做一剖析。

关于市场竞争中资源的浪费性支出，这里以广告为例加以说明。在现代主流经济学看来，广告是市场发挥行为协调和资源配置功能的一个重要机制，它推动了信息的传播，因而是"发现买主和卖主的方式，特别是分类广告，它是买卖双方相遇的场所"。③ 为支持广告这种有效促进市场协调的机制，贝纳姆（Benham）论证说，在美国禁止广告的地方，眼镜的价格显著地高于其他地方。④ 确实，这在一定程度上说明了广告的现实意义：它能够降低交易成本，从而有利于经济运行。但是，我们也完全不能否定，从社会角度看，广告费用又确实是一种资源浪费，它往往是恶性竞争引发的不必

---

① 转引自邓正来：《自由与秩序：哈耶克社会理论的研究》，江西教育出版社 1998 年版，第 250 页。

② ［美］施蒂格勒：《产业组织和政府管制》，潘振民译，上海三联书店、上海人民出版社 1996 年版，第 112 页。

③ ［美］施蒂格勒：《产业组织和政府管制》，潘振民译，上海三联书店、上海人民出版社 1996 年版，第 79 页。

④ Benham, L., "The Effects of Advertising on the Price of Eyeglasses", *Journal of Law and Economics*, Vol. 15, No. 2 (1972), pp. 337-352.

要开支。施蒂格勒就承认，"广告本身是一种开支，而且本质上独立于所宣传的物品的价值。"① 尼科尔斯（Nicholls）关于香烟工业的研究则表明，自1920年以来，香烟制造商一直通过作广告和增加品牌来进行竞争，而不是通过削价或提高质量来进行竞争。② 事实上，正是由于广告所支付的巨额成本，我们再也没有以前那种便宜的产品，以前一元钱的牙膏、牙刷、毛巾、护手霜以及洗面奶等现在几乎都涨价了十倍，以前几元一斤的烧酒再也不可得了。

同时，尽管广告被现代主流经济学视为市场中最基本的信息传递机制，但它并不是在任何领域、任何情况下都是有效的。究其原因，广告也存在着信息型和劝说型两种类型：信息型广告固然对传递真实信息非常重要，但劝说型的广告却常常是传递着虚假信息。而且，受市场崇尚的追求自利的动机支配下，劝说型的广告越来越普遍，乃至广告已经主导了消费行为。显然，这也正是加尔布雷思很早就提出的"生产者主权说"。例如，罗宾斯就指出，美国人错误的饮食知识完全是受美国食品业者宣传所致。何宗武指出，台湾目前几乎每个青年人都有手机也完全是财团利用媒体宣传所致。③

一般地，纯粹市场机制的运行必然会导致过度竞争，过度竞争又会引发策略性费用的支出和重复性投资和建设，从而必然会造成自然和社会资源的极大浪费。从这个角度上说，纯粹市场竞争所主导的社会发展往往是以巨大代价为前提的，这也是资本主义生产和流通往往缺乏稳定性乃至时常会发生经济波动和资源浪费的基本原因。正因如此，熊彼特就强调，资本主义问题的关键不是管理现存结构，而是如何创造和毁灭它们，这一过程也就是所谓

---

① ［美］施斯蒂格勒：《产业组织和政府管制》，潘振民译，上海三联书店、上海人民出版社1996年版，第79页。

② Nicholls, W., *Price Policies in the Cigarette Industry*, Nashville：Vanderbilt University Press, 1951.

③ 何宗武：《经济理论的人文反思》，载黄瑞祺、罗晓南主编：《人文社会科学的逻辑》，（中国台北）松慧文化2005年版，第417—472页。

的"创造性毁灭"，这是经济发展的本质。而且，如果说重复投资和建设所造成的资源浪费在资力社会的物质生产中表现得还不很明显的话，那么，在智力社会的知识生产中这种浪费就愈发凸显了。究其原因，有形物质产品的消费具有排他性，它的重复制造可供不同的人享受，因而较少浪费性。与此不同，知识产品则是无形的，具有公共产品的性质，而且它的转让成本往往很低，因此，知识产品的重复制造并不能增加多大的效用，而投入的成本却很高。

哈耶克就曾指出，"物质产品的所有权引导稀缺资料用于最重要的用途，而在非物质产品的情况下，例如文学作品和技术发明，生产能力虽然也受到限制，不过一旦它们出现，就可以对它们进行无限复制；只有法律能让它们变得稀缺，这是为了刺激人们生产这类思想。但是，这种强制性的稀缺是不是激励人类创造过程的最有效的办法，并不那么显而易见。如果一部伟大的文学作品的作者没有得到唯一的版权，我们是否便不可能拥有哪怕一部这样的作品，我对此表示怀疑。我认为，赞成版权必须几乎完全视情况而定"；"并没有证明发明专利的获得确实加快了新技术知识的产出，而不是导致人们极力研究那些可以预见近期就能找到解决办法的问题而造成的浪费。因为根据法律，只要有人在找出解决办法上碰巧比别人早了几分钟，他便获得了长期专用权。"[①] 不幸的是，众多经济学人却乐于为市场中的浪费性支出进行辩护，将这种支出视为推动社会发展所必须的和有利的。当然，这种观点也有如下两方面的理论支持。

一方面，按照现代主流经济学的观点，市场竞争所引发的一切活动以及相应的费用支出都视为是合埋的，由此获得所有报酬也是公正的，这是有效市场的基本命题。因此，现代主流经济学就看不到不同类型的消费支出在性质上的差异，反而极力鼓吹那些奢侈性消费，甚至将之视为社会经济增长的

----

① ［英］哈耶克：《致命的自负》，冯克利等译，中国社会科学出版社 2000 年版，第 37 页。

引擎。为此，乔治就写道："一些评论家将美国体系特别归结为功利主义与道德软化。他们认为美国的富足正在侵蚀其工业结构与繁荣状况。人们对伦理道德大肆排斥，取而代之的是放纵挥霍与享乐主义。效率至上与迅速发展也存在消极作用，它造成了奢侈浪费与人为商品废弃现象的蔓延。生产出的产品并不追求尽可能长的使用寿命，因为这样做可以创造持续的更新需求从而保证产品的长期销路。……整个美国社会弥漫着一种盲目乐观的情绪，人们相信事情会越来越好，物质产品的丰富将会永远延续，只要认真关注现状，未来自然错不了。我们将会为这种乐观付出代价，甚至是整个未来。"① 关于奢侈性消费对经济增长的危害，笔者的《经济增长的逻辑》一书做了系统而全面的阐释。②

另一方面，按照传统劳动价值理论，价值是由投入劳动创造的，以致人们往往过分关注劳动的投入而忽视劳动的效率，甚至忽视了一些根本不创造价值的劳动。因此，传统社会主义国家倾向于通过不断扩大包括劳动在内的生产要素投入来促进经济增长，从而使得社会发展具有明显的粗放性，乃至陷入"有增长而无发展"的境地。更为甚者，传统体制不但没有把那些负劳动所创造负价值从国内生产总值（GDP）中扣除，反而将为此所作的任何努力都进一步计算到 GDP 中去；结果，形成了 GDP 数字无限增长而社会福利则不断下降的局限。布隆克就举例说："不断增加的对汽车的使用反映在 GDP 指标体系里面，但日益严重的污染和交通事故损失的价值却没从 GDP 中扣除。而且，建造新道路以缓解拥挤的花费，建造隔音墙保护社区免于新道路上的噪音污染，制造催化整流器以减少污染以及医院为成千上万交通事故的受害者进行护理等等，这些开支和费用却被当作 GDP 的正增长。"③ 为此，笔者倡导的有效劳动价值说强调，只有那些直接的生产型劳

① ［美］乔治：《经济伦理学》，李布译，北京大学出版社 2002 年版，第 15—16 页。
② 参见朱富强：《经济增长的逻辑：新结构经济学视角》，北京大学出版社 2018 年版，第 1 章。
③ ［美］布隆克：《质疑自由市场经济》，林季红等译，江苏人民出版社 2000 年版，第 146 页。

动以及提高生产性劳动之有效性的活动才是创造价值的，而社会发展的关键就在于：如何最佳地配置人类社会的稀缺性劳动，如何使得各类社会劳动之间更为协调。①

可见，过度竞争往往会大量增加广告费用等社会资源的支出，这些费用尽管对个体来说是有用的，但对社会来说却是浪费。这体现了个体价值与社会价值间的不一致性，也就是劳德代尔悖论。布隆克就指出，"装防盗铃、闭路电视摄像机，以及在每个门窗安上锁可以增加购买、使用者的安全感，对日益增加的犯罪的害怕可以减少。但是这些东西本身没有什么价值，只是用来（部分地）防止犯罪率上升的有害影响，而犯罪率的上升又是由于我们后工业社会和日益不平等的社会社区的迅速崩溃，以及非技术人员工作机会的不断减少造成的。"② 显然，劳德代尔悖论唤起了我们对市场迷恋的反思：人们在市场上积极寻求价值的实现果真有利于社会的良性发展吗？史库森就写道："注重赚取货币而不管生产产品，会偏离我们改善生活这一目标。有时，赚钱——商业和金融欺诈、偷窃、贪污，以及那些妨碍生产的行为——并不等价于改善生活。在这些情况下，人们是在赚钱，但却没有增进社会福利。"③

六、结语

消费外部性滋生出了相对效用，由此引发消费的攀比和炫耀性消费，进而又导致了欲求的膨胀以及欲求与需要的背离。结果，这种追求非但不能带来人们的真正幸福，反而使人类成了"不断的徒劳无益的殉难行为的受害

---

① 朱富强：《有效劳动价值论：以协调洞悉劳动配置》，经济科学出版社 2004 年版。

② ［美］布隆克：《质疑自由市场经济》，林季红等译，江苏人民出版社 2000 年版，第 146 页。

③ ［美］史库森：《经济逻辑：微观经济学视角》，杨培雷等译，上海财经大学出版社 2005 年版，第 13 页。

者，在失败和无望的忧虑中磨尽生命之后才认识到真正快乐的获得和增加是有限的"。① 在很大程度上，导致消费不断膨胀的因素根本上不是源自内心的真实需要而是源自外来的诱导欲求，源自市场的过度竞争。然而，现代主流经济学却根本不考虑有关欲望及其如何决定等问题，而是简单地将人类需求设定为无限；进而，它热衷于为经济增长出谋划策，并鼓吹市场竞争在其中的决定性作用。显然，正是在这种学说的主导下，现代社会的物质财富不断增长，但与此同时，人们的占有欲也随之增强；同时，在自由市场竞争的鼓吹和推动下，当前世界上无论是最富裕国家还是正在新兴工业国家的国民，都似乎正慢慢地恢复到达尔文所阐述的适者生存的紧张状态。尤其是，为了在市场竞争中取胜，每个人都会努力制造"噪音"，都会采取策略性行为，这导致内生交易费用不断提升，导致社会资源的无效配置。显然，基于相对效用的追求以及由此带来的策略性行为，我们就可以更好地认知市场运行机制。

哈耶克等人强调，社会的发展就是要增加机遇，促使个人在天赋和环境间形成某种特别的组合；同时，促使知识（信息）能够迅速地传播给那些能够利用它们的人士，并为他们所用。如何最大化地增加机遇和传播信息呢？新古典自由主义经济学所诉求的根本途径就是市场，在他们看来，只有市场才能并且必然能解决这些问题，其理由是，市场机制为市场主体逐利提供了场所，而逐利的个人行为在"无形的手"的引导下又能够且必然能够达致社会的最优。尤其是，基于西方社会根深蒂固的自然主义思维和消极自由主义信念，西方学者尤其是新古典自由主义学者大都非常推崇市场和法制这两个协调行为的基本机制，把由这两大机制保障的市场视为自生自发的，它促使社会分工半径不断伸长，从而由此滋生出的社会秩序具有持久的扩展性。例如，哈耶克就写道："在一个个人目标因专业化知识而必然各不相

---

① 转引自 [美] 布隆克：《质疑自由市场经济》，林季红等译，江苏人民出版社 2000 年版，第 17 页。

同、各种努力是为了将来与素不相识的人交换产品的社会里，共同的行为规则逐渐代替了具体的共同目标，成为社会秩序与和平的基础。个人之间的相互作用变成了一种游戏，因为对每个人的要求就是服从规则，这些规则除了他为自己和自己的家庭获得生计所需之外，并不关心某个具体的结果。因为使游戏变得最有效率而逐渐形成的规则，基本上属于涉及财产和契约的法律规则。这些规则反过来又使劳动分工的进步以及有效的劳动分工所要求的各种独立的努力之间相互协调成为可能。"①

问题是，新古典自由主义经济学的所有分析几乎都是以完善的市场为参照对象的。诺思就认为，"新古典经济理论能够解释发达国家的市场运行情况，但是没有解释市场和整个经济是如何演化的。要更好地理解经济变迁的过程，需要弥补新古典经济学的三个缺陷。新古典经济学认为经济是无摩擦的，静态的，没有考虑人类的意向性问题。无摩擦意味着市场运行部受'外在'的干扰，交易过程不花费任何资源（交易成本为零）；静态意味着新古典不考虑时间维度；研究人类意向性问题也就是要分析人类制定决策的方式。"② 同时，即使在发达国家，市场根本上也是不完善的。究其原因，人类社会的根本特征就是不确定性，市场所披露的信息也必然是不完善的；因此，真实世界中根本就没有完善的市场，市场本身就处于动态的发展中。

事实上，不完全信息的存在也意味着现实市场中交易费用必然是正的。例如，张五常就指出：市场本身是一种制度，如果交易制度成本为零，市场就不会出现。③ 正因如此，追求私利最大化的市场主体就会努力隐藏自身信息和挖掘他人信息，从而就必须投入大量的费用；这些费用往往因不断升级的过度竞争而不断增加，从而造成社会资源的巨大浪费，这种浪费在信息不

---

① ［英］哈耶克：《经济、科学与政治：哈耶克思想精粹》，冯克利译，江苏人民出版社2000年版，第303页。

② ［美］诺思：《理解经济变迁过程》，钟正生、邢华译，中国人民大学出版社2008年版，第61页。

③ 张五常：《经济解释：张五常经济论文选》，商务印书馆2000年版，第526—527页。

对称和机会主义盛行的情形下尤为可观。正是从这个角度上说，纯粹市场机制决定的经济增长往往是粗放式的，浪费了大量的自然的或社会的资源，从而也必然无法维持发展的可持续性。尤其是，市场竞争激发起了人们内心的贪欲，使得欲望和满足之间的缺口越来越大；在这种情形下，即使经济急速增长，物质极大丰富，人们的幸福感却并不会真正提高。彼得森写道："自工业革命以来，经济增长已经将西方国家大多数人的物质生活提高到了做梦也想不到的繁荣水平。……（但）更多的产出并没有增加我们的满足感。而且，增长很可能使得欲望—手段之间的根本困境恶化而不是改善，使得增长所产生的新的需求多于被满足的老的需求。这就是经济增长的阴暗面，这个悖论成为经济问题的根源，同时也是一种解决办法。"[1] 显然，上述分析提醒我们，应该对纯粹市场机制抱持谨慎之心，进而审视流行的市场理论。对此，豪斯曼就评价说，"经济现象是理性选择的结果，理性选择主要受一个人对自己的消费和利益的追求的支配。事实上，经济学研究的是理性贪婪的结果。"[2]

---

① ［美］彼得森：《权力与经济绩效》，载［美］图尔、［美］塞缪尔斯主编：《作为一个权力体系的经济》，张荐华、邓铭译，商务印书馆 2012 年版，第 114 页。

② 转引自［英］劳森：《经济学与实在》，龚威译，高等教育出版社 2014 年版，第 96 页。

3. 自由交易能否实现资源最优配置：

科斯中性定理的逻辑缺陷审视

导读：新古典自由主义经济学崇尚帕累托改进，科斯中性定理则为自由交换提供了理论支持。但是，无论是在实践应用上还是在理论逻辑上，科斯中性定理都存在明显的缺陷。主要体现为：一、它主要满足两个当事者时的逻辑分析，而没有考虑多人交易中存在的核配置困境；二、它没有考虑交易各方的交易能力，这涉及交易的可行性问题；三、它还没有考虑当事者偏好的环境依赖性，这涉及交易的意愿性问题。事实上，如果考虑到因财富差异造成的交易能力，那么，在一个交易成本为零并可以自由交易的社会中，初始产权界定给穷人将会产生更高的资源配置效率，显然，这是对科斯中性定理的革命。通过对科斯中性定理中逻辑缺陷的剖析，也就揭示了自发市场秩序在扩展中的基础性障碍。

一、引言

新古典自由主义经济学也承认市场存在失灵，但它同时强调，解决市场失灵的主要或根本办法只能依赖引入更多的市场力量而非政府力量；其理由是，政府在试图矫正市场失灵时可能会产生出更严重的政府失灵，或者要付出更大的成本。譬如，要解决"污染"等负外部性问题，一个根本方法就是建立可转让的排放权而创造出新的市场，由此人们就可以根据自身需要来买卖制造污染的权利，从而使得社会福利达到最大化。为这种主张提供理论基础的就是科斯定理，它论证了产权界定和产权安排在经济交易中的重要性，甚至否定了外部性的存在。尽管科斯定理为新古典自由主义经济学人所极力推崇，不仅成为市场化改革的主要理论依据，而且也成为经济学帝国主义的理论依据，但实际上，它并没有严格的逻辑基础，而且也遇到现实问题的严重挑战。究其原因，科斯中性定理存在是以一系列不现实的假设为前提的：（一）各方的生产和效用函数都是凸函数，且是共同知识；（二）市场是完全竞争的；（三）交易成本为零；（四）完善的法律体系；（五）没有财富效应。[1] 正因为存在着一系列不现实的假定，科斯中性定理无论是在实践应用上还是在理论逻辑上都存在明显的缺陷。本章致力于对科斯中性定理的逻辑缺陷审视，来揭示自发市场秩序的扩展障碍。

二、科斯中性定理的缺陷概述

科斯定理主要包括两方面含义：（一）只要交易费用为零且产权明确界定，那么，资源配置的最终结果与权利的初始配置无关，这个结论被称为科斯中性定理（Neutrality Theorem）；（二）通过自愿交易与自愿谈判，明确界定的产权将会导致资源的有效配置，达到帕累托最优状态，这个结论被称为科斯有效性定理（Efficiency Theorem）。显然，科斯定理的核心体现为：在竞争的条件下，只要产权界定清晰，总可以找到一个分配方案，使大家都感到满意。一方面，如果交易成本为零，那么，这些交易就会有效地解决稀缺性资源的配置问题；另一方面，如果交易成本大于零，那么，就必须考虑由政府来处理某种行为的有害后果所引起的成本是否会比通过市场来处理更低。同时，科斯定理也表明，外部效应并无特殊之处，也不在市场考虑的范

---

[1] Hoffman, E. & Spitzer, M. L., "The Coase Theorem: Some Experimental Tests", *Journal of Law and Economics*, Vol. 25, No. 1 (1982), pp. 73-98.

3. 自由交易能否实现资源最优配置：科斯中性定理的逻辑缺陷审视

围之内；相反，一旦法庭确定了谁有权采取某种行动，市场交易双方自然就会考虑这些效应问题。也即，外部效应的水平与产权的划分无关，并且，通过自愿交易与自愿谈判可以找寻到使得所有人利益之和最大的契约安排。

科斯定理为新古典自由主义经济学人普遍接受，并被广泛应用到企业产权改革、法律制度安排以及社会政治比较等领域。例如，波斯纳就强调，一个人愿意为一项权利支付的总数就是对资源多大程度上有利于他的决定性的证明，而那些愿意为一项权利支付最多的人则被认为是对该权利估价最高的。也即，这项权利将带给他们比任何其他人更多的效用，因而权利应当赋予那些愿意为其支付更多的人。正因如此，新古典自由主义经济学人往往把实现社会的"财富最大化"视为法律制度的规范性目标，并以交易成本和理性人为前提构筑了它那基于理性选择的新实用主义法学体系，从而把旨在追求手段和目的的经济理论运用于对法律制度的理解和改善。然而，科斯定理根本上只是一种理论上的推导，一旦应用到实践就会产生很大问题。这里先就科斯中性定理内涵的深刻缺陷做一般性概述。

首先，就科斯中性定理在实践应用中面临环境而言。第一，即使在一个零交易费用的世界里，法律对资源配置也未必不发生影响，更不要说现实世界完全不是科斯所抽象的虚拟世界，从而会导致有价值的交易并不能达成协议。事实上，在现实社会中会出现这样两类问题。（一）少数谈判问题：当只有较少数目的当事人时，他们就可能为利益分配而陷入无休止的争论，从而导致难以达成共识。例如，萨洛普（Salop）和怀特（White）就指出，在美国和反垄断诉讼相关的司法争议最终往往有很高的破裂比例，而且，最终各方支付的法律费用总和常常超过胜诉一方所能赢取的数额。[1]（二）多数谈判问题：如果存在众多的当事人时，由于存在谈判的外部性，一些当事人可能存在搭便车的机会主义倾向，从而又会导致交易不成功。例如，卡德

---

[1] Salop, S. C. & White, L. J., "Private Antitrust Litigation: An Introduction and Framework", in *Private Antitrust Litigation*, White, L. J. (Eds.), Cambridge: MIT Press, 1988, p. 43.

（Card）就指出，加拿大和美国私人部分中涉及大量工人的契约谈判，其中有10%—15%的结果是停工。[1] 第二，科斯定理成立与否严格依赖经济环境的界定，而这种条件往往并不实际存在。（一）除非消费者的效用函数是准线性（Quasi-linear），科斯中性定理不会成立；而且，准线性效应函数对消费者来说是一个很强的假设：对具有外部性商品的收入效益为零。事实上，赫维兹给出了科斯中性定理结论成立的充分必要条件：当交易成本为零及产权明晰界定时，导致有效配置的充分必要条件是效用函数为准线性函数，即具有外部性商品的收入效应一定要为零。[2] （二）除非经济环境的信息是完全的，科斯有效性定理也不会成立；而且，即使信息是完全的，合作博弈的经济核（Economic core）也可能是空集。事实上，斯塔雷特（Starrett）证明对生产集具有非凸性的外部性而言，有效配置往往难以通过市场机制来达到，也可能不存在均衡价格来支撑有效配置，即第二福利经济学定理不成立。[3]

其次，就科斯中性定理在完全信息下的应用困难而言。即使经济环境的信息是完全的，在零交易成本下，科斯的产权界定也不一定可以实现财富的最大化，更不意味着可以实现社会正义。第一，初始条件效应问题。根据科斯中性定理，资源配置的最终结果与权力的初始配置无关；但是，这没有考虑到收入分配效应，也没有考虑双方各自的谈判力量等。第二，良心效应问题。科斯效率主要反映的是社会总体效率问题，而没有剖析收益的具体分配；相反，它还往往错误地将收益和成本等同起来，从而没有考虑购买能力对交易结果的影响。例如，在火车与农场主的案例中，科斯定理认为，不管

① Card, D., "Strikes and Bargaining: A Survey of the Recent Empirical Literature", *American Economic Review*, Vol. 80, No. 2 (1990), pp. 410-415.

② Hurwicz, L., "What is the Coase Theorem?", *Japan and the World Economy*, Vol. 7 (1995), pp. 49-74.

③ Starrett, D. A., "Fundemantal Nonconvexities in the Theory of Externalities", *Journal of Economic Theory*, Vol. 4, No. 2 (1972), pp. 180-199.

立法者无论选择哪一种法规对整个社会的财富不产生影响，但显然，如果界定铁路公司在任何情况下都要承担责任，那么铁路公司就会更穷而农场主更富。第三，社会正义问题。科斯定理撇开社会现实考虑而界定的法律往往是专断而不合理的法，从而往往会导致社会正义的丧失，社会正义的丧失又必然会导致长期效率的下降。譬如，在土地私有化过程中，如果一个立法机关通过一项法案，规定只有获取一定文凭（譬如大学本科学位）的人才能被授予一定土地产权，而其他人员只能成为佃农或者从这些土地所有者手中二次购买土地，那么，这种土地私有化制度有效吗？特别是这种私有化符合社会正义吗？

最后，就科斯中性定理所依赖的产权界定而言。科斯中性定理是以产权能够清晰界定、从而形成产权市场为前提，但现实世界中的产权却往往难以清晰界定。事实上，现代产权不同于传统意义上的所有权：传统的所有权主要是对物而言，表示法律赋予某物的归属标志，而物的所有属性构成一个整体凝结其中而不可分割，并且为一个主体所独有；相反，产权关注经济活动中人的行为，它只有在不同的所有者之间发生利益关系时才有存在的意义，是物进入实际经济活动后所引发的人与人之间相互利益关系的权利界定，从而本质上是多元的且可以分解的。这反映出这样两点：（一）产权是对物之属性在人与人之间的权利界定，是将各种权利对象化，从而本质上呈现为一种权利结构；（二）作为产权界定的对象，物之属性的丰度往往难以为人的有限理性所完全测度，从而导致产权无法充分界定的，产权仅仅体现为对某些已知或可估测属性的界定。显然，正因为产权本身就存在一定的模糊性而无法完全界定清楚，那么科斯中性定理也必然会失去效率。譬如，针对萨默斯在担任世界银行首席经济学家期间提出的将污染工业从发达国家转移到发展中国家的建议，豪斯曼和麦克弗森就指出，并不存在一个污染交易的有效市场，除了因为污染本身是一个外部性的产物外，我们甚至不能知道污染的真实危害。豪斯曼和麦克弗森写道："如果欠发达国家的人们不知道有毒废物的成分、有毒废物造成的伤害或者废物倾倒和毒化地下水会带来何种后果的话，他们很可能很愿意接受更多有毒废物而仅仅得到一点点补偿。"①

三、科斯中性定理中的多人核配置困境

新古典经济学往往以其逻辑的严格性著称，但科斯定理恰恰就源于（个人主义哲学观的）直觉而非数理逻辑的严格推理和证明。根本上，科斯中性定理只是满足两个当事者时的逻辑分析，而一旦涉及两个以上的当事者，则往往会造成科斯定理失效，因为存在大量的没有稳定配置的空核问题。一般地，我们将稳定的大联盟称为核，也即，大联盟中的子联盟无法给其成员提供更大的支付。如果（X_A，X_B，X_C）是一个核配置，那么须满足：$X_A+X_B+X_C=V$（A，B，C）；$X_A \geq V$（A），$X_B \geq V$（B），$X_C \geq V$（C）；$X_A+X_B \geq V$（A，B），$X_A+X_C \geq V$（A，C），$X_B+X_C \geq V$（B，C）。显然，此时有：$X_A+X_B+X_C \geq$［V（A，B）$+V$（A，C）$+V$（B，C）］$/2$；也即：V（A，B，C）$\geq$［V（A，B）$+V$（A，C）$+V$（B，C）］$/2$。但显然，现实实践往往并不满足这一要求，这可以借艾瓦津恩（Aivazian）和考伦（Callen）提供的例子来加以说明：②

有三个工厂 A、B、C，A 和 B 会对 C 造成负的外部性，A 自由生产可得利润 3000 元，B 自由生产可得利润 8000 元，C 自由生产可得利润 24000 元；如果 A 完全停产，A 和 C 合并，利润会增加到 31000 元，如果 B 完全停产，B 和 C 合并，利润会增加到 36000 元，如果 A 和 B 都完全停产，A、B 和 C 全部合并，利润会增加到 40000 元；而如 A 和 B 单独合并，两者的利

① ［美］豪斯曼、［美］麦克弗森：《经济分析、道德哲学与公共政策》，纪如曼、高红艳译，上海译文出版社 2008 年版，第 18 页。

② Aivazian, V. A. & Callen, J. L., "The Coase Theorem and the Empty Core", *Journal of Law and Economics*, Vol. 24, No. 1 (1981), pp. 175–181.

润都提高到 15000 元。上述特征函数可用集合写成：V（A）= 3000，V（B）= 8000，V（C）= 24000，V（A，B）= 15000，V（A，C）= 31000，V（B，C）= 36000，V（A，B，C）= 40000。显然，帕累托最优结果是形成庞大的联盟体 V（A，B，C），即 A 和 B 都完全停产。问题是，这一结果是否可以实现？与产权的初始配置有无关系？

一般地，如果产权初始归属 C，此时帕累托优境也就可以形成，C 可以禁止 A 和 B 生产；而且，无论是 A 和 B 联合行动，还是独立行动都无法补偿 C 从 V（C）走向 V（A，B，C）所获得的 16000 元利益。问题是，如果 A 和 B 有权排放烟尘，则结果就会发生变化。一方面，如果 C 建议分别给 A 和 B 支付 3000 和 8000 作为补偿要求他们停产；但 A 和 B 可能通过联合要求更多 15000，他们之间分配譬如是 6500 和 8500，而 C 仅净得 25000。因此，C 就可以建议 B 与之合并，譬如说，补贴 B9000 元；但是，C 和 B 这种联盟也是不稳定的。事实上，在这个例子中：40000 <（15000 + 31000 + 36000）/2 = 41000，不符合上述核配置的要求。也即，包容所有当事人的大同盟不在核心之内，从而基于科斯的自由谈判根本上也就无法形成合作。

实际上，很多公共问题都无法简单地依靠市场交易或谈判来解决，即使是市场交易或谈判，也往往借助于特定的正义原则。关于这一点可以看一个莫林提出的例子:① 4 个家庭居住在同一条通往高速公路但没有铺设的公路上，其中 A 距高速公路 0.2 里，B 距 0.9 里，C 距 1.0 里，D 距 2.9 里；他们愿意共同分摊公路成本，而每 0.1 里的成本为 1000 元，那么，总成本 29000 元如何分摊？显然，上述特征函数可用集合写成：V（A）= 2000，V（B）= 9000，V（C）= 10000，V（D）= 29000，V（B，A）= 9000，V（C，A）= 10000，V（C，B）= 10000，V（C，A，B）= 10000，V（D，A）= 29000，V（D，B）= 29000，V（D，C）= 29000，V（D，A，B）=

---

① ［美］莫林：《合作的微观经济学：一种博弈论的阐释》，童亿伦、梁碧译，格致出版社、上海三联书店、上海人民出版社 2011 年版，第 16—17 页。

29000，V（D，A，C）= 29000，V（D，B，C）= 29000，V（D，A，B，C）= 29000。从这些集合中我们可以排除一些劣集合，剩下的就是：V（A）= 2000，V（B，A）= 9000，V（C，A，B）= 10000，V（D，A，B，C）= 29000。这是一个存在协作收益的例子，而且，参与协作的人数越多，获得的协作剩余就越大；也就是说，最好的结果是 4 人共同合作，而且，每一个人的加入都可以增进原先参与者的收益。

问题是，如果每个交易者都希望获得最大的个人利益，那么，就很难在这四个集合中找到一个稳定的核配置。不过，如果摆脱基于个体效用的效率原则之简单思维，而考虑依据某种正义原则，就可以更好地解决这一困境；一般地，实践应用的正义原则往往由一个仲裁者来推动，而任何参与方都可以自由退出。

在上述例子中，一个简单的方案就是平均分摊公共剩余 21000【2000+9000+10000+29000−29000】元，但这样做的结果是 A 不需要支付，从而显得不公平；另一个简单的常用规则是与"独立承担"成本成比例的成本分摊原则，即按照每户距离高速公路的里数成比例地分摊剩余 21000元，从而得到 C_A = 1160【2000 − 21000 × 2000/（2000 + 9000 + 10000 + 29000）】，C_B = 5220，C_C = 5800，C_D = 16820。但是，上述分摊原则也是不稳定的，因为 B 和 C 此时支付的共同成本大于 11020 元大于两人的集合10000 元，因而会选择退出。因此，考虑每一个新加入者都应该使原来当事人收益的增加，我们就可以转向另一正义原则：在核中选择成本分摊，也即，按照谁使用谁出钱的原则。例如，从高速公路到 A 家这段距离是所有人都使用的，因而这 2000 元成本由私人共同分摊；而 A 家到 B 家这段距离是 B、C、D 三人都使用的，从而这 7000 元由三人共同承担……如此类推。这样，最终各自的支付成本就是：C_A = 500，C_B = 2833，C_C = 3333，C_D = 22333。显然，通过引入正义原则，我们不仅可以实现最终的帕累托改进福利，而且可以避免在交易中私欲导致的不确定性。

四、科斯中性定理中的交易可行性问题

即使只有两个当事者的情形，而且存在交易的可能，但交易也不一定会发生。究其原因，实际交易是否发生与相关者的交易能力有关，而交易能力又取决于其拥有的财富。一般地，通过交易实现资源的最佳配置的一个关键在于：高效率或高效用者不仅愿意而且能够支付更多的货币，当他增加这种资源或物品的拥有量时，其他个体也就相应地最大化了自己的财富。问题是，高效率或高效用者果真能够支付更多的货币吗？显然，科斯中性定理并没有讨论这一问题。

事实上，"产权界定与资源配置无关"的中性定理是与西方经济学中原子主义个体分析思维相适应的，这种分析思维把人视为没有差异的平等个体，具有同等的信息和机会，只是由于各人的偏好不一致而产生交易的诉求，从而存在一定的交易剩余，并在无形的手的牵引下就会出现交易。然而，现实世界中的个体却是异质的，不仅体现在偏好上，更主要体现在资源的占有以及先天的能力上。显然，正是由于存在这种差异，导致了不同的产权界定会带来完全不同的交易情形，从而对社会资源的配置也产生重大差异。

显然，如果法律将是否生产的权利界定为穷人所有，无论是否可以通过产权交易，社会福利水平都至少不会下降；相反，如果法律将是否生产的权利界定为富人所有，很可能因无法进行产权交易，而使得社会福利处于低水平状态。事实上，当存在通过资源配置而促进社会效用提高时，富人就会促成产权交易；而当不存在通过资源配置而促进社会效用提高时，既定的产权安排就是有效。正因为富人比穷人往往更能承担交易成本，因而随机的产权界定总是有利于富人一方；这意味着，在一个可以自由交易的社会中，良性的产权界定应该将产权界定给穷人所有。因此，这里提出了对科斯中性定理

的革命：现实世界中的资源配置并不是与产权的初始界定无关的，考虑到因财富差异造成的交易能力，那么，在一个交易成本为零并可以自由交易的社会中，初始产权界定给穷人将会产生更高的资源配置效率。

大量的实证研究也表明，在信用约束的情况下，收入不平等将会严重降低社会生产率；因为，在信用约束条件下，穷人的交易将受到严重制约。例如，巴罗的研究就表明，收入越不平等，低收入国家的增长速度越慢，而高收入国家的增长速度则越快；之所以如此，低收入国家存在严重的信贷约束，从而会严重抑制穷人的创新动力。[1] 同样，张夏准的研究也指出，发展中国家的民众实际上拥有比发达国家更强的创新精神，只不过由于缺乏生产技术和发达的社会组织，进而就无法将个体创业动力成功转变为集体创业动力的能力。[2] 显然，对科斯中性定理的审视具有非常重要的实践意义。事实上，随着人类社会的发展和人际交往的拓展，就会出现越来越多的产权关系需要加以界定。对此，科斯中性定理认为从社会效率角度看界定给谁是没有关系的，而本书给出的结论却强调关系重大。尤其是，现实世界中，往往是那些具有权势的人占有绝大部分资源，进而通过法律的形式成为产权人，而科斯中性定理显然为这种行为和现象提供了理论支持。

在很大程度上，正是由于法律将土地、煤炭、稀土、矿产、能源等资源的产权界定为少数权势者，他们基于个人收益最大化原则对这些矿产进行了竭泽而渔式的开发，并由此产生了显著的外部性；但是，穷人们并没有足够的财力通过购买产权方式阻止资源开发，而往往只能承受开发带来的严重负效应：不仅干净的饮用水源和空气消失了，而且肺癌、哮喘病、白血病、氟中毒、砷中毒、水俣病等也频繁爆发。更为甚者，如果考虑穷人被迫承受的

---

① 参见［美］赫尔普曼：《经济增长的秘密》，王世华、吴筱译，中国人民大学出版社2007年版，第83页。

② ［英］张夏准：《资本主义的真相：自由市场经济学家的23个秘密》，孙建中译，新华出版社2011年版，第156页。

负效用，这些资源开发的社会收益往往是负的。关于这一点，我们只要看一下历史上轰动世界的八大公害事件就明白了：（一）1930 年比利时马斯河谷工业区烟雾事件，造成一星期内有 60 多人死亡，许多家畜也患了类似病症而死亡；（二）1948 年美国宾夕法尼亚州多诺拉镇二氧化硫事件，致使发病者 5911 人，死亡 17 人；（三）20 世纪 50 年代美国洛杉矶光化学烟雾事件，在 1952 年 12 月洛杉矶市 65 岁以上的老人死亡 400 多人，1955 年 9 月的两天内 65 岁以上的老人又死亡 400 余人；（四）1952 年英国伦敦烟雾事件，大雾持续的 5 天时间里丧生者达 5000 多人，在大雾过去之后的两个月内有 8000 多人相继死亡；（五）1961 年日本四日市工业废气事件，至 1972 年该市共确认哮喘病患者达 817 人，死亡 10 多人；（六）1968 年日本北九州市、爱知县米糠油事件，食用后中毒而患病者超过 5000 人，其中 16 人死亡，实际受害者约 13000 人；（七）1953—1956 年日本熊本县水俣市水俣病事件，水俣湾和新县阿贺野川下游有汞中毒者 283 人，其中 60 人死亡；（八）1955—1972 年日本富山县神通川流域骨痛病事件，1963 年至 1979 年共有患者 130 人，其中死亡 81 人。

当然，有人也许会为科斯中性定理进行辩护，认为科斯定理已经隐含了"所有的人是一样的"这一假定，从而没有穷人和富人之分。问题是，如果人是同质的，那么就根本没有任何交易；而之所以会产生交易，就在于人的初始禀赋以及偏好是不同的。也就是说，科斯定理在很大程度上是建立在还原论和对称性的基础上，它将具体的社会行为者还原为没有差异的原子个体，从而得出的结论也与具体交易者无关。但试问：穷人和富人、劳工和雇主的谈判能力能够对等吗？为此，陈半指出，科斯的交易成本理论是永动机理论和极端还原论。其实，科斯中性定理只有一个条件：交易成本为零。但显然，这一条件根本无法达致"产权界定与资源配置效率无关"这一结论，因为它忽视了社会中广泛存在的财富效应。一般地，初始禀赋往往会影响个人在特定价格下购买某一商品的意愿，从而财产权的初始分配将通过"财富效应"影响最终资源配置结果。为此，米尔格罗姆（Milgrom）和罗伯茨（Roberts）就指出，"如果交易成本为零：并且无财富效应，则关于外部性问题的私下交易谈判结果，与财产权的初始分配无关，而只由效率因素决定。"①

同时，迪克西特等人强调，科斯定理的政治价值不在于它对现实的描述，而在于它提供了一个理想化的目标，提供一个观察现实的参照系，从而有助于我们集中精力去关注那些区别现实与理性的具体方法。那么，这个理想化的目标是什么呢？在迪克西特看来，这就是：如果所有的参与者能够坐下来谈判，如果将所有有经济价值的初始产权分配给这些参与者，并且如果他们可以无成本地进行产权界定的并完全履行协议，那么，在不考虑由参与者谈判力量决定的产出分配的情况下，其结果必定是一个有效率的经济计划，而政治将不起任何作用。② 由此，一些经济学人进一步发展出一个"政治科斯定理"：在给定宪政框架下，给定政治权利（如投票权、游说权等）的初始分配，如果没有政治交易费用的话，将能够实现最优的制度结果，而这一结果并不依赖政治权利的初始配置。在这种学说支配下，一切社会制度都被视为是自发产生和演化的，社会制度一定会朝不断优化的方向发展。但显然，现实生活中并非如此，社会秩序的内卷化是一种普遍现象，人们所选择的社会制度往往也并不理想。

事实上，上述层层分析揭示出，科斯中性定理的问题并不在于现实世界中存在"交易成本"，而在于它给出理想化目标的逻辑本身就内含着严重缺陷：它错误地将收益和成本等同起来，而没有考虑现实世界中参与者在交易能力上的差异，而后一情境将导致自由谈判和交易并不必然会导向有效率的

---

① Milgrom, P. & Roberts, J., *Economics, Organizationand Management*. Prentice-Hall, Inc. 1992, p. 596.

② ［美］迪克西特：《经济政策的制定：交易成本政治学的视角》，刘元春译，中国人民大学出版社 2004 年版，第 27—28 页。

结果。例如，穷人可能对诸如水等环境污染所承担的成本更高，但当污染权为富有的企业主所有时，他们并不能够买这种污染权，因而只能以额外的代价继续忍受环境的污染。显然，由于富人比穷人更能承担谈判成本，因而随机的产权界定总是有利于富人一方。更为重要的是，由于现实社会的法律往往是强势者制定的，它往往将一些稀缺性资源的产权界定给富裕者，这种产权分配的结果就是：富人享受了超额的资源租金，而穷人则承受更大的福利损失。显然，尽管这些无效现状是明显的，却根本无法产生资源的重新配置，这就是当前人类社会的现实。然而，受科斯中性定理的误导，很多人认为自由市场中状态总是处于社会福利最优，从而极力反对对资源初始配置进行探讨、改革，进而也就刻意地维护那些强势者的利益。

最后，基于对科斯中性定理的革新，我们就可以跳出新古典自由主义经济学的思维束缚而更深刻地审视各种社会现象和社会制度。譬如，随着城市车辆的增加以及拥挤程度的加大，北京、上海等都实行了限制个人汽车数量的制度，其中，北京实行了车牌摇号方式，上海实行了车牌拍卖的方式。那么，哪种方式更优呢？按照现代主流经济学的观点，当然是上海采取的拍卖方式，理由是：拍卖有助于显示购车者的真实偏好并将资源配给效用最大者，从而可以实现社会效用的最大化。问题是，这同样是建立在每个人的支付能力都相同的基础上。但显然，现实世界中每个个体的支付能力是不同的，这样，即使一些中低收入者有很高的效用，也很可能没有能力获得车牌，从而就难以实现社会效用最大化。相反，如果采取摇号的方式，那些有很高效用但没有交易能力的中低收入者也可以基于运气获得车牌。从这个角度上说，我们并不能确定车牌拍卖的经济意义就一定优于摇号，更不要说考虑社会正义的意义了。

进而，我们也可以审视处于短缺经济的社会主义采用数量配给和排队方式来分配消费品的意义，它并不一定比现代主流经济学所主张的通过价格调整来分配消费品差。实际上，当时的社会主义领导人可以很容易地引入弹性价格制而使自己更受欢迎，但为何又不这么做呢？一个重要原因就是要照顾到更多穷人的利益。当然，有学人又会质疑说，西方的生活水平更高呀！这可以说明西方由市场分配的制度更有效。但这显然犯了分解谬误（Fallacy of Division）：从群体具有某特征来推导出群体的每个成员也具有该特征。相应地，在现代经济学界，一些经济学人从欧美发达国家拥有更高的经济发展和福利水平中就想当然地认为，现代主流经济学优于古典经济学等早期经济学，西方文明和制度都优于儒家文明和中国社会。同时，这里也仅仅看到西方平均生活水平，而没有看到生活水平的差距。事实上，整个西方社会的收入差距在过去 300 年间是不断拉大的，只是在第一次世界大战和第二次世界大战期间由于出台一系列有助于穷人的产权界定安排才出现收入差距的缩小。更为甚者，发达国家内部收入差距缩小的这段时期，也正是国家之间收入差距拉大时期。这意味着，国际产权界定是不利于穷国的，富国的生活水平上升也是以穷国为代价的。所以，瑟罗强调，历史上是民主制的政府而不是市场造就了中产阶级。①

五、科斯中性定理中的交易意愿性问题

资源是否能够向高效率或高效用者流动，除了涉及交易的可行性问题，也涉及交易的意愿性问题。其中，交易的可行性涉及当事人的交易能力，进而与社会收入结构有关；交易的意愿性则涉及当事人的心理偏好，而当事者的心理偏好存在着明显的环境依赖性。基于偏好的环境依赖性以及由此衍生的交易的意愿性，我们就可以从另一维度审视科斯中性定理：它主要是基于数理的形式逻辑而不是基于人的行为逻辑，从而往往违背人的行为逻辑。究其原因，数理逻辑的一个重要特征就是：物品的效用和价值具有非位置依赖性，

---

① ［美］瑟罗：《资本主义的未来》，周晓钟译，中国社会科学出版社 1998 年版，第 241 页。

同一个体处于不同地位对物品的效用和出价具有一致性；但是，这明显有悖于人的行为逻辑：人在不同情境下对同样一元钱的认知是不同的。一般地，我们将一个人对自己未拥有的物品所愿意支付的价格称为意愿支付价格，简称WTP；而将一个人出售自己拥有的物品时所要求的价格称为意愿接受价格，简称WTA。同时，这两者往往是不等的，这已经为大量的经验研究和实验研究所证实，现代实验经济学还发展出一系列的心理效应来加以说明。

首先，行为心理学家提出了一个偏好逆转效应（Preference Reversal Effect）。

这个效应的提出最早源于心理学家利希滕斯坦（Lichtenstein）和斯洛维奇（Slovic）所做的一个实验。受试者在期望价值大致相似的两个赌局之间进行选择：一是赢钱概率大的 P（即可能性 Probability）赌局：以大概率赢得少量的钱（如以 35/36 的概率赢得 4 美元），这是相对确定的；二是赢钱金额大的 S（即美元符号"＄"）赌局：以小概率赢得大量的钱（如以 11/36 的概率赢得 16 美元），这是比较冒险的。实验过程是：第一阶段，受试者被询问愿意选择哪一个选项？第二阶段，受试者被要求对每个赌局做出评价。评价方式是：假定受试者拥有赌局权，那么，他们愿意出售每个赌局的最低金额是多少？假设受试者没有选择赌局权，那么，他们购买每个赌局时所愿意支付的最高金额是多少？

实验结果是：在第一阶段，大多数人都选择了 P 赌局，因为他们更希望赢钱的概率大一些；在第二阶段，在第一阶段选择偏好 P 赌局的受试者，在第二阶段评价时往往会赋予 S 赌局更高的价值。利希滕斯坦和保罗·斯洛维奇将这种现象称为偏好逆转效应：偏好物品 A 而不是 B 的受试者，他们中的大部分人对物品 A 的意愿支付价格（WTP）或意愿接受价格（WTA）都小于物品 B。[1] 事实上，在上述实验中，如果在两者之间做出选择，大部

---

① Lichtenstein, S. & Slovic, P., "Reversals of Preference between Bids and Choice in Gambling Decisions", *Journal of Experimental Psychology*, Vol. 89 (January 1971), pp. 46-55.

分受试者选择 P；如果给两者标出最低卖价，大部分受试者选择 S。显然，偏好逆转效应表明，人们的选择与其对某个商品的价格评估并不一致。

其次，行为心理学家提出了禀赋效应（Endowment Effect）和损失厌恶效应（Loss Aversion）等。

利希滕斯坦和保罗·斯洛维奇的上面实验也揭示出这样一个长期熟视无睹的现象：人们对同一商品的意愿支付价格（WTP）和意愿接受价格（WTA）之间往往存在明显差异。2017 年诺贝尔经济学奖得主塞勒（Thaler）则进一步将这种现象称为禀赋效应：你拥有的东西属于你的一部分禀赋，与你即将拥有的那些东西相比，你更看重自己已经拥有的东西。[①]也即，人们往往会赋予其拥有的东西比未拥有的同样东西更高的价值。塞勒举例子说，某 A 教授拥有收藏葡萄酒的爱好，他经常从拍卖会上买葡萄酒，其中有些酒买来时只有 60 元，现在已经涨到了 600 元；A 教授在某些特殊日子会打开一瓶葡萄酒喝，但绝不会花 600 元买一瓶葡萄酒喝，他也不愿意按照市场价出售自己收藏的葡萄酒，即使有人出价 800 元一瓶也不行。事实上，如果价格在 300 元到 800 元之间，A 教授往往是既不买也不卖。问题是，如果 A 教授愿意喝掉一瓶能卖 600 元的酒，为何他又不愿意花高于 300 元买一瓶这样的酒呢？如果他不愿意买这样的酒，为何又拒绝价格接近 800 元的卖价呢？

那么，如果理解禀赋效应所带来的巨大价格差呢？要知道，这与标准经济理论存在明显的矛盾。但是，它却可以用损失厌恶效应得到很好的解释。损失厌恶效应指出，同量的损失带来的负效用要大于同量收益带来的正效用，因而人们在面对同样数量的收益和损失时往往更难以忍受损失。2002 年诺贝尔经济学奖得主卡尼曼举例说，在两个方案中：A. 分别以 50% 概率拥有 100 万美元和 400 万美元；B. 确定性地拥有 200 万美元。那么，绝大

---

① Thaler, R. H., "Toward a Positive Theory of Consumer Choice", *Journal of Economic Behavior and Organization*, Vol. 1 (March 1982), pp. 36-60.

多数人都会选择确定选项 B，而不是期望收益更高的 A。同样，按照损失厌恶效应的解释，A 教授在决定买还是卖时取决于参照点，即教授是否拥有这瓶酒：如果拥有这瓶酒，那么他卖时就需要考虑放弃这瓶酒的痛苦；如果不拥有这瓶酒，那么他买时就要考虑得到这瓶酒的乐趣。也即，根据损失厌恶效应，两者的价值并不相等。正是由于 A 教授因藏酒被拿走所遭受的痛苦远大于他得到同样一瓶酒的快乐，因而他不会购买一瓶价钱一样高的酒。

事实上，大量的社会现象都表明，对大多数人来说，在他们愿意为他们并不拥有的某个物品支付的货币数量和他们已经拥有某个物品而愿意交易它的货币数量之间存在一个差额。当然，对这个差额还可以作进一步的说明：（一）对不同人来说，这个差额的大小往往存在显著差异，穷人的损失厌恶效应往往更明显；（二）这个差额既可能是正，也可能是负，关键在于不同的心理作用。不管如何，这些心理效应都会影响人们的交易意愿，从而也就会对科斯中性定理提出挑战。这里再从两方面加以说明。

第一，人们往往会对已经拥有的东西不珍惜，而总是觊觎其他人的东西。"这山望那山高""别人碗里的粥料更多"以及"家花不如野花香"等谚语就反映了此种倾向。一个经典的实验就是信封交换博弈实验：两个信封里面随机地装着一定数目奖金，其中一个信封内的钱是另一个信封钱的 2 倍；两个受试者 A 和 B 都知道这一信息，但每个人都只知道自己信封的具体数目。而且，如果两人都想交换，那么只要付 1 元手续费就可以交换；那么，A 和 B 是否应该交换呢？显然，根据期望效用最大化原则，两人都会愿意进行交换。问题是：因为用来分配的钱是固定的，因而双方交换信封并不可以都得到改善，即交换至少会使一人受损。事实上，尽管人们往往认为别人的配偶更漂亮、更贤惠，但大量的婚姻调查认为，离婚次数越多就越不幸福，而且，原配夫妇往往更幸福。而且，基于同一原理，人们往往因为东西失去了才会觉得珍惜，从而有愿意花费大代价换回来；尽管根据效用原则，这种流动似乎增加了社会总财富，但显然造成了社会财富最大化的内在不稳定。德沃金写道："通过使财产从甲向乙转移，然后再从乙向甲转移，如此不断循环，社会财富获得了增长。在这样的条件下，也就是说，财富最大化是一个循环标准，那么它在社会增量标准中是一个极令人讨厌的财富。"①

第二，人们往往会特别珍惜自己的东西，当其他人希望交换时更是如此。"敝帚自珍""青毡旧物"等成语或典故就反映了此种倾向。德沃金认为，这种现象更为常见：人们对它拥有的某个物品的开价比他为了得到它而支付的货币更多。事实上，大量的实验也表明，WTA 平均值经常比 WTP 平均值大好几倍。例如，奈奇（Knetsch）和辛登（Sinden）做了一个实验：给一半受试者发彩票，另一半发 3 美元；然而，为持彩票的受试者提供以 3 美元出售彩票的机会，并允许持货币的受试者用 3 美元购买彩票。结果：82%的持彩票受试者保留彩票，而 38%的持货币受试者愿意买彩票。② 再如，根据北美猎鸭者提供的数字：他们每人最多愿付 247 美元维护湿地，但最少要 1044 美元才同意转让。③ 更为典型的例子是，目前社会中广泛存在的钉子户事件也表明，如果让他们掏钱来购买目前的这种居住环境，这是无论如何也达不到要他们搬迁时所索取的这种高价。此外，在当前房价水平下社会大众普遍不愿意买房，同时那些只有一套住房且又暂时闲置的人又往往不愿意以目前的价格出售房产；这也意味着，当住房配置在不同人手中并不必然导致交易的进行，初始产权配置在投机者手中时会导致闲置，而当初始产权配置在自住者手中时则会导致使用。为此，德沃金写道："得到财富最大化的最终配置将会有所不同，即使在相同的初始配置条件下，它也得依赖

---

① ［美］德沃金：《原则问题》，张国清译，江苏人民出版社 2005 年版，第 308 页。

② Knetsch, J. L. & Sinden, J. A. , "Willingness to Pay and Compasation Demanded: Experimental Evidence of an Unexpected Disparity in Measures of Value", *Quarterly Journal of Economics*, Vol. 99（August 1984）, pp. 507-521.

③ ［英］雷斯曼：《保守资本主义》，吴敏译，社会科学文献出版社 2003 年版，第 48 页。

于直接交易得以产生的某个秩序。"①

可见，现代实验经济学对生活世界中的人类心理及其相应行为逻辑的揭示，有助于我们进一步反思科斯中性定理的意义和价值。根本上，科斯中性定理并不是建立在行为逻辑而是建立在数理逻辑基础之上，没有考虑产权的初始界定对人们交易能力和交易偏好的影响，没有考虑到效用本身就是一个环境依赖的主观产物。由此拓展视野，我们就可以从实践应用和理论逻辑两方面认识到科斯中性定理内在的深刻缺陷：（一）没有考虑多人交易中存在的核配置困境；（二）没有考虑交易各方的交易能力；（三）没有考虑当事者偏好的环境依赖性。事实上，当污染权为富有的企业主所有时，尽管穷人可能对诸如水等环境污染所承担的成本更高，但他并没有能力购买这种污染权而只能以额外的代价继续忍受环境的污染；同样，由于人的心理偏好是环境依赖的，即使我幸运地花 10 元钱获得了广州亚运会的比赛门票，但我也不愿意以 100 元的价格卖掉他们，尽管如果这张门票丢失了我甚至不愿花 20 元钱来买它。显然，在真实世界中，我们都必须考虑这些因素，因此，资源的配置状况以及使用效率就不是产权界定无涉的了，相反，初始产权界定给谁，对交换能否展开、产权如何流动以及最终资源的配置效率具有非常重要的影响，这些都证伪了科斯中性定理。

六、科斯正定理与自由谈判效率

科斯定理指出，如果不存在交易成本，无论初始产权如何界定，个体间的自由谈判总可以导致资源配置达到帕累托有效。同时，由于只有在完全竞争市场上，完备信息假定才符合没有交易成本为零的假设；为此，施斯蒂格勒将科斯定律表述为：在完全竞争条件下，私人成本将等于社会成本。这也

---

① ［美］德沃金：《原则问题》，张国清译，江苏人民出版社 2005 年版，第 309 页。

意味着，在交易成本为零时，就可以通过明确界定的产权之间的交易实现资源的最佳配置，此时外部效应自动消失了。正因如此，科斯定理为自由市场提供了理论支持：自生自发的市场秩序具有不断扩展倾向。问题是，科斯中性定理本身是建立在一系列严格条件的基础之上的。

其实，"科斯定理"有正反两种表达形式：（一）交易成本为零时，资源的最终配置效率与产权的初始界定无关，当事人的私下交易可以解决外部性问题并实现帕累托最优，这就是"科斯中性定理"或"科斯第一定理"；（二）交易成本不为零时，财产权的初始分配将影响最终资源配置，这是"科斯正定理"或"科斯第二定理"。而且，不论从逻辑上说还是科斯本人的多次直接说明，都反映出，第 2 种解释是科斯想传达的本意。这有两方面的基本依据：（一）科斯定理的零交易成本假设是不现实的，更不要说，如果交易费用为零，产权本身也就不重要了；（二）科斯 1937 年的《企业的本质》一文中就强调，交易成本不为零是理解企业的关键。然而，现代主流经济学教材却更多地强调"科斯定理"的第一种描述，这种观点更为国内经济学人所宣扬。为此，科斯曾抱怨道："我的论点是说明将正的交易成本引入经济分析的必要，从而使我们得以研究现实的世界。但这并不是我的文章的效果。各种杂志上充斥的是关于交易成本为零的科斯定理的讨论。"[①]

尤其是，面对交易成本不为零的情况，还派生出如何选择产权制度的"科斯第三定理"：存在交易费用的情况下，由政府来确定初始产权安排就可能使社会福利得以改善，并且这种改善可能优于其他初始权利安排下私人交易所实现的福利改善。然而，新古典自由主义经济学人却往往坚持，即使市场交易存在成本时，在产权明确界定的情况下，当事人也会通过一致同意的契约找寻到费用较低的制度安排。但显然，这里存在着一个谈判效率的问

[①] Coase, R., *The Firm, the Market and the Law*, University of Chicago Press, 1988, p. 15. [美] 科斯：《企业、市场与法律》，盛洪、陈郁译校，格致出版社、上海三联书店、上海人民出版社 2008 年版，第 14 页。

题。关于这一点，我们可以分析简单的交通现象。在图 3-1 所示中：有两辆在一条道路上相向行驶的车 C 和 D 同时达一个十字路口 A，此时 C 要左转而 D 要直行，那么，如何解决他们之间的矛盾呢？

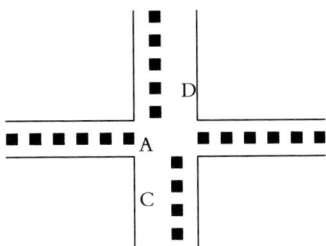

图 3-1　十字路口的交通

实际上，上述问题可以写成图 3-2 所示的博弈矩阵：

司机 D		司机C	
		等待	前行
	等待	-3, -3	-2, 7
	前行	5, 0	-4, -4

图 3-2　十字路口的交通博弈

显然，帕累托最优状态发生在矩阵的非对角线上，并且需要存在一定的协调机制。问题是，如何协调呢？按照目前流行的产权学派理论，应该建立一个市场以出卖使用路口的权利，并且需要存在一个站在路口逐渐的拍卖者，快速地从两个司机那里接受出价，然后再将优先使用权卖给出价较高者（显然，这里的价格将设在 5 和 7 之间，并且向左转的车将得到使用路口的优先权）。然而，在现实中，这是非常难以出现的情形；即使出现，这种机制也可能是既麻烦又高成本的。因此，这里就出现了另外一个方法：颁布一个交通规则，并且强迫每个人都在被允许开车上街之前学习它。2005 年诺贝尔经济学奖得主谢林写道："发明交通信号的人一定有化繁为简的天赋。

他认识到在两条街道的交叉处，因为人们互相影响而会出现混乱和时间损耗；也许出于个人的经验，他发现行人的自律和相互礼让无法解决这一通行问题，在这里，即使那些很礼貌的人也会因为相互等待而耽搁时间。而一旦人们对自己过马路的时间判断错误，就会引起碰撞事故"；实际上，"交通信号提醒我们，尽管计划管理往往与控制联系在一起，协调通常才是关键因素。"①

当然，交通规则的颁布往往是一个社会习俗的产物，如中国大陆和香港地区就存在两种不同的规则。雅赛就指出，"契约是习俗之父；先例方便了谈判和协商，甚至干脆使谈判和协商成为多余的；习俗省却了契约。"② 在很大程度上，所有规则都源于习惯，这种习惯或者是长期演化而来的，或者是由于某些特定因素的触发。显然，一旦由权力强制引入一种制度后，就会产生制度本身的自我约束性；而且，在权力的强制力消失以后，仍可能作为稳定的制度继续运作，这就是制度演化的路径依赖和路径锁定效应。事实上，即使那些并不是最有效的制度与习惯，也可能仅仅因为历史上曾由于采用的集团处于支配地位而渗透到了新加入的人群之中。典型的例子就是国际商业用语——英语，它并不见得就是最完善、方便和有效的语言，但由于早期的英国以及随后的美国强大而得到推广，今后也可能长期的成为世界通用语言，即使在说英语的国家衰落以后也是如此。这也就是习惯或制度的自我强化效应。

七、自由谈判为何不尽如人意

一般认为，科斯中性定理为基于帕累托改进的自由交换提供了逻辑支

---

① ［美］谢林：《微观动机和宏观行为》，谢静等译，中国人民大学出版社 2005 年版，第 98、99 页。

② ［英］雅赛：《重申自由主义》，陈茅等译，中国社会科学出版社 1997 年版，第 105 页。

持，进而也就为市场有效的福利经济学第一、二定理夯实了理论基础，从而为新古典自由主义经济学所推崇和鼓吹。但上面的分析却表明，科斯定理纯粹是一种形式逻辑游戏，没有考虑具体的人类行为逻辑，甚至也没有考虑更为复杂的推理问题；相应地，它不仅难以说明为何现实世界中的谈判总是那么无效，而且还更漠视了自由市场的内在缺陷。为了说明这一点，这里再次对福利经济学第一、二定理做一审视。究其原因，这两大定理和科斯定理一样也是以完全竞争为前提的高度抽象，但它们的现实基础并不"牢靠"；相应地，只要主要假定发生哪怕是很小的变化，这两大定理就不成立了。①

事实上，福利经济学第一定理认为竞争性均衡必然是帕累托最优，但这一定理成立所需要一些苛刻条件却很难在现实中得到满足。具体表现为：（一）信息的不完全性：它一方面导致外部性的产生，另一方面使得市场力量的不均衡，都意味着市场并不是完全竞争的；（二）完全市场和竞争市场之间的二律背反：完全市场一方面意味着对于所有不同的商品都存在对应的市场，另一方面也意味着竞争的隔离；（三）价格作为信号本身所内涵着悖论：价格一方面反映了市场的供求信息，另一方面又没有也不可能包含搜寻的成本信息，否则人们就会失去对信息搜寻的动力。同样，福利经济学第二定理认为，帕累托最优总能通过市场机制来实现，但这一定理也要求严格的假设条件。例如，格林沃德—斯蒂格利茨定理指出，当市场不完备、信息不完全时，市场从来不会自己达到限制性的帕累托最优。②

同时，哈耶克等之所以推崇自生自发市场秩序，就在于他们认为，这种市场机制有助于只是主体充分使用基于特定时间和地点的个人知识，从而能够做出正确的决策和规划。但显然，这不仅过分夸大了个人信息在决策中的

---

① ［意］阿克塞拉：《经济政策原理：价值与技术》，郭庆旺、刘茜译，中国人民大学出版社 2001 年版，第 82—85 页。

② ［美］斯蒂格利茨：《政府为什么干预经济：政府在市场经济中的角色》，郑秉文等译，中国物资出版社 1998 年版，第 72 页。

重要性，而且也夸大了市场价格中所包含的信息。布瓦索就指出，新古典系统对信息问题做了两方面的简化：（一）假定除了对他们自己生产可能性的知识和兴趣外，个人只要拥有另一理性信息即价格就可以履行任务，似乎进行交易的商品在交易中难以捉摸的复杂情况被全部编制在概括性的价格数据上；（二）假定交易人没有明显的信息隐藏，经济中的价格信息就可以轻易获得，这足以推动自我调节的市场交换过程走向平衡。① 但显然，这两点都与现实相差很远。诺思就指出，现实市场之所以有交易费用，就在于信息的有成本的，而且是不对称的；而且，无论行为人发展出怎样的制度去规制人类的互动，总在一定程度上导致市场的不完美，总存在欺诈和搭便车行为。因此，"在人类的行为特征既定的条件下，人们根本无法设计出既能解决复杂的交换问题又能避免一些不相容的激励的制度。"②

此外，尽管新古典自由主义经济学认为，市场竞争可以将一切供求信息都转化成价格信号，而利用价格信号就可以将各种知识转化为共同知识；但实际上，市场的价格信息也永远不可能是完全的，不可能包含所有私人的信息，否则，人们搜集价格信息就变得毫无意义。同时，正是因为在纯市场中信息的获得是需要成本的，从而就产生了信息节约和信息共享的要求。那么，如何实现信息节约和信息共享呢？这又产生了信任的要求，需要借助伦理认同这一黏合剂。韦森写道："'囚犯困境'博弈的发现在经济学的根基上意味着对新古典经济学的'市场竞争万能论'信条的否定，这一发现实际上也似乎把'伦理无涉'的现代经济学逼到了非考虑市场经济伦理维度和道德基础不可的'墙角'。"③ 这从两方面上加以理解：（一）在现实世界

---

① ［英］布瓦索：《信息空间：认识组织、制度和文化的一种框架》，王寅通译，上海译文出版社 2000 年版，第 14 页。

② ［美］诺思：《制度、制度变迁与经济绩效》，杭行译，格致出版社、上海三联书店、上海人民出版社 2008 年版，第 149 页。

③ 韦森：《经济学与伦理学：探寻市场经济的伦理维度与道德基础》，上海人民出版社 2002 年版，第 115—116 页。

中，个体最优和集体最优以及帕累托改进之间并非是一致的；（二）信息的不完全又进一步限制市场的有效性。相应地，应该引入伦理、信任等其他社会机制来克服市场机制的不足，从而促进社会合作和分工半径的持续扩展。

不幸的是，面对显而易见的逻辑缺陷，新古典自由主义经济学却依旧信奉纯粹市场机制的有效性，或者以基于行为功利主义的效率原则作为行为的伦理基础。例如，1976年诺贝尔经济学奖得主弗里德曼在《企业的社会责任就是增加利润》一文中就明确把经济伦理化约为增加利润的义务，把道德化约为商业。在很大程度上，正是由于市场原教旨主义的日益偏盛，市场主体越来越倾向于基于行为功利计算来评价个体行为，其结果就是，原先作为社会凝聚纽带的社会伦理逐渐解体，并进而导致社会凝聚力的全面下降和瓦解。为此，乔治就写道："一些评论家将美国体系特别归结为功利主义与道德软化。他们认为美国的富足正在侵蚀其工业结构与繁荣状况。人们对伦理道德大肆排斥，取而代之的是放纵挥霍与享乐主义。效率至上与迅速发展也存在消极作用，它造成了奢侈浪费与人为商品废弃现象的蔓延。生产出的产品并不追求尽可能长的使用寿命，因为这样做可以创造持续的更新需求从而保证产品的长期销路。……整个美国社会弥漫着一种盲目乐观的情绪，人们相信事情会越来越好，物质产品的丰富将会永远延续，只要认真关注现状，未来自然错不了。我们将会为这种乐观付出代价，甚至是整个未来。"①

最后，需要指出，市场机制的有效性也以自由竞争为基础，而企业组织的持续发展又会促使规模不断扩大。问题是，市场规模的扩大和市场竞争之间却存在着二律背反：市场规模的扩大将促进分工的深化，而分工所产生的内生优势又导致了报酬递增，在一定市场容量下，报酬递增引起的规模经济必然限制市场竞争，从而导致实际的垄断趋势。正因如此，施斯蒂格勒指出，斯密提出的市场容量限制劳动分工这一定理实际上造成了一个两难困

---

① ［美］乔治：《经济伦理学》，李布译，北京大学出版社2002年版，第15—16页。

境：如果的确是市场容量限制了劳动分工，那么，典型的产业结构就必定是垄断；如果典型的产业结构是竞争的，那么这一定理就是错误的。新古典经济学之父马歇尔也充分认识到这一问题，但由于他既不愿放弃报酬递增，也不愿放弃竞争，于是就在研究方向上做了一个重大转换：放弃了内生优势的解释，而把外部经济视为规模经济的主要方面。这样，就形成了一个鸵鸟式的分析逻辑：报酬递增并不必然导致实际的垄断趋势，因为外生规模经济与完全竞争是相容的。正是由于马歇尔把规模经济引向外生经济，经济学从此不再研究生产中的分工问题，而是转入到给定组织结构下资源配置问题的研究。问题是，马歇尔的分析并没有真正解决问题：由内部经济到外部经济的转换虽然可以解释产业进步过程的一些方面，却忽视了更重要的内生优势，而内生优势必然会产生了产品主流化和产业的集中化。

八、结语

新古典自由主义经济学对市场机制的推崇主要基于这样两点：（一）市场机制的作用使得资源获得最有效的配置，科斯中性定理就表明了这一点；（二）资源的自由流动还会导致个体福利的帕累托改进，这是福利经济学第一、第二定理的基本内涵。同时，这两者实际上也是相通的：科斯中性定律强调了产权界定与资源配置的无关性，福利经济学第一、二定理则论证自由交易是实现社会福利最大化的资源配置的充要条件。不过，本章从多方面证明，科斯中性定理只是一个与现实世界无关的纯粹抽象演绎，从而也就无法具体应用于社会实践；同样，有效市场说是以完全理性和完全信息为前提，这在现实生活中往往是满足不了的。在很大程度上，科斯中性定理仅仅是为我们在处理现实问题时提供一些有意义的启发：有时通过谈判就可以解决的就不需要由外来力量来强制行为，或者说，政府作用主要在于为当事双方提供一些明确的谈判或交易起始点或规则，而不应该强制执行某种特定方案。

但无论如何，我们不能将科斯定理当成一种自然规律，并囿于这个定理来理解和处理复杂的社会经济问题。

然而，现代主流的新古典自由主义经济学往往却基于先验信仰和立场而选择性地使用所谓的"理性"证明。譬如，正如本章指出的，只要将当事人从两个拓展到三个及以上，就可以运用数理逻辑证伪科斯中性定理。但是，新古典自由主义经济学对这些严格的数理证明却不加理睬，至多是转向其他角度来继续支持自由市场有效说。例如，奥地利学派转向从市场动态演化角度来为自由市场提供支持，并引入个人知识、企业家才能等新的概念和理论。与此不同，一旦数学逻辑或选择理论证明了政府行为中的缺陷，它就会得到新古典自由主义经济学的极力宣扬。例如，阿罗指出，要得到集中个人偏好并由此推出集体偏好顺序的合理的、公正的程序，必须首先满足传递性公设、无限制值域公设、无关备选方案的独立性、一致同意（帕累托公设）、非词典排序（非独裁公设）这 5 个基本条件；但同时，阿罗又证明，没有一种社会福利函数能够满足这 5 个基本条件，这就是阿罗不可能定理。它暗示，既然不存在一个能够满足所有人利益的福利函数，那么，政府推动的集体行动往往就是将特定人（独裁者）的个人偏好强加为"社会偏好"而作为基本行动原则。于是，阿罗不可能定理就得到了鼓吹和宣扬，被认为是对政府失败论的严格证明。事实上，一方面，新古典自由主义经济学热衷于在一系列非现实的假设基础上来为所信奉的市场有效理论提供证明；另一方面，对巴龙、兰格等人基于同样数理逻辑来为经济计划提供辩护的证明则不屑一顾。

拉卡托斯说："一切辩护主义者，不论他们是唯理论者还是经验论者，都同意一个表达了'确凿事实'的单个命题可以证伪一个普遍的理论。"[①] 显然，现代主流经济学就是基于这种辩护主义来否定马克思学说以及其他异

---

① ［美］拉卡托斯：《科学研究纲领方法论》，兰争译，上海译文出版社 2005 年版，第 4 页。

端经济学，因为他们往往简单地举个例子就来证明马克思学说的错误。但试问：被当作现代主流经济学基石的一般均衡理论难道就可以得到理论和经验的证实吗？事实上，无数的社会现实以及经济危机都提供了证伪它的"确凿事实"。更不要说，一般均衡定理本身是建立在一系列假设基础之上，但只要改变其中任何一个假设，都可以从逻辑上证伪它。既然如此，现代主流经济学为何还如此信守它呢？又如何为现代市场的有效性进行辩护呢？同样，迄今为止，新古典自由主义经济学将比较优势原理当作主张自由贸易的理论基础，但试问，这个比较优势原理能够得到经验的或逻辑的严格证明吗？事实上，只要将参与竞争的市场主体和行业从 2 个拓展到 3 个或 3 个以上，我们就可以发现，有的市场主体根本找不到比较优势，甚至在某个行业拥有绝对优势的市场主体也没了比较优势。试问：比较优势原理又如何为众多国家和无数企业参与国际贸易竞争提供理论支持呢？① 显然，这些都表明，新古典自由主义经济学的理论和学说体系本身根植于先验的意识形态之中。

---

① 朱富强：《经济增长的逻辑：新结构经济学视角》，北京大学出版社 2018 年版，第 201 页。

4. 内卷化与自发秩序原理的反思：

现实的社会制度为何总是不如人意？

导读：西方社会往往基于私利和公益自然和谐一致的观点而把自生自发的秩序视为社会扩展秩序的根本；但实际上，市场在推动人类社会秩序变迁过程中的往往存在着"内卷化"，正是这种内卷化倒置了现实世界中的社会制度往往不尽人意。同时，为了克服这种内卷化困境，社会制度变迁过程中又逐渐渗入了"人为"的建构因素，而这又为那些强势者攫取公权力提供了法理基础，从而会导致社会制度与人们之间进一步发生疏远。

一、引言

新古典自由主义经济学之所以推崇自由市场机制，另一个重要的理论基础就是奥地利学派尤其是哈耶克的自发秩序扩展观。哈耶克认为，自发的市场秩序是自我演化的，也是不断地自我扩展的，从而最终演化到社会秩序的理想状态。哈耶克的自发秩序理论为众多的现代主流经济学人所信奉。1986年诺贝尔经济学奖得主布坎南就写道："经济学中只有一条值得强调的原则，由于受到了经济学家的诱导影响，大多数人也接受了这个原则。没有这个原则，人们也不会把经济学视为一门合法的学科，也不可能把它视为自由教育课程体系的一部分。因此，我把市场的自发秩序看作是 18 世纪最聪明的发现。"① 同时，哈耶克的自发秩序思想也渗透到新古典自由主义经济学中，阿尔钦、弗里德曼以及贝克尔等开始将生物学界自然选择说运用到人类社会之中，强调自由竞争导致社会制度不断优化。在很大程度上，这就是自然主义思维在社会科学中拓展，社会领域的自由竞争形成了社会达尔文主义，市场领域的自由竞争形成了经济达尔文主义，社会制度的竞争形成了制度达尔文主义。

既然如此，现实世界中为何依旧存在着如此多的无效率制度？竞争压力为何没有淘汰低效的制度？诺思认为，要回答这些问题，关键在于要对制度与组织之间的差别以及二者间的交互作用进行解释，因为制度与组织的交互作用决定的制度变迁的方向。诺思写道："作为结果的制度变迁路径取决于：（一）由制度和从制度额激励结构中演化出来的组织之间的共生关系而产生的缩入效应；（二）由人类对机会集合变化的感知和反映所组成的回馈过程。"② 在这里，诺思从组织与制度的互动来分析制度变迁，制度变迁的方向往往就取决于组织者的个人利益和组织目标。不过，即使在纯粹由个人互动所形成的社会（如市场）中，秩序扩展也会因"内卷"而中断，进而就会出现不理想的社会制度。为此，本章尝试对人类历史上经常性发生的社会内卷化现象做一回溯逻辑化梳理，由此来剖析不理想社会制度广泛存在的社会基础，并进而审视为新古典自由主义经济学所推崇的自发秩序原理。

二、自发秩序的内卷化机理

自发秩序是哈耶克社会哲学的一个重要组成部分，它强调自由社会是

---

① ［美］布坎南：《制度契约与自由：政治经济学家的视角》，王金良译，中国社会科学出版社 2013 年版，第 19 页。

② ［美］诺思：《制度、制度变迁与经济绩效》，杭行译，格致出版社、上海三联书店、上海人民出版社 2008 年版，第 9 页。

一个自发形成的社会秩序，并在文化进化的过程中不断演化。但是，人类社会的历史实践表明，基于自发秩序演化的社会发展结果不像哈耶克所分析的那样只有两种途径或方向：建构（Revolution）和演进（Evolution）；相反，往往还会呈现出另一种方式状态：内卷（Involution）。其中，建构是指急剧的社会变迁，它一般是由人为主导的、供给式的和跳跃性的；演进是指缓慢的社会变迁，它一般是需求诱导的自下而上的渐进、连续性的变迁方式；内卷则可被理解为一个社会体系或制度在一定历史时期在同一层面上的自我维系、自我复制，主要是指一种社会或文化模式在某一发展阶段达到一种确定的形式后，便停止不前或无法转化为另一种高级模式的现象。诺思曾指出，制度变迁过程中存在着严重路径依赖，一不小心就可能陷入路径锁定之中，这也是为什么原来有效的制度逐渐变得无效的原因，或者某个社会会出现普遍低效率的原因。这种长期的路径锁定现象也就是人类学家格尔茨（Geertz）所提出的，人类社会秩序变迁过程中存在"内卷化"问题。[1] 内卷化也是人类社会演化过程中出现了一个普遍现象。例如，中国长期存在着这种内卷化的倾向：自秦汉以降，中国封建专制制度统治下的农民从整体来看就处于绝对贫困的趋势之中。

显然，内卷化现象表明，哈耶克推崇的自生自发秩序在理论本上是片面的，在实践中也会对人类社会的发展带来问题。（一）在理论上，哈耶克把自发秩序和自生秩序常常混为一谈。事实上，哈耶克的理论没有进一步揭示自发秩序中"人"的作用，从而也无法区分不同类型的自发秩序，以致后来往往把自发秩序视为与基于动物规则的市场秩序等同，从而把自发秩序视为纯粹自然的作用。对此，布荣就指出，"哈耶克的社会哲学胜在它那独创且令人信服的认识论论证方式，同时却又败在对其根本的自由含义概念表述不清"，因为政治的（即非市场的）社会自发秩序往往"允许社会不正义的

---

[1] 韦森：《社会秩序的经济分析导论》，上海三联书店 2001 年版，第 65 页。

存在，甚至可能正是它导致了后者的产生，从而使得一个自由正义的社会秩序在以政治为组织的社会中成为不可能"。①（二）在实践中，哈耶克也没有充分认识到自生自发秩序内藏的内卷化倾向对人类社会发展带来的负面作用。事实上，只有在某些特定的条件下，自发性秩序才会产生；而且，在很多情况下，这种秩序要么无法实现，从整个社会的观点来看，要么导致不良的局面。对此，一些学者就强调，需要借助于国家等组织来有意识地对自发秩序进行补充：（一）自生自发秩序中的异常情势始终在"邀请"国家对之进行"规制"；（二）国家的"规制性"行动也是有助于自生自发秩序之型构。②

其实，尽管一些新古典自由主义学人往往将市场视为是一种自发秩序，但实际上，任何市场都是人们之间的互动产生的，任何交易都要基于一定的规则，都离不开裁判员或仲裁员的监督。布坎南说："如果废止所有的规则，社会游戏的运行完全依靠道德或伦理上的自我管制和自我监督，这显然是对人类本性的过分自信。"③ 同时，任何市场规则都不是自然的，都不是"无形的手"所先验塑造的，而是体现了某种人类"设计"的结果。一个典型例子就是美国开创的共和制度，这是美国国父们为"好社会"而做的深谋远虑的设计，这种制度也经受了二百多年的考验。为此，布坎南写道："为什么像哈耶克这样一个精明的学者会把效率看做是社会演化过程的结果，其原因是否可与在限定的法律框架下出现的市场制度相提并论呢？如果无法理解市场制度形成过程中的原则，就很可能带来政治和政府控制的侵入，造成许多错误的和破坏性的干涉。然而，难道这些侵入行为不是一般社会演化进程的必要组成部分吗？哈耶克何以证明这些规范，并

---

① ［德］布荣：《自发社会秩序和文化进化》，载［德］G·帕普克主编：《知识、自由与秩序》，黄冰源等译，中国社会科学出版社 2001 年版，第 110 页。

② 邓正来：《法律与立法二元观》，上海三联书店 2000 年版，第 5 页。

③ ［美］布坎南：《制度契约与自由：政治经济学家的视角》，王金良译，中国社会科学出版社 2013 年版，第 15 页。

把这些干涉定性为'界外'行为呢?"[1] 从根本上说，一些新古典自由主义经济学人之所以接受哈耶克的自发秩序原则，就在于他们深受自然主义思维的支配，而自然主义思维蕴含的核心思想却蜕变为遵循自然秩序，遵循"物竞天择"和"适者生存"的逻辑规则。

然而，人类社会中的"自然秩序"并不单纯是指物的自然界秩序，更主要是指符合人之社会性的社会秩序。究其原因在于，人不是被动地适应自然和社会环境的，而是力图根据人之需要以及价值判断来改造社会和自然；因此，自发秩序必然会打上人的烙印，而人对自发秩序作用的强弱在于对这种社会秩序的认识程度以及社会秩序扩展中的障碍大小。一般来说，纯粹排除人有意识作用的自发秩序得以持续扩展必然存在一个这样的基础：存在均匀同质的时间和空间。如图 4-1 所示：在均质的社会中，自发秩序得以持续扩展，就如在一个广阔的平原上，我所能达致的广度取决于我每天以同样的速度不懈地走动；但是，在非均质社会 A 中，秩序从一个共同体扩展到另一个共同体时必须借助一股突破共同体界壁的力量，这往往会引起跳跃式发展，也就是社会的建构性运动，就如一个地区有山有水，我不可能以平稳的速度前行。特别是，在非均质社会 B 中，秩序的扩展过程中可能会出现倒退现象，这也就是内卷化；此时，社会秩序要向前推进，就可能爆发更为剧烈的革命，内卷和革命往往是相伴随的。各国发展史已经证明了这一点。显然，人类社会在各方面都不是均质的，这包括人类理性和行为方式都呈现出某种结构性，这导致社会秩序的扩展过程也必然不是平稳的。

根据上述原理，一些学者也曾用风土地理环境来分析人类所形成的各种文化特质。（一）如果一个地区布满了森林，那么反映在人们的视野和

---

[1]　［美］布坎南：《制度契约与自由：政治经济学家的视角》，王金良译，中国社会科学出版社 2013 年版，第 27 页。

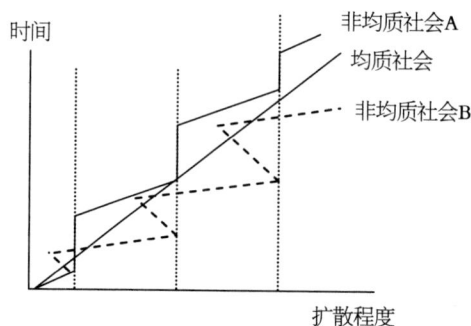

图 4-1　社会发展的路径

交往上就不是同质的；相应地，每个人首先只能感受到周边的事态，只能与特定的自然环境相共生。也就是说，接触的有限造成了视野的狭窄，每个人都只与其周边环境实现"天人合一"；由此，就出现了原始的信仰、幽灵观、巫术等，进而产生出对不同神的信仰，这是多神教的基础。显然，多神教与特定的部落或者特定的民族相联系。一般认为，佛教、儒教、印度教都是起源于森林地域。（二）如果在一望无际的沙漠地区，每个人都可感受到广阔的宇宙；相应地，这就便于一些智者思考整个宇宙，并把他的思想推行广阔平坦的空间中去，由此往往就会孕育出一神教。这也意味着，这种一神教不是随着人类的诞生而同时产生的，也不是出于自然的信仰；相反，它是由一些所谓的先知创设的，并以神的名义规定人们的思想和社会结构，这也就是创唱宗教。显然，创唱宗教的创始者就是领袖，并有独创的教义和模范的人格；相应地，创唱宗教就具有普遍性的特征，进而往往也就被看成是世界性宗教。例如，犹太教、伊斯兰教、基督教等都是这种创唱宗教的典型。

日本地质学家铃木秀夫把多神教社会的思考称为"森林的思考"，并把接近"森林的思考"的社会形态称为自然发生型社会；而把一神教社会的思考称为"沙漠的思考"，并把接近"沙漠的思考"的社会形态称为创造型社会。① 显然，"沙漠思考"型社会具有更为均质的特征，这就便于一般的抽象规则在社会中的接受和扩展，进而也就有利于社会秩序的持续扩展。正因如此，"沙漠思考"型社会往往会经历这样的发展历程：由多神教的自然发生型社会转向一神教的创造型社会。例如，西欧社会就是从民族宗教和多神教向一神的创唱宗教时代转变的，中东和北非地区也是如此。当然，要出现这种转变，还依赖于相互接触的人们在地域范围上的扩展及其交流的深化，因为信息的交流可以在很大程度上缓和空间上的异质化程度。

同时，多神教的自然发生型社会也并非一定会或者可以容易地向一神教的创造型社会转变。一般来说，在自然发生型社会，人们交往的范围较小，亲族关系的社会性则比较明显，由此就会产生出适合身份制的社会秩序的组织；显然，这种组织基本上是通过家族及其形成的缘关系而形成的，由此基于父子、夫妇到男女老少的各种组合就形成社会秩序。与此不同，在创造型社会的人与人关系中，友人、雇佣者、教师、同事以及更加复杂的政治、经济、宗教的网络中，基于亲族形成的缘关系已经极为淡化，从而也就会在一般规则基础上构造出新型的组织结构。显然，这两种社会关系和组织结构存在明显的差异，从而很难自动地实现转化。从历史发展的经验也可以看出，一旦形成了自然发生型社会，不经过相当的努力，要向创造型社会转变是非常困难的。譬如，日本的转变经历了明治维新，东南亚以及其他一些亚非拉地区之所以转变为基督教社会则源于欧洲上百年的殖民统治。也就是说，多神教的自然发生型社会要成功向一神教的创造型社会转变，往往需要注入强大的外来力量（如具有巨大感召力的先知等）；而且，一旦多神教的自然发生型社会成功转变为一神教的创造型社会，社会的理性特质也就由演化理性转变为建构理性。从这个意义上也就能够明白，西方社会往往具有强烈的建构理性特质，而中国社会则更突显演化理性的特质；相应地，这里也着重对

---

① 参见［日］长谷川启之：《亚洲经济发展和社会类型》，郑树清等译，文汇出版社1997年版，第75—76页。

中国社会的历史进程中一些现象展开考察，由此来审视自发秩序在扩展中出现的内卷化问题。

三、自发秩序的内卷化表现

上述分析表明，传统中国大体上就属于自然发生型的社会：每个人都认同小规模的亲族。费正清就写道："在中国家庭里是一个小天地，是一个小国家。构成社会单位的不是个人而是家庭，对地方的政治生活负有责任。所谓在家庭生活中养成的孝顺，是为了训练对国家统治者的忠诚，以及对规定的权威的顺从。"① 然而正因为囿于如此深厚的自发发生以及发送型的底蕴，中国社会的自发秩序长期以来反而难以获得哈耶克意义上的持续而有序地扩展。一方面，儒家社会很早就从巫术中脱离出来而呈现出强烈的理性特征。韦伯就认为，中国早在春秋战国时期就已经出现了经济、内政及军事上的理性化趋势。另一方面，中国社会很早就建立起了庞大的组织网络，由此展开了有序的社会协作。美国人类学家施坚雅在《中华帝国晚期的城市》中就写道："（中国古代）市场之下的村际组织亦五花八门，如严密的宗族、水利协会、看青会、政教合一的会社等，不同的守护神及寺庙亦有自己的辖界。这些组织中的大部分具有多种功能，组织原则也不止一个。"②

同时，由于听任社会秩序的自生自发演变，中国封建社会在扩展过程就呈现出明显的路径依赖，进而就逐渐陷入路径锁定状态之中，这也就是发展经济学上经常提及的"低水平的恶性循环"。在这种状态下，如果没有足够强大的突破力量，就很难跳出这一漩涡。例如，长谷川启之指出，

---

① 参见［日］长谷川启之：《亚洲经济发展和社会类型》，郑树清等译，文汇出版社1997年版，第227页。

② 转引自［美］杜赞奇：《文化、权力与国家：1900～1942年的华北农村》，王福明译，江苏人民出版社1996年版，第15页。

自明治维新以后，尽管日本社会为实现经济的现代化而成功地模仿了西方，"但是，日本不能解决社会的紧张，结果幸亏第二次大战的失败，（才）实现了和现代化的联系。"① 同样，在原本属于儒家文化的韩国之所以会出现如此高比例的基督徒，也就在于它经历了长期的殖民化统治。如何理解呢？事实上，尽管社会组织根本上是由个体所组成的，从而本质上应该为所有成员服务；但它一旦形成，就具有了相对的独立性，具有独立的内聚力、秩序和结构，进而也就会产生出独自的目标和利益，企业、国家、民族政党无不如此。正如波普尔指出的："社会群体大于其成员的单纯加总，也大于其任何成员任何时刻存在的诸多个人关系的简单总和……甚至可以相信，群体可能保持其许多原有特性，即使它的原先成员都被别的成员所取代。"② 正因如此，组织的变迁就不完全是源于个人行为，相反，组织还会反过来支配个人的行为。

大量的历史案例也表明，尽管一种社会组织的基本成分在不断地新陈代谢，但它却具有相对独立的自我生存能力，具有相对稳定的特性。一个明显的例子是，隋唐以来，科举制使得官僚阶层的成员不断更替，但是，那些新的成员一旦进入官僚系统，马上就成了官僚制的附属，这就使得官僚制得以长期保持稳定。例如，白圭、桑弘羊、东郭咸阳、孔仅等原本都是商人，但进入官场后都成了官僚体制的维护者，成了"重农抑商"政策的推行者。因此，马克斯·韦伯提醒说，当组织已毫无意义之后，它还将继续存在一段时间，因为有些官僚要靠他维生。③ 韦伯还举了一个例子，代表马车夫的组

---

① ［日］长谷川启之：《亚洲经济发展和社会类型》，郑树清等译，文汇出版社 1997 年版，第 135 页。

② 转引自 ［英］卢瑟福：《经济学中的制度》，陈刚等译，中国社会科学出版社 1999 年版，第 35 页。

③ ［美］奥尔森：《集体行动的逻辑》，陈郁等译，上海三联书店、上海人民出版社 1995 年版，第 43 页、注释 2；［美］奥尔森：《国家兴衰探源》，吕应中等译，商务印书馆 1993 年版，第 47 页。

织在马车消失之后变成了代表卡车司机的组织，为了帮助某次战争的退役军人所成立的组织会自动延长其寿命而代表以后各次战争的退役军人的利益，等等。事实上，任何组织的发展往往都会受到其历史文化的影响。萨尔就论证指出，公司的组织结构和运行机制都会受到历史文化的影响。① 即使像日本这种接受型文化社会，它对从外部吸收更为先进的文明有异常的热情；但是，一旦自"大化革新"吸收了唐朝律令和儒家文明后，无论在组织、制度还是管理上就都打上了浓厚的家族主义色彩。同时，内卷化不仅体现在经济组织的演化中，而且是整个人类社会的普遍现象，并突出地表现在社会文化、政治体制等方方面面。

为了更好地说明历史中的内卷化现象，我们首先梳理一下中、西方文明的发展历程。事实上，中国文明具有极强的连续性，它根本上源于对社会生活的关注，强调对个人欲求的抑制以及对社会的责任，在此基础上形成了灵活而开放的责任文化和礼治精神。但不幸的是，经过漫长的演化过程，源于人伦日用而具有多层次的儒家规范体系却逐渐僵化并蜕变为"吃人"的礼教。所以，正如梁漱溟指出的，"中国文化一无锢蔽之宗教，二无刚硬之法律，而极尽人情，蔚成礼俗，其社会的组织及秩序，原是极松软灵活的，然以日久慢慢机械化之故，其锢蔽之通竟不亚于宗教，其刚硬冷酷或有过于法律。民国七八年间新思潮起来，诅咒为'吃人的礼教'，正为此，举例言之，如一个为子要孝，一个为妇要贞，从原初亲切自发的行为而言，实为人类极高精神，谁亦不能非议，但后来社会上因其很合需要，就为人所奖励而传播发展，变为维护社会秩序的手段了。原初精神意义浸失，而落于机械化形式化，枯无趣味。同时复变得顽固强硬，在社会上几乎不许商量，不许怀疑，不许稍微触犯。"② 同时，原儒们不仅关心人

---

① ［英］萨尔：《为什么好公司会变糟："行为惯性"理论的一种解释》，《新华文摘》2000 年第 6 期。

② 梁漱溟：《梁漱溟集》，群言出版社 1993 年版，第 371—372 页。

文，而且特别注重制度建设；但是，历史的演化却使得政治儒学式微而心性儒学偏盛，乃致中国传统以不变中求变的"礼乐"精神中强调"变"的扩张动力也就逐渐衰退了。正是基于中国文化的这种演进性，长谷川启之把中国文化归属为（自然）发生发送型的文化。① 显然，正是这种自发性严重窒息了中华文化的进一步提升，以至积极进取、强调入世的儒学逐渐蜕变为消极出世。②

文化演进中的内卷化现象不仅表现在中国社会，而且也是世界的通例，因为文化大凡都是演进的。譬如，西方文明源于古希腊的自然哲学流派，因而西方重知识，重对自然规律的探索，在向自然探究的过程中获得的工具理性就日益膨胀。但也正因如此，到了古罗马中期以后，人性以及道德的探究等在西方社会逐渐被忽视，而利己、肉欲的追求成为社会的主导氛围，乃致整个社会充斥了淫纵、骄奢、残忍和纷乱，最后不得不依靠源自希伯来的基督教来重新进行社会整合。显然，西方基督教的兴起原本也是出于安慰那些处于世俗苦难之中的人们之心灵，并也因是穷人的宗教而获得了广泛的支持和传播；但是，发展到中世纪后期，取得学术和宗教垄断权的教会为获得领主的支持，转而为建立在拥有土地产权的等级体系基础上的社会经济制度提供哲学合理性和道德依据，乃至与世俗统治者结合在一起而成为盘剥贫苦阶层的工具。此外，即使在以后的基督教教会中，尽管由武士阶级出身的人事实上占据了主教和修道院长的大部分职位，但由于教会原则上是开放的，每个人只要愿意就可以加入修士会或托钵修士会，教会内部的提升也原则上对每个人开放，非武士阶级出身的人并没有被完全排除在高级职位之外，甚至没有被排除在最高级职位之外。

---

① ［日］长谷川启之：《亚洲经济发展和社会类型》，郑树清等译，文汇出版社 1997 年版，第 227 页。

② 赵靖等：《中国经济思想通史》（第 1 卷），北京大学出版社 1991 年版，第 652—673 页。

马歇尔就指出："教会经常反对等级上的门户之见，它在内部组织上是民主的，如同古代罗马的军队那样。它随时准备使不论什么出身的那些最有才干的人担任最重要的工作。"① 问题是，在漫长的一千多年时间内，基督教却一直没有发生多少朝有利于穷人方向的改革。这又是为什么呢？其实，修道院里也往往充满了激进主义，后期的路德改革也是缘于此。根本上说，发生这种情况的原因就在于，纯粹自发演进出现了内卷化问题，宗教本身具有了其自我保全和延续性。

我们再来看一下政治体制中的内卷化现象。一般来说，政治体制的内卷化主要表现为两个方面：（一）政治体制的性质异化以及其功能失调的现象；（二）政府部门的自我增生而导致机构臃肿的现象。就前者而言，国家本身个人权力转让的产物，根本上是作为一个协作系统而产生的，但是后来却蜕变为统治者牟取私利的工具或者本身成为利益主体；而且，在基于协作系统的国家内部，政府各部门之间本来是相互制约的，但后来却成为听命于某一强势的独裁者。② 譬如，基于孔子的"为汉制法"，皇帝和政府是分开的：皇帝作为国家元首，象征国家的统一；实际政权则在政府，宰相负责一切实际政治责任；同时，政府各部门的权力是平衡的，三公九卿分别掌管正政事、军事、监察以及祭祀、执法、外交、财政等权力。问题是，由于中国一直采用不成文的习惯法，这一理念并没有以正式制度加以规定；其结果就是，随着社会演进，封建政治制度中对最高位者皇帝的制约却越来越松弛，发展到明清以后就走上了真正的君主专制之路。实际上，自宋开始，谏官台官就不再由宰相推荐，也不再从属于宰相，以至谏官的职能也从监督皇帝变成了与政府对立；明代以后索性把谏

---

① ［英］马歇尔：《经济学原理》（下卷），陈良璧译，商务印书馆1965年版，第385页。

② 参见朱富强：《国家性质与政府功能：有为政府的理论基础》，人民出版社2019年版，第5章。

官废了，而只留下审核皇帝诏旨的给事中；到了清代，甚至连给事中的职权也废止了。① 就后者而言，明显的表现就是，国家机构不是靠提高旧有或新增机构的效益，而是靠复制或扩大旧有的国家与社会关系来扩大其行政职能，② 这也就是帕金森规律的展现。正因如此，尽管不时出现对机构进行合并的呼声，但结果却往往是，越是合并，机构就越臃肿，官僚也越多。

同样，从政府管理人才的选拔上看，儒家历来强调圣贤治国，给予上位的圣贤以充分的信任和信托；但实际发展的结果却是导致了官、民分殊，进一步刺激了官本位的发展。譬如，汉代推行了孝廉察举的官吏选拔制度，期初以郡为单位每郡举一人，后改以人口为单位。孝廉察举制的原初目的是为国家物色人才，但是最后却造就了世族门第。究其原因在于，"只要家庭里有人做到了二千石的官，他当一郡太守，便可有权察举。他若连做了几郡的太守，他便是足迹遍天下，各地方经他察举的，便是他的门生故吏，将来在政治上得意，至少对他原来的举主，要报些私恩，若有人来到他的郡里做太守，必然也会察举他的后人。因此察举过人的子孙，便有易于被人察举之可能。上面说过，汉代选举，是分郡限额的，每郡只有几个额，于是却永远落在几个家庭里。如是则每一郡必有几个像样的家庭，这便造成了将来之所谓世族门第。"③ 这种察举制发展到汉末就越来越不能适应新的形势了，于是就有曹魏时期吏部尚书陈群创立的九品中正制。其要旨是：（一）设置中正，州设大中正官，各郡设小中正官。其中，中正官最初由各郡长官推举产生，后改由朝廷三公中的司徒选授；郡的小中正官则可由州中的大中正官推举，并经司徒任命。（二）品第人

---

① 钱穆：《中国传统政治》，载《国史新论》，生活·读书·新知三联书店 2001 年版，第 75—78 页。

② ［美］杜赞奇：《文化、权力与国家：1900—1942 年的华北农村》，王福明译，江苏人民出版社 1996 年版，第 67 页。

③ 钱穆：《中国历代政治得失》，生活·读书·新知三联书店 2001 年版，第 34 页。

物，中正官负责品评和他同籍的士人。负责品评的对象包括本州和散居其他各郡的士人，品评内容则主要包括家世、行状和定品。（三）选拔依据，中正评议结果上交司徒府复核批准，然后送吏部作为选官的根据。推行九品中正制的原初目的也在于以一套较为客观的标准并继承汉代乡举里选之遗风而选用人才，但后来演进的结果却是，为了获得大中正品题提拔，各地人才都纷纷集中到大中正所在地的中央，导致了地方无才，甚至最终还演变为拥护门第，把觅取人才的标准无形中限制在门第的小范围内了。究其原因在于，陈群之时，中央和地方失去联系，因而只好由中央官来兼任大中正，以便于他推选他的本乡人士之流亡在中央者备供中央之用；但是，后来施行的时空关系都改变了，却依旧原规，因而缺陷就暴露出来了，乃至出现"上品无寒门，下品无士族"的局面。

再如，为了吸取汉代地方长官察举和魏晋中央九品中正评定之弊，自从隋唐开始就设立了自由竞选的科举制以保证这种官僚体制的流动性。这种制度设计的最初目的是为了有助于制度秩序的自发扩展的，但是，在中国封建社会1300多年施行的结果却是，官僚的成员虽然有新陈代谢而发生流动，而组织本身的实质内容、功能等却一成不变。显然，这就陷入了"形式理性的陷阱"，甚至为社会流动发挥重要作用的科举制到后来却被人们作为有利可图的家族产业进行经营。究其原因在于，尽管中国古代的科举制的原初目的是通过圣人言语的教育，提高读书人的社会性，从而担负起服务社会的责任；但是，由于人才甄别的需要导致科举不断形式化和技术化，从而导致科举的内容和形式之间产生巨大的分裂。事实上，在科举制实行之初，社会上的门第势力正盛，应考者中很多都是门第弟子，这些门第弟子在家庭中就已经接受了儒家大义的熏陶；但是，到了晚唐以后，应考者多数是寒窗苦读的穷书生，他们本身没有受到儒家思想的熏陶，而往往只是留心于应考的科目，专心在文选诗赋以及经籍诵读上，从而对政治传统一无所知。在这种情况下，一般的读书人用焚膏以继晷的方式熟读儒家经典，其主要目的不过是希望能够通过科学考试，在政府机关中谋取一官半职，这在理论上取得"以道济世"的机会，在实际上却能够以之光宗耀祖、光耀门楣；而且，这些读书人通过科举而进入了官僚体系之后，他们首要的目的就在于维护原先的"贵贱有等"的封建金字塔，从而进一步造成整个社会的层层压抑。对此，列文森写道："儒家的需要导致了科举制度的形成，但科举制度形成后似乎又违背了儒家的需要，它甚至按照那些想成为官员之人的愿望把文化提升到了品质之上，因为毕竟学问是能够系统检验的，而品德则不能。"① 正是由于"秀才蜕变成了学究"，一些精通儒学典章的儒生就依然会干出伤天害理、尔虞我诈的事，进而也就导致儒学的严重退化。

四、反思自生自发秩序原理

哈耶克把其自发秩序理念建立在自我复制理论基础之上，这种自我复制理论认为，在独立个体的相互作用下生成的秩序通过形成那些由个体实践着的规则系统来实现自我复制，从而推动社会秩序的扩展。也正是基于这种自发秩序，西方学者普遍强调个人的选择行为，认为个人的理性选择会导致整个社会利益的最大化。但是，基于自我复制的演化博弈理论却表明，基于自我复制的演化均衡的多方面的，在很多场合中会导致囚徒困境；显然，这种困境对个人和社会来说都不是理想的，而且难以跳跃到一个具有帕累托改进的新均衡。同时，按照制度经济学和社会契约论的观点，制度组织也是人们为了自身的目的而选择的，从而具有自生自发的扩展秩序。但大量的事实表明，现实生活中的许多制度往往都不是有效的，有的甚至与人类的目的相冲突。究其原因在于，自由市场机制本身存在着非常严重的缺陷，这最终导致了纯粹的自发秩序在扩展过程中往往会出现内卷化倾向。例如，堺屋太一就

---

① 转引自干春松：《制度化儒家及其解体》，中国人民大学出版社 2003 年版，第 172 页。

以丰臣秀吉成功扩张的经验导致以后的秀吉家族急剧衰败的例子来说明，自发秩序往往难以适应环境的变化。① 其实，哈耶克在某种程度上也意识到了内卷现象的存在。例如，哈耶克就曾写道："鉴于各种原因，自生自发的发展过程有可能会陷入一种困境，而这种困境则是它仅凭自身的理论所不能摆脱的，或者说，至少不是它能够很快加以克服的。"②

显然，这种内卷化倾向一般是无法依靠自身的力量得以摆脱的，纯粹依靠个体力量的自我复制往往并不具有不断扩展的能力；否则，演化博弈理论也用不着去探究均衡问题了，而只要比较一下各种均衡的收益分布状况就可以了。正如迈克尔·波兰尼指出的，自由放任政策的信奉者们所犯的错误，"根本上乃是在于这样的假定，即认为惟有一种经济最适状态，便是由市场实现的最适状态；从而，也便只有一组财产与契约法，能够符合这种独特经济最适状态的经济目标。……（以致）竟使得现存制度的罪恶影响被宣布为无法根除。……这也表明，发现并贯彻制度框架的改善，以实现市场所建立的自发秩序体系之有意修正的目的，乃是社会立法的任务所在。"③ 相应地，人类社会开始强调借助如国家等组织的有意识地对自发秩序进行补充，试图借助其他外来力量以摆脱这种内卷化倾向。例如，对私人财产的保护由私人转向公共，就不是基于个体间的社会契约，而是有组织的社会运动以及相应的社会制度建设。迈克尔·波兰尼的哥哥卡尔·波兰尼写道："即使那些最强烈主张除掉政府所承担之不必要责任的人，也就是那些以限制政府活动为其哲学的人，也不得不将新的权力、机构与制度委诸政府，以求建立自由放任制"，因此，"自律性市场的观念实际上是乌托邦的，而其发展受到

---

① ［日］堺屋太一：《组织的盛衰：从历史看企业再生》，吕美女等译，上海人民出版社2000年版，第1—15页。

② ［英］哈耶克：《法律、立法与自由》（第1卷），邓正来等译，中国大百科全书出版社2000年版，第135页。

③ ［英］迈克尔·波兰尼：《自由的逻辑》，冯银江等译，吉林人民出版社2002年版，第202页。

社会本身之自我保护的组织。"①

事实上，启蒙运动之后逐渐兴起了一股建构之风，社会制度变迁过程中也逐渐渗入了有意识的"人为"因素：（一）人类社会逐渐建立了民主决策的机制，试图通过深思熟虑和自由选择来设计出有效率的宪政体制；②（二）人类社会逐渐建立了中央集权的计划体制，试图以人为秩序来取代自发秩序。在很大程度上，当前社会中那些所谓"社会工程师"或"社会工艺师"就非常热衷于组织和制度设计，主流经济学中的机制设计以及最优化理论就是这种社会实践的产物。不过，无论是哈耶克的纯粹演化主义和启蒙运动的建构主义，这两者都不能从根本上解决和避免社会制度的扭曲问题。

一方面，基于多数决策的民主制往往陷入米歇尔斯提出的寡头铁律：本着民主的精神，从一致同意规则发展到多数通过规则，最后的结局却是独裁。事实上，在多数通过规则投票中往往存在多数对少数的强制，或者由于投票悖论问题的存在而导致人们最不喜欢的东西出现。例如，麦迪逊和汉密尔顿这两位宪法起草者所接受的是休谟的分权说，为了控制个人野心和制止权力的可怕结合，他们所设想的共和国也是立法之上的，明确界分了国会的"宣战权"和总统作为武装部队总司令的权力；但是，后来还是总统的权力逐渐控制了武装力量介入的对外事务。例如，由肯尼迪、约翰逊和尼克松这三位总统所操纵的越南战争就是在没有国会正式宣战的情况下进行的，里根总统则暗中援助尼加拉瓜反政府武装力量并积极支持两伊战争中的伊拉克；同样，奥巴马政府在未获国会批准的情况下就发动了针对利比亚的轰炸行动，并且超过了总统单边战争决策权为期 60 天的上限。显然，尽管美国已经确立了三权分立体系，但仍然使得一权逐渐独大。而且，所有这些结果都

---

① ［英］卡尔·波兰尼：《巨变：当代政治与经济的起源》，黄树民译，社会科学文献出版社 2013 年版，第 252、254 页。

② ［美］文特森·奥斯特罗姆：《复合共和制的政治理论》，毛寿龙译，上海三联书店1999 年版。

是在自由而开放的条件下达致的，因而波普尔将之称为"民主悖论"和
"自由悖论"。民主悖论和自由悖论表明，各国选择的结果往往导致集体决
策权的旁落，并最终导致社会组织发生异化，而异化的结果便是它的目的发
生了改变：不再为所有成员服务，甚至也不是为功利主义意义上的最优社会
福利服务，而是成为某一小部分人攫取利益的工具。

　　另一方面，基于建构理性的组织设计活动大大增加了组织偏离其原先目
的的可能性。例如，波普尔就举例说，社会工程师和社会工艺师在构建保险
公司时，就"不大关心保险公司构建的起源是否作为一种谋划的事业，也
不太关心它的历史使命是不是为公共福利服务"，① 而可能是为了如何增加
利润。事实上，从理论上说，社会上一系列组织安排都应该建立在一致同意
或多数同意的基础上，而这种自愿性契约本身也是为了增进成员或维护公共
的利益；但是，由于基于多数的公共选择机制本身就是有问题的，因而多数
民主的结果往往演变成某些群体追求其特定私利而实行统治的工具。洪堡就
指出，"任何执政者都可能静悄悄地和不知不觉地更多地扩展或限制国家的
作用范围，不管是在民主国家里、贵族统治的国家，还是在君主政体的国家
里，他愈是避免引人注目，他就愈是能够更加有把握地达到其最终目的。"②
为此，波普尔提出了新的"计划悖论"："如果我们计划得太多，我们就会
给国家过多的权力，然后自由就将丧失，那样也会结束计划"，"因为人民
如果没有权力强行这些计划，那么人民财富的计划为什么还会实行呢？"③

　　最后，要真正理解自发秩序原理的内在缺陷，关键在于理解人类理性的
内涵和演化。究其原因，无论是"无形的手"原理还是自发秩序原理，都

----

　　① ［英］波普尔：《开放社会及其敌人》（第一卷），陆衡等译，中国社会科学出版社
1999 年版，第 51 页。
　　② ［德］洪堡：《论国家的作用》，林荣远、冯兴元译，中国社会科学出版社 1998 年版，
第 24 页。
　　③ ［英］波普尔：《开放的思想和社会：波普尔思想精粹》（米勒编），张之沧译，江苏
人民出版社 2000 年版，第 369—370 页。

是建立在理性行为者这一基础之上。

其实，尽管从目的与手段选择的角度上讲，任何个人行为都可以被视为理性的；但一旦理性的个体置身于社会群体中，其行为目标和手段选择就会受群体的影响，从而出现非理性的特征。究其原因，群体间情感的相互感染往往会产生出一种自我反馈和强化效应，从而导致集体非理性行为的出现；结果，集体行为往往比个体行为更容易走向极端，集体行为往往表现得更为保守或更为狂热、更为迟钝或更为迅疾、更富有牺牲或更残酷无助等。例如涂尔干指出，"个人在公共场合中，受到集体的影响，不知不觉地发生了与集体同样的感情，与他个人以往未受感染时的感情相比，可能会很不相同。……社会影响不仅可以使人做出违背性情的事，而且可以使人做出惊人之举。单独的个人，大多数都不会出大乱子，但当他加入到人群中去以后，就可能会随着群众而形成暴乱。"①

从历史上看，集体的狂热特性不仅可从法国大革命、纳粹屠杀犹太人以及苏联的肃反运动等人类历史事实中得到反映，而且其特性也可以通过现代社会投票中所呈现的"理性无知"等现象而得到展示。那么，集体行动为何会呈现出这种极端现象呢？在很大程度上，这就涉及个体理性以及由此产生的自发秩序的内在缺陷，这些缺陷使得出于良好目的所构设的社会制度在演化中蜕化和异化，不仅使得"恶"性社会制度得以长期存在，甚至还人为地造就和强化"恶"的制度。同时，由于个体理性和集体理性之间的不一致性，使得市场协调对个人资源进行有效配置的同时，却往往会衍生出严重的负外部性，这些负外部性会严重阻碍市场交易的进行，进而使得基于个体互动的市场秩序就不会总是向前发展。在很大程度上，这些都已经为合成谬误说所揭示，而哈耶克的自发秩序理论显然无视这些早已存在的学说。

---

① ［法］涂尔干（又译迪尔凯姆）：《社会学方法的规则》，胡伟译，华夏出版社1999年版，第6页。

五、结语

根基于自然主义思维，新古典自由主义经济学倾向于将生物学界"物竞天择、优胜劣汰"学说运用到人类社会之中，由此也就极力推崇纯粹市场的自由竞争。哈耶克将这种市场竞争称为自生自发秩序，具有持续的拓展性。不过，迄今为止，新古典自由主义经济学持守的这种自发秩序信条还主要是一种牛顿式或后牛顿式的解释，它把行星运行与"上帝的意志"联系在一起，却并没有真正解释自发秩序是如何扩展的，个人逐利行为如何导致社会利益的最大化。事实上，在现实世界中，我们可以看到大量的利益不和谐现象，看到大量公共资源的浪费，看到无政府状态中的公共贫困。布坎南就以脏乱的海滩为例说明，"自发协调的原则解释了可能出现的经济无效率，这是无政府状态均衡的特征，也有助于解释亚当·斯密的案例，在市场的无政府状态均衡（确定产权）下可能出现的经济无效率。从这个角度上说，在本质上自发秩序的原则完全是中性的。它不必仅仅或主要限定在解释有社会效率的意外或无意识的结果。"① 同时，大量的理论分析也表明，纯粹市场竞争并不能自行解决社会面临的问题，如有限理性导致了集体行动非理性，非经济理性引发的过度竞争，激励不相容导致的资源无效配置，等等。显然，囚徒困境在宏观上就体现为社会秩序的内卷化，它意味着社会秩序扩展进程的中断，意味着不合理社会制度的现实存在。

尤其是，尽管新古典自由主义经济学认为纯粹市场中蕴含了自然秩序，但实际上，根本就没有纯粹市场，因为市场并不是自发产生的。卡尔·波兰尼就写道："如果让事物自然发展，绝不会产生自由市场。当时主要的自由贸易工业，即纺织业，即是由保护性的关税、外销补贴，以及间接工资补助

---

① ［美］布坎南：《制度契约与自由：政治经济学家的视角》，王金良译，中国社会科学出版社 2013 年版，第 22 页。

等扶助手段创造出来的，自由放任本身也是由国家强行实施的。20世纪三四十年代不但出现各种立法，以废除各种限制性的管制，同时也大大增强了政府的行政功能，政府在这时已经由一集中的官僚体系来推动自由主义信徒们所提出的各种措施"；"通往自由市场的达到是依靠大量而持久之统一筹划的干涉主义，而加以打通并保持畅通的……所有这些政府干涉的重点，其目的都是为了维护一些简单的自由，如土地、劳动、都市行政制度的自由……引进自由市场不但没有消除对控制、管制与干涉等方面的需要，反而扩大了它们的范围。政府官员必须随时保持警觉，以确保这个制度的自由运转。"① 在卡尔·波兰尼看来，市场经济体系根本上是经济学家宣扬以及政府强制推动的结果，如土地、劳动力等就是政府的强制力作用下才成为商品的。有鉴于此，我们需要对哈耶克倡导和推广的自生自发市场秩序观持更为审慎的态度，而不应该借此来反对任何的人类有意识行为，也不应该借此来一概否定政府的经济活动。

---

① ［英］卡尔·波兰尼：《巨变：当代政治与经济的起源》，黄树民译，社会科学文献出版社2013年版，第250、252页。

第 2 篇

异质主体与市场机制缺陷

　　造成市场失灵的市场主体因素不仅在于个体的理性特质，更在于个体之间的异质性，这产生了市场交换和收益分配的不平等。譬如，新古典自由主义经济学之所以极力推崇市场机制在资源配置上的有效性，主要的理由是：（一）市场体系中的行为主体是自由平等的，自愿交换的结果也是公正合理的；（二）市场机制的生产是根据消费者的需要，从而能够提供满足社会大众不断增长之需要的那些产品。但显然，这两点理由都是建立在一种纯粹的抽象假设基础之上，而在现实中似乎都缺乏印证。就前者而言，市场主体本身就因各种因素而面临不同的"选择集"，从而绝对不是平等自由的；同时，市场交换的结果主要取决于交换者的起始地位和交换程序，因而也绝对不会有实质性的公正交换。就后者而言，市场机制中私人生产追求的是个人效用最大化，因而对那些有助于社会大众的公共品往往漠不关心；同时，市场经济体系的生产者往往拥有更大权力，是他们通过各种途径来诱导消费而并不是根据消费者需求来激励供给。

　　在很大程度上，正是由于没有考虑现实社会中市场主体的异质性以及由此带来的权力结构的不均衡性，新古典自由主义经济学就没有真正认识现实世界中的人类行为和市场交易；相应地，它所倡导的市场化主张就明显具有简单化倾向：倾向于将政府和市场在经济事务中的角色对立起来，而没有努力去沟通它们之间的互补性，而这是现代经济学应该且必然会关注的重要课题。事实上，市场主体的异质性必然使得纯粹市场经济中衍生出这样两大后果：（一）每个市场主体都会尽可能地制造各种噪音来误导和诱导其他相关者，从而就会导致市场秩序的混乱和扩展中断；（二）每个市场主体都会尽可能利用自身优势或权力攫取更大收益，从而就会出现剥削和压榨现象。因此，本篇侧重于从市场主体的异质性来剖析纯粹市场机制的内在缺陷，进而探究简单化的市场主义政策所带来的社会经济问题。

5. 市场机制能否保障交换的自由和公正：

基于交易起点和交易程序的二维分析

导读：新古典自由主义经济学认为，不仅"无形的手"可以实现个人利益与他人或社会利益的和谐一致，而且不受干预的市场交换本身就是自由而公正的。但是，这种论点显然是肤浅的：一、市场交换的自由至多是消极意义上的，而在积极意义上却相差很大；二、市场交换的公正至多是形式程序上，而在起点及后果上却相差极大。其实，市场机制实际上包含了两个维度：一是抽象的市场规则；二是具体的市场伦理。一般地，只有两者的相互补充和促进，才能促使市场的不断成熟，但是，现代主流经济学却仅仅将市场机制等同于力量博弈。

一、引言

自古希腊孕育出自然法哲学思潮之后，西方社会就被深深地打上了自然主义的思维烙印；特别是启蒙运动重新掀起理性膜拜之后，西方学术界就极力模仿物理学等自然科学的发展路线来改造社会科学。显然，正是基于自然主义思维，西方主流经济学刻意将物理学视为自身发展的方向，并大肆应用新近发展起来的数学工具来分析、探究和解释经济现象，试图打造出一个与物理学（Physics）、数学（Mathematics）一样带有"ics"后缀的客观学说。为了在人类世界中发现像自然世界那样不变的规律，正统经济学把利己心视为社会科学领域的万有引力；在它看来，正是在自我利益的追求之牵引下实现了社会和谐，从而热衷于在这种利己的驱动力之上构建一般的抽象规则。这可以以奥地利学派为代表加以说明：（一）在可知论的建构理性主义或唯理主义之上，米塞斯就认为，像自然科学一样，一旦建立起了关于人类行动的原理的体系，就能像自然科学、逻辑学和数学那样建立起一种人类行动学；（二）在不可知论的演进理性主义或怀疑主义之上，哈耶克等发展的自生自发的扩展秩序也就是建立在这种利己的驱动力之上，仅仅是在这种基础之上构建一般的抽象规则，并认为这就是市场机制的全部。

在新古典自由主义经济学看来，人是既自私又理性的，这种理性的自私行为在"无形的手"的作用下可以不断深化合作、拓展合作的半径，从而实现社会利益的协调和最大化；而且，人类个体之间行为的相互协调产生了一种自生自发秩序，这种自生自发秩序能够最大程度地使用不断获得的个人性知识和信息，从而在一般性规则之下通过社会主体之间的自由竞争以推进市场协调的深化和社会秩序的演化。因此，新古典自由主义把基于市场互动的自生自发秩序归纳成三个重要特征：自由、竞争和规则；其中，核心是自由，竞争和规则都是建立在自由的基础之上。此外，基于抽象规则的市场交换不仅是自由的，而且是公正的，因为自由交换可以带来帕累托的改进效果，从而可以体现每个人在交换和生产中的贡献，这就如边际生产力分配理论所展示的。

正是片面地把市场机制等同于"自由"交换，新古典自由主义经济学接受了"优胜劣汰、适者生存"的进化论思维，并基于供求分析来为现实制度作辩护式解释；同样，目前国内一些自称"主流"的经济学人也极力为那些残酷的工厂管理和分配制度进行辩护：如果那些工人不愿在这种环境下被雇佣的话，他们有选择的权利而大可离开，而企业主在同样的条件下大可雇佣到其他的工人。那么，当前的市场上果真有真正的"自由"吗？基于市场的交换果真公正吗？显然，这就涉及对"自由"和"公正"概念的理解问题。因此，本章从交易起点和交易程序这两大维度对新古典自由主义的市场信条做一剖析。

二、如何理解市场交换中的自由？

新古典自由主义经济学认为，市场中不存在强制，几乎所有的市场契约及其交易都是出于自愿；相应地，市场中的行为主体是自由的，市场是政治自由的保证。例如，弗里德曼在《资本主义与自由》中就认为，市场是自由的一个直接组成部分，是政治自由的一个必要条件。同时，基于社会达尔文主义思维，现代主流经济学还把存在视为合理的，一个人的收入无论高低都体现了他的贡献。相应地，新古典自由主义经济学人就宣言，穷人不仅不应该对现状有所不满，反而应该要感富人的恩；其理由是，如果没有这些富人提供工作，他们甚至连想被剥削的机会也没有。那么，新古典自由主义经济学为何会有如此主张呢？在很大程度上，这就在于它所根基于的自然主义思维，它将异质化的社会个体还原为同质的原子个体，从而就忽视了市场主体在原初的社会经济地位上就存在的差异。

考虑到市场主体的社会地位往往存在巨大差异，如果还像新古典自由主义经济学所宣扬的那样单纯地以市场原教旨主义思维实施交换，那么，"自由"交换的结果必然会进一步加剧社会经济地位的不平等，这也就是市场马太效应的基本机制。霍布豪斯就曾指出，"就契约而言，真正的自由要求缔约双方之间大体上平等。如果一方处于优越地位，他就能够强制规定条件。如果另一方处于软弱地位，他就只好接受不利的条件。这就产生了华尔克的一句至理名言，即经济上的损害倾向于使损害本身永存。"① 譬如，当一个工会成员在寻找一个工作时，雇主对他说，要么离开工会要么失去工

---

① ［英］霍布豪斯：《自由主义》，朱曾汶译，商务印书馆 1996 年版，第 41 页。

作；在这种情况下，雇主给了工人弗里德曼式的"选择"自由，但工人果真获得"自由"了吗？相反，当一个雇主同盟的成员在招聘工人时，工人可以给雇主这样的选择吗：要么脱离雇主同盟，要么失去他这个工人。显然，如果一个普通工人提出这样的"选择"自由的话，肯定会被认为脑袋有问题。同样，当一个行业协会的企业在销售其产品时，消费者可以给企业这样的选择吗：要么脱离行业协会，要么失去他这个顾客。显然，如果一个普通消费者提出的"选择"自由的话，肯定会被视为太自不量力了。

霍奇逊指出，如果谈判一项契约的两方在订立此项契约中具有不同的代价和利益，其中的一方就会处于不利的地位。基于这一点，我们就可以引入一个讨价还价指标来衡量在谈判一项契约时 A 和 B 的地位。一般地，A 的讨价还价能力 = 不同意 A 的条件对 B 的代价/同意 A 的条件对 B 的代价，B 的讨价还价能力 = 不同意 B 的条件对 A 的代价/同意的 B 条件对 A 的代价。[①]显然，在劳资谈判中，如果工人试图重新谈判劳动合同以取得有利条件，那么，就需要考虑结束一项雇佣关系对雇主造成的损失大小。显然，如果雇主有很多雇员，那么任何单个雇员收回自己的劳动对雇主所造成的损失都是微小的；相反，如果雇主提出了更苛刻的工作条件，而雇员选择不接受所遭受的损失却非常大。在这种情势下，两者显然不可能有等量的自由度。相应地，在现实市场中，正是由于各类市场主体在交换中处于不同的地位，从而就拥有了不同的市场权势；相应地，他就具有规定他们选择的权利或被他人规定选择的义务。

因此，尽管自由市场中的交换往往体现为某种自愿行为，但是，这并不意味着，这种自愿行为就是自由的，或者说，不是所有的自愿行为都体现出同等程度的自由。事实上，在市场交换中，谁拥有的社会权力和金钱权力越强，那么，他拥有的选择或行动自由度就越大，从而在交换中获得的利益分

① ［英］霍奇逊（本书译为霍奇森）：《资本主义、价值和剥削》，于树生、陈东威译，商务印书馆 2013 年版，第 272—273 页。

配也越多。一个明显的例子是，如果房地产行业可以获得金融行业的大量资金支持，那么房地产商与购房者的博弈中就可以占据优势而维持高昂的房价；相反，一旦失去融资的渠道，那么房地产业也就必然会哀嚎遍野了，这从近年来中国房地产骤升骤降的发展情形中可以得到充足的证明。所以，张夏准说："如果同一个市场可以被不同的人视为具有不同程度的自由，那么的确就不存在客观界定该市场自由度大小的方法了。换句话说，自由市场是一种幻觉。如果某些市场看起来自由，那只是因为我们完全接受了支撑市场的规则，因此，这些规则也就被人们视而不见了。"①

相应地，伯林还区分了两类自由：消极自由和积极自由。消极自由回答的问题是："主体（一个人或人的群体）被允许或必须被允许不受别人干涉地做他有能力做的事、成为他愿意成为的人的那个领域是什么？"② 或者说，消极自由体现为某人不受在别人干涉的程度。积极自由回答的问题是："什么东西或什么人，是决定某人做这个、成为这样而不是做那个、成为那样的那种控制或干涉的根源？"③ 或者说，积极自由体现为主体能够采取某种行为的能力。在不同历史阶段，这两种自由受到的重视程度是不同的。例如，在古典主义后期，随着收入差距的拉大以及社会矛盾的尖锐化，强调社会成员应该获得平等机会的积极自由就受到重视，从而就有了对古典自由主义的革新而产生出改良自由主义或新自由主义；相反，在 20 世纪 70 年代末，随着凯恩斯经济干预政策的失败，强调个人追求自我愿望实现的过程中不受干预的消极自由重新获得勃兴，从而就有了向古典自由主义的回归，进而产生出新兴自由主义或新古典自由主义。

这样，针对纯粹市场交换所赋予的"自由"所内含的缺陷，我们可以

---

① ［英］张夏准：《经济学的谎言：为什么不能迷信自由市场主义》，孙建中译，新华出版社 2015 年版，第 4 页。

② ［英］伯林：《自由论》，胡传胜译，译林出版社 2003 年版，第 189 页。

③ ［英］伯林：《自由论》，胡传胜译，译林出版社 2003 年版，第 189 页。

从两方面加以审视。

一方面，市场交换的自由至多是消极意义上的自由。根据消极自由概念，只有存在强制或有意的人为干涉时才是不自由的，而因个人能力不足或者缺乏经济能力而无法做自己想做的事则不构成不自由。根据这种自由含义，不自由就主要表现为如下三种情形：（一）别人（个人或群体）所加诸于我们身体上的干涉及限制；（二）国家或法律对我们行动的限制；（三）社会舆论对我们所构成的压力。① 事实上，哈耶克就强调，市场秩序主要关注人的一种状态，"在这种状态下，社会中他人的强制被尽可能地减到最小限度。这种状态我们称之为自由的状态。"② 问题是，尽管消极自由确实有助于防止人的物理强制所带来的不自由，从而维护个人的基本权利；但是，它却无视于社会的经济因素所带来的"强制"，况且经济因素很大程度上也是由法律所规定的分配制度所产生的结果。伯林就指出："消极自由可能被解释成经济的自由放任，据此，所有者以自由的名义被允许在矿井下摧毁儿童的生命，或者工厂主被允许去摧毁工厂中工人的健康与人格。但是在我看来，那是一种滥用，而不是这个概念对于人类的基本含义。同样，告诉一个穷人说虽然他支付不起，但他完全有自由在一个昂贵的饭店拥有一间房间，这么说无异于嘲弄。"③

显然，现代主流经济学强调经济自由，并把自由仅仅理解为自由地做自己喜欢做的事。但是，这明显是不够的，因为一个人可以简单地像斯多葛学派的学者那样通过消灭欲望的方法而获得解脱，《旧约》也认为压抑欲望是对付稀缺问题的重要途径。事实上，经济能力上的限制往往会产生一种抑制性的需求，从而使得人们在无知和失望中不自觉地接受目前的事实，因而这

---

① 石元康：《当代西方自由主义理论》，上海三联书店 2000 年版，第 7 页。
② ［英］哈耶克：《自由宪章》，杨玉笙等译，中国社会科学出版社 1999 年版，第 27 页。
③ ［英］伯林：《自由论》，胡传胜译，译林出版社 2003 年版，第 372 页。

种经济自由也是一种消极的自由。① 正因如此，对消极自由的承认和渲染有助于维持现状，这也是现代主流经济学人特别推崇这种消极自由的原因。但是，"这条路径，即逐渐消除会导致障碍产生的欲望，最后会导致人类逐渐失去其自然的、有活力的活动；换句话说，处于最完美的自由状态的人将是那些死者，因为在他们那里既不存在欲望也不存在障碍。"② 为此，马尔库塞就指出："在抑制性总体的统治之下，自由可以成为一个强有力的统治工具。决定人类自由程度的决定性因素，不是可供个人选择的范围，而是个人能够选择的是什么和实际选择的是什么。自由选择的准绳绝不可能是绝对的，但也不完全是相对的，自由选择主人并没有使主人和奴隶归于消失。如果商品和服务设施维护对艰辛和恐惧的生活所进行的社会控制的话，也就是说，如果它们维护异化的话，那么，在大量的商品和服务设施中所进行的自由选择就并不意味着自由。何况个人自发地重复所强加的需要并不说明他的意志自由，而只能证明控制的有效性。"③

另一方面，积极意义理解上的更为宽泛的自由则主要体现为意愿或能力上。根据积极自由概念，当个体是自我引导和自我主宰时，他是自由的；而要实现每个人的真正积极自由，就必须提高他们的理性水平、经济水平以及其他能力。问题是，从个体主宰自身的能力角度看，市场上不同个体之间的自由显然是不平等的。究其原因，任何个体所享有自由的程度都决定于其"选择集"的大小，而在市场中个体的能力具有差异性以及每个人所拥有的资源也存在很大差异，因而每个个体所面临的"选择集"是不同的。试想：诸如流浪汉、失业者和领取救济金者这样一些"选择集"极其狭窄的主体

---

① Hall, J. C., Lawson, R. A. & Luther, W., "Economic Freedom is Negative Liberty: A Comment on Legum (2007) and Stanford (2007)", *Real-world Economics Review*, Vol. 47, No. 3 (2008), pp. 261−262; http://www.paecon.net/PAEReview/issue47/HallLawsonLuther47.pdf.

② ［英］伯林：《自由论》，胡传胜译，译林出版社 2003 年版，第 370 页。

③ ［美］马尔库塞：《单向度的人》，刘继译，上海译文出版社 2006 年版，第 8—9 页。

能够享有真正的自由吗？事实上，即使在现代市场制度中，工人拥有在市场上随意选择自己意愿的公司或工作的自由，雇主也具有随意选择工人的自由，但是，工人在被雇佣上的自由而雇主在雇佣上的自由至多体现为量上平等，而两种自由内涵或质却是根本不同的：工人在获得他理想的公司及工作条件和企业获得他理想的员工及工作能力的自由度上存在根本性差异。例如，康芒斯就写道："假设这家公司有一万名雇员，如果它现在决定不雇佣者个人，并且也找不到替代的人时，公司只损失了万分之一的工作力量；但如果这个人决定不在这里工作了，而且也找不到另一个雇主的话，这个人的工作百分之百地损失了。……（因此），从意志的数量概念来看，意志是指在这个世界上的有限机会的实际机会间进行选择，那么，一方面的权利比另一方的权利不知要大多少倍，也许要大一万倍。"①

哈耶克等人把自由界定为不受他人专断及肆意的意志操控而变成别人的工具以去完成他人的目的，从而认为市场机制不会对个人自由构成限制。但显然，这里存在的问题是，自由本身不是抽象的，而是存在自由的"度"这一问题。其实，哈耶克也承认，自由与选择是不同的东西：即使一个人仍然有选择，却很可能丧失了自由；但是，他为了维护市场这种机制，却借强制性概念而把这个特性消灭掉了。正是由于自由和选择都存在一个程度问题，因而市场上就没有同等的自由；而且，这种程度并非是指选项的数量，而是要体现选择的内容。也即，工人面临着一个选项较多的"选择集"，可以非常自由地从一个公司转移到另一个公司，但是，这也并不意味着自由是充分的。事实上，在纯粹基于个体力量形成的完全竞争市场中，均衡性市场使得工人具有高度的流动性，但他获得的工资却只能在"竞争性的生存工资"上下浮动，这显然不能说是自由的。

为此，森审查了两类流行的自由观：（一）自由的基数观，它从选择机

---

① ［美］康芒斯：《资本主义的法律基础》，寿勉成译，商务印书馆 2003 年版，第 94 页。

会中备选方案的数目角度来确定自由的范围，认为对自由的衡量不应当考虑到人们对于机会的偏好，而应仅仅考虑个人所面临的备选方案的数目：选择数目越多就越自由；（二）自由的博弈形式描述，它侧重于从权利的博弈形式角度对自由做出规定，认为，每个人在一组策略上进行选择，可行的策略组合则规定每个人所能拥有的自由。在森看来，这两种自由观都存在问题，因为都忽视个体的偏好。例如，就自由的基数观而言，假设存在着两种机会集组合，A 的三种可能选择是：绞死、枪毙和活埋，而 B 的三种可能选择是：高的现金收入、高的在职消费和高的荣誉激励。那么，这两种自由是等价的吗？① 显然，我们在估价自由时必须关注两个机会集的差异。就自由的博弈形式描述而言，它也仅仅表明每个人可以在各种可行的组合之内如其所愿地使用他们的权利，赋予了过程和程序以优先性，却无视它们的结果；正因为这种自由观分裂了人们的公认权利和形式权利的后果，从而也就忽略了人的偏好。

最后，我们进一步探讨消极自由和积极自由的现实理解。范伯格区分了"实际发生的"和"意向中的"两类自由：前者是基于人的挫折感，一个人只有在他想做某事而又能够做某事时才是自由的；后者则基于人的意向性，一个人只有在他能做比他想做的多得多的事情时才是自由的。在范伯格看来，"凡是妨碍一种实际的或假设的愿望的满足的东西都是一种约束"，② 都是不自由的。这里有两点含义：（一）对实际愿望实现的约束越多，不自由的程度就越大；（二）一个人的意向需求越少，其不自由的程度就越大。譬如，在一个弱女子被打劫而面临着"要钱"还是"要命"的选择时，我们能说歹徒给予她选择的"自由"了吗？显然，这个弱女子无法选择她意向

---

① ［印］森：《理性与自由》，李凤华译，中国人民大学出版社 2006 年版，第 10、290 页。

② ［美］范伯格：《自由、权利和社会正义：现代社会哲学》，王守昌等译，贵州人民出版社 1998 年版，第 7 页。

中的事。所以，森指出，"如果不着眼于一个人有理由追求或希望的不同选择或过程，而只看到他根本没有理由去追求的可替代方案，那么我们很难理解自由和机会的重要性。因此，对一个人机会的评价要求我们理解他希望拥有的事物以及他有理由去重视的事物。虽然自由这一概念有时独立于价值、偏好和理由，但若没有对一个人的偏好以及偏好理由的认识，我们将无法充分把握自由的含义。"①

一般地，如果一个人有充分的自由，那么，他所面临的各种选项就会丰富倒不至于悬殊。有鉴于此，雅赛提出了他的自由观：在一些相互排斥的抉择中，最好的抉择同次好的抉择之间的差距不应过大，次好的抉择不应该是差得多的；如果差得多，那么做出这一抉择的人就没有真正的自由。譬如，就劳资交换而言，个人只有两种选择：（一）接受资本家剥削；（二）拒绝资本家的剥削而饿死。在这种情况下，显然就没有真正的选择自由，所以雅赛说，挣工资的人并不是一个自由行动者。根据这一分析逻辑，我们就可以理解，即使在有诸多福利保障下的西方发达国家，市场交换也不是真正自由的。霍布豪斯就写道："一个雇用 500 个工人的工厂老板同一个没有其他谋生手段的工人在讲条件。如果条件没讲成功，老板失去了一个工人，还有 499 个工人为他的工厂干活。在另一个工人来到之前，他最多不过有一两天在一台机器上遇到一点麻烦。而在同一些日子里，那位失业的工人却可能没有饭吃，只好眼睁睁地看着他的孩子挨饿。在这种情况下，还谈得上什么有效的自由呢？工人们很快就发现自己根本没有自由，所以从机器工业崛起已开始就力求组织工会来补救。"②

工业革命时期的欧洲，斯密、穆勒、马克思等很早都对劳工阶层的困境做了剖析：一方面，工人们不但被剥夺了组织真正的工会来对抗雇主的权利，而且在各种决策机关也只有很少的一些代表；另一方面，雇主之间却更

---

① ［印］森：《理性与自由》，李凤华译，中国人民大学出版社 2006 年版，第 5 页。
② ［法］霍布豪斯：《自由主义》，朱曾汶译，商务印书馆 1996 年版，第 40—41 页。

容易形成联盟，并且越来越多的企业主成为代表、委员。试想，在这种社会环境中，劳资之间的交换可以称为是真正"自由"的吗？事实上，即使曾担任英国女王法律顾问的伦敦大学法学院院长罗伊德也指出，尽管契约自由是现代国家中的最高价值之一，但"把契约自由当成自由社会基石的人往往会忽略，在买卖中议价的地位如果不平等，这种自由很可能就只是单方面的。举例来说，在维多利亚中期，英国工厂中的劳工可以自由接受或拒绝雇主提供给他们的工作条件和时间，因此他们应该自行斟酌，这样想，完全忽略了背后的经济事实。后来由于工会的兴起，在议价能力上类似斟酌平等的情况已经改变了工业关系的性质"。① 事实上，在 17 世纪到 19 世纪中叶，西方新兴民族国家为提高其产品的国际竞争力而将工资"定在"非常低的水平上，在这种情况下，那些贫困的男女们要么每天工作 12—14 个小时以换取生存工资，要么被关在"济贫院"、煤矿或工厂中（丈夫、妻子以及孩子都被隔离开），要么饿死。② 试问，此时他们享有选择的市场自由吗？

三、如何理解市场交换中的公正？

上面的分析表明，我们不能简单地从市场交换上的形式平等来判断市场交易是自由的，相反，应该从市场交换后剩余分配的平等程度上来审视一个市场的完善性程度。德沃金写道："如果我们关心自由，我们就必须调和自由与平等的关系，因为它们之间任何真正的冲突，都会是一场自由必败的竞争。"③ 其实，"自由"一词可以追溯到英国的大宪章运动，早期的自由主义思想是政治性而不是社会和经济意义上的，强调对政治权力或权威的摆

① ［美］罗伊德：《法律的理念》，张茂柏译，新星出版社 2005 年版，第 116 页。

② ［美］多德：《资本主义及其经济学：一种批判的历史》，熊婴译，江苏人民出版社 2013 年版，第 34 页。

③ ［美］德沃金：《至上的美德：平等的理论与实践》，冯克利译，江苏人民出版社 2003 年版，第 146 页。

脱。同时，正是作为一种政治哲学，早期自由主义所提倡的平等主要是针对封建主义中人的不平等而言的，是要消减这种由出生决定的不平等。因此，早期自由主义具有这样两大特征：（一）以不可剥夺性个人权利来论证个体政治自由；（二）以自由支配性财产权利论证经济上的不平等。正因为早期自由主义以天赋人权来摆脱国家和强权的束缚，从而注重对私有财产的保护，把财产不受侵犯视为自由的根本。但是，随着社会发展引起的人类基本权利之扩展和社会正义认知之深化，每个人的生存权和平等权逐渐被视为比财产自由更为根本，于是，"自由主义"一词也就被赋予了仁慈、同情的色彩，开始转化为对贫困和弱势者的关注；相应地，不再把任何私有财产的获得都视为正义的，私有财产的保护也不再成为自由主义的核心。也就是说，自由重新与平等联系在了一起，罗尔斯、森、德沃金、阿内逊、柯亨、约翰·罗默、斯坎隆、桑德尔以及阿巴拉斯特等人都做了深入的分析。例如，德沃金就指出，自由本身与平等是不相矛盾的，"自由和平等只是一种政治美德的两个方面，因为这种战略既借助于自由来定义平等，又在一个更抽象的层面上借助于平等来定义自由。"①

那么，如何理解"公正"一词呢？一般地，公正的根本含义是指每个社会成员都享有其应得权利而不存在剥削关系。但在现实市场中，由于市场主体的在交换中的地位是不平等的，因而交换结果也必然无法反应两者的应得收益。霍奇逊就指出了市场契约中的两类剥削：（一）契约前的剥削，这主要是指因地位不平等以及讨价还价能力差异而导致所达成的契约具有明显的不公正性，这为斯密、穆勒等充分阐述；（二）契约后的剥削，这主要是指契约达成后因各方地位的不平等而产生的利用和奴役，霍奇逊进一步区分了有形的剥削、权力的剥削以及阶级剥削等。譬如，在劳动契约中，由于资本相对于劳动具有更大的流动性，以及自由选择后的劳动被剥夺了"主

---

① ［美］德沃金：《至上的美德：平等的理论与实践》，冯克利译，江苏人民出版社2003年版，第200页。

权"，因而劳动者就只能接受更糟糕的劳动条件和付出更大的劳动强度。①

一般地，对"公正"的理解至少包括这样几个层次：（一）市场交换程序上的公正，即形式上的机会平等；（二）社会财富占有或分配上的公正，即资源平等；（三）个体权利享有上的公正，即能力平等；（四）个体满足偏好之机会上的公正，即福利机会平等；（五）个体偏好满足上的公正，即福利平等。例如，现代主流经济学就极力提倡交换程序上的机会平等，这是哈耶克等关注市场机制建设的根本原因。法律现实主义者德沃金则把平等主要视为资源平等，强调"资源平等是内在于自由主义的平等观"，"与任何其他底线相比，自由主义底线都更好地表达着资源平等对抽象的平等主义原则的解释。"② 人本主义经济学集大成者森等则关注能力的平等，在森看来，所谓"平等"往往是通过对比两个人在某一特定方面是否具备相同特征（如收入、财富、幸福、自由、机会、权利或需求的实现程度等）来判定的，因而对不平等的判定和评估就完全依赖于对据以进行对比的评价变量的选择。阿内逊和柯亨等人则推崇福利机会平等，如柯亨强调应该关注不同个体将资源转化为福利之不同效率的原因，福利平等主义应该拒绝那种因昂贵嗜好等自身过错而造成的福利低下，而应支持那种因天生残障等坏运气而造成的福利低下。③ 显然，这些公正概念本身也是不断深化的：起初强调的是市场机会的平等，后来就逐渐拓展为资源的平等和能力的平等，再到福利机会平等主义的兴起，这些都体现了实质上的机会平等之升华。与此同时，福利平等尽管是最早就提出来的，但迄今还无法实现，但却体现了未来发展的方向，或设定了一个社会发展的理想状态。

---

① ［英］霍奇逊（本书译为霍奇森）：《资本主义、价值和剥削》，于树生、陈东威译，商务印书馆 2013 年版，第 272—282 页。

② ［美］德沃金：《至上的美德：平等的理论与实践》，冯克利译，江苏人民出版社 2003 年版，第 201、200 页。

③ ［美］柯亨：《论平等主义正义的通货》，载《马克思与诺齐克之间：柯亨文选》，吕增奎编译，凤凰出版传媒集团、江苏人民出版社 2007 年版，第 123 页。

显然，从后两个平等概念看，在现实社会中，个体之间无论是在资源的占有方面还是能力的天赋方面都是极端不平等的，因而自由市场中的所谓公正就只能是相对的。奥肯写道："由于讨价还价的双方力量悬殊以及绝望心理的影响，这种交易不可能是公平的，并且也不可能是正常的。"① 因此，在考虑社会制度安排的公正性时，就必须引入将伦理分析的方法。例如，罗尔斯对自由权和基本善的平等分配主张，德沃金对平等待遇和资源平等的主张，内格尔对经济平等的主张，斯坎隆对平等权的要求，乃至诺齐克对自由权的平等主张，都充满了伦理考虑。正是基于不同的伦理价值观，这些平等要求的内容是很不相同的：收入平等主义者要求平等的收入，福利平等主义者要求平等的福利水平，古典功利主义者主张平等地衡量所有人的效用，而纯粹的平等主义者要求所有的权利和自由均平等分配。

不幸的是，现代主流的新古典自由主义经济学尽管把市场视为人类社会的核心制度，却很少探讨市场的制度结构；相反，在新古典经济学教科书中，市场往往脱离制度的形式而被抽象为一种价格符号，似乎只要人们开始以个人利益聚集在一起，一个导向均衡和帕累托改进的市场就会出现了。例如，萨克斯就鼓吹，一旦原来的社会主义国家实行市场经济，社会就会更为公平，经济也会更为繁荣。② 但是，正如科斯指出的，"东欧的社会主义国家也被建议实行市场经济……但没有适合的制度，任何有意义的市场都不可能存在。"③ 正是由于忽视了市场的制度结构，现代主流经济学往往混淆了市场和企业，把企业仅仅视为市场关系以其他方式的延续，从而将所有的制度都等同于市场。特别是，新制度经济学家用交易成本对所有的行为和制度作统一性的分析，不但混淆了市场的交换行为和家庭的利他行为，而且还把

---

① ［美］奥肯：《平等与效率》，王奔洲等译，华夏出版社 1999 年版，第 19 页。

② 当然，经历"休克疗法"的失败后，萨克斯的观点也有了很大的转变。

③ 转引自［英］霍奇逊：《经济学是如何忘记历史的：社会科学中的历史特性问题》，高伟等译，中国人民大学出版社 2008 年版，第 288 页。

卖淫者的性行为与夫妻间的性关系混为一谈。

一般地，市场经济具有这样两大基本特征。（一）它是一个法制经济。没有健全的法制，何来谈论市场经济？究其原因，所谓市场行为就是人的自主行为，而市场主体之所以采取某种行为，是因为在采取行动之前他对自己的行为后果有较为明确的预期。霍奇逊就把市场定义为一系列的社会制度，在这些制度中，特定类型的、大量的商品交换有规则地进行着，并在一定程度上由这些制度来促进和构建。① 显然，在法律不完善或者有法不行的情况下，市场主体并不能对互动对方的反应所有预期，又如何采取行为呢？又如何有市场经济呢？没有法制的保障，一切获得的后果就只能是由自己的势力决定，即使社会达成了均势也是等级制的。（二）它又是一个互惠经济。这种互惠尽管不能做到量上的完全平等，但随着社会的发展，量上的平等程度也是不断提高的，这往往体现为市场力量的日益分散以及人们对社会正义认知的不断提高。而且，这种社会正义的认知本身就是人们经过长期互动所衍生出的副产品，体现了人类对长远利益的认识。事实上，如过市场交换不能实现互惠双赢，那么这种交换关系如何长期维系呢？市场交易半径如何不断扩展呢？

从市场经济的这两个特征出发，我们就不能简单地将政府干预等同于破坏市场经济，因为不同的法律制度本身就对应着不同类型的市场经济。相应地，我们不能简单地将对基于纯粹力量支配之自发市场的干预程度与市场经济的成熟程度联系起来，更不能将干预越少的市场视为越优的。其实，政府干预中的问题主要体现在两方面：（一）政府的干预是否遵循一定的规章制度？（二）政府的干预是否是为了实现纠正正义或补偿正义？譬如，国内一些经济学人却宣称，政府干预房市是违反市场经济的。但试问：这是指什么样的市场呢？按照这些经济学人的理解，房价涨就说明社会存在这种需求，

---

① Hodgson, G. H., *Economics and Institutes: A Manifesto for a Modern Institute Economics*, Cambridge and Philadelphia: Polity Press and University of Pennsylvania Press, 1988, p. 174.

也存在这种购买能力。但是，他们却不愿去想一想：是什么导致房价存在这种需求？社会大众的住房购买力来自何处？其实，当前中国房价需求中很大一部分是投资和投机需求，而投资和投机需求的产生有源于悬殊的社会收入分配结构以及不合理的社会制度。譬如，目前的房贷体制就产生明显的投机需求：信贷的杠杆率越高（也即，首付比率越低），投机需求就越大，房价就越高，社会大众就越买不起房，房屋的空置率也就越高。

正是考虑到市场经济作为法治经济和互惠经济的两大特征，我们说，任何一个成熟的市场机制都应该包含两个方面内容：（一）一般而抽象的法律规章；（二）具体而丰富的市场伦理。而迄今为止人类社会共享的市场伦理之核心就是道德黄金律：己所不欲，勿施于人。它提醒市场行为主体，在采取行为时必须考虑它对其他人所产生的影响，不能将自身的利益建立在损害他人的基础之上。正是基于市场伦理的考虑，当企业的利润上升时就应该拿出很大一部分来与员工分享，否则企业就会失去员工的信任；相应地，当企业遇到困境时，员工也就不会与企业共度患难。当遇到繁忙的春运时，政府有关部门也不能简单地以提价来解决问题，否则政府也就失去社会大众的信任。在很大程度上，春运是否涨价不是体现了要不要市场规律的问题，而是要何种市场规律的问题。事实上，如果缺失了市场伦理这一维度，相互之间的逐利行为就会造成机会主义的不端升级；纯粹基于力量来分配的市场就只能是掠夺性市场，必然会造成严重的市场失灵。因此，我们必须认识到，市场不能简单地等同于力量博弈，相反，任何合理的市场行为必须充分考虑对方的得失、情感，需要有"己所不欲，勿施于人"的移情关怀。例如，1972 年诺贝尔经济学奖得主阿罗就指出，"仔细观察就会发现，经济生活的有效性在很大程度上依赖于某种程度的伦理行为。纯自私的行为其实同任何既定的经济生活都不相符。"①

---

① 参见〔美〕鲍伊：《经济伦理学：康德的观点》，夏镇平译，上海译文出版社 2006 年版，第 10 页。

关于这一点，我们也可以借行为经济学中常用最后通牒博弈实验来加以说明。在该博弈中，假设买方和卖方分割 1000 单位的货币（最小分割单位设定为 5）的议价活动，买方出价，而卖方决定是否接受。因此有：如果买方的出价是 X，如果卖方接受，则卖方可得 X，而买方可得 1000-X；如果卖方拒绝，则买卖双方的收益都为零。显然，如果按照主流经济学所倡导的力量决定论，作为一个追求最大化的理性主义者，无论买方提出何种分配方案，卖方的最优策略是"接受"；而买方为了使自己的期望收益最大化，在预期卖方的选择行为下，将尽可能选择最低分配方案 0 或者 5。因此，理论上，这种条件的议价平衡点就是（0，1000）或者（5，995）。但是，大量的实验结果却表明，这种根据个人先发优势的理性预测是错的，买方的出价大多集中在 450 到 500 之间。究其原因就在于，基于社会认同（即公平感）的市场伦理起了重要的作用。所以，尽管市场机制在资源的配置中起到积极作用，但市场机制发挥有效作用绝不等同于没有伦理价值的自由放任。康芒斯就指出，"一笔交易是经济学、伦理学和法律的最后单位。"①

然而，尽管市场本身必然存在具体伦理和一般规则这两方面内容，但现代主流学术却日益偏重于抽象规则这一层面，而有意无意地忽视了市场伦理，从而也就逐渐失去了对社会不公正和异化问题的关注。尤其是现代主流经济学逐渐舍弃了"人"的关注，抛弃了人本关怀精神，从而根本看不到人类社会中的市场伦理；同时，它还基于自然主义思维和伦理实证主义价值观来为已经异化了的现实社会制度和强势者的掠夺行为进行辩护，甚至根据供求力量所形成的均衡状态来设立社会规则和制度安排。正是从这个角度上讲，现代主流经济学至少应当为当前社会的正义沦丧和秩序失范负很大一部分责任。在某种意义上讲，那种抛弃伦理而只关注抽象规则的纯粹市场往往

---

① ［美］康芒斯：《资本主义的法律基础》，寿勉成译，商务印书馆 2003 年版，第 9 页。

会退化为利益对抗和冲突的场所，从而也就不可能保障社会秩序的不断扩展；那种基于一些基本抽象规则所组织起来的社会也不可能是真正的自由主义，更不是真正的开放社会，相反，整个社会由于陷入由不断升级的相互斗争所导致的内卷化路径之中，从而成为以力量控制的等级制的封闭社会。因此，即使现代经济学把市场秩序视为唯一的具有可持续性社会秩序，并集中力量研究自由市场中的行为和结果；那么，经济学也必须要明白市场内在的丰富内涵，要探究市场机制的真正内容及其优劣，而不能简单地把市场等同于基于抽象"供求"规则的交换。

四、结语

新古典自由主义经济学积极承袭了西方社会的自然主义思维，基于无伦理的市场理论而把市场机制等同于一般规则；而且，新古典自由主义经济学强调，只要市场交换是自由的，那么整个社会就是公正自由的。为此，新古典自由主义经济学崇尚市场机制，并仅仅关注市场竞争的过程，而不关心资源的初始分配或交换的起点问题；按照这种理论，只要市场交换是自愿的且遵循"立法"规章的，那么，就是合理的和自由的，从而为当前一切不合理的行为辩护。在一些现代经济学人看来，这个社会除了法律外，再也没有值得遵守的社会规范；而伦理道德则被看成是一种伪善，那些为前做好事的公司往往被视为比单纯做生意的公司还要差。然而，这种自由和公正仅仅是形式上的，而形式自由平等背后却隐藏着深刻的不平等。奥肯写道："事实上，金钱可以买到很多我们民主社会里原本不出售的东西。现实状况与抽象原则大相径庭，市场实际上侵犯了每一项权利。金钱购买了法律服务，以此可以在法律面前得到偏袒；金钱购买了讲坛，以此使讲坛占有者的言论自由有了格外的分量；金钱购买了有权势的组织选举的官员，从而损害了一人一票的原则。市场甚至被允许来裁决一个人的生死。譬如，可以完全有根据地说，美国穷人家庭的婴儿死亡率比中等收入家庭要高一倍到一倍半。"①

其实，稍许的基本常识都会让人明了，基于供求关系所决定的结果根本上体现了强势者的利益，因而这种理论必然是为当权者服务，体现强者的利益服务，而根本上谈不上所谓的社会正义。康芒斯认为，市场交换的自由可从两方面得到体现：（一）力量，主要表现为交换力、购买力或者讨价还价的力量；（二）机会，体现为在几种可能中进行选择。正因如此，一个市场交换中的自由程度往往可以用其获得的交换价值来体现，康芒斯写道："如果我以 3 美元一天的代价出卖我的劳动力使用权，对雇主而言这是某种程度的力量。如果我以 3.5 美元一天的代价出卖我的劳动力使用权，对雇主而言这是另一种程度的力量。……所以自由的经济等价物就是对强加于别人的两种不同程度的力量之间的自由选择。"② 这意味着，我们可以从市场交换的分配结果来判断市场的成熟程度，从剩余价值的分割来揭示自由的结构：每一方所享受到的自由的程度如何？弱势者是否有真正的自由？S·韦伯夫妇写道："任何穷人的自由，都是极其有限的。对于无资产的工资劳动者来说，自由的意义，除了在饥饿的边缘带着永久劳役的创伤苟延生命外，再也没有别的东西了。"③ 正因为市场异质主体既不是同等自由的，市场交换结果也不是公正的；因此，就有必要对纯粹市场机制进行干预，或者对市场机制加以完善。

---

① ［美］奥肯：《平等与效率》，王奔洲等译，华夏出版社 1999 年版，第 21 页。

② ［美］康芒斯：《资本主义的法律基础》，寿勉成译，商务印书馆 2003 年版，第 38 页。

③ ［英］S. 韦伯、B. 韦伯：《资本主义文明的衰亡》，秋水译，上海世纪出版社集团 2001 年版，第 49 页。

6. 市场经济能否最大化满足大众的需求:

基于效益原则和力量结构的二维分析

导读: 新古典自由主义经济学往往将市场经济社会称为消费者民主,体现了消费者主权。但实际上,纯粹市场经济体系往往不能有效提供满足社会大众需要的产品:一、市场机制所遵循的效益原则往往会忽视社会目标,并由此产生私人富裕和公共贫困共存的局面;二、现实市场中生产者往往比消费者拥有更大权力,并由此使得生产主要源于生产者基于利润的供给而非消费者基于需求的诱导。显然,正是在纯粹市场体制中,社会目标往往被忽视而经济欲求获得极大激发,这就为增强政府的公共品供给能力提供了理论基础;同时,反映真实需要的需求往往被忽视而非真实需求的欲求则不断膨胀,这就为反思消费至上主义提供了理论基础。因此,基于效益原则和力量结构这两大维度,我们就应该且可以重新审视新古典自由主义经济学的消费理论,重新审视流行的两大市场信念:福利最大化信念和消费者主权信念。

一、引言

经济学是研究社会经济规律并完善社会经济体系的学科,而一个完善的社会经济体系则"必然能够最大程度地满足人们的多种需求","提供人们所需要的产品和服务",[①] 从而提高社会福利和经济福利。尤其是经济学要

---

① [美] 加尔布雷思:《经济学与公共目标》,于海生译,华夏出版社 2010 年版,第 4 页。

关注弱势者的需求和福祉，要探究缓解贫困问题的途径。马歇尔就指出，"贫困是否必然的问题给予经济学以最大的关心。"① 在很大程度上，经济学研究的基本目的也就是儒家传统指向的"经世济民"，也就是以张载为代表的儒家理想：为天地立心，为生民请命，为往圣继绝学，为万世开太平。那么，人类社会如何才能更好地构筑社会经济体系呢？一般地，这就需要探究人类需求的演化、社会劳动的配置、产品的创造以及价值的分配等问题。在很大程度上，这些也是早期古典经济学所关注的基本议题。例如，马克思就强调，美好社会是一个人富裕需要并赋予满足的社会，但资本主义社会中由于财富分配的严重不平等导致工人被严重异化，结果，他们不仅很少有需要，而且需要也得不到满足。不幸的是，自边际革命以降，新古典经济学却扭转了这一理念，进而为现实的资本主义市场经济辩护：它不仅成为满足并提高人们需求的基本手段，而且成为一种与历史无关的永恒存在的经济体制。那么，纯粹市场机制能否实现社会福利的最大化，进而满足社会大众的需求呢？本章基于两大维度对纯粹市场经济体系做一剖析，并以此为财政税收等奠定微观理论基础。

二、自由市场的两大信念及问题

新古典自由主义经济学之所以坚持市场有效观，一个重要原因就在于，它承袭了两种市场信念：（一）源自新古典经济学的福利最大化信念：市场竞争不仅可以通过优化稀缺性资源的配置而实现福利最大化，而且还可以将人们的逐利行为与社会福利的整体改善结合起来，而这都依赖于市场机制中的"无形的手"；（二）源自奥地利学派的消费者主权信念：纯粹市场经济体系完全受消费者偏好、价值评估和选择控制，在给定的稀缺性资源下，消

_____

① ［英］马歇尔：《经济学原理》（上卷），朱志泰译，商务印书馆1964年版，第25页。

费者偏好和选择启动了数量不断扩张的企业家市场活动，产品供给的种类和数量都是消费者需求所引导的结果，而市场所传递的价格信号成为沟通消费者偏好和产品供给的最有效机制。正是基于这两大市场信念，现代主流经济学就把经济学从研究社会分工和财富创造的"国富论"转化成"研究稀缺性资源如何配置"或者"理性人如何行为"的技术学科，并热衷于打造一个政府在其中仅仅充当"守夜人角色"的纯粹市场经济体系。

　　然而，新古典自由主义经济学的这两大市场信念都存在问题。（一）就福利最大化信念而言，尽管纯粹市场机制使得个人有激励使用一切可使用的工具和手段以实现私利的最大化，但个体利益之间果真是自然和谐的吗？尤其是，人类社会的发展促使人们的社会性需求日益增长，那么，市场机制能够满足这种不断增长的社会性需求吗？能够有效地促进私人和社会共同繁荣吗？显然，这涉及真实市场的运行机制问题，涉及公共品以及其他民生保障如何供给等问题。（二）就消费者主权信念而言，尽管市场经济体系可以通过供求关系的调整而实现生产和消费均衡，但所提供产品果真是由消费者需求所引导的吗？尤其是，市场供求本身体现了交易主体的力量对比，那么，现实市场中的收入分配能够体现各自的劳动贡献吗？能够通过社会应得权利的深化而促进市场秩序的健康有序扩展吗？显然，这涉及现实市场中的权力结构问题，涉及消费者主权何以为生产者主权所取代等问题。

　　实际上，无论是消费者主权信念还是福利最大化信念都是以完全竞争为前提的：只有完全竞争才能保证企业家通过技术改造而不是信息垄断来追求利润最大化，同时在边际效用等于边际成本的基础上保证理想的产出量，从而体现消费者偏好。问题是，完全竞争只是一种抽象假设而远非现实情形，现实市场体系中无论是消费者与生产者之间还是不同类型的消费者或生产者之间都存在非均衡的权力结构，从而必然会导致生产偏离消费者的需求。克莱因就写道："说'市场'决定着资源配置显然是一种误导，因为权力群已经事先限制了市场，决定了它将显示出的选择的方式。"① 在很大程度上，正是由于现实市场中存在着不平等的权力体系，产生了不公正的收入分配，进而又制约了社会秩序的有序扩展。为此，要解决这一问题，根本上就必须壮大弱势者的力量，也就是要引入抗衡力量，需要增强政府在公共品供给方面的能力。

三、福利最大化质疑：私人富裕与公共贫困

新古典自由主义经济学先验地假设，市场上个体是平等的，而且，每个人充分利用一切可利用的力量以追求私利最大化就可以促进社会福利的提高，这就是"私利即公意"命题。为此，它极力推崇市场机制，主张依靠市场上的供求力量来决定价格、制度乃至分配模式等。加尔布雷思就写道："新古典主义经济体系的实质是：公众使用主要来自自己的生产活动而获得的收入并加以分配，来购买他们可以从市场上获得的商品和服务，以此表达他们的愿望和诉求……他们按照这种方式而分配其收入的倾向性，使得他们为特定目标而从每一个支出单位当中获得的满意度，等同于他们为其他任何目标而进行支出时获得的满意度，在这种情况下，他们的满意度（甚至是幸福度）就可以达到最大化。"②

但显然，新古典自由主义经济学的推理逻辑存在这样一系列问题：（一）既然纯粹市场机制的运行以力量博弈为基础，供求关系都由背后的力量起作用；那么，不平衡的力量结构必然会产生向强势者倾斜的财富分配，而马人效应又会进一步强化财富的集中和金钱的霸权，从而导致社会收入两

---

① ［美］克莱因：《直面经济学中的权力：一个实用主义的评价》，载［美］图尔、［美］塞缪尔斯主编：《作为一个权力体系的经济》，张荐华、邓铭译，商务印书馆 2012 年版，第 95 页。

② ［美］加尔布雷思：《经济学与公共目标》，于海生译，华夏出版社 2010 年版，第 15 页。

极化。加尔布雷思就指出，"大众的贫穷并不可能因为极少数人非常富有而变得让人心安理得，而极少数富人的行动几乎是历史记录的中心。"①（二）由于市场机制引导的资源配置根本上是以效益为导向，而在现代主流经济学的诠释下，效益又进一步蜕化为自然主体的金钱最大化；那么，每个人在追求私利最大化时往往就会置社会需求于不顾，这也是现代经济学已经认知到的"公共品之供给困境"。尤其是，伴随着社会发展而来的社会性需求日益提升，激励私利追逐的市场机制就愈发无能为力。正因如此，在由力量决定的纯市场经济体系中，一个私人丰裕和公共贫困共存的社会事实就日益凸显了，进而又衍生出不断加剧的收入分配两极化和社会矛盾尖锐化。显然，这不仅明显地出现在当前那些发展中国家中，而且这种苗头在发达国家的发展史中也早已出现。

其实，除了满足基本衣食住行等生理性需求外，其他类型的需求都具有或多或少的社会性，也即，具有公共性。而且，随着人类社会的进步，这种社会性需求越来越凸显，占人类需求的比例也越来越大。譬如，黄有光就指出，在温饱过后，私人消费已不能增加快乐，而对环保、安全、教育等方面的需求则越来越大，这些方面构成了影响人们快乐的愈益重要的因素。因此，富裕社会越来越需要一些基本的公共事业，如道路、学校、博物馆、低价住房等，而这些公共品的提供正是社会组织或政府的能力所在。约翰·穆勒很早也写道："在我们这个时代，无论是在政治科学中还是在实际政治中，争论最多的一个问题都是，政府的职能和作用的适当界限在哪里。在其他时代，人们争论的问题是，政府应该如何组成，政府应根据什么原则和规则行使权力；现在的问题则是，政府的权力应伸展到哪些人类事务领域。"②显然，约翰·穆勒170多年前提出的这一问题在当前社会尤其是在发展中国

---

① ［美］加尔布雷思：《富裕社会》，赵勇等译，江苏人民出版社2009年版，第2页。

② ［英］穆勒：《政治经济学原理及其在社会哲学上的若干应用》（下卷），赵荣潜等译，商务印书馆1991年版，第366页。

家又重新被提了出来。加尔布雷思就指出，任何一个运行良好或管理有方的社会都应该使得公共服务跟得上私人生产，并将私人产品和服务与政府产品和服务供给之间令人满意的关系称为社会均衡或社会平衡。例如，加尔布雷思在《富裕社会》一书中就举例说："汽车消费的增加需要增加街道、高速公路、交通管制、停车空间。正如我们需要医院一样，也需要警察和高速公路巡逻这些保护服务。"①

不幸的是，长期以来，社会均衡状况却没有受到应有的重视，没有能够使公共服务与私人生产和商品消费保持起码的均衡关系；相反，"私人部门的富有不但与公共部门的贫乏形成了令人震惊的反差，而且私人产品的丰富性显然是造成公共服务供给危机的原因。"② 显然，这就是私人富裕与公共贫困的共存现象，它最终造成了社会无序和经济绩效低下。半个世纪之前，加尔布雷思就写道："近年来，任何大城市的报纸——纽约的报纸是最好的例子——天天都在报道基本市政和都市服务短缺和不足。学校设施陈旧，学生人满为患；警力紧缺；公园和运动场所匮乏，街道和广场肮脏不堪；卫生设施落后，人员紧缺；在城里工作的人出行不便，苦不堪言，而且日益恶化；市内交通拥挤，卫生状况堪忧；空气混浊。街道两旁理应禁止停车，别处也没有泊车的地方。"③ 半个世纪过去了，这一状况依然没有得到多大改观，在那些收入差距悬殊的发展中国家尤其如此。

当然，极端自由主义者罗斯巴德等辩护说，过度富裕集中体现在"私人部门"，体现了消费者所享受的财货过度充裕，而不足或"饥饿"则出现在政府提供服务的"公共部门"，这恰恰证明这种稀缺和无效率是政府运作所固有的。④ 问题是，在现实中我们同样可以看到，在社会达尔文主义越盛

---

① ［美］加尔布雷思：《富裕社会》，赵勇等译，江苏人民出版社 2009 年版，第 183 页。
② 《加尔布雷思文集》，沈国华译，上海财经大学出版社 2006 年版，第 36 页。
③ 《加尔布雷思文集》，沈国华译，上海财经大学出版社 2006 年版，第 37 页。
④ ［美］罗斯巴德：《人、经济与国家》（下册），董子云、李松、杨震译，浙江大学出版社 2015 年版，第 910 页。

行、纯粹市场机制越被强调的地方，私人产品和公共产品之间的失衡情形也就越明显：一方面是华贵豪华的别墅花园、昂贵奢侈的私人飞机和琳琅满目的金银绸缎，另一方面则是破烂不堪的公路、充满臭味的河流、拥塞肮脏的公共交通。究其原因，市场的过度膨胀挤压了政府活动的空间，进而使得政府"无为"或"乱为"。事实上，这种反差不仅是早期资本主义乃至前资本主义的基本现象，而且在现在的墨西哥、印度、斯里兰卡等国随处可见；究其原因，在新古典自由主义经济学思维的支配下，这些国家都在努力贯彻自由放任的市场政策。更不要说，如奥地利学派所主张的根本就不存在外部性和市场失灵问题，那么，罗斯巴德又为何将青少年犯罪、交通堵塞、人满为患的学校、停车位缺乏等都归类为政府活动的领域？为何没有将它们纳入私人部门而由市场来高效解决呢？

新古典自由主义经济学的理论和政策之所以会引发这种悖象，关键就在于，它对经济增长的关心超过了对生活本身的关心，对"物"的注意超过了对人的注意；相应地，由此构设的经济体系之目标往往并不是供应商品以满足人们的需要，而是实现经济指标的增长。这表现在两大方面：（一）宏观上GDP数字获得了重视，它成为衡量政府组织效率的主要指标；（二）微观上利润获得了重视，它成为衡量商业组织效率的主要指标。正因如此，诸如工业公司、航空系统、银行、政府官僚机构等的目标都局限于组织目标而非公共目标，重视的是经济效益而非社会效益；相应地，现代经济体系往往是为生产而生产，而不问产品的实际效果如何，如发电厂对空气的污染、汽车对肺部的影响等。正因为公共目标遭受了严重的曲解和忽视，纯粹市场经济体系中往往会伴随广泛的失业、通货膨胀、贫富不均、道德败坏以及生活质量下降等现象。尽管如此，现代主流经济学所倡导的市场化体系却将所有市场活动都纳入GDP统计中，从而形成了这样的悖象：GDP数字似乎在不断增长，而人们福利实质上却在不断下降。

同时，对经济效益的过分关注以及对社会效益和生活质量的忽视，还会引发自然资源的耗竭和自然环境的恶化，从而导致社会经济增长不具有可持续性。（一）就自然资源的耗竭而言，由于计算 GDP 时通常不考虑投入成本，追求私利的市场主体就会把自然赐予的资源以及业已存在的社会资源当成免费投入品。卢兹和勒克斯就指出，人类可利用的资本（财富）有两种：自然赋予的资本和人类创造的资本，但目前对环境所提供的服务存量的消耗仅仅被看成是一种收入，而忽视了这个存量本身也在被损耗。① 同时，基于个体理性的市场竞争，个体或组织之间往往会为私利而对公共资源进行掠夺性开发。捕鲸就是一个典型例子，它造成了不可挽回的损失，因为鲸鱼是不可再生资源。（二）就自然环境的恶化而言，由于厂商采用污染严重的生产方式往往要比采用污染较轻的生产方式成本更低，因而在缺乏社会干预的纯粹自由市场机制中，厂商这种不承担社会负外部性的经济行为在耗竭资源的同时也必然会造成环境的严重破坏。布罗姆利就写道："市场有其自身的机理，它会产生一些有'效率'的后果，这些后果对社会来说是有害的和可怕的——饥馑、流离失所、绝望、失业、吸毒和无以言表的犯罪。……不受限制的市场可以低成本生产一定的物品和服务，但市场在完成这种任务的同时并不考虑某些真实的成本，这种成本不反映在价格计算上——环境污染就是一个典型的例子。"② 事实上，地球有一半的森林在 1950—1990 年期间消失了，其中欧洲基本上已经没有原始森林而只剩下一些被管理起来的商业树种植园。③

针对上述种种问题，新古典自由主义经济学所诉诸的只是市场机制。问题是，自由市场并不能为减少资源掠夺和环境污染提供一个激励机制。究其原因，资源耗竭和环境污染所造成的损失往往不是落在污染的制造者及其顾

---

① ［美］卢兹、［美］勒克斯：《人本主义经济学的挑战》，王立宇等译，西南财经大学出版社 2003 年版，第 345 页。

② ［美］布罗姆利：《经济利益与经济制度：公共政策的理论基础》，陈郁等译，上海三联书店、上海人民出版社 1996 年版，中译本序。

③ ［美］梅多斯等：《超越极限：正视全球性崩溃，展望可持续的未来》，赵旭等译，上海译文出版社 2001 年版，第 60 页。

客身上，而是在其他人乃至后代人身上；因此，无论是产品的生产者还是消费者都没有积极性去抵制大量使用资源并污染环境的企业。乔治就写道："一些评论家将美国体系特别归结为功利主义与道德软化。他们认为美国的富足正在侵蚀其工业结构与繁荣状况。人们对伦理道德大肆排斥，取而代之的是放纵挥霍与享乐主义。效率至上与迅速发展也存在消极作用，它造成了奢侈浪费与人为商品废弃现象的蔓延。生产出的产品并不追求尽可能长的使用寿命，因为这样做可以创造持续的更新需求从而保证产品的长期销路。……整个美国社会弥漫着一种盲目乐观的情绪，人们相信事情会越来越好，物质产品的丰富将会永远延续，只要认真关注现状，未来自然错不了。我们将会为这种乐观付出代价，甚至是整个未来。"① 举美国为例，尽管它的 GDP 远冠全球，却并没有创造相应的价值、作出相应的贡献。一个明显的事实是，军工业在美国占据极大比重，但这种产业并没有提高人们和社会的生活和福利，反而在整体上降低了社会效用。② 显然，要解决这些问题，必须重新树立经济学对公共目标的关注，而不是听任经济人对私利的追求。

当然，嵌入新古典自由主义的现代主流经济学在很大程度上也承认市场失灵的存在，问题是，它往往只是将市场失灵归咎于外部性、垄断、规模报酬递增等几种因素，并把这些因素视为"例外而不足以构成理论的一部分"。③ 盖里安（Guerrien）就指出，如果抽掉诸如"摩擦"和"失灵"等，那么就可以发现，现代主流经济学常常无根据地坚持"市场机制"将产生"有效的"结果。④ 而且，在一些主流经济学人看来，至少与政府失灵相比，

---

① ［美］乔治：《经济伦理学》，李布译，北京大学出版社 2002 年版，第 15—16 页。

② 因此，尽管目前社会各界已经意识到了污染的危害，从而提出了污染权的分配甚至是环境税问题，却没有涉及军工业问题，实际上，全球也应该制定规则来抑制会降低人类福利的军工业的生产。

③ ［美］鲍尔斯等：《理解资本主义：竞争、统制与变革》，孟捷等译，中国人民大学出版社 2010 年版，第 53 页。

④ Guerrien, B. ,"Irrelevance and Ideology", *Post-autistic Economics Review*, Vol. 29, No. 6 (2004)；http：//www. btinternet. com/pae_news/review/issue29. htm.

市场失灵是"两害相较取其轻"的次优选择，因此，他们很少承认现代主流经济学在基本假设和研究思维上的错误，也很少愿意花大量精力去剖析现实生活中的社会结构问题，而是热衷于为现实辩护，为自由交换和市场竞争辩护。新古典经济学的代表人物施斯蒂格勒就承认，"经济学的职业训练会使人成为政治上的保守主义者"，这种保守主义"希望绝大多数经济活动由私人企业进行，它相信，私人力量的滥用一般会受到竞争力量的制约，而竞争理论通常也能提供效率和进步"。① 正是在这种理论的指导下，就出现了"我们的（私人）财富不仅与后者（公共品）的匮乏形成惊人的对照，而且我们私人市场商品所得的财富在很大程度上引起了公共服务的供应危机"的局面。②

总之，随着社会经济的发展，人类社会逐渐变得更为富足，此时"生活必需品"和"维持生计的工资"之类主导古典政治经济学的忧惧已经不再笼罩 20 世纪末的工业社会，相反，现代社会开始面临着一个新的问题：私人消费品的增加带动了人们对环境、卫生、教育等公共品需求的提升。正如加尔布雷思指出的，"一种产品使用量的增加不可避免地创造了对其他产品的需求。如果我们要消费更多的汽车，我们必须有更多的汽油；要想开汽车，必须有更多的汽车保险，也需要有更多使用汽车的空间；超过一定的限度之后，更多、更好的食物似乎意味着对医疗服务的更多需求；研究消费量的增加也必然造成这种结果；更多的假期需要更多的旅馆和更多的钓鱼池。如此等等。"③ 一般地，随着私人消费品的增加，公共品的需求也就日益增大，而这往往有赖于政府的参与。在很大程度上，正是由于政府功能的缺

---

① 转引自［美］柯兹纳：《丑陋的市场：为什么资本主义遭人憎恨、恐惧和蔑视》，载秋风编译：《知识分子为什么反对市场》，吉林人民出版社 2003 年版，第 97 页。

② ［美］加尔布雷思：《富裕社会》，赵勇等译，江苏人民出版社 2009 年版，第 180—181 页。

③ ［美］加尔布雷思：《富裕社会》，赵勇等译，江苏人民出版社 2009 年版，第 182—183 页。

失，导致了社会均衡问题日益凸显，以致"财富愈多，污垢愈厚"。① 那么，对人类福利来说，日益重要的公共目标为什么会被现代社会所忽视呢？加尔布雷思认为，关键就在于，现代垄断经济体系中传统的完全竞争力量已被强大的组织力量所代替，如巨大的生产者、全国性零售公司和强大的工会，它们操纵了市场、操纵了消费者，从而操纵了经济。不幸的是，传统智慧却没有跟上形势，现代经济学所承袭的依然是使用分析个人消费品的新古典自由主义经济学思维。

四、消费者主权质疑：权力结构与产品供给

承袭奥地利学派思维的新古典自由主义经济学先验地假设：厂商为了追求利润的最大化，必然会基于对消费者偏好的预测进行市场决策，总是生产消费者比较偏好并愿意出价高的产品，从而能够满足社会大众的需求；同时，为了增强竞争力，厂商总是在不断提高技术、减少浪费以降低生产成本和获得最大限度的价格优势，从而又有利于消费者剩余的提高。例如，有学者就指出，竞争作为"历史最慷慨的和最天才的权力剥夺工具"，所承担的职能是使得消费者处于社会市场的中心；竞争的市场过程克服了引导问题，它所承担的职能是维护消费自由，迫使企业创新和技术进步，促进有效率的生产，仅仅根据绩效分配收入和利润，以及防止权力集中。②

然而，上述论断的分析逻辑也存在两个明显的问题。

首先，这里潜含着新古典经济学的一个假定：消费者有明确的偏好以及有充分理性的预期和认知，人人都知道自己做什么。但显然，这种假定是错误的，否则就不会有广告的出现了。加尔布雷思写道：企业"竞争的力量

---

① ［美］加尔布雷思：《富裕社会》，赵勇等译，江苏人民出版社 2009 年版，第 183 页。
② ［德］施莱希特：《联邦经济部与战后德国的秩序政策》，载［德］何梦笔主编：《秩序自由主义》，董靖等译，中国社会科学出版社 2002 年版，第 6 页。

就集中在劝说消费者购买产品、人员销售和广告上。香烟生产商吸引客户，不是靠这种不利己的危险的降价政策，而是借助广告代理商，借助电台、广告牌、电视、杂志和出版社的帮助。这也是一种竞争，但不是自由主义者捍卫的那种竞争。相反，这种用更低的价格、更高的效率回报大众的手段，现在通过押韵的广告和肥皂剧不停地轰炸人们的耳朵，并且人们已经开始讨厌这种商业艺术了，竞争变成一种非常招摇的浪费。"① 在很大程度上，消费者的认识和偏好是被塑造的，企业可能通过广告等对消费者进行成功的"洗脑"和"宣传"，从而改变消费者的认知和偏好。斯蒂格利茨就写道："很明显的一点事，许多（如果不是绝大多数）美国人对于社会中的不平等的认识有限：他们以为不平等比实际的要少，他们低估了不平等的逆向经济效应，他们低估了治理不平等的能力，他们高估了采取行动的代价。"②

其次，这里潜含着新古典经济学的另一个假定：生产者和消费者都是市场上平等的市场主体，每个人都根据充分信息采取行动而实现市场均衡。米塞斯就强调："生产者本人，如他们那样的，完全不能命令生产的方向。这对企业家和对工人都是一样的，他们最终都需要向消费者意愿臣服。而且不可能发生相反的情况。人们不是为了生产而生产，而是为了生产可能被消费的产品。"③ 问题是，现实生活中果真如此吗？一般地，厂商和消费者具有这样的特性差异：（一）两者的数量是不平等的，较少数量的厂商更容易形成同盟；（二）两者对产品的信息是不对称的，厂商更了解产品的质量和成本等。显然，当市场上只有少数几家厂商时，它们就通过协议来排除价格竞争，而只是在其他的商业领域（如广告、宣传、款式更新、营销渠道等）

---

① ［美］加尔布雷思：《美国资本主义：抗衡力量的概念》，王肖竹译，华夏出版社2008年版，第52页。
② ［美］斯蒂格利茨：《不平等的代价》，张子源译，机械工业出版社2014年版，第133页。
③ von Mises, L., *Socialism：An Economic and Sociological Analysis*, London：Jonathan Cape, 1936, p.443.

进行竞争。

其实，尽管市场主体接受了市场契约或制度安排，并在此之下形成了某种策略均衡，但这并不意味着，他们遵行制度规则都是心甘情愿的，更不意味着实现了帕累托最优。相反，市场主体之所以接受既定的制度安排并在此之下展开行动，主要是没有更好的选择，或者说它不是最差，或者直接就是被诱导的选择。究其原因，无论是在内部特征（即生理特征，如性别、年龄、体能、智力等）上还是外部特征（如财产数量、社会背景、外部境遇等）上，市场主体之间都存在严重的不平等；同时，这种不平等构成了社会互动或市场交易中的谈判势力或权力结构差异，并进而成为各主体在互动或交易中争取有利收益的决定因素。然而，针对历史学派、制度学派以及社会主义学派对现代经济学忽视权力在实际生活中发生作用的指责，米塞斯就说，这种流行的说法，"是把财产所有者的市场地位认定为经济权力或市场权力。当这个词被应用于市场情况时，会产生误导作用。一个自由市场里发生的一切，都由交换学研究的那些法则来控制。所有市场现象都绝对地取决于消费者的选择。如果你想把权力的概念运用于市场现象，那你就该说，市场中的所有权力都归属于消费者。"①

现代主流的新古典自由主义经济学之所以否定市场中的权力作用，很大程度上也就在于对"权力"一词的理解。卢克斯（Lukes）归纳了三个主要的权力维度：（一）一维权力观，即通过绝对的势力在公开冲突中能够获胜的能力；（二）二维权力观，即在"游戏"开始之前一方就已经操纵了游戏或设置了游戏规则而拥有控制另一方的能力；（三）三维权力观，即一方能够用一种让另一方的偏好与其利益相对立的方式来操纵另一方的偏好。② 然而，尽管现代主流经济学也利用一些权力概念来建立一些数理模型，但它主

① ［奥］米塞斯：《人的行动：关于经济学的论文》，余晖译，上海世纪出版集团 2013 年版，第 668 页。

② Lukes, S., *Power: A Radical View*, London: Macmillan, 1974.

要考虑了第一层次的权力概念，而且还基于"私利即公意"命题而将这种权力的运用视为合理。但是，如果考虑权力的另外两个维度，那么，我们就可以更深刻地认识到影响现实市场运行的背后因素，更好地理解市场经济体系中产品供给的决定权。在很大程度上，正是由于现实市场中厂商和消费者的权力是不对称的，后奥地利学派的代表人物柯兹纳也怀疑消费者主权在现实世界的可行性。柯兹纳说："当我们从经济理论领域进入社会政策领域、从门格尔观点中产生的表明上看很明确的信息却变得模糊、复杂和模棱两可"，"在现实世界中，一系列'经济'价格可能是不存在的，相反存在的是一系列无效率的、错误的'非经济价格'"。①

消费者主权理念强调，纯粹市场经济体系可以忠实地表达消费者偏好而不为厂商控制，从而可以看成是消费者的系统性、有效率的仆人。但是，加尔布雷思在《富裕社会》一书中却指出，多数商品已经是满足公众心理需要的商品，因而大公司能够引导、左右甚至创造消费需求，对顾客施加"需求管理"。也就是说，消费者的购买行为主要是听从了生产者的指示。从这个意义上说，市场经济体系所提供的仅仅是能够实现厂商利润最大化的产品，而不是真正满足社会大众需要的产品，从而也就难以促进社会福利的提升。显然，正是由于厂商在与消费者的较量中占有优势，现代大公司不仅能自行设计和生产商品并规定价格，而且也可运用广告和推销术以劝说消费者按照它们设定的销售计划和价格来购买商品。为此，加尔布雷思在《新工业国》等著作中则提出用生产者主权替代消费者主权。之所以出现这种变化，正体现出了市场经济中权力的影响关系。彼得森说："在第二次世界大战后的美国经济秩序的形成中，权力是远比竞争更为重要的一个因素。"②

---

① ［美］柯兹纳：《市场过程的含义》，冯兴元等译，中国社会科学出版社2012年版，第102页。

② ［美］彼得森：《权力与经济绩效》，载［美］图尔、［美］塞缪尔斯主编：《作为一个权力体系的经济》，张荐华、邓铭译，商务印书馆2012年版，第107页。

这也意味着，消费者的品位和偏好并不是独立于经济体系的外生变量，这也是加尔布雷思对新古典经济学的传统智慧进行挑战的一个重要内容。

生产者主权的一个重要体现就是不断推崇出现的"新"商品以及与此相应的无处不在且反复絮叨的广告。彼得森认为，"这有双重含义。第一，这表明数量不断增加的商品，并非相当于消费者深刻地感觉到有这种需要。相反，它们被生产出来，是带有这样的预期，即一旦物品开始生产，必要的欲望就可以产生出来……第二，消费者被置于一种持续的激动不安和不满足状态。一系列欲望以被高度广告化的商品或服务所满足，就有新的商品和服务出现，它们有精巧的设计、包装和改进，使得消费者不满于已有的东西。这不是原有欲望得到满足而出现了新欲望的问题。相反，……由于产品差异以及做微笑改变的可能性几乎是无限的，消费者似乎就必然处于一种永不满足的状态。因此，产品成为欲望的决定因素，而不是像传统经济分析所说的那种相反情况。"① 同时，也正是由于消费者受到厂商的诱导，因而现代社会往往会发生这样的现象：一些人在连基本需求还难以得到满足的情况下，却将大量金钱花费在一些相对来说并非紧要的次一级需求上。例如，对生活在美国联邦贫困线（收入水平绝对值）以下占总人口 12.6% 的美国人进行的调查就发现，他们中 80% 的人拥有空调，近 75% 的人至少拥有一辆小汽车或卡车，近 33% 的人拥有一台计算机、一台洗碗机或者第二辆车；但是，他们却往往没有钱来购买食物之类的基本生活品。②

当然，不是所有的厂商都拥有制定价格并诱导消费者购买的能力，只有具有强大权力的大厂商才可以有计划地进行产品设计、生产和消费，这种市场化方面是有计划进行的，而与那种随时根据市场化供求进行调整的生产方

---

① ［美］彼得森：《权力与经济绩效》，载 ［美］图尔、［美］塞缪尔斯主编：《作为一个权力体系的经济》，张莽华、邓铭译，商务印书馆 2012 年版，第 117 页。

② ［英］威尔金森、［英］皮克特：《不平等的痛苦：收入差距如何导致社会问题》，安鹏译，新华出版社 2010 年版，第 25 页。

式有很大差异。为此，加尔布雷思将这种生产体系称为计划体系，并认为生产者主权只存在于计划体系中。在《经济学与公共目标》以及其他著作中，加尔布雷思认为现代工业社会中实际上包含了两种经济体系：（一）由技术结构阶层掌握的"计划"体系，即由 2000 家左右的大公司组成，在美国 1000—2000 家企业贡献了大约一半的私人经济产品；（二）仍受市场机制支配的小工商业所体现的"市场体系"，由数百万个小企业、小商贩、农场主和个体经营者组成，在美国 1000 万—1200 万家小企业贡献了另一半私人经济产品。① 同时，由于两种体系的权力是不平衡的，从而形成二元经济结构：前者计划生产和计划销售，采取的是控制价格，而后者无权控制价格和支配市场。显然，在这种体系中，小工商业受大工业的剥削和压迫，造成收入的不均等，从而使得两种体系的不平衡加剧，这表现为大企业对小企业的剥削以及发达国家对第三世界国家的剥削。

与二元生产体系相对应，加尔布雷思还提出了二元市场体系，如劳动力市场就可分为"主要的劳动力市场"和"第二劳动力市场"：处于这两个市场上的工人具有完全不同的教育训练水平、职业保障和升迁机会、明显的工资率差异和不同的工会组织程度；同时，两个部分也存在明显的就业壁垒，因而劳动力的配置也并非由竞争工资左右。由于权力结构不一定，这两个体系中的工人的地位也往往不一样：（一）主要劳动体系中的工人往往有自己的工会组织，因而可以通过集体谈判的协议工资而获得较为有利的地位，这在中国社会明显地表现为那些正式工和临时工的差异；（二）计划体系中的工人往往工资有保证，甚至不再受剥削而成为一个有特权的集团，它和雇主一起剥削了那些市场体系中的工人和雇主，这在中国社会明显体现在一些大型垄断企业的工人往往享有非常高的福利。

最后，加尔布雷思指出，大公司对社会影响体现在：（一）扩张市场

---

① ［美］加尔布雷思：《经济学与公共目标》，于海生译，上海世纪出版集团 2012 年版，第 50—51 页。

权力的能力，这表现为对自己价格和成本的影响力，以及影响消费者偏好和行为能力；（二）扩张政治权力的能力，政府不仅对影响巨大的企业进行规制，而且在企业陷入困境时也会提供安全保护。这意味着，计划体系和市场体系厂商所表现出的力量差异不仅体现在相互之间关系以及对待消费者的关系上，也明显地体现在对政府政策的影响上。譬如，通用汽车公司总裁可以访问华盛顿并会见美国总统，通用电气公司总裁有权会见国防部长，而通用动力公司总裁可以会见任何一位将军。① 相应地，我们要审视这一问题：现代主流经济学人强调应该由市场机制进行经济调节，但现实经济真的是建立在自由市场的基础之上的吗？例如，在 2008 年爆发的金融危机中，美国政府就投入数以万亿计的美元去帮助房地美、房利美以及通用、克莱斯勒等。试想：在次贷危机中，美国政府为何没有大力救助无家可归的穷苦百姓，而是主要救济投资失误的银行和投资公司？同样，直到 2007 年下半年中国房市急剧高涨之时，迟迟不见各地方政府的相关政策；但是，在 2008 年房价还没有真正下跌之时，学术界就开始充斥了拯救房市的声音。

显然，大企业、强势者对政府行为的态度并不是固定的，而是要看它对自己利益的影响。加尔布雷思说，"对有钱人而言，政府是一种负担，但如果事关他们的切身利益，比如军事开支、社会保险和对倒闭的金融机构的救助，政府就不是负担。于是这不再是负担而是一项社会必需品，是一桩社会的慷慨行为，当政府为穷人服务时则当然不是社会必需品，也不慷慨。"② 相应地，一些明智人士也强调，自由市场交换仅仅是针对那些弱势者的，而一旦市场损害了富裕阶层的利益，政府干预就出现了。如海尔布罗纳和米尔

① ［美］加尔布雷思：《经济学与公共目标》，于海生译，华夏出版社 2010 年版，第54 页。

② ［美］加尔布雷思：《美好社会：人类议程》，王中宝等译，凤凰出版传媒集团、江苏人民出版社 2009 年版，第 8 页。

博格就指出：在前市场社会，财富倾向于跟着权力走；到了市场社会出现之后，权力则倾向于跟着财富走。① 通用汽车公司总裁威尔森就宣称："对通用公司有利的就是对美国有利的。"正是在美国汽车制造商敦促下，美国政府对日本政府施加了巨大压力，以致日本汽车制造业的自愿出口限制使20世纪80年代初美国国内汽车的平均价格增加了约1000美元。也就是说，现实市场中不同厂商并不面临着同等的市场压力，尤其是，那些垄断某种商品或劳务生产的大公司可以通过自身的力量或者利用政府的力量来减轻或免除市场的竞争压力，这也是加尔布雷思对新古典经济学的传统智慧进行挑战的另一个重要内容。

而且，这一点甚至也已经为新古典经济学中的一些有识之士所认知。施斯蒂格勒1971年在《经济管制理论》一文中就提出立法者或管制被生产者所"俘虏"的俘虏理论：管制有反竞争性，往往是生产者而非消费者获得对自己有利的管制或立法。一般认为，政府对市场的管制主要表现为两个方面：（一）经济管制，包括对厂商定价、市场进入和退出条件、服务标准等管制；（二）社会管制，主要是指对那些产生负的外部性的经济活动进行管制。从理性经济人出发，施斯蒂格勒认为，管制本质上是利益集团利用国家权力将社会资源从其他利益集团向本集团转移的一种工具；由于一个利益集团寻求国家政权的支持而获得租金时，会损害另一些集团的利益，因而就会出现寻租竞争，造成社会资源的无谓浪费。至于寻租竞争的结果究竟实施有利于哪些集团的管制或什么样的立法被通过，这就取决于寻租竞争中利益相反的集团的力量对比，那些力量强大的集团往往是赢家。一般来说，生产者对立法过程的影响较之消费者有明显的优势：（一）厂商数量更少，更容易花较少的成本组织起来；（二）每个行业内的厂商都可能比它们的消费者有更多的同质性；（三）厂商已经组成了向其他成员提供私人物品或物质利益

---

① ［美］海尔布罗纳、［美］米尔博格：《经济社会的起源》，李陈华、许敏兰译，格致出版社、上海三联书店、上海人民出版社2010年版，第21页。

的行业协会；（四）由于厂商数量少于消费者，它们获得的人均收入就会高于强加给消费者的人均损失，因而两者的行动激励存在极大差异，大厂商更有激励发挥积极的政治作用。

　　不幸的是，尽管以施斯蒂格勒为代表的新古典经济学家也曾对规制理论做了一定的研究，但他们的研究只不过为了说明规制反而会造成更严重的政府失灵，从而主张不应该有任何规制，而不是去探寻如何实行合理规制的途径。事实上，施斯蒂格勒就是市场原教旨主义的倡导者之一，正是在他的领导下，芝加哥大学成为新古典自由主义的大本营。经济学方法论大家巴克豪斯就指出，诺贝尔经济学奖得主的名单显示出，在 20 世纪 70 年代及其后产生重要影响的经济学家很多都信奉自由市场，其中很多人也都与芝加哥学派存在或多或少的联系；同时，在整个 70 年代发展出来的经济理论的很多一部分——从宏观经济理论到政府失败理论，都可以被用来批判政府对经济的干预。[1] 相反，加尔布雷思认识到政府往往被俘虏的权力根源，并试图从根除这种权力根源来解决问题，而不是听任市场机制的运行。究其原因，根本就没有完全平等自由的市场机制。宾默尔就承认，"完全竞争市场是一个例外而不是一个规则。"[2] 在加尔布雷思看来，市场体系和计划体系的对立，尤其是两种体系权利的不平衡将造成收入的更不平等，这是美国现代社会的基本冲突和一切弊端的根源；特别是，政府的态度往往是向大公司倾斜的，政府只关心大公司的利益而不会为小企业服务。因此，要彻底纠正计划体系和市场体系之间的关系，必须从两部分经济间权力的均等开始，这也就是加尔布雷思的抗衡力量理论。

　　加尔布雷思认为，无论是对厂商还是消费者来说，总有一种动力推动他

---

[1] Backhouse, R. E., "Economists and the Rise of Neo-liberalism", *Renewal: A Journal of Labour Politics*, 2009; http://renewal.org.uk/files/Renewal_17.4_.Backhouse_.Economists_.pdf.

[2] ［英］宾默尔：《自然正义》，李晋译，上海财经大学出版社 2010 年版，第 13 页。

们去发展那种能让他们保护自己不受剥削的力量，这就是抗衡力量。抗衡力量不是出现在同一方市场，而是来自市场的对立双方，如少数卖方所面临的约束主要不是来自竞争者，而是来自市场另一强大的买方。也即，抗衡力量主要存在于厂商和消费者之间或者装配商和供应商之间。加尔布雷思特别强调，任何企业的经济力量都要受到其支配一方的抗衡力量的限制，一方市场力量的存在就会产生出一种动力，这种动力会形成另一种压制它的力量；因此，"作为一个一般的规则，我们可以依靠出现的抗衡力量作为对经济力量的一种约束。"① 例如，对垄断厂商的制约，不是新企业的进入，而是来自市场另一强大的买方。同样，行业的失败，也不是由于缺乏竞争，而是由于缺乏抗衡力量。相应地，要防止一些经济力量的过分强大和滥用，不能寄希望于各组织本身，而是要培养抗衡力量。那么，如何培养所需要的抗衡力量呢？除了需要一定的机遇和能力外，在很大程度上还需要政府的帮助：应由国家出面协助对抗力量较弱的一方，以使双方的力量趋于平衡。加尔布雷思甚至认为："政府对于培育抗衡力量所提供的帮助（应该）变成政府的一项主要职能——可能是政府对国内事务的主要职能。"② 抗衡力量理论可以追溯到康芒斯。康芒斯认为，市场机制本身不会给阶级社会中的各个集团带来公平的结果，因为造成这种不公平的原因是这些集团的议价能力；而且，由于立法机构往往是由政客核心人物和富豪所控制的，从而造成公权力为金钱权力所俘获的现象。

因此，要理解真实市场中的供给结构，应该从老制度主义中汲取影响，因为市场结构和权力分析是老制度主义的基本方法取向。例如，伯利和米恩斯合著的《现代公司与私有财产》一书就从企业权力结构和掌握权力的人的

---

① ［美］加尔布雷思：《美国资本主义：抗衡力量的概念》，王肖竹译，华夏出版社2008年版，第123页。

② ［美］加尔布雷思：《美国资本主义：抗衡力量的概念》，王肖竹译，华夏出版社2008年版，第136页。

经济地位进行分析，强调法律制度和法律形式对于企业所有权和经营方式变化的作用。他们认为，在现代资本主义社会中，由于所有权与管理的分离，经济中将会出现经理人员拥有越来越大的权力的趋势；这种趋势既可能有利于经济的发展，也可能使经理人员的利益凌驾于社会利益之上，而使社会利益服从于公司的利益，即经理人员的利益。因此，要设法控制公司的活动，使公司的活动置于社会利益之下。同样，艾尔斯所著的《经济进步理论：对经济发展与文化变迁基础的研究》一书则着重从技术进步和社会评价标准的变化的角度来分析工业化以后的社会演进趋势，他认为，技术进步的本质不在于个人技艺的提高或个人精神的某种表现，而在于工具的变革以及由此引起的制度方面的变化。所有权与管理的分离，经理人员作为一个独立的阶层或集团的出现，所有者不能再像过去那样凭自己的财产而取得惯例的收入等，都是技术进步、工具变革的不可避免的结果；显然，在这些进步和变革的过程中，社会评价标准也相应地发生变化，有技术专长的人自然要受到社会尊重，传统的特权和地位自然要被人们认为是有害于人类福利的。为此，塞缪尔斯将经济称为一个"权力体系"，它可以根据资源配置、收入分配以及诸如收入水平、产出、就业或者价格这些基本经济结果的决定来定义。[1]

总之，尽管新古典自由主义经济学认为市场可以提供消费者所需要的产品，但这种消费者主权信念是以完全竞争或者近似完全竞争为基础的：消费者能够了解产品的成本、质量和功能，至少是质量和功能在使用后就能被了解的经验性商品。实际上，尽管消费者主权的倡导者门格尔假设市场会迟早趋向于一组经济价格，但他却不曾断言可以假定任何市场都会存在这样的一组价格。[2] 现实情形恰恰相反，不仅生产者和消费者之间的信息是不对称

---

[1] Samuels, W., *The Economy as a System of Power: Corporate Systems*, Transaction Books, 1979, p. ⅱ.

[2] ［美］柯兹纳：《市场过程的含义》，冯兴元等译，中国社会科学出版社 2012 年版，第 100 页。

的，而且能够完善感知的经验性商品也是稀少的；正是这些事实导致了消费者主权实际上已经为生产者主权所替代，生产者不是按照消费者的需求来进行生产，而是根据效益原则进行生产并引导消费者消费。生产者主权的典型表现就是广告的盛行，而且，受市场崇尚的追求自利的动机支配，劝说型广告越来越普遍。例如，何宗武就指出，台湾目前几乎每个青年人都有手机完全是财团利用媒体宣传所致。① 同样，罗宾斯也曾指出，美国人错误的饮食知识完全是受美国食品业者宣传所致。同时，为了追求源源不断的利润，这些厂商通过铺天盖地的广告来怂恿人们不断喜新厌旧，让每一个人都觉得自己多么地落后于潮流。在这种情形下，现代社会中生产组织的使命也被视为不断创新，不断创造新需求。而且，由于权力的不对称，不仅消费者被生产者所诱导，而且政府也会被生产者所俘虏，从而推出一系列有利于生产者的政策措施，尤其是为那些具有强大计划体系的大企业的持续发展保驾护航。显然，从这些方方面面上看，根本就没有现代主流经济学所臆想的那种所有人都处于平等地位的市场体系，基于力量较量下的市场机制也根本保证不了能够提供满足社会大众真正需要的产品。

五、审视现代主流经济学的有效需求理论

社会经济体系的建立和完善是为了更好地满足人们不断增长的物质文化生活需要，而纯粹市场机制并不能很好地做到这一点。一方面，市场机制的运行根本上基于效益原则而非效用原则，市场主要满足于反映私人目标的那些需求，尤其是富人所追求的那些奢华和攀比欲求得到极大凸显，而反映社会目标的那些需求则往往遭到忽视；另一方面，人们的私人需求往往受社会的、心理的因素影响，市场往往激发出大量的非真实性需求，

① 何宗武：《经济理论的人文反思》，载黄瑞祺、罗晓南主编：《人文社会科学的逻辑》，（中国台北）松慧文化2005年版，第417—472页。

通过消费诱导等手段来"榨取"社会大众仅有的那点消费能力，而反映低收入者真实需要的那些合理需求往往得不到满足。正因如此，现实世界中的价格并不是如主流经济学所言，反映了企业努力去适应"消费者主权"下表现出来的消费者愿望；同时，厂商往往努力为拥有强大购买力的富裕阶层服务，尤其是不顾社会代价地满足那些被激发的非真实欲求。这样，纯粹市场经济体系往往生产和创造出很多并不紧迫的私人产品需求，而那些更紧迫的公共品供给则存在严重滞后和不足，从而就导致了私人富裕和公共贫困共存的明显现象。加尔布雷思就强调："未能使公共服务与私人生产和商品使用保持最低限度的关系，这是社会紊乱或经济衰退的原因。"①

一方面，就被激发的非真实的欲求而言。当前社会中大量存在的那些私人需求实际上不是源自真实需要而自发产生的，而是被生产者通过各种工具"劝说"和"诱导"而来的。例如，"为了给新汽车创造需求，我们每年必须设计精巧却毫无作用的变化，然后让消费者受到无情的心理压力，劝服他相信汽车的重要性"。② 显然，这种由劝导而生的需求就具有这样的特点。（一）正因为是被诱导的而往往脱离原初的实际需要，如在北京、上海这样的大城市中越来越发达的公共交通和越来越拥塞的城市道路理应会降低对私家车的实际需求，但越来越多的人却不惜代价（如摇号、车牌拍卖）购买私家车以显示进入中产之经济地位；因此，这类不真实的需求已经蜕化为欲求，成为相互攀比和相互炫耀的工具，从而具有不断膨胀的趋势。（二）这种欲求的维持往往会受到金钱的制约，从而为缓解这种制约的信用消费等制度就应运而生了；同时，消费能力毕竟不可能无限扩张，从而被诱导的这种需求不可能一直持续下去。显然，一旦这一发展过程因某种偶然因素而发生

---

① ［美］加尔布雷思：《富裕社会》，赵勇等译，江苏人民出版社 2009 年版，第 186 页。
② ［美］加尔布雷思：《富裕社会》，赵勇等译，江苏人民出版社 2009 年版，第 213 页。

动摇，就会造成整个需求链的突然崩溃，从而就会爆发经济危机。①

另一方面，就具有真实需要的合理需求而言。当前社会中存在着日益增大的公共需求，它源于人们需求层次的提升而非他人的诱导或劝说，从而具有坚实的社会基础。例如，"在学校、医院、贫民窟清除、城市再开发、卫生、公园、游乐场、公共安全和其他迫切的公共服务中，有大量现成的需求。"② 问题是，这种实质性需求却往往得不到满足。（一）尽管这些公共品需求具有很高的社会效用，但由于这种产品的消费具有强烈的外部性，因此，追求效益最大化的私人往往就不愿提供；同时，医院、公园之类公共品所需的庞大资金，又使得个人无力独自提供，从而就导致这些公共品的缺失。（二）在市场意识形态主导的社会，政府往往只是疲于向观众解释这些问题，却缺乏实际的资金来提供；同时，有些政府虽然富裕，但由于社会制度的不健全，权力往往为那些追求私利最大化的代理人所掌控，从而也没有将社会资金用于公共品的供给上。显然，由于这些阶层的购买力很低，当那些基于效益原则的私人部门不愿意提供满足低收入阶层真实需求的衣食住行等基本必需品时，甚至就会衍生出严重的饥饿现象，从而埋下了社会不稳定的火种。

---

① 笔者曾指出，人类理性的一个重要维度就是克制力，要能够抵御短期性的诱惑或欲望。为此，人们在日常生活中还有意识地设置一系列的机制和设施来增强"克制力"。例如，吸烟者往往宁愿花费更高价格一包一包地买烟而不是整条地买，目的就是防止吸烟不受控制；赖床者会选择将闹钟放到隔壁，这样不爬出被窝就无法关掉闹钟。谢林也列举了一些措施：授权给其他人：让其他人持有你的车钥匙；承诺或签约：预定午餐；使自己丧失能力·把车钥匙扔到黑暗的地方，使自己生病；远离有害的资源：不在家里储藏酒或安眠药，订一个没有电视的宾馆房间；监禁自己：让某人将你丢在一个没有电视也没有电话的便宜汽车旅馆，等八个小时工作以后再来叫你；设定奖惩：只要你吸烟，就要求你自己向不喜欢的人支付100美元；依靠朋友或团队：一起锻炼，彼此相互帮助订午餐；等等。然而，信用制度的一个重要副作用显然就在于，它会降低而不是增强人们对奢侈性消费的克制力，使得人们更加屈从于欲求，使得人们的消费更不理性；这种结果只是对商人有利，而对消费者本人以及国家发展不利。

② ［美］加尔布雷思：《富裕社会》，赵勇等译，江苏人民出版社2009年版，第213页。

　　显然，针对上述背反现象，我们就必须重新正确地评估人类内在的真实需求和显现出来的表象需要。加尔布雷思强调，"如果个人的需求是迫切的，那么它们必须是自己产生的需求。别人为他创造的需求不会迫切"；而且，"如果生产创造了需求，人们就不能因为生产满足了需求而维护它。"①尤其是，我们应该认识到，在权力不对称的现实市场中，需求往往只是生产引导或创造的；而且，这种需求具有内在的自我繁殖能力，从而不断地创造或派生出新的需求，但它却并不会提高人们的福利水平。加尔布雷思写道："当社会越来越富裕时，满足需求的过程创造出来的需求也越来越多，这可能被消极地运用。通过建议或者竞争去创造需求可以使消费增加（生产增加的对立物）。需求得到满足后，又产生了期望。生产可能通过广告和销售，继续积极创造需求，这样需求开始依赖生产。就技术方面而言，不能再假设在生产水平普遍较高时，福利比生产水平普遍较低时好。在两种情况下，福利可能一样。高水平的生产不仅需要同样高的需求创造水平，也需要需求满足水平很高。人们常常提及需求如何依赖其被满足的过程，这种方式可以被方便地称作'依赖效用'"；这就"意味着既然如果不创造，这部分需求就不存在，那么其实用性或迫切性除非被创造出来，否则就为零。如果把这种生产当作边际生产，我们可以说，当前的总产量的边际效用，即除了运用广告和销售外的边际效用为零。"②

　　同时，由于基于效益原则的市场机制往往导致商品集体选择的不平衡，导致人们的社会性需求得不到满足，导致人类社会的需求结构出现严重失衡，因而有必要重新审视现代主流经济学的消费理论。其实，现代主流经济学之所以无视低收入阶层的生活需要，根本在于它从市场维度定义需求：低收入者的需要在现有价格水平上得不到实现，从而也就不能算得上是市场有

---

　　① ［美］加尔布雷思：《富裕社会》，赵勇等译，江苏人民出版社 2009 年版，第 124—125 页。

　　② ［美］加尔布雷思：《富裕社会》，赵勇等译，江苏人民出版社 2009 年版，第 129 页。

效需求。正是基于有效需求理论，经济学就脱离了对它所关注的任何物品的判断，相反，如果谁试图对生产的合理性加以评判，就会被认为是没有经过经济学训练的人。加尔布雷思写道：经济学家和经济理论"以一种内在的方式捍卫了生产本身的重要性。这种捍卫也使得生产的紧迫性在很大程度上独立于产品数量。经济理论就设法以这种方式传递了在满足消费者需求方面的急迫感的转换：在过去的世界，人们认为更多的生产就意味着为挨饿、受冻的人提供更多的食物和衣服，为无家可归者提供更多的住所；但在现在的世界，不断增加的产量就是为了满足对更豪华汽车的渴求，还有更多的异国食品、更性感的服饰、更奢华的娱乐。"① 同时，基于这种有效需求概念，现代主流经济学也就否定了"市场失灵"的可能：不仅自由市场上不可能存在短缺，因为只要将价格提得足够高就行；而且，自由市场也不会造成普遍过剩，因为缺乏有效需求会导致资源的退出。② 其实，低收入之所以缺乏有效需求，很大程度上就在于现行的市场价格体系及其相应的资源配置：市场价格体系本身并不是中性的，反映厂商利润最大化而非社会福利最大化的要求。

进一步地，我们也有必要对消费者至上观以及理性消费信条重新加以审视。事实上，在现实市场中，人们的需求往往不是源于真实的需要，而是受生产者效益原则的支配，从而根本就不是真正的消费者至上。布哈林就指出，那种认为真正的资本主义经济是消费者偏好命令一切的经济、资本主义收入分配遵循消费者"要求"和施加的模式的主张是危险的。③ 同时，由于人们的需求受到他人或社会的诱导，其消费支出往往并不满足自身福利或消费剩余的最大化要求，从而也就不是真正理性的。例如，在现代社会中，市

---

① ［美］加尔布雷思：《富裕社会》，赵勇等译，江苏人民出版社 2009 年版，第 115 页。

② ［美］德格利戈里：《权力与市场幻觉：制度和技术》，载［美］图尔、［美］塞缪尔斯主编：《作为一个权力体系的经济》，张荐华、邓铭译，商务印书馆 2012 年版，第 51 页。

③ ［美］柯兹纳：《市场过程的含义》，冯兴元等译，中国社会科学出版社 2012 年版，第 98 页。

场上不断生产出了数量巨大、种类繁多的商品，每种商品的出现也往往被吹嘘为"彻底的革新和特别的改进"；但实际上，人们的需求却似乎并没有因此而得到满足，幸福感也没有因此而获得相应的提升。究其原因，人们的欲望本身就是被市场催生出来的，市场竞争和生产扩张所催生出的新需要往往要大于被满足的老需求，从而使得生产和欲望之间的缺口不是缩小而是扩大。彼得森就指出了这样两点："第一，这表明数量不断增加的商品，并非相当于消费者深刻地感觉到有这种需要。相反，它们被生产出来，是带有这样的预期，即一旦物品开始生产，必要的欲望就可以生产出来。……第二，消费者被置于一种持续的激动不安和不满足的状态。一系列欲望一被高度广告化的商品或服务所满足，就有新的商品和服务出现，它们有精巧的设计、包装和改进，使得消费者再度不满足于已有的东西。"①

尤其是，个人的需求知识反映自身特定时期的效用，它与社会效用最大化往往并不相符合，尤其会与社会的良性发展相悖。库利就指出，经济学家以需求为出发点并假设每一种需求都具有同等的合理性，却忘记了需求是经济权力的一种表达形式，它既是经济行为的原因，也是结果；相应地，经济中所有的"恶"都隐藏在它得以宣泄出来的那种需求当中，如卖淫、童工和腐败等现象的广泛存在就是明证。相应地，这些问题使得公共控制就成为经济秩序不可分割的一部分，也意味着经济学研究必须包括伦理学的内容。② 同样，美国制度经济学家 M.克拉克也指出，新古典经济学没有考虑到人有可能采取错误的行动，而想当然地假设市场的决定永远是正确的，以致它变为一系列抽象论断，而无法为实际经济事务提供指导。问题是，古典经济学家、旧制度经济学家以及其他社会科学家等都致力于寻求保护人们不

①　[美]彼得森：《权力与经济绩效》，载[美]图尔、[美]塞缪尔斯主编：《作为一个权力体系的经济》，张荐华、邓铭译，商务印书馆2012年版，第117页。
②　参见[美]本·塞利格曼：《现代经济学主要流派》，贾拥民译，华夏出版社2010年版，第211页。

受欺骗、降低非理性行为的损失，并由此产生了一系列的规范规章，但为何现代主流经济学却不关注消费者的非理性消费并否定社会性的对个人理性的影响呢？

六、结语

本章通过引入效益原则和权力分析对现代主流经济学的两大市场信念做了系统审视。譬如，针对市场至上主义所推崇的"消费行为显示消费者的偏好以及商品的价值"这一论断，我们就可以从两方面做一审视：（一）由于消费者有关商品的信息是不充分的，因而他的消费很可能不是出自真实需求而是被诱导的；（二）由于消费者在行为选择中的理性是不完全的，因而他的消费行为很可能会偏离他原先的设想。显然，前者对消费者主权信念提出了挑战，后者则对福利最大化信念提出了挑战。正因如此，本章的分析就有助于深刻地揭示出市场经济体系的内在缺陷，进而有助于打破流行的市场万能论。当然，这里的分析目的并不是要否定市场机制在配置资源方面的基础性作用，更不是鼓吹传统的中央计划经济，而是致力于发现社会需求失衡等问题的根源，从而寻求更为积极的解决途径。

一般地，要满足人们不断增长的社会性需求，满足低收入阶层的必需品需求，就需要促进公共品供给的不断增长，而公共品的供给又有赖于通过税收等形式增强政府的财政能力；同时，要保证政府最大化地将其财力用于公共品供给和民生福利方面，又需要有较为完善的社会监督体系对政府官僚行为进行严格监督和约束。不幸的是，基于极端的个人主义意识形态，嵌入新（古典）自由主义的现代主流经济学却将政府征税视为不正义的，市场机制之外政府政策则是反民主的，不管其得到民众多大程度的理解和支持。问题是，果真如此吗？一个不争的事实是，当今世界中社会经济不平等日益加剧、贫困化现象日益严重，难道这些就是民主社会所体现的正义吗？事实上，任何理论都不仅仅是解释现象，更不是合理化表象，而是要进一步借以改造现象以服务人类的需要和理想；而主流的新古典自由主义经济学恰恰放弃了这一理想，而是热衷于分析既定制度下的个人行为，此时人们所追求的仅仅是改善个人在现实社会中的地位，而不是一个更美好的社会。

7. 现代自由主义是否代表着市场放任主义：

新自由主义的内涵考辨及其反思

导读：市场原教旨主义的社会哲学基础在于一种简单化的新古典自由主义，而人类自由实际上呈现出一种复杂化的趋势；进而，这也体现出自由的内涵丰度随着社会发展而提高，如从古典自由主义到改良自由主义再到现代自由主义的演化。事实上，早期古典自由主义追求政治权利和经济权利的双重平等，在演化过程中逐渐偏向于政治方面，并成为经济不平等的注脚；但是，随着对个人权利人知的深化和拓宽，新自由主义又开始兼顾经济上的平等，从而关注贫困和社会保障问题。不幸的是，自由主义的演化又出现否定之否定的轨迹：目前流行的新古典自由主义就是对早期简单化自由放任思潮的回归，这不仅与自由主义的复杂化内涵背道而驰，而且还推出了与社会发展相逆的系列政策。

一、引言

随着商业社会和市场经济的推进，大众主导的现代社会日益流行着一种简单化的标签取向，如一个学者是左的还是右的，是主张自由主义的还是反对自由主义的。问题是，一个人的价值取向和学术主张果真可以如此简单化吗？为了认识这一问题，首先要正确理解和界定"自由"一词的内涵，而界定和理解"自由"内涵却又是非常困难的。这主要源于如下三个原因：（一）"自由主义"一词本身经历了长期的演化，在不同时期被赋予了不同的内涵，如无支配的自由、无干涉的自由和自律的自由等；（二）自由主义的内涵呈现出日益复杂化的趋势，如经历了古典自由主义到改良自由主义再到现代自由主义等概念的演化；（三）20 世纪 70 年代后兴起而在 90 年代形成全球思潮的"新古典"自由主义又开始向古典自由主义复归，从而又呈现出原始的、简单化特征。在很大程度上，正是由于不同群体往往基于不同的立场和目的来界定和使用"自由主义"一词，从而导致"自由主义"一词的内涵和特性具有很强的不确定性；同时，现代主流经济学又受新古典自由主义的支配，在理性思维的主导下不断朝抽象化和形式化的方向发展，这形成了流行且错误的理解。因此，为使读者不至于为当前那些简单化的标签所误导，就必须对"自由主义"一词的内涵作出清晰的界定，而这又需要从起源学角度对"自由主义"一词的内涵演化过程进行梳理。有鉴于此，本章基于历时性思维对"自由主义"一词的复杂化趋势做一总结性阐述，由此就可以形成对自由主义的清晰认识。

二、自由主义的基本内涵及其早期偏向

在派别林立的现代学术界尤其是经济学界，不同学者往往被贴上自由主义者和反自由主义者的标签；但从学说史看，经过长期的演化，"自由主义"一词已经呈现出了多种形态并被赋予了相差迥异的内涵。为此，笼统而简单化的标签往往会把问题简单化，进而，简单化的"自由主义"概念还会进一步沦为政治性的而非学理性的。事实上，美国总统林肯就说过，世界上从来没有过"自由"一词的精当定义，而恰恰在此刻，美国人民迫切需要这一定义。为此，尽管人们往往都宣称崇尚"自由"，并且使用同一词语，但他们所借以表达的意思却不尽相同。① 法国大革命时期吉伦特派的罗

---

① 参见［英］哈耶克：《自由宪章》，杨玉生等译，中国社会科学出版社 1999 年版，第 1 章。

兰夫人在断头台的绞刑架上就大声疾呼："自由！自由！多少罪恶假汝之名而行！"为此，我们就必须对"自由主义"这一概念重新做一清晰而全面的梳理和解析。

一般地，人们在创造自由、平等、民主、正义、勇敢、节制等众多词汇和概念之初，往往都本着善的目的。但是，这些词汇后来却逐渐为一些个人或群体所篡改和利用，从而导致其内涵逐渐变得浅薄和僵化；进一步地，这些概念还被赋予某种"主义"的色彩，从而使得概念本身被扭曲和异化，由此趋向某种僵化和极端。例如，平等的理念是好的，但一旦转化为平等主义就带上了"一大二公"的味道，从而开始了破坏性的革命运动；民主的理念是好的，但一旦转化为民主主义就会滋生出多数暴政的现象；形式无论在实践上还是理论上都是必要的，但形式主义却成为虚情假意的遮羞布；权威也是维持学术秩序的重要力量，但权威主义却窒息了学术的自由交流和实质发展。有鉴于此，我们在使用一个概念并用它来指导日常行为和社会实践时，就需要把握一个"度"，需要理解它的精微含义，而防止它的滥用或者被用于政治性的目的。关于这一点，无论是古希腊的哲人还是中国的先贤都做了强调，其精髓就是"中庸"。例如，亚里士多德就强调，勇敢是一种相对于畏惧的正常状态，是怯懦与蛮勇之间的中道；节制是一种相对于感观痛苦的正常习惯或状态，是放纵和无欲（冷淡）之间的中道。孔子则说："君子中庸，小人反中庸"（《中庸·二章》）。

显然，"自由"一词也经历了一个否定之否定的发展轨迹，不同含义的自由主义只不过是原生态"自由"概念的各类异化形态；相应地，目前社会上不同个人或群体往往赋予"自由主义"一词以不同内涵并进行选择性使用，也主要是出于其政治的或利益的目的。有鉴于此，这就有待于正本清源。其实，"自由"的根本含义是指，社会个体不受他人的干涉和支配，这包括政治上的压迫和经济上的剥削。进而，之所以会出现政治上的压迫和经济上的剥削，就在于政治经济地位的不平等，在于政治经济权力集中在某些人手中。由此，以独立自主为宗旨的"自由主义"就应该包含两方面内容：（一）政治上要不受支配，政治权利在人与人之间的分配就应该没有差异，都有同等的选择权、被选择权以及受教育的权利；（二）经济上要不受干涉，经济权利上就不应该存在过度的不平等，需要采取一定的社会措施来防止所有权的集中。同时，在经济地位的不平等和政治地位的不平等这两者之间，也存在相互强化的关系：政治地位的不平等规定了经济地位的不平等，而经济地位的不平等又会引发和强化政治地位的不平等。

当然，在从奴隶社会到封建社会这一漫长时期，经济关系主要依附于政治关系；同时，一个人的政治地位往往又决定于其出身（家庭或阶层），而这种关系和地位往往受到社会等级制度的严格保护。相应地，追本溯源，发轫于启蒙运动的早期自由主义所面对的主要就是，封建社会中社会大众既在政治上受支配又在经济上受干涉的不自由状态，而这种不自由状态根源于由等级制度所决定的出身不平等。相应地，早期自由主义主要就体现为这样一种政治哲学，它旨在消减封建主义中人与人之间的先天不平等，进而追求人作为社会平等成员的公民权以及参与公共事务的政治权。但与此同时，早期自由主义并没有拓展到对社会经济权利的追求，究其原因主要有二：（一）早期经济权利的不平等乃至所有权的集中现象根本上是由政治权利的不平等所决定的，而自由市场竞争在当时有助于促进经济权利的分散而非集中，市场竞争所衍生的马太效应以及财权权利的集中只是在垄断资本主义之后才日渐明朗和严重的；（二）生活资料严重稀缺的封建社会后期如何提高物质生活水平是人们首先关注的课题，而对经济权利的外来控制将会限制人们改善生活水平的努力，并最终制约整个社会的经济增长。

在很大程度上，直到垄断资本主义发展成型之前，经济权利的平等和政治权利的平等这两者在西方社会往往都是不可兼得的：要实现其中一个，就必然会牺牲另一个。基于这种两难选择困境，早期自由主义的使命就定位于，为政治上的平等及经济上的差异寻找和提供哲学依据：它以不可剥夺性个人权利来论证个体政治自由，以自由支配性财产权利来论证经济上的不平等。尤其是，在冲突性的个体自由与他人自由以及社会自由之间，早期自由主义注重对私人领域的保护，并以天赋人权来摆脱国家和强权的束缚，其核心在于对财产自由的强调。究其原因，人类个体几乎所有的其他能力都与财产有关，无论是政治上的自由还是思想上的自由都首先需要经济上的独立和保障。例如，罗素就指出，"如果由于表达了某种信仰而使人难以为生，思想就不能说是自由的。"① 马克思也指出，公民（市民）社会在西欧之所以得以出现，首先在于取得了私有财产的保障。因此，尽管"私有财产神圣不可侵犯"只体现出"自由"的一个维度，但在当时社会却具有根本性意义，乃至成为早期自由主义纲领的硬核。正是基于这种早期自由主义信念，私有财产是合理性的，它不仅不受任何外来力量的干涉，而且应该获得绝对的保护；这样，私有财产的关心和保护就由私人转变为公共，保护私人财产也就成了政府的基本责任，这是共和国与君主制的根本不同。

同时，按照启蒙运动时期盛行的社会契约论，政府主要为了保护公共财富而存在，而不是为了剥夺和转移私人财富；相应地，政府就不应该征收任何超过个人为获得相应的交换物（安全和服务）所必须支付的税负，也没有理由通过转移支付的形式对弱势者进行辅助。受这种理念的支配，早期自由主义者大多反对经济管制而推崇市场经济，推崇自由贸易；同时，将自由市场中的收入分化视为合理的，从而对穷人往往采取冷酷无情的态度。关于这一点，我们可以在马尔萨斯、西尼尔、萨伊、巴斯夏等的著作中获得充分的认识，他们甚至反对任何的经济救济措施。正因如此，在此后200多年的时间内，经济上的平等就不再是自由主义所追求的目标，相反，自由主义转向从伦理自然主义思维中获取不受干涉的理论基础，并为现实中的种种经济不平等现象寻找合理依据。由此带来的结果就是，即使现实世界中"那些

---

① ［英］罗素：《自由之路》，李国山等译，文化艺术出版社1998年版，第195页。

令人不愉快或不情愿的事物都必须加以接受"，因为它们都是由不可变易的自然规律所决定的。① 例如，由供求决定的工资就是"不可动摇的规律"，因而任何法令干预工资谈判的努力都是徒劳的，而且还会导致效率的损失。

最后，经过否定之否定的发展，这种自由主义理念在 20 世纪下半叶再次为主流的新古典自由主义经济学所承继和发展，以致现代主流经济学理论——无论是市场均衡、帕累托有效还是阿罗不可能定理——几乎都推崇自由市场的作用，都为不平等的经济现实提供理论支持。事实上，哈耶克、弗里德曼以及其他新古典宏观派经济学家都对福利国家理论进行猛烈抨击，认为它违背了 18 世纪自由主义者的原意。正是局限于私有财产的保护，导致了资本主义民主呈现出双重特征：一方面宣扬和追求一种平等主义的社会政治制度，另一方面又刺激经济发展过程中的两极分化；结果，"它所颁发的各种奖励，使成功者喂养猫狗的食物甚至胜过了失败者哺育他们后代的食物。"② 同时，正是承袭了这种偏重政治平等的自由主义学说，一些国内经济学人也开始片面地强调西方盛行的那种自由、平等和民主：自由仅仅是指市场上的交换自由，平等仅仅是指法律上的形式平等，民主则集中在政府范围内的公共决策。于是，一些政治哲学和历史学家甚至大肆宣传"风能进，雨能进，国王不能进"，而一些经济学家则单一化为主张市场万能的市场原教旨主义者，从而成为马尔库塞意义上的缺乏批判性的单向度人。

三、自由主义的复杂性演化及其现代内涵

现代主流经济学非常偏重对私有财产的保护，进而将私有产权的确定作为市场经济的基础。不过，这一信念主要体现了早期自由主义的基本特征，

---

① ［英］波普尔：《历史主义贫困论》，何林等译，中国社会科学出版社 1998 年版，第9页。
② ［美］奥肯：《平等与效率》，王奔洲等译，华夏出版社 1999 年版，第 1 页。

体现为自由主义的简单化和一元化形态，并且适应于特定历史背景。究其原因，随着选举权、被选举权、监督、言论、出版、集会、游行等政治权利的普及以及经济权利的日益集中，早期注重政治上平等的简单自由主义就显得日益不足了；相反，此时社会所面临的问题日益集中到收入分化、贫困、失业等上来，而这些现象很大程度上是内在于市场机制中的马太效应在现实世界中展示出的结果。相应地，关注社会现实的自由主义者也就不再局限财产自由这一层次上，也不再把任何私有财产的获得都视为正义的，私有财产的保护也不再成为自由主义的核心。相反，越来越多的学者倾向于对市场机制本身进行干预和校正。尤其是，随着人们对自身权利诉求的不断提高，对社会正义的认识本身也呈现出明显的深化和拓展。霍尔姆斯就指出："当少数民族的投票权没有在法律上得以实施，或者贫穷的黑人婴儿由于社会歧视他们碰巧降生的群体而导致死亡率较高时，自由主义的观察家们就会提出抗议。"①

正是随着人们对社会正义认识的深化，尤其是为了适应人类新的需要以及新的社会现实问题，"自由主义"一词的关注要点就从政治领域拓展到了经济领域，越来越关注公民的社会经济权利。托马斯·马歇尔就指出，公民权的含义经历了从 18 世纪开启的拥有言论、思想、宗教等个人自由的基本人权（公民资格）或到 19 世纪掀起的拥有投票等参与公共事务的政治权利再到 20 世纪拓展的享有最低限度教育、医疗和安全等的社会经济权利，其中，社会经济权利就是指"从少量的经济福利与保障权利到分享社会发展成果，以及拥有按照当时社会普遍生活标准的文明生活的权利。"② 相应地，福利不平等就逐渐代替政治不平等而成为自由主义关注的新焦点，个体的平

---

① ［美］霍尔姆斯：《反自由主义剖析》，曦中等译，中国社会科学出版社 2002 年版，第 257 页。

② Marshall，T. H.，"Citizenship and Social Class"，in *Sociology at the Crossroads and Other Essays*，London：Heinemann Educational Books Ltd.，1963，p. 74.

等生存权和体面生活权成为自由主义要解决的新议题，这集中体现为对社会贫困的关注、对弱势者的照顾。孟德斯鸠就指出，财富的平等是民主国家的本质所在，即使我们无法十全十美地做到这一点，但至少可以通过向富人课税来救济穷人，从而在一定程度上缩小或调整财富的分化。① 自此，"自由主义"一词也开始了复杂化的演化过程，其关注的公民权利和不平等在外延上也日益的深化和扩展。

简单自由主义认为，存在一种最佳的生活方式，这种最佳生活方式就是自由主义制度作为一种普遍原则的应用，从而是永恒不变的。在现代经济学中，这种简单自由主义源自于一种经济人假设的理性共识，因为理性个体间的互动可以实现帕累托最优状态。格雷写道："像诺齐克这样的自由派自由主义者相信，正义要求有一个普遍的经济体系。对他们来说，财产权和契约并不是社会性的和法规性的传统——根据人类幸福不断改变的要求，这些传统完全可以是不同的——而是普遍人权的直接应用。不仅仅是现代经济缺少了良好运作的市场制度就不能繁荣。更确切地说，市场制度体现了无时间性的正义要求。"② 不过，这种简单自由主义忽视了"自由"一词的内涵本身是随人类需求提升而变动的，人们在不同时期所受的奴役和压迫的形式和内容是不同的。所以，格雷继续写道："以这样的方式认为市场自由源于基本人权是一个根本错误。像其他的人类自由一样，体现在市场化制度中的人类自由的合理性在于它们满足了人类的需求。如果它们不能满足人类的需求，就有理由改变它们。不仅仅包含在市场制度中的自由是如此，所有的人权都是如此。"③

---

① 参见［美］巴斯夏：《财产、法律与政府》，秋风译，商务印书馆 2012 年版，第107 页。

② ［英］约翰·格雷：《自由主义的两张面孔》，顾爱彬、李瑞华译，江苏人民出版社2005 年版，第 22 页。

③ ［英］约翰·格雷：《自由主义的两张面孔》，顾爱彬、李瑞华译，江苏人民出版社2005 年版，第 23 页。

事实上，"自由"本身并不是对现实状态的认同，否则，自由就意味着没有制度变迁，就没有人类进步。而且，如同封建社会的等级制本身就体现了拥有政治权利者对缺乏政治权利者的压榨一样，商业社会中的市场体制也体现了拥有金钱权利者对缺乏金钱权利者的剥削；究其原因，基于力量博弈的市场机制必然产生有利于强者的收入分配，而且马太效应又会使得收入分配进一步两极化，从而衍生出日益严重的贫困化现象。因此，随着市场经济体制在实践中逐渐暴露出内在缺陷，"自由主义"一词的内涵也就不再局限于倡导自由放任的早期自由主义，不再是局限于推崇市场自主行为的消极自由；相反，它关注收入分配、贫困化以及公共福利等问题，甚至寻求政府采取积极措施来保障大众的社会福利。此时，一种肯定性的"自由"概念开始获得了重视：自由是做某事或享有某物的实际能力，而不只是不存在外部约束的状态。例如，作为当时首屈一指的自由主义思想家，约翰·穆勒就写道："支持政府干预的人，只是满足于坚持说，只要干预是有用的，政府就有权也有职责进行干预；而属于自由放任学派的人们，则力图明确限定政府的职权范围，往往把府政的职权范围限定为保护人身和财产的安全，使其免受暴力和欺诈的危害，但如果仔细想一想的话，无论他们自己还是其他人都不会同意这种限定。"①

在很大程度上，基于强烈的社会责任和人道关怀精神，真正的自由主义知识分子往往会用其毕生精力来深刻剖析现实社会中存在的种种问题，而不是仅仅粉饰它，进而刻意地论证它的合理性。从这个意义上说，在当前西方社会流行的几大思潮中，无论是保守主义、无政府主义还是社群主义、法团主义，其代表人物本质上都是自由主义者。试问：有谁能否定哈贝马斯、麦金太尔、德沃金、桑德尔、泰勒以及卡尔·波兰尼等人是自由主义者吗？他们之所以批判自由主义，很大程度上针对的是一种崇尚自由放任的简单自由

---

① ［英］穆勒：《政治经济学原理及其在社会哲学上的若干应用》（下卷），赵荣潜等译，商务印书馆1991年版，第529—530页。

主义，试图对简单自由主义造成的人类社会"自我荒谬化"倾向进行拨乱反正。事实上，泰勒、沃尔泽等社群主义者就宣称，他们私下里也是自由论者，他们与其他自由论者的区别主要停留在认识论层面上；金里卡（W. Kymlicha）等则认为，自由主义包含了社群主义观点中的大部分见解，因而新右派的自由论者也宣称他们并非反对社群主义。[①] 其实，一些经济学人之所以把那些国家干预主义者如李斯特、凯里、凡勃伦、加尔布雷思、霍布森、凯恩斯等人划归成自由主义的对立面，只不过"是因为他们首先把权力等同于财产权和合同的自由，就是说，是等同于经济的自我利益，而不等同于知识的、宗教的或政治的自由。"[②] 但根本上说，这些学者都坚持"精神之独立"和"思想之自由"，从而也就都应该被称为自由主义知识分子。

一般来说，那些知识越渊博、思想愈深邃的学者，越是能认识到自发市场秩序的内在缺陷，就越是能够全面地审视社会中的异化现象，从而也就拥有越是强烈的人本主义精神。事实上，从经济学说史的角度看，无论是学说史上斯密、西斯蒙第、马克思、穆勒、马歇尔、凡勃伦、加尔布雷思还是当代的阿马蒂亚·森，这些学识渊博的学者都不会简单地认同自由放任或国家干预的政策，而是寻求两者的结合。例如，斯密充分认识到企业主个人利益与社会利益之间的不一致性，而马克思则把人的全面自由视为其根本的学术思考。同时，从经济学说史的角度看，那些对人类影响愈大的学者，其思想的复杂性往往也越明显；马克思思想的复杂性实际上已经在历史、哲学、宗教、法律、政治学、社会学乃至心理学等领域得到充分的挖掘，斯密思想的复杂性也充斥在各个领域，笔者在探究斯密在人性上的认知时也充分揭示了这一点。所以，加尔布雷思强调："马克思是非常宝贵的社会调查力源泉，

---

① ［英］贝拉米：《重新思考自由主义》王萍等译，江苏人民出版社 2005 年版，"导论"第 4 页。

② ［美］霍尔姆斯：《反自由主义剖析》，曦中等译，中国社会科学出版社 2002 年版，第 316 页。

因而不可能作为共产党人的专有资产流传下来，斯密实在是太博学风趣，因而不可能沦落到与几乎没有真正读过他的著作的保守分子们同流合污。"①

当然，能够全面体现平等和自由之双重特征的更恰当标签，不是流行的那种简单化的"自由主义"概念，而是复杂性的"自由主义"概念。

四、复杂自由主义的人本特性及其社会信念

上面的分析表明，我们不能简单地用单一的维度来判断一个理念、一个政策乃至一个学者是否属于自由主义，而是要洞见"自由"一词在内涵上的不断发展性和日益复杂性，这就是复杂自由主义的基本态度。一般地，作为一位真正的学者，应该对任何思潮都持守一种开放的态度，并积极吸收其中的有益养分，从而也就不能且不应被贴上简单自由主义的标签。事实上，尽管人们往往倾向于简单化理解一些概念，并根据这种简单化概念给那些思想大家贴上某种一元主义的标签，如自由主义者或反自由主义者、激进主义者或保守主义者、个人主义者和社群主义者、经验主义者或理想主义者；但是，当真正具体到个人的哲学倾向时，我们常常会发现，这种简单化的标签往往是非常困难的。例如，人们往往会把哈耶克归属为保守主义一类，但哈耶克本人却极力否认；再如，斯密开创了古典自由主义，但他显然又不是纯粹的自由放任者；同样，柏拉图往往被视为集权主义的师祖，但他实际上在寻求某种理性自由主义，或者说寻求一种自律性的自由。在某种程度上，笔者不仅充分认识到市场机制和组织机制在经济活动中的积极功能，同时也清楚了解市场失灵和政府失灵的现实存在；因此，笔者所持的自由主义也并非时下流行的那种强调私有化和市场化的自由至上主义。

事实上，自由主义的一个重要特色就是：对个人权利的尊重，反对以

---

① 《加尔布雷思文集》，沈国华译，上海财经大学出版社 2006 年版，第 132 页。

"公意"的借口对个人权利的损害；无论是诺齐克、罗尔斯还是德沃金、桑德尔等都是如此，只不过由于对个人权利的不同认知和偏重而形成了不同的价值主张。尤其是，我们应该注意到，个人权利并非固定不变，其内涵往往随着社会发展而不断丰富。为此，复杂自由主义强调，我们不应持守某种先验的信条，而是要关注弱势者的需求和社会福利问题。德沃金就认为，凡是持如下立场的人都是自由主义者："在经济政策方面，自由主义者要求通过累进税制实现的福利和其他再分配形式减少财富上的不平等。他们认为，政府应当干预经济以便提升经济稳定，控制通货膨胀，减少失业，提供其他办法提供不了的各种服务，不过，在投资、生产、价格和工资方面，从自由冒险到全面集体决定，他们赞成一种务实的有选择的干预而反对激进变革。他们支持种族平等，赞成政府通过限制在教育、居住、就业方面的公开歧视和私下歧视加以干预，以保障种族平等。"①

在很大程度上，真正的学者和知识分子往往都在为人类社会的发展而作艰苦探索，关注人的自由和发展；因此，他们不仅是复杂自由主义者，而且也是人本主义者。例如，很多现代自由主义者往往都会将个人权利与平等联系起来，强调自由与平等的一致性；同时，他们不仅关注私人领域的权利平等，而且关注公共领域的权利平等。在某种意义上，人本主义也就是复杂自由主义的主要内容和根本特性，复杂自由主义者也都是人本主义的自由主义者，它关注的不是抽象的自然权利，而是把权利置于具体的社会历史背景中，特别关注弱势者的应得权利。事实上，无论是西方的苏格拉底、马克思、卢梭还是中国的孔、孟、墨、朱诸贤，他们都关注弱势者利益的保护，从而都是人本主义者。特别是，作为一个"为天地立心，为生民请命"的真正知识分子，都不是那种从个人私利出发来进行政策判断和行为选择的经济人，而是具有强烈的社会责任，尽管他们对社会发展的方向特别是路径上

---

① ［美］德沃金：《原则问题》，张国清译，江苏人民出版社 2005 年版，第 244 页。

存在不同的看法。正因如此，这些知识分子往往既不会谄媚于当局，也不容易屈服于权势者的淫威，在某种意义上，"贫贱不能移，富贵不能淫，威武不能屈"就是知识分子的真正本色。

同时，大多数思想者尤其是那些博学的思想大师往往都拥有多元化的思想。在很大程度上，复杂自由主义不是一种单一的意识形态，而是一种价值多元主义，或者是一种价值混合主义。譬如，在政治领域，主张个体间的平等、民主，主张对每个生命的尊重，强调思想、言论和新闻的自由，而反对任何少数的强权和专制，也反对任何的多数暴政，反对那种以"公意"的名义来损害个人自由的行为；在经济领域，承认国家干预的必要性和可行性，强调对弱势者的经济关注，而不相信个体利益与集体利益之间存在自然的和谐一致，不相信"无形的手"能够有效地协调社会个体之间的互动行为，不相信完全竞争能够实现帕累托有效的社会福利改进；在文化领域，信奉儒家重视社会和谐和合作的理念，推崇"尽其在我"的社会责任文化，践行"为己利他"的行为方式，而反对西方社会中的社会达尔文主义，反对盲目征服、扩张和竞争的倾向，反对因工具理性对交往理性的排斥。因此，如果非要贴上某种词汇的标签的话，那么，根据流行的观点，这种学者就是政治上的自由主义者、经济上的干预（民生）主义者和文化上的保守主义者。而且，这类人物也并不独特和稀有，而是很多真正知识分子的基本特色。例如，丹尼尔·贝尔就宣称自己在"经济领域是社会主义者，在政治领域是自由主义者，而在文化方面是保守主义者。"① 尤其是，这些学者长期在致力于关注弱势者的应得权利，关注政治领域的公权力和经济领域的私权力对弱势者的现实侵害；因此，人本主义可以且应该成为这类学者的更佳标识，或者可归属为人本主义的自由主义者。

然而，尽管自由主义的内涵越来越丰富、复杂，但当前社会中却流行着

---

① 刘军宁：《保守主义》，中国社会科学出版社 1998 年版，第 239 页。

两种极端化思潮：市场自由主义和国家干预主义。其中，市场自由主义认为，社会秩序总能自发生成和自发扩展，而政府的干预行为往往是成事不足、败事有余；相反，国家干预主义则认为，政府可以解决很多社会经济问题，有助于解决市场失灵造成的秩序内卷。同时，这两种观点往往体现了不同的利益要求，从而分别受到不同群体的支持和倡导。一般地，市场自由主义往往会受到广大工商业主以及保守（自由）主义知识分子的支持：（一）市场自由主义承认了金钱势力在社会博弈中的合法性而排除了其他力量的要求，这显然对那些在市场交易上处于优势地位的工商业主是有利的；（二）这种社会不大会出现大的振荡而有助于维护社会稳定，这显然比较适合信奉社会达尔文主义的保守（自由）主义知识分子之口味。相反，国家干预主义则往往受到上层官僚集团以及激进（自由）主义知识分子的支持：（一）国家干预主义提高了政治权力、地位以及其他特权在社会博弈中的合法性而抑制了金钱权势的要求，这显然对那些在政治交易上处于优势地位的官僚集团是有利的；（二）这种社会的发展方向往往由那些拥有影响力的精英来引领，这些社会精英可以根据自己的理想来对社会进行规划和建构乃至激进的变革，这显然比较适合那些信奉社会改造和具有强烈建构理性的激进（自由）主义知识分子之口味。

当然，上述仅仅体现了两个极端的情形，但广大社会大众和人本（自由）主义知识分子往往择其中端：（一）广大社会大众希望有选择自己工作和生活方式的自由而不希望受到其他力量的压力，同时又希望自己在市场中的弱势地位受到一定的保护和扶持；（二）这种社会保障个体可以自由地发表他们的思想，选择他们自己的工作方式，选举他们认可的领导人，同时又通过一系列的公共制度来缓和自由放任对弱势群体可能造成的伤害，因而也受到重视思想自由和关注人之福利的人本（自由）主义知识分子的欢迎。事实上，人本主义者既重视社会秩序的自发机制，又意识到自然机制的局限性；既不满于现实中的种种不公平现象而希望对社会进行改良，又担心建构主义的乌托邦对社会造成的震荡。因此，他们努力提防两类权力的集中：（一）公权力的集中而导致政治权力的危害；（二）自然权力的集中而产生的金钱权力的霸权。如何解决这一问题呢？复杂自由主义强调，政府的干预必须以市场主体的自主活动为基础，必须承认社会惯例和文化习俗的重要性；同时，市场机制必须不断塑造人与人之间的互惠关系，承认市场伦理对调节社会行为的重要性。从这个角度上说，无论是政府干预还是市场机制都以伦理认同为基础，伦理认同是社会互动有效进行和社会秩序不断扩展的基础。正是基于这种考虑，笔者致力于从伦理塑造角度来理顺和夯实公共领域中的互惠协作关系，通过推进社会制度的渐进变革来促成社会的可持续发展。① 在很大程度上，关注现实问题、推行社会正义、防止权力集中的人本主义也正体现了复杂自由主义的基本理念。

五、新自由主义的内涵辨析及反思

基于对自由主义的演化及其复杂性特征，我们可以重新审视为现代主流经济学所信奉的"新自由主义"一词。事实上，现代主流经济学之所以对市场机制持绝对支持的态度，很大程度上就与"新自由主义"思潮联系在一起。"新自由主义"思潮出现于 20 世纪 70 年代，在社会政治上是当时两大阵营相抗衡的产物，而渗透到在经济学界则是源于一些崇尚市场原教旨主义的学者与凯恩斯经济学的政策主张相抗衡的需要。正因如此，"新自由主义"就成了新古典宏观流派所使用的专业术语，这包括以弗里德曼为代表的货币主义、以拉弗为代表的供给学派、以卢卡斯为代表的理性预期学派、以哈耶克为代表的奥地利学派新自由主义以及西德的弗莱堡学派。在很大程度上，"新自由主义"的兴起就是那些信奉市场有效的新古典经济学家所推

---

① 朱富强：《社会扩展秩序中的"人类意识"刍议：哈耶克的自生自发社会秩序之检视》，《制度经济学研究》2007 年第 4 期。

动的，加尔布雷思写道：经济学家"为竞争注入了一个新的含义，即竞争成为一个能促进经济和社会发展的概念，而这一点早期的经济学家也赞成。竞争的定义开始逐渐地适应了理想经济社会的要求，它不再是一个描述现实的定义，而是一个促成理想结果的概念。实际上，竞争的定义已经适应了这种理想的要求。"①

同时，"新自由主义"的产生又是社会环境变化的产物，它源于20世纪70年代中期发生的首次大规模经济衰退，而大发展则出现在苏联解体和东欧剧变后的20世纪90年代，资本主义的胜利不仅宣示了"历史的终结"，而且加速了世界经济日益一体化的发展。为此，一些自由至上主义者依据新的历史条件对古典自由主义进行了改造，更加强调市场化、自由化和私有化，并促使新古典宏观经济学取代凯恩斯经济学而成为主流。进一步地，这种思潮还朝政治和意识形态方向发展，以致学术理论逐渐蜕化成为资本主义向外输出的意识形态和制度价值，最终孕育出了"华盛顿共识（Washington Consensus）"。

当然，尽管承袭新古典经济学思维的现代主流经济学从自由劳动、自由交换和自由决策等角度来强调维护个体自由的意义，但是，"自由"从来就不是一个抽象的名词，其内涵本身则是特定历史条件的产物；即使从西方社会的历史演变看，"自由主义"一词也发生了一系列的内涵转变。首先，在18、19世纪，自由主义往往等同于自由放任，要求限制政府的职能到最小，通常被称为旧自由主义或古典自由主义。古典自由主义是为保卫个人权利不受君主和其他统治者的支配而提出来的一种基本哲学，它反对设立公用事业、发放许可证和规定从事某一职业的限制条件、对国际贸易加以限制、移民定额以及使用国家权力来限制竞争等。其次，到19世纪末以降，自由主义丧失了它原来的标记，开始倡导通过政府干预来纠正市场失灵问题，从而

---

① ［美］加尔布雷思：《美国资本主义：抗衡力量的概念》，王肖竹译，华夏出版社2008年版，第20页。

出现了改良色彩的自由主义。改良自由主义主张，政府应该对经济进行广泛管理和部分干涉，采取积极措施以保障每一个公民拥有平等的机会，以及促进社会福利的提高，当时大量的干预性立法也大多是自由党政府的产物。

"改良自由主义"出现在古典经济学后期，其先驱是西斯蒙第，它在坚持民权和自由的同时又乐于依赖公共政策以解决那些市场不能克服的经济问题。显然，由于"改良自由主义"与崇尚自由放任的古典自由主义（Classical Liberalism）存在很大不同，因而这些自由主义者所发展出的理论又往往被称为现代自由主义或者新自由主义（New Liberalism）。一般认为，为现代自由主义奠定理论基础的相关学者及其代表性著作主要包括：边沁的《道德与立法原理》、约翰·穆勒的《政治经济学原理》、约翰·勃雷的《对劳动的迫害及其救治方案》、托马斯·格林的《政治义务原则论文集》、霍布豪斯的《自由主义》、马歇尔的《经济学原理》、约翰·杜威的《经济自由主义与社会行动》、J. M. 凯恩斯的《劝说集》、罗尔斯的《正义论》以及德沃金的《原则问题》等。例如，凯恩斯就宣告了"自由放任主义的终结"，他认为现实世界充满着风险和不确定性，古典自由主义者所崇尚的"骑士精神"只是一种"动物精神"，古典自由主义所崇尚"无形的手"在现实世界中处处失灵。

由于"新自由主义"强调的是制度框架内的自由而不是放任自流，它在随后的100多年内成为英国官方政策的重要基础，并且逐渐将其影响扩展到西欧，引起西方政治思想和政治实践的深刻变化。特别是，第二次世界大战后，随着"福利国家"政策在西方国家兴盛，新自由主义的影响也达到了顶峰。事实上，新自由主义为西方很多左翼政党所吸收，如法国的社会党、英国工党、德国社民党、瑞典社民党等；而且，无论是美国的民主党还是英国的自民党，往往都与"自由主义"联系在一起。相对于共和党和保守党而言，民主党和自民党更加关注社会公正和社会福利，更加注重社会贫困和穷人住房，更加重视环境保护，更倾向于高税收，更热衷于提供公共服务，更倾向于制定商业规则。

同时，新自由主义对平等的关注不仅体现在国内政策上，也体现在国际关系上。例如，德沃金就指出，越南战争之前一些自我标榜为"自由主义者"的政治家往往持有这样的立场："自由主义者赞成更大经济平等，赞成国际主义，赞成言论自由，反对新闻审查，赞成种族之间更大的平等，反对种族隔离政策，赞成宗教和国家明确分离，赞成给予被起诉的嫌疑犯更大的程序保护，赞成对'道德规范'犯规者实施非刑事处理，尤其是对吸毒者和成人间自愿的性关系违规者实施非刑事处理，赞成大胆运用中央政府权力以达到所有这些目标。"① 同时，越南战争却暴露出了自由主义与剥削之间的隐藏关系，以致自由主义和保守主义之间的联系也被看作是虚假的；在这种情况下，政治学就开始产生了似乎不再区分自由主义立场和保守主义立场的一些论题，政治家们也开始不情愿将自己等同于"自由主义者"或"保守主义者"，而更倾向于把以前被认为是自由主义者的立场和以前被认为是保守主义者的立场结合起来，以致德沃金说："自由主义曾经是各种不相关政治立场的临时结合体"。②

然而，自由主义和保守主义相融合的过程却在里根政府和撒切尔政府中受到抑制，并导致自由主义和保守主义之间重新开始出现分离，甚至产生了争夺"自由主义"解释权的争论。尤其是，随着凯恩斯主义干预政策问题的暴露以及苏联解体和东欧剧变，西方一部分人士开始向保守主义或古典自由主义回归；相应地，他们创造出了一个新的词汇"Neo-liberalism"以与具有改良色彩的"New Liberalism"一词相区别，并且将流行的那种改良自由主义或 New Liberalism 称为"伪自由主义"，而将"Neo-liberalism"称为"真正的自由主义"。但显然，如果说"新自由主义"是改良主义的习惯称呼，那么，基于对自由主义概念的否定之否定的认识，"Neo-liberalism"一

① ［美］德沃金：《原则问题》，张国清译，江苏人民出版社 2005 年版，第 235 页。
② ［美］德沃金：《原则问题》，张国清译，江苏人民出版社 2005 年版，第 240 页。

词就应该更恰当地被称为"新兴自由主义"或"新古典自由主义"，它对应20世纪70年代后逐渐流行的、主张回归古典的自由放任主义的自由主义思潮。这样，我们从学术史的角度就区别了两个概念："新自由主义"一词出现在古典经济学后期，曾经是改良主义的习惯称呼，其对应的英文为"New Liberalism"；"新古典自由主义"一词则出现在20世纪70年代后，是对古典自由主义的回归和复兴，其对应的英文是"Neo-liberalism"。

显然，根基于自由至上主义的"新兴自由主义"或"新古典自由主义"倾向于将基于力量和供求决定的市场经济等同于自由经济，其经济政策也是简单地主张市场规则和自由放任。为此，"新古典自由主义"秩序的捍卫者宣称，美好生活总会遍及广大民众，只要加剧这些问题的新古典自由主义政策畅行无阻。在政策上，"新古典自由主义"思潮坚持市场原教旨主义，认为市场机制可以自发地引导社会分工的扩展；但是，市场机制根据力量对比来决定利益分配，从而产生收入差距越来越大的马太效应，最终导致有效需求与产品供给的脱节。在理论上，"新古典自由主义"思潮热衷于方法论边际主义，认为边际原则可以有效地调整生产和消费而实现社会均衡；但是，方法论边际主义基于完全理性来构建形式优美的数理模型，从而看不到人类固有的有限理性和有限认知问题，最终忽视现实中已经日益累积的问题。在实践中，"华盛顿共识"首先以巴西、阿根廷、墨西哥等拉美国家为试验地，接着又在俄罗斯以及其他东欧社会主义国家推行"休克疗法"式的经济转轨；但结果，拉美国家在整个20世纪八九十年代几次三番地出现严重的经济社会危机，东欧和俄罗斯则在经济转轨过程中陷入了长期的经济衰退和社会动荡。

事实上，新古典自由主义的巅峰期在20世纪最后十年，其原因有二：（一）苏联解体、东欧剧变而世界经济危机尚未发生，此时西方流行的观点将苏联解体和东欧剧变归功于市场经济与自律性市场信念的胜利，以致欢呼市场经济和自由资本主义制度从此将终结人类历史；（二）在冷战时期，西方国家不敢放手采用会严重伤害穷人的自由放任政策，否则，国内的矛盾和动乱将驱使其他国家转向东方阵营，而苏东社会主义倒台则排除了这种担心。这样，随着新古典自由主义的强盛，一系列风险甚大的经济政策就被无节制地加到穷人头上，以致"一个号称自律性市场的经济，可能演化成为黑手党资本主义及黑手党政治体制。"① 同时，自由放任的市场经济，还导致近年来收入差距的持续拉大、全球环境的日益恶化以及社会经济的严重衰退和危机。例如，就 1998 年的金融危机而言，新古典自由主义者往往就将之归咎于政府主导模式的根本弱点。但是，斯蒂格利茨却指出，"实情是，东亚的金融危机反而是最足以证明自律性市场失败的案列。由于短期资本流通的自由化，导致数十亿的资金在全球打转，搜寻最佳报酬并随情绪波动而起落转变，这才种下危机的种子。"② 因此，我们必须对"新古典自由主义"思潮及其政策作出新的反思。

可见，目前流行的新古典自由主义只是特定时代的产物，并且是对古典自由主义的极端化。不幸的是，当前国内诸多学人却很少认真地梳理社会发展史，而广泛地将 20 世纪 70 年代以后才兴起的简单化自由放任思潮等同于"自由主义"，或者偏误地赋予"Neo-liberalism"以"新自由主义"名称来彰显其进步性和时代性；结果，就造成了对"自由主义"之真实内涵的误解，这不仅与自由主义的复杂化内涵背道而驰，而且直接推出了与社会发展相逆的系列政策。同时，在很大程度上，正是由于"新古典自由主义"思潮的泛滥，重新引发了市场原教旨主义的盛行，它将市场活动建立在自然主体之间的互动和竞争之上，从而导致收入分配的不公和马太效应的盛行，最终加剧了社会矛盾和对抗。其实，尽管新古典经济学一直倡导价值无涉，注

① [美] 斯蒂格利茨：《序言》，载 [英] 卡尔·波兰尼：《巨变：当代政治与经济的起源》，黄树民译，社会科学文献出版社 2013 年版，第 14 页。

② [美] 斯蒂格利茨：《序言》，载 [英] 卡尔·波兰尼：《巨变：当代政治与经济的起源》，黄树民译，社会科学文献出版社 2013 年版，第 13 页。

重一致同意的程序，并且把竞争性市场视为这种价值无涉的一致同意程序而高度赞美，但试问：市场果真是价值无涉的吗？麦金太尔就指出，它的价值无涉是以"自由主义的个人主义为前提假设的，它的明显中立性不过是一种表象，而它的、存在于一种社会意义上的非现实存在才会合法达到的那些原则中的理想合理性概念，忽略了无法逃避的历史性和社会性情景关联特点，而这是任何实质性合理性原则——无论是理论合理性原则，还是实践合理性原则——都必定具有的。"①

六、结语

维护个体的独立和发展是人类的一项基本诉求，从这个角度上说，自由也就具有普世性。然而，无论是在国际间还是一国之内，"自由"一词都引起了社会的广泛争论乃至对立。为什么呢？问题的根源就在于，我们对"自由"一词内涵的理解是不一致的。林肯就指出，"世界上从来没有过自由一词的精当定义，而恰恰在此刻，美国人民迫切需要这一定义。我们都宣称崇尚自由，然而，尽管我们使用的是同一词语，但我们所借以表达的意思却不尽相同。"② 即使在现代社会，"自由"已经成为使用频率最高的词汇之一；但是，如果真正问起"自由"一词的含义时，几乎还是没有多少人能够说得清、道得明。相应地，"自由"实际上就成为一个既熟悉又陌生、既现实又遥远的雾中花、镜中月。萨托利就指出，"自由主义是比民主主义更难确定含义的标签……（因为）'自由'的外延远比'人民'难以捉摸。"③ 进而，正因为"自由"以及"自由主义"等词汇不仅在为不同人所

---

① ［美］麦金太尔：《谁之正义？何种合理性？》，万俊人等译，当代中国出版社 1996 年版，第 5 页。

② 转引自［德］费彻尔：《马克思与马克思主义：从经济学批判到世界观》，赵玉兰译，北京师范大学出版社 2009 年版，第 195 页。

③ 王胜强：《论现代人的自由》，山东人民出版社 2009 年版，第 1 页。

使用时往往被赋予相差迥异的内涵，而且不同个人或群体之间也往往使用这同一词汇进行相互间的残酷斗争。尤其是，现代西方社会往往喜欢挥舞其所理解的自由和民主之大旗对世界其他国家指手画脚，国内一些经济学人也乐于大肆引入西方社会所理解和崇尚的自由主义，不加辨析地接受现代主流经济学教材上所宣扬的自由市场观念。问题是，尽管往往将市场主体视为自由的，但显然，这种自由往往只是基于无干涉意义上而言的，而对大多数弱势者而言，他们往往无法真切地感受到市场中的自由。

那么，"自由"一词的内涵究竟应该如何理解呢？"自由"是否是一元主义的？是否等同于西方社会的价值观？这些都有待于我们的深入思考和辨析，需要从"自由"一词的起源以及演化史中作深入考察。事实上，"自由"演化史反映出自由并不等同于自由放任，而是具有复杂化和多元化的发展趋势。同时，"自由"一词的内涵演进又与人们需求的上升联系在一起，因而在将"自由"一词引入现代生活中时，就不应仅仅局限在社会政治领域，而是要逐渐扩展到经济领域。显然，在经济生活领域，自由又与福利平等和生活保障等联系在一起，它越来越关注公共教育、社会贫困等问题。为此，森就指出了现代社会依然存在的不自由之诸种形式："全世界许许多多的人在经受各种各样的不自由。饥荒在某些地区持续发生，剥夺了成千上万人的基本生存自由。……富裕国家中总是有很多处境艰难的人们，他们缺乏在医疗保健、获得使用的教育、得到有收益的就业或获得经济和社会保障等方面的基本机会。"① 特别是对那些弱势者而言，他们本身往往缺乏足够的力量来摆脱贫困等不自由状态，因而就需要社会的帮助，从而产生了经济民生主义。正因如此，如何更为清晰地理解"自由"以及"自由主义"等内涵，就成为社会科学领域一个非常重要且急迫的课题，它有助于我们更好地理解人类社会及其发展，发现当前现实中的问题。

---

① 王胜强：《论现代人的自由》，山东人民出版社 2009 年版，第 1 页。

事实上，尽管自由的确是一项重要的价值，却不是唯一重要的价值。萨克斯就举例说："如果我们要么选择一个亿万富翁拥有避免纳税的自由，要么选择一个又穷又饿的小孩可以因为国家征收税收（例如通过征收食物印花税）而得到食物供应，那么我们大多数人一定会选择让饥饿的小孩得到食物，而不是让亿万富翁通过逃避帮助小孩的责任来获得其'自由'。"譬如，即使在新古典自由主义萌发和盛行的美国，大多数美国人也认为，政府应该推行有效的公共政策来实现效率、公平和可持续发展这三重目标。由此，我们再来审视新古典自由主义的实质，萨克斯写道："当自由至上主义者们嘲笑生活馆平的理念为多此一举时，他们同时是在发泄一种坦然的欲望。如今美国社会中不断在释放且毫无约束的贪欲不会给我们带来真正的自由，只会给我们带来大公司的违法和欺诈行为。它们不会给我们带来真正的民主，只会带来特殊利益集团主导下的政治。它们不会给我们带来真正的繁荣，只会给我们大多数带来收入增长的停滞以及社会顶层人物不为人知的极度富裕。"① 在很大程度上，正是由于长期缺乏对自由和自由主义的真切认识，以致这些概念的理解和使用往往就带有明显实用性和政治性而非学术性和哲理性，从而也就经不起思辨逻辑的爬梳。

---

① ［美］萨克斯：《文明的代价》，钟振明译，浙江大学出版社 2014 年版，第 37 页。

8. 新古典自由主义经济学的简单化谬误：

兼论复杂自由主义的政策主张

导读：复杂自由主义强调要提防两类权力的集中：一、公权力的集中，这会导致政治权力的危害；二、私权力的集中，这会产生金钱权力的霸权。相应地，它试图在市场和政府之间寻求平衡，通过沟通两者间的互补性来克服两个失灵问题：市场失灵和政府失灵。但是，当前社会中却流行着两种极端化思潮：市场自由主义和国家干预主义。其中，现代主流经济学在"新古典自由主义"思潮的指导下极力推崇私有化和市场化，把自由主义与自发秩序等同起来。这样，现代主流经济学就不仅将自由主义简单化了，而且也看不到现实市场所存在的问题，更无法对现实市场和制度进行完善和改造。

一、引言

随着人类社会的进步，"自由主义"一词的内涵出现了不断复杂化和丰富化的趋势，经历了从早期对私有产权保护到现代对基本社会权利的拓展的转向。因此，我们不能简单地将自由主义与自由放任思潮等同起来，甚至也不能将经济自由主义等同于自由放任。社会学大家费孝通就指出，"经济自由主义其实是指不受政治权力干涉而言，可是，可以限制竞争自由的不单是政治权力，最重要的是经济权力。独占经济是在政治权力不干涉，甚至保护之下，所发生的经济权力。在经济权力所统治下的社会，每个人是否还有《独立宣言》所规定的平等和自由的基本权利也就成了个严重的问题了。"① 相应地，卡尔·波兰尼则写道："严格地讲，经济自由主义是一个社会的组织原则，在这个社会里工业建立在自律性市场的基础之上。诚然。在这种制度趋向完美时，减少某些干涉是有必要的。然而，这并不表示市场制和干涉互不兼容。在市场制还没有建立时，经济自由主义会毫不犹豫地呼吁政府干预以便维持它。因此，经济自由主义者可以毫不违背立场地呼吁政府使用法律力量以便建立自律性市场；他甚至可以诉诸内战的暴力以建立自律性市场的先决条件。"② 很大程度上，在政府与市场之间寻求平衡，从而实现有节制的社会制度，这就是复杂自由主义的基本诉求。有鉴于此，本章尝试对复杂自由主义的政策主张所以剖析，并由此来反思现代主流经济学的简单化政策。

二、复杂自由主义的政策主张

对自由的侵蚀根本上源自于权力的集中，因而复杂自由主义的根本要点就在于防止权力的集中。一般地，我们可以从两大维度来审视权力的集中及其对自由的侵蚀：（一）社会（公）权力的集中，由此导致政治权力的危害；（二）自然（私）权力的集中，由此产生金钱权力的霸权。相应地，政治权力的集中使得政府及其代理人的行为不受监督，集中决策的信息失真和激励扭曲又衍生出了政府失灵；金钱权力的集中使得市场交换和分配有利于强势者，个人理性与集体理性间的悖论则衍生出了市场失灵。显然，在一个制度不健全的社会，政府失灵和市场失灵往往会相互作用和互为强化，从而

---

① 费孝通：《美国人的性格》，文化发展出版社 2018 年版，第 92—93 页。
② ［英］卡尔·波兰尼：《巨变：当代政治与经济的起源》，黄树民译，社会科学文献出版社 2013 年版，第 264—265 页。

会引发社会经济秩序不断升级的失范和崩溃。正是基于这一思维，复杂自由主义主张，维持社会经济的持续稳定发展关键在于不断改进和完善社会制度以避免两大权力的集中，而社会制度的健全程度直接表现为市场失灵和政府失灵的状况。

一方面，就解决政府失灵问题而言，关键是要了解政府的性质，并确保政府做它该做的事。关于政府的性质及其演化，《国家性质与政府功能：有为政府的理论基础》一书做了系统的梳理和剖析：就近代的政府而言，它主要作为一个为全体成员服务的社会机构而存在；因此，就必须确保它能够做符合人们利益的事，特别是那些关涉公共领域的事，从而能够确保社会的持续、有序增长。[①] 当然，在不同时期，政府应该做的事务是不同的，做事的方式也存在很大差异，这就要求我们对人类社会的发展特点、人们需求的变化状况以及不同社会的文化传统等进行比较分析。不过，无论在什么情况下，政府都存在一些基本的工作：缓和市场失灵问题，这包括一些公共品的提供、负外部性的摒除等；其中，尤其要确保人们的应得权利与社会财富的同向乃至同比例发展，尽可能地防止社会的异化和失范。显然，要防止社会的异化和失范，除了需要建立一套有效的抽象规则外，关键是要形成一种合作性的社会伦理，这在信息日益复杂和不对称的现代社会尤其重要，这也是政府应该关注的重要方面。同时，要保证政府做它该做的事，就必须对官员的行为进行监督，需要建立一套较为完善的监督体系。否则，在缺乏权力制衡体系以及权力过分集中的情况下，往往就会产生出大批"在其位不谋其事"的官僚，由此必然会出现严重的政府失灵。

另一方面，就解决市场失灵问题而言，关键是要了解市场机制的特点，并确保市场机制发挥其积极效应。显然，市场机制本身包含了相互补充、相互融合的两方面内容：抽象规则和市场伦理。其中，抽象规则本身就来自市

---

① 朱富强：《国家性质与政府功能：有为政府的理论基础》，人民出版社 2019 年版，第 2 章。

场伦理，是市场伦理的编码化、明示化，而另一些还无法编码的伦理则以非正式规则存在。事实上，任何存在人与人互动的地方都有市场，只不过市场的类型和特点不同而已：有的是命令式的，有的是交易式的，有的是协作式的，有的是竞争式的，垄断体制中有垄断式市场，自由体制有自由式市场。同样，企业组织外部有市场，企业组织内部也有市场，以家庭组织为主的社会造就了家庭式市场，以企业组织为主的社会造就了企业式市场。更进一步地，发展中国家有发展中的市场，发达国家有较为成熟的市场，美国有美国式市场，日本有日本式市场，中国自然也有中国式市场。正因为由于抽象规则和市场伦理的不同导致了不同类型的市场，因而我们就不能简单地讲某某现象符合或者不符合市场经济的要求。譬如，一些经济学人就宣称，春节火车票不涨价不符合市场经济的要求。但试问：这是指什么样的市场呢？按照这些经济学人的理解，市场规则就是根据供求决定，需求提高了，自然就应该涨价。但是，他们却不愿去认真审视：是什么导致了供求发生改变，这种改变是否合理？是否可以采取更好的办法来加以解决？而且，即使在市场机制发挥主要作用的日常生活中，那些实际价格是完全随供求变动的吗？譬如，餐馆老板会随时注意顾客人数的多寡而更换菜单吗？尽管现代经济学提出所谓的菜单成本来进行解释，但菜单成本绝不是纸张等物的成本，而是一种信誉成本。① 因此，市场机制的建设和完善，不仅在于一般规则的合理化，而且在于市场伦理的培育。

显然，日益复杂化、精微化的现代自由主义之内涵已经大大不同于早期自由放任的自由主义：它不仅关注到政府行为可能造成的干预失灵，而且也认识到纯粹市场中的自发失灵，从而在市场和政府之间实现平衡。同时，尽管现代自由主义不赞同流传广泛的最小政府理念，但也承认现实政府及其代

---

① 一般地，即使仅仅从餐馆老板的角度而言，他也是不愿意随供求而随时变换价格的，因为他考虑的是长期利益，而长期利益需建立在与相关者良好关系的基础之上；更不要说，社会法规也不容许供给者随意涨价，因为它毕竟要维护社会公正和分配正义。

理人潜含的恶行，从而努力通过一系列制度安排来加以提防。一般地，政府组织的有效治理涉及两个层次的问题：（一）政府究竟该做何事？这涉及对不同时期社会合作状态的理解以及协调机制转化的要求。（二）如何确保政府尽其职？这涉及权力制衡和立宪问题。在很大程度上，正是由于没有充分认识到这两个层次的要求，导致传统中央计划经济体制犯下了严重的"理性自负"。例如，兰格就曾举例说，国家计划委员会曾在计划中规定过在一个狩猎季度中应猎取的野兔数目，但由于在国民经济计划中遗漏了女用纽扣和发针而导致社会上得不到。为此，布罗姆利指出："这样统制经济似乎可以避免资本主义普遍存在的个人对资源的极大浪费和误用，但是，由于对个人缺乏激励也可能付出了一定的代价——即在某种程度上可能使对人民来说是重要的一些物品和服务的生产被束之高阁。"① 事实上，作为现实社会的观察者、批判者和推动者，绝大多数学者都不是纯粹的自由放任主义者，都希望扩大政府在减少贫困、改善环境等方面的作用；只不过，由于"理性自负"在过去一个世纪中带来的实践教训，很多学者又滋生出对官僚制运作方式的不满和警惕，特别担心无法制约的政府权力可能造成的恶果。

然而，我们在审视政府和市场之间的作用界限时，不能仅仅看到它们短期的现实表现，更重要的是理清两者的本质要求，并探究现实与本质相分离的原因。譬如，上述提到的那种对具体商品数量进行规定的计划本身是与政府应有的显性协调作用相脱节，这些事务本身应该留给那些更具个人知识的现场者去解决。② 所以，后来兰格认识到，把这类细节纳入国民经济计划与计划工作无关，它实际上阻碍了对国民经济的有效指导。同时，要真正理解政府和市场的本质功能，还需要对人类社会发展史进行梳理。显然，历史上

① ［美］布罗姆利：《经济利益与经济制度：公共政策的理论基础》，陈郁等译，上海三联书店、上海人民出版社1996年版，中译本序。
② 参见朱富强：《国家性质与政府功能：有为政府的理论基础》，人民出版社2019年版，第7章。

的自由主义并不是对政府行为的简单否定，而往往是源于对政府活动越出其边界而造成更严重问题的反动。譬如，在重商主义时期，当时的严格控制着生产的工艺流程和产品质量而维护垄断者的利益，甚至对每英寸布所必须使用的线的数量都做了规定，这引发了以斯密为代表的古典经济学家对重商主义的革命。不过，后来的一些古典经济学家却进一步夸大了古典自由主义的自由放任倾向，主张将政府职能限制在最小范围内，反对设立公用事业、发放许可证和规定从事某一职业的限制条件、对国际贸易加以限制、移民定额以及使用国家权力来限制竞争，等等。当然，这种极端化的自由放任政策并没有贯彻多久，整个西方社会就爆发出日益尖锐的矛盾和冲突，社会贫困和两极化现象迅速加剧。这样，就衍生出了要求改良的"新自由主义"（New Liberalism）思潮，它在主张尽可能保持市场自我调节机制的同时，开始强调政府应该承担相应的经济功能，如国防、警察治安、制定法律、公共健康和工业安全法规、大规模投资项目如港口和水坝的各种规定、实行鼓励技术创新的专利权、提供基础教育以及创造出一种坚挺可靠的通货等。

总之，纯粹的政府和市场都会出现失灵，而复杂自由主义则试图通过互补性沟通和契合而努力缓和这两类失灵。因此，复杂自由主义要求我们，不能简单化或对立性看待市场和政府之间的关系，而是要能够全面地审视两者的各自利弊及其互补性。德沃金就写道："自称为自由主义者的绝大多数人，无论在美国还是在英国，都曾经千方百计地想要使得市场经济在其运作和结果方面变得更加公平，或者想要把市场经济和集体经济结合起来，而不是以市场经济整个地代替某种明确的社会主义制度。"① 一般来说，政府失灵反映了组织治理机制的低效和扭曲，其主要原因又在于监督机制的缺失；相应地，如何建立起一整套有效的治理和监督系统以克服政府失灵问题很大程度上是法学家和政治学家的工作。市场失灵则反映了个体行为之间的不协

---

① ［美］德沃金：《原则问题》，张国清译，江苏人民出版社 2005 年版，第 241 页。

调，其根本原因则源于个人利益与社会利益间的冲突；相应地，如何挖掘市场机制的缺陷并不断加以完善则主要是经济学家的工作。不幸的是，现代主流经济学人所做的恰恰不是挖掘市场机制的固有缺陷，而是不断鼓吹它的优势和价值。譬如，在主流经济学人看来，尽管自由市场的结果对每个人都具有不确定性，但这种不确定性对所有人又是相同的，因而自由市场机制就是公正的。问题是，人类社会难道能够任由不确定性所支配吗？一般地，人类理性的根本性作用就在于：尽可能地降低不确定性，通过制度规则将不确定性内在化。这样，社会经济的发展就会更加平稳，应得权利的实现就会更加充分。事实上，现代主流的新古典自由主义经济学不断地重复市场机制的协调功能，不断鼓吹现代资本主义的经济繁荣，但谁曾想到：严重的经济危机就在眼前呢？有一个笑话说：资本主义好比一辆大飞机，飞行员告诉乘客们有一个好消息，有一个坏消息；好消息就是飞机现在运转良好，坏消息就是飞机不知道在往哪儿飞。[①] 显然，这些都应该引起我们对政府和市场的作用界限以及相互关系的重新审视。

三、简单自由主义的回归及私有化浪潮

现代自由主义的一个重要内涵就是保障和扩大个人的基本社会权利，而这又要求我们防止公权力和私权力的集中。这意味着，我们不能简单地将市场和政府对立起来，而是要寻求两者之间的互补性，寻求两者之间的平衡。魏伯乐等在对世界各国的私有化进程和结果做了全面考察后就提出告诫："谨防极端！我们所需的是适度的平衡；在自由和秩序之间，在创新和维持之间，以及——本书的主题所述——在私营部门与公共领域之间"，"在寻求每一对极端之间的最佳平衡点时，不同的参与者有其各自的偏好。穷人可

---

① "Radical Jokes"，http：//www.nyu.edu/projects/ollman/docs/jokes.php.

能更为偏好秩序以及拥有较大范围的公共领域，而富人可能需要更多的自由和私有权。很多人相信私有权可以提高效率，创造更多财富。但是，不管用何种辞令进行矫饰，即使富裕的国家也不得不承认，私有权的效率价值需要在私营部门和公共领域之间寻求一种平衡。"①

进而，复杂自由主义所潜含的政策寓意对当前中国社会的经济改革就非常深刻：我们要防止政策观念从一个极端转向另一个极端，要努力在政府和市场之间寻求平衡，从而维持社会经济的持续、稳定发展。在很大程度上，这种基本诉求不再是基于古典时期的自由放任主义，而是对应于19世纪中期出现的新自由主义（New Liberalism）的，并构成了现代自由主义的基本内涵。事实上，19世纪中期以后一个多世纪里，复杂自由主义的政策都注重政府和市场间的平衡和协调。但是，20世纪70年代以降，一股新古典自由主义（Neo-liberalism）思潮却开始兴起并迅速壮大，它强调向古典自由放任主义回归，向自由主义的早期简单化形态复归。究其原因，第二次世界大战之后，各国政府日益强大的经济干预行为滋生了日益严重的"理性自负"并引起社会的强烈反动，以致曾经鼎盛一时的凯恩斯主义经济学受到了抨击；此时，新保守主义充分利用人们对政府经济功能的质疑以及对政府权力过度集中的担心心理，并将这种思潮转化成对政府经济干预的彻底反对和对自由市场机制的热烈拥护。

一般地，新古典自由主义具有这样两大特性：（一）个人主义，它推崇个人的自由选择，简单地把个体间竞争的纯粹市场活动视为唯一自由的，而将其他的任何人为干涉都视为是对基本自由的破坏；（二）功利主义，它集中于效率的关注而否弃对社会公平的追求，认为个人的逐利行为可以导致社会福利的提高，而对社会公平的追求将会挫伤成功者的积极性，从而必然是

---

① ［德］魏伯乐（E. U. von Weizsacker）、［美］杨（Young, O. R.）和［瑞士］芬格（Finger, M.）:《私有化的局限》，载［德］魏伯乐等编:《私有化的局限》，王小卫、周缨译，上海三联书店、上海人民出版社2006年版，第3页。

低效的，达不到经济增长的目的。同时，新古典自由主义还将个人主义和理性选择说很好地结合在一起，从而也就迅速为进行抽象演绎分析的新古典经济学家所信奉和宣扬。这些经济学家接受了极端化的市场主义思潮，并以最小政府理论为基石来构建新古典宏观体系，这不仅包括理性预期学派和货币主义学派这两大分支，也包括承袭这种思维的供给学派、新奥地利学派、公共选择学派、新制度和产权学派，等等。

市场原教旨主义认为，政府失灵的严重程度要远大于市场失灵，而且，优质而高效的社会服务只能来自私营部门，正是日益扩大的私营部门促进了经济增长和技术进步。正是根植于市场原教旨主义信仰，"市场优越论""政府恶棍说"逐渐支配了整个经济学的思维，经济政策也日益呈现出明显的一元化和简单化倾向。事实上，新古典自由主义经济学就将绝大多数社会问题的解决都诉诸基于力量供求的市场机制，似乎只要市场化和私有化了，一切经济疑难杂症也就迎刃而解了。进而，在新古典自由主义经济学的理论指导下，20 世纪 80 年代后，整个西方社会还掀起了一股规模巨大的私有化浪潮，而伴随私有化浪潮的则是政府对经济活动的管制放松。同时，这股私有化浪潮在西方政治势力支持下还向全球扩散，由此塑造出了"华盛顿共识"的意识形态，进而在苏东社会主义国家以及其他发展中国家中推行私有化和市场化改革。

其中，私有化的发起者为英国的撒切尔政府和美国的里根政府。其中，经过撒切尔夫人的私有化改革，英国国有企业部门占 GDP 的比重几乎从10%减少到0。同样，自里根政府之后，美国历届政府都秉持这样的理念：公共服务的私人提供应该取代直接的政府提供，即便政府对该服务提供了资金。在这样理念支配下，美国政府就出现大量的合同外包现象：诸如军事基地运作这样的军事服务、类似联邦监狱管理这样的司法服务以及包括医疗、教育和收入保障津贴这样的社会服务，都通过承包合同交由私人来处理。政府外包的结果就是，将一种公共垄断转变成了私人垄断，服务产品的品质不仅没有提高，反而出现了普遍的滥权和非道德行为。例如，基于贿赂或竞选献金的政治考虑而提供回报，合同承包商的选择过程中充斥了造假和欺骗，议员们基于回报而经常选择购买昂贵的武器系统，等等。①

正是在撒切尔夫人和里根的领导和鼓动下，私有化改革迅速扩展到了整个西方发达国家以及世界各国。例如，1985 年，意大利开始了其国有控股企业工业复兴公司（IRI）持久的非国有化运动，出售了希尔帝公司（SIRTI）和意大利航空公司（Alitalia）的部分股权；1989 年，葡萄牙、西班牙、荷兰和瑞典等都开始私有化运动，随后，意大利、土耳其、比利时、希腊和爱尔兰等也加入了这一行列。到 20 世纪 90 年代末，私有化获得了指数般地增长，一些"战略"部门（电信、金融和石油天然气）开始大量地公开上市，这包括意大利的埃尼石油公司（ENI）和国家电力公司（ENEL）、瑞士的电信部门（Swisscom）、西班牙的电力设施（ENDESA）和雷普索尔公司（Repsol）、法国的通信公司（France Telecom）和道达尔公司（Total）、挪威的国家石油（Statoil）等。这些战略部门的私有化交易量占 38%，却贡献了 68% 的私有化收益。② 不过，各种研究却表明，西欧私有化的微观经济效应并不明显，无论是私有化企业绩效还是在企业治理结构方面都是如此。

同时，发达国家的私有化规模要远远低于发展中国家和转型国家。其原因是，发达国家的私有化主要是基于意识形态和政治的考虑，而其他发展中国家和转型国家的私有化还有来自财政压力的直接影响。事实上，在拉丁美洲，私有化改革可以追溯到 1974 年的智利，到 20 世纪 80 年代墨西哥和牙买加也开始了大规模的私有化。大部分人士都将 20 世纪 80 年代的经济和债务危机视为实行政府主导的进口替代工业化发展战略的结果，因此，除古巴

---

① ［美］萨克斯：《文明的代价》，钟振明译，浙江大学出版社 2014 年版，第 63 页。

② ［意］博尔托洛蒂、米莱拉：《西欧的私有化：电信事例、结果和未决的问题》，载［美］罗兰主编：《私有化：成功与失败》，张宏胜、于淼、孙琪等译，中国人民大学出版社 2013 年版，第 31—39 页。

外几乎都转向了以市场为导向的发展道路。这也意味着，拉美的私有化政策并不是受到英国经验的影响，但确实是受新古典自由主义经济学的影响，因为主导私有化政策的主要是一群被称为"芝加哥男孩（Chicago Boys）"的经济学家，以致拉美私有化也成为20世纪最后20年新古典自由主义结构改革进程的一个重要组成部分。事实上，1988—1994年间，墨西哥国有企业的数量从1155家锐减到219家，阿根廷在1990—1994年间有115家企业做了私有化改革，巴西在1991—2001年间有119家企业进行了转制，牙买加在20世纪90年代由200多家企业实行了私有化改革，尼加拉瓜在1991—1998年间淘汰了343家企业。①

在属于社会主义的前中欧和东欧诸国，私有化和自由化更是20世纪最后10年的基本经济战略，而其动机则由原先的经济压力很快转变成政治性的。博达（Z. Boda）写道："私有化被认为是一个政治行为，它被新生代政治掌权人物当做一种手段，用以剥夺老一代特权阶层权力的经济基础，并用以试图建立一个新的中产阶级和以中产阶级为主的国家秩序。……（但）这些目标并不可能轻而易举地实现：在所有的中东欧国家，很多特权阶层的成员可以通过将他们的政治和关系资本转化为经济资本而保留其在掌权阶层中的地位。他们甚至占据有利位置来成功参与私有化进程，或者作为一个购买者，或者作为一个中间人斡旋于政府和外国投资者之间。"② 布拉西等则指出，俄罗斯的私有化存在这样的工作准则：（一）"私有化必须在政治机会失去之前，在迅速地把经济从国家控制中解脱出来的可能性消失之前，在偷窃国家资产从一种艺术发展为一种理念之前，迅速地推进"；（二）"一旦私有化，每个利益集团都有可能获得经济上的所有权，这使他们有足够的动

① ［比］伊斯塔什、［西］特鲁希略：《拉丁美洲的私有化：美好、丑陋、不公》，载［美］罗兰主编：《私有化：成功与失败》，张宏胜、于淼、孙琪等译，中国人民大学出版社2013年版，第130—131页。

② ［匈牙利］博达（Z. Boda）:《没有限制？中东欧国家的私有化》，载［德］魏伯乐等编：《私有化的局限》，王小卫、周缨译，上海三联书店、上海人民出版社2006年版，第327页。

力去说服最高苏维埃（其大部分成员不是由民主选举产生）通过私有化法。"① 为此，苏联和东欧社会主义国家采取了什维纳尔（J. Svejnar）所称的 I 类改革——宏观稳定、价格自由、共产主义制度体系的终结，致力于减少乃至废除补贴和管制，进而全力推进快速的爆炸式变化。②

　　然而，即使在社会监督体系相对健全的西方社会，私有化改革也并不成功。魏伯乐等通过大量的观察而得出结论说："近来持续不断的私有化活动有好事过头的危险，它有可能使我们超越了合理的界限而导致不良后果，这些不良后果甚至盖过了许多私有化现实所带来的无可否认的好处。"③ 简要说明如下：（一）少数具有较强政治背景的人从私有化过程中获得了渔利的机会，他们利用这种权力实现了个人利益最大化，而公共利益却沦为了牺牲品；（二）私有化往往只是将垄断权力从国家或政府转移到少数私人，权力滥用和市场垄断现象依然存在；（三）私人集团只关注有利可图的企业和业务，从而导致那些与社会大众密切相关但无利可图或微利企业却被放弃，大量的公共服务的供给被削减；（四）在很多情形下，私有化反而丧失了透明度，滋生了腐败，甚至扩大了失业。例如，有学者对 308 家私有化后的企业所作的调查就表明：有 78% 的私有化导致了失业，只有 22% 没有改变或创造了就业；而且，在这比较顺利的 22% 企业中，私有化引起的失业只能通过明确的工作保证合同才能够防止，但是这种合同最终也会期满终止。④

---

　　① ［美］布拉西、［美］克罗莫娃、［美］克鲁斯：《克里姆林宫经济私有化》，乔宇译，上海远东出版社 1999 年版，第 38 页。

　　② ［美］哈瑙塞克、［美］科采达、［美］什维纳尔：《中东欧和独联体的私有化》，载［美］罗兰主编：《私有化：成功与失败》，张宏胜、于淼、孙琪等译，中国人民大学出版社 2013 年版，第 73 页。

　　③ ［德］魏伯乐（E. U. von Weizsacker）、［美］杨（Young, O. R.）和［瑞士］芬格（Finger, M.）：《私有化的局限》，载［德］魏伯乐等编：《私有化的局限》，王小卫、周缨译，上海三联书店、上海人民出版社 2006 年版，第 4 页。

　　④ ［瑞士］德·霍文（von der Hoeven R.）和［德］霍普（Hoppe, H.）：《私有化对就业的影响》，载［德］魏伯乐等编：《私有化的局限》，王小卫、周缨译，上海三联书店、上海人民出版社 2006 年版，第 403 页。

既然如此，私有化为什么又会得到如此大规模的推行和推崇呢？究其主要原因有二：（一）私有化的思想兴起主要源于现代主流经济学的理论局限，它主要关注经济效率而非社会公平，并认为私有化能够提高个体的积极性并提高效率；（二）私有化的政策推行则主要源自意识形态和政治上的驱动力，"尤其是（撒切尔政府所体现的）新自由主义思想，他们需要补偿减免税收所造成的损失，并想要削弱工会"。① 一方面，现代主流经济学的缺陷正集中体现在新古典自由主义思维。正是基于这种思维，现代主流经济学热衷于对既定制度下的自利行为的理性建模，并基于"私恶即公益"命题而将这种行为合理化；结果，它往往看不到市场机制和社会制度存在的问题，看不到对市场机制和社会制度进行不断完善和改造的必要性。另一方面，新古典自由主义的盛行又与特定的历史背景有关，与社会经济困境和东西方社会的政治对抗有关，而对新古典自由主义的信仰则促生了 20 世纪 70 年代以后西方社会的私有化运动。杨（Young）写道："私有化不是发生在真空环境下的。每一个案例都是在一个宽广的社会背景下展开的，包括主要参与者的心态、制度背景及习惯社会的权力分配。无论是制度背景（比如社会经济状况）还是无形的背景（比如主要政策制定者心中的预期），都构成了私有化事件发生的原因。"②

因此，尽管现代主流经济学基于新古典自由主义思维而崇尚市场秩序并推行私有化政策，但这并不是基于完美的逻辑关系和有力的经验实证，而是源于对自由市场的宗教般的笃信。琼·罗宾逊很早就指出，"一直以来，经济学本身（大学和夜校的课程以及重头文章的主体）就部分是各个时期主流意识形态的载体，部分是科学研究的载体。"③ 尤其是，自由放任和市场

---

① ［瑞士］芬格（M. Finger）：《G7 国家私有化》，载［德］魏伯乐等编：《私有化的局限》，王小卫、周缨译，上海三联书店、上海人民出版社 2006 年版，第 307 页。

② ［德］魏伯乐等编：《私有化的局限》，王小卫、周缨译，上海三联书店、上海人民出版社 2006 年版，第 265 页。

③ ［英］琼·罗宾逊：《经济哲学》，安佳译，商务印书馆 2011 年版，第 2 页。

机制之所以在西方社会得到推崇，又与其所处的特定历史背景有关：凯恩斯的经济干预政策造成了 20 世纪 70 年代的滞胀，从而导致推行减税和高效服务的节俭政府观开始流行；此时，整个西方社会就处于转向计划还是市场的转折当头，因而哈耶克就将市场和计划对立起来比较其优劣。迈克杰斯尼写道："新（古典）自由主义者们宣扬，共产主义社会、社会民主社会，甚至连像美国这样有着适度社会福利的国家统统都失败以后，这些国家的公民才把新（古典）自由主义当作唯一可行的办法接受下来。也许它并不尽善尽美，但却是唯一可能的经济体制。"① 在很大程度上，这与斯密开创古典自由主义时所面临的情形具有相似性：人类社会证明了从管制的重商主义向自由贸易的古典主义转化，从而斯密也将主要精力放在对市场机制的讴歌上。问题是，随着社会发展到今天，无论是纯粹市场还是纯粹计划都已经暴露出了严重的弊端，都产生了失灵现象。因此，当前学术研究就不应停留在粗放型的认知层次上，而应该对市场机制和政府干预两者的互补性进行探索，重新分析和界定政府和市场各自作用的领域和度，而不是非此即彼的取舍。

四、简单自由主义的偏盛以及管制放松

新古典自由主义的重要政策就是私有化和市场化，将绝大多数社会问题都推给市场，同时又主张放松对经济活动尤其是私营企业的管制。萨克斯写道："里根革命所秉持的自由市场理念将管制视为对私有财产的侵犯，而且它以更为实用主义的观点将政府管制视为对短期可获利性的一种阻碍……（因此，）自从 20 世纪 80 年代早期以来，关于管制问题的一些根本的概念逻辑——包括负面外部效应、不对称信息、委托—代理问题、公开欺诈、自我实现的市场恐慌——统统被贬斥为毫不重要或者不值得人们去关注，取而代之的是强调尽早给予企业

---

① ［美］迈克杰斯尼：《导言》，载［美］乔姆斯基：《新自由主义和全球秩序》，徐海铭、季海宏译，江苏人民出版社 2001 年版，"导言"第 2 页。

家更多的灵活性将会带来更多的好处。"① 例如，1982 年通过的《甘恩——圣哲曼储蓄机构法》放松了对储蓄和贷款机构的管制。正是在放松管制的大潮下，商业银行和投资银行之间的交易壁垒被解除，将对金融风险的防止建立在金融机构的自我监督上，结果就导向了大规模的存贷危机。

在新古典宏观经济学看来，失业和衰退的原因主要在于非流动性的劳动力以及刚性的工资与价格，因此，只要通过弱化工会的力量、放松产业与交易的管制以消除工资和价格变动的人为障碍，就能实现产品市场和劳动市场的出清。同时，由于供求力量会保障市场的有效运行，维护均衡的基本趋势，从而也就不可能出现大规模的经济危机，而只有偏离均衡的小波动；而且，在自由市场机制下，这些波动是正常的，也是市场机制的一个特征。诺贝尔经济学奖得主哈恩和索洛就写道：一些流派"相信市场机制的理论具有实践意义。即使失业率徘徊于 10%，这样银行行长和财政部部长都公开表示，中央银行和财政部不仅对失业问题无能为力，也不应该采取任何干预措施"；另一些流派认为，"工资和价格已经具备完全弹性，观察到的产量与就业的波动并非属于病态现象。观察到的产量与就业的波动只是经济对于无法避免的商品和先下的偏好变化与生产技术变化的最佳反应结果。其含义是，即使公共政策有助于最佳产量和减少失业，也应该拒绝公共政策。"② 正因如此，新古典自由主义经济学家往往将经济危机视为一个偶然现象，是源于外部冲击对均衡的暂时性打破，并由特定触发因素所引发的；而且，经济危机并非就是坏事，它有助于强制性的市场出清来帮助经济进行"破坏性重建"。

受这种思维的影响，国内一些经济学人不仅热衷于为市场机制进行宣扬，甚至将关系人们基本生活和福祉的传统公共事务都推给市场；同时，又积极鼓吹放松对这些部门私营活动的管制，鼓吹这些部门也应遵从所谓的利

---

① ［美］萨克斯：《文明的代价》，钟振明译，浙江大学出版社 2014 年版，第 62 页。
② ［美］哈恩、［美］索洛：《现代宏观经济理论的评论》，朱保华等译，上海财经大学出版社 2011 年版，第 13 页。

润最大化的市场原则。究其原因，新古典自由主义经济学人往往乐于将一切社会制度都看成是力量博弈的结果，以供求均衡来设计社会制度；结果，他们不但对社会上大量存在的贫困现象和日益扩大的收入差距熟视无睹，而且还把工资水平视为一种不可改变的自然规律而激烈反对受到广大社会大众欢呼的《劳动合同法》和集体谈判工资制等。

五、反思现代主流经济学的简单化思维

20世纪70年代以降，哈耶克、弗里德曼以及科斯等倡导的崇尚自由放任的新古典自由主义获得了勃兴，并由此确立了新古典宏观经济学的主流地位。在新古典经济学理论支配下，人们对国家在经济活动中的积极作用日益丧失信心，而诉求市场担负起更多的社会责任。相应地，不仅国家的积极作用由于无数国有企业被私有化而削弱，而且国家还让渡出一系列原有的行政政策、社会政策和福利功能，将大量的社会性事务都交予市场。其所以如此的关键在于，这种思潮根植于西方社会的自然主义思维之中。自然主义思维把市场视为先验的自然之物，由力量决定的市场秩序也就是自然秩序的一部分，是无法改变的。正是基于自然主义思维，现代主流经济学将自利动机等同于物理学中的万有引力，认为自利行为将会引导整个社会秩序的和谐。问题是，即使物理现象确实是由万有引力引起的，但人类也没有将万有引力作用下的所有自然结果都视为合理的，如海啸潮汐、飓风洪水等；相反，人们往往充分采用了"以子之矛攻子之盾"的思维，通过利用万有引力来做自然改造而为人类所用，如建造了高楼大厦、飞机船舰、水坝风车等原来自然界没有的东西。相应地，即使社会经济现象很大程度上是由个人的逐利行为所衍生的，但这种逐利行为的结果也并非一定是合理和有利的，如大量的公地悲剧和囚徒困境；为此，经济学也应该建设一系列的社会设施来防止这种危害，甚至化不利为有利，而不是如现代主流经济学那样固守自然主义思

维，似乎只要是市场的也就是好的。事实上，任何理论的功能都不仅局限在现象的解释上，更不是将表象合理化，而是要能够改造现实以服务人类的需要和理想；这一要求不仅体现在社会科学领域，甚至也体现在现代主流经济学极力模仿的物理学等自然科学领域。

正是由于新古典自由主义与自然主义思维的结合及其深深地嵌入现代主流经济学的理论体系中，就导致了市场原教旨主义的盛行。市场原教旨主义使得现代主流经济学呈现出单维和一元化的发展取向，以至新古典经济学复兴后的一个基本政策就是放松管制和私有化。但事实却表明，尽管存在一些成功的私有化经验，但更多的是失败的例子。究其原因，这种市场原教旨主义所依赖的是一种基于完全竞争的有效市场，但这是对现实市场的严重误知。如宾默尔指出："完全竞争市场是一个例外而不是一个规则。"① 事实上，现实市场中的行为主体本身就是异质的，具有不同的个体偏好，拥有不同的认知理性，因此，真实世界的市场逻辑就不是主流经济学教材所刻画的逻辑化市场。在很大程度上，正是基于逻辑化的市场理念来理解现实市场行为甚至构设市场规则，结果，反而扭曲了市场的发展，并导致经济危机的不断重现和社会矛盾的周期性爆发。例如，当前的世界经济危机也就是这种自由放任的结果，美国的"占领华尔街"运动也是对这种自由放任市场体制的反动。正因如此，市场经济根本上就离不开直接的或间接的政府干预，私有化改革也不意味着管制放松。魏伯乐等就指出，"当且仅当有一个强有力的管制框架来确保私营企业估计其所有消费者的需求，并且支持更为广泛的公共政策目标时（如环境保护和机会公平），私人所有权才能带来利益。"②

---

① ［英］宾默尔：《自然正义》，李晋译，上海财经大学出版社 2010 年版，第 13 页。
② ［德］魏伯乐（E. U. von Weizsacker）、［美］杨（Young, O. R.）和［瑞士］芬格（Finger, M.）：《私有化的局限》，载［德］魏伯乐等编：《私有化的局限》，王小卫、周缨译，上海三联书店、上海人民出版社 2006 年版，第 12 页。

显然，新古典自由主义的政策实践提醒：要重新反思现代主流经济学的基本思维，辨识市场的真正含义和功能，尤其要剖析现实市场的潜在负作用。事实上，无论是政府还是市场都存在失灵问题，否则社会问题的解决也就会简单得多。这也意味着，我们不能简单地将自由主义与干预主义或者保守主义等对立起来，政策上也不能简单地在政府干预和自由市场之间作"二择一"的选择；相反，要努力在政府和市场之间寻求一种平衡，要实现政府功能和市场功能之间的有效互补。究其原因，无论是自发的市场秩序还是自觉的计划秩序都存在内在的缺陷：自发的市场秩序会陷入路径锁定的陷阱，使得马太效应日益膨胀；自觉的计划秩序则会陷入"理性的自负"陷阱，造成进一步的扭曲。因此，我们必须寻找自发社会秩序和自觉社会秩序的共同基础，通过两者的互补共促来推动社会秩序的持续扩展，在很大程度上，这种共同基础就是社会伦理，具体为市场伦理和生活伦理。① 事实上，完善和成熟的市场机制本身就包含了相互促进、相互支持的市场伦理和抽象规则，而且，市场伦理是抽象规则的源泉和基础。不幸的是，由于深受新古典自由主义思维的支配，现代主流经济学往往简单地将市场机制等同于抽象规则，注重在一般规则下基于力量博弈来决定交换和分配，从而促生了大量的策略性行为并导致内生交易费用的飙升，最终也必然会导致市场的失灵。

事实上，当前全球性经济危机已经充分表明了纯粹市场机制的内在缺陷，充分证明了市场原教旨主义的政策肤浅性。但是，国内一些经济学人依然不愿正视这些现实问题，依然热衷于宣扬市场的充分有效性，依然在为中国社会经济猛开私有化的处方。那么，这些经济学人在当前经济危机的情形下为何还不能正视现实问题而坚持那些新古典自由主义论调呢？很大程度上就在于，他们深陷于加尔布雷思所说的传统智慧之中。传统智慧的基本特点

---

① 朱富强：《社会扩展秩序中的"人类意识"刍议：哈耶克的自生自发社会秩序之检视》，《制度经济学研究》2007 年第 4 期。

就是它具有可接受性，也即，需要为大多数人所认同，或者与流行的保持一致，或者可以得到更著名人物的支持。正因如此，人们的思想本质上具有保守性，这种保守主义往往会受到传统观念的影响，去坚持那些已经熟悉和定型的东西。相反，那些对传统智慧构成挑战的思维往往很难被人所接受，往往会被批评为没有掌握传统智慧的复杂性；究其原因，在这些人看来，传统智慧的精微之处只有那些始终如一、中规中矩、耐心细致的人才能理解，也即，只有与传统智慧密切关系的人才能理解它。这样，"传统智慧或多或少地被当成高深的学问，其地位实际上不容动摇。质疑者一味地想弃旧从新，他们会因而丧失发言权。如果他是一位地道的学者，他就会和传统智慧保持一致。"① 正因如此，绝大多数学者都乐于求助于传统，把自己的理论包装为与其他特别是历史上的著名人物相一致；尤其是，当这种理念与自身利益存在密切相连时，就更有动机去坚持和宣传它。

显然，新（古典）自由主义在全球的碰壁显示出，来自新古典经济学的传统智慧已经式微了，问题仅仅在于，它是以渐进的方式被加以扬弃还是激进的方式被全然抛弃。不过，由于目前国内经济学人大多深受新古典经济学的思维熏陶，因而对它的扬弃往往就不可能是一蹴而就的。加尔布雷思写道："信念的解放，是改革任务中最艰巨的一项，也是完成其他所有改革任务的基础。它之所以是艰巨的，是因为建立在信念基础上的权力有着独一无二的权威性，当信念的力量站稳脚跟时，它不会接纳任何有可能削弱其控制力的思想和观念。……我们目前的任务，就是要从传统的理论教育中解脱出来，因为这种教育并不是让人们为自己的利益服务……我们屈从于这种理论教育换来的后果，使我们承受的痛苦越来越大。"②

---

① ［美］加尔布雷思：《富裕社会》，赵勇等译，江苏人民出版社 2009 年版，第 9 页。

② ［美］加尔布雷思：《经济学与公共目标》，于海生译，华夏出版社 2010 年版，第 253 页。

六、结语

　　自由主义的演化史与财产权利的发展轨迹是相辅相成的：财产权利的不断积累和集中使得人们认识到，不能静态和抽象地看待个人自由，不能简单地强调"私有财产神圣不可侵犯"；相反，应该将自由与平等正义结合起来，将市场经济与社会公平和人文关怀结合起来，这就是复杂自由主义的基本理念。复杂自由主义的政策主张，不能将政府和市场对立起来，简单地二者择其一，或者仅仅是"两害相较取其轻"；相反，应该深化市场功能和政府功能间的互补性，利用各自的优势弥补另一方的不足，以解决市场失灵和政府失灵这两大问题。不幸的是，肤浅的观点往往容易走向极端：（一）针对市场失灵问题，不是寻求市场的完善之道而是试图取消了事，如改革开放前的实践所做的那样；（二）针对政府失灵问题，也不是寻求政府监督体系的完善而是取消政府相关职能，这正是现代经济学界的流行观点。尤其是，在20世纪70年代兴起的新古典自由主义支配下，现代主流经济学片面强调市场机制的作用而否定政府干预的必要性。受其影响，国内一些经济学人往往容易走上极端：他们不仅盲目地宣扬和照抄西方主流经济学的思维和理论，而且，在"知行合一"的理念下积极将这些基于"体用二分"理念而限于书本推理的西方理论应用到中国社会的具体实践之中。

　　其实，尽管嵌入新古典自由主义的现代主流经济学积极推行私有化和放松干预的一整套政策，但是，这些政策并没有取得预想的成功，反而导致了收入差距的拉大、公共贫困的严峻乃至经济危机的爆发。同时，历史的实践就不是对政府协调功能的简单否定，而是提醒人们更清楚地认知政府协调的方式和范围：既不能越俎代庖，也不能放弃自身责任。而且，经济学的基本常识也告诉我们，由于外部性、公共品、自然垄断以及基础设施和社会福利等因素，市场会出现失灵，因而需要政府发挥一定的积极作用。显然，如果像主流经济学人所宣传的那样仅仅因为存在政府失灵而退而求其次：在社会福利最优无法实现的情形下转而在自由市场的基础上以市场失灵为代价寻求次优；那么，如果沿着另一条思路，通过不断健全社会监督体系，同样可以微小的政府失灵为代价来实现政府协调下的同样效果。当然，要尽可能地降低政府失灵的危害，政府及其代理人的行为必须受到严格监督：（一）由于内在的信息、激励、监督等问题，政府干预往往会出现失灵；（二）作为本性"恶"的政府代理人，往往会利用一切可能的权力来谋取私利。在很大程度上，现实中的政府失灵主要是组织结构和治理机制问题，涉及宪法制度安排以及相应的执行机制，这是政治科学以及行政管理等学科要解决的问题；相反，经济学根本上要关注市场失灵问题，要剖析市场机制的内在缺陷，并探究完善市场机制的途径。

不幸的是，现代主流经济学却将现实市场逻辑化了，从而极力鼓吹市场原教旨主义以及实践自由放任的市场政策。究其原因，这主要与两大因素有关：（一）与西方社会的自然主义思维和社会达尔文主义社会观有关，它推崇以力量博弈均衡所决定社会制度，甚至把追逐私利最大化的经济人行为合理化和正义化；（二）与 19 世纪后期流行的科学至上主义思维有关，它相信整个社会科学都是科学主义的产物，从而极力将自然科学的研究思维和方法引入到社会科学中。正是基于这种传统智慧，现代经济学人往往热衷于用复杂的数理形式来为现实市场进行解释和辩护，从而也就日益庸俗化，越来越缺乏认识问题和解决问题的能力，而是沦为对现象的解释，甚至为现实中的种种不良现象进行辩护。问题是，对传统智慧的坚持和固守与真正的自由主义学术精神本身是不相容的，加尔布雷思就写道："自由主义者把道义情感和行动甚至正义感作为他最熟悉的理念。虽然他坚守的理念和保守主义者不同，他会断然把熟悉作为可接受性的检验标准。以创新形式出现的背离被斥为无信义或离经叛道。不管是一个'好的'自由主义者，还是一个'经受考验的真正的'自由主义者，甚至'地地道道'的自由主义者，都是相当有预见性的人，这意味着他极力追求创新。"① 因此，真正的自由主义学者就不应该盲目地跟随流行的市场原教旨主义教条，而是尽其所能地看到普通大众所看不到的地方，能够深入地思考现状的成因而避免为某些假象所迷惑。

---

① ［美］加尔布雷思：《富裕社会》，赵勇等译，江苏人民出版社 2009 年版，第 8 页。

第 3 篇

逻辑化市场理论及其批判

第 1、2 篇分别指出市场失灵的根本源于市场主体的有限理性和异质性，而现代主流的新古典自由主义经济学之所以如此推崇纯粹市场也就在于忽视了市场主体的这种特性。事实上，新古典自由主义济学对市场机制做了抽象化和逻辑化的分析处理：一、在逻辑前提上，将行为主体还原为同异的原子经济人；二、在逻辑关系上，将个人选择约化为工具理性的极大化原理。相应地，新古典自由主义经济学就打造出一个逻辑化市场，并以此作为理解现实市场的幻象。问题是，现实市场的逻辑具有完全不同的特点：一、市场主体是异质的，拥有不同的权力；二、人类行为不是孤立的，而是深受社会制度和文化心理的影响。因此，现实市场中的价格制定等都渗入了心理意识和权力因素，而根本没有所谓的自由价格；企业高管们之所以获得高报酬，也不是因为他们做出与此相对应的贡献，而是利用和制定了有利于自身的规则体系。

在很大程度上，由于混同了逻辑化的市场和现实市场的逻辑，新古典自由主义经济学人就误解了自由价格和企业家的内涵：将资本主义制度下由强势者制定的价格视为自由的，将那些通过利用不公正的分配规则而攫取巨额财富的富人视为企业家，最终也就引发出现实社会经济的一系列乱象。基于对真实市场逻辑的剖析，就为市场机制的完善提供了方向和依据：一、要塑造在社会经济地位大致平等的市场主体以使市场机制公平有效运行，这有赖于发挥政府作用以引入抗衡力量；二、要不断调整和修正市场规则和市场伦理以将市场竞争与社会公平有机契合起来，这有赖于整个市场机制的塑造和完善。在当前经济学界，新古典自由主义思想甚嚣尘上，并为支持市场有效而提出了一系列的理论和原理。有鉴于此，本章就尝试对这些流行的市场有效理论进行深入而系统的剖析，由此来为社会主义市场体制的建设和完善确立合理方向。

9. 真实市场的逻辑还是逻辑化的市场：

市场有效主要理论的审视

导读：现代主流的新古典自由主义经济学认为，市场机制有助于从个人逐利行为中实现效率和帕累托改进乃至社会财富的最大化。但显然，这种理念建立在逻辑化市场而非真实市场的逻辑之上，而这种逻辑化市场又建立在原子个体假设和形式逻辑推理之上。考虑到这两方面：一、真实世界中的市场主体是异质的；二、主体行为嵌入在具体社会关系之中。那么，真实世界的市场逻辑结论就与逻辑化的市场理念存在明显差异。由此就可以批判性审视论证市场有效的主要理论：一、市场本身是人类的创设而非自然之物；二、异质性市场主体享有的自由程度是不同的；三、市场收入分配往往有利于强势者；四、市场马太效应导致社会两极化；五、市场实现的是个人收益而非社会效用最大化；六、市场竞争难以自发导向帕累托优化；七、自发市场秩序在扩张中往往会中断或内卷；八、市场竞争的获胜者往往是蟑螂性人物。为此，就有必要对教材上宣扬的逻辑化市场和真实世界的市场逻辑进行辨识，不能将理论的虚构当成现实的存在并以此当作为现实辩护依据；相反，要清晰地洞察现实市场的内在问题，进而努力推动现实市场的不断改进和完善。

一、引言

现实世界往往很不理想，但面对现实存在的种种问题，不同经济学说及不同学者所提供的解释往往是不同的甚至是迥异的：有学说或学者将之归罪于市场机制的本身失灵，另有学说或学者则坚持市场有效论而将现实问题归咎于政府的扭曲性干预。显然，作为一个严谨的学者，我们应该认真辨析各种观点的出发点及差异，从而得以对现实做出更为合理而全面的解释。（一）就市场有效论而言，我们要分析市场有效的基础，审视这种基础是否符合现实，或者能否通过对这些基础的改造而实现市场高效。（二）就政府干预必要论而言，我们要探究政府对市场进行互补而非扭曲的基础，考察现实社会政治能否提供这种基础，以及我们又应该如何做。不幸的是，自边际革命以来，主流经济学就舍弃社会结构层面的探讨而专注于市场中的个人行为；相应地，现代主流经济学人的知识结构就变得日益狭隘和片面，他们往往基于抽象的数学逻辑来分析人的"理性"行为，并以此来为市场机制辩护和护航。显然，这种思维深深地嵌入在时下不少国内经济学人的头脑之中。譬如，有经济学人就强调，现实世界中的市场失灵是政府或者某种强权不恰当干预的结果。问题是，这些经济学人所认知的究竟是怎样的市场呢？在很大程度上，主要承袭了主流经济学教材中所论述和鼓吹的一种逻辑化的市场。

事实上，在理性经济人假设的基础上，现代经济学所构建的逻辑化市场认为，市场中存在一只"无形的手"，在它的预定协调之下，只要充分发挥市场主体的逐利本性，就可以实现效率和帕累托改进乃至社会财富的最大化。为此，经济理论和社会制度的关键作用就在于提高个体以逐利为导向的工具理性，并由此创设各种有助于工具理性运用的组织和制度。正是受这种学说的影响，近年来国内一些经济学人就极力倡导国有企业的私有化，似乎一旦企业私有化了，国有企业的低效率问题就可以迎刃而解，资源垄断带来的分配不公问题也可以烟消云散。同时，一些经济学人则鼓吹土地的私有化改革，似乎一旦土地私有化了，农民们就可以获得根本性的财产保障，就不再受政府的土地征收之类的盘剥，农民贫困、城乡两极化以及住房价格飙升等问题似乎也从此可以迎刃而解了。

恩格斯曾强调："共产主义不是学说，而是运动。它不是从原则出发，而是从事实出发。"[①] 对市场的理解也是如此，我们应该剖析现实市场的真正逻辑和运行机制，并从动态角度探究市场的演化和完善。只有这样，才能挖掘出现实市场所潜含的问题，并基于现实问题意识来审查那些抽象的流行理论，进而为社会主义市场体制的建设和完善提供思路。

二、主流经济学如何将市场逻辑化

新古典主义经济学人之所以推崇市场机制和市场经济，他们往往认为自己所持理论以严谨的理性分析为基础，相应地，即使由此得出的"无情结论"严重损害了某些人的利益，这种结论也因为符合社会进步原则而应该得到支持。问题在于，现代主流经济学是如何理解市场并为之辩护的？进而需要剖析，它所根基的分析逻辑又存在哪些缺陷？

一般地，现代主流经济学承袭了西方社会根深蒂固的自然主义思维，从而形成了这样的市场理念：（一）人类社会本身是（上帝创造的）自然的一部分，市场则是由自然人的互动而形成自然产物，这些自然法则都是不变的并显然是对人类最有利的，这就是自然秩序观；（二）参与市场交易的主体都是平等的原子个体，这些个体都具有同等自由，其行动也就不受外来的支配或干涉，这就是自由市场观；（三）原子化的市场主体在市场交易中所处的社会地位是平等的，依据市场规则所得的交换结果也必然是公平的，这就

---

① 《马克思恩格斯全集》第 4 卷，人民出版社 1961 年版，第 311 页。

是市场公正观；（四）原子化的市场主体在交易能力上也是同等的，相应地，在自由市场机制作用下，资源产权的任意界定都会导向同等的配置效率，这就是科斯中性定理；（五）自由市场中任何交换结果都取得相关当事人的一致同意，由此也就可以实现帕累托最优，这就是福利经济学第一定理；（六）完全理性的市场主体将会根据外在环境的变动而边际地调整自身行为，由此实现自身利益的最大化，这就是"As If"假说；（七）市场机制将导向个体利益与集体利益之间的和谐一致，由此实现社会财富的最大化，这就是"无形的手"预定协调原理；（八）市场主体基于最大化自身利益的互动将促使合作半径的持续扩大，由此推动社会秩序的不断扩展，这就是自生自发秩序原理；（九）市场竞争将遵循"物竞天择、优胜劣汰"的自然规律，相应地，现实存在的也就是合理的，这就是社会达尔文主义信条。

上述理论为市场有效说提供支持，并几乎为所有新古典自由主义经济学人所信守和鼓吹。同时，为了给这些市场有效理论夯实逻辑基础，现代主流经济学做了如下两方面的抽象化处理。

首先，在逻辑前提上，它给出了一个抽象的基本行为假设：经济人。这个经济人具有这样一些基本特点：（一）均质的，表现为以平均值替代每个个人的数值；（二）孤立的，行为者独立于家庭、部族、阶级或民族等组织以及其他社会个体；（三）原子的，具有丰富属性的异质性主体被还原为同质的原子个体；（四）自利的，行为者只关注自我利益而不理会对其他人的利益影响；（五）理性的，行为者总是并且能够实现利益最大化这一目标。

其次，在逻辑关系上，它给出了一个抽象的基本分析逻辑：形式逻辑。这个形式逻辑对复杂社会问题做了高度抽象。一般地，经济学对人类行为的抽象过程经历了两大步骤：（一）将复杂的个人选择约化为以谋取私利为目标的极大化原理，进而以此来解释和分析市场经济行为，把现实社会经济现象都视为这种自利行为的结果；（二）将复杂的人类相互行为约化为上帝式的拍卖人的试错，通过一系列的试错过程来保障"一般均衡"的存在，由此来实现个人逐利行为与社会福利最大化的结合。尤其是，现代经济学充分利用数学分析手段为一般均衡理论建立了严密的数学模型，不仅论证了个人的逐利行为将增进社会的福祉水平这一"无形的手"原理，而且论证了自由市场竞争将实现帕累托最优这一福利经济学定理。

正是基于上述两方面，现代主流经济学设立了先验的逻辑前提和抽象的逻辑关系，由此发展出了静态的均衡分析范式；进而，以"理性"行为假说和市场有效假说为基础，又为新古典自由主义的市场理念提供了理论支持。然而，正是由于现代主流经济学所持有的市场理念是建立在抽象化和逻辑化的分析基础之上，这就意味着，它所论述的是逻辑化的市场而非真实的市场逻辑。这也正是一些经济学人长期鼓吹对市场的理解需要进行逻辑分析的根本原因。问题是，这种逻辑化的市场毕竟不是真实世界中的市场，以这种抽象逻辑为基础的现代经济学理论也必然会偏离了人类社会的现实：不仅无法解释真实社会经济现象，更无法解决现实社会经济问题。譬如，"一般均衡"依赖于"完全竞争"这一条件，而完全竞争下每个厂商都只能是价格的接受者。但试问：既定价格下还存在"竞争"吗？在很大程度上，竞争本身就体现了非均衡现象，而现代经济学中的一般均衡、存在性问题、福利经济学基本定理、完全竞争等都只是培养一种对永远不可能实现的竞争之终结状态的关注，却放弃了将之视为一个动态过程的思考。从某种意义上说，现代主流经济学描绘出了一个人人向往的伊甸园，却没有且无法提供一个接近伊甸园的途径。

可见，现代主流经济学所设定和推崇的根本上只是一种逻辑化的市场。德格利戈里就指出："许多经济理论家可以对通过市场来解决问题提出看似有理的和/或合乎逻辑的观点，其中一个原因是他们赋予问题一个纯粹的市场定义。"① 这种逻辑化市场的基础是基于自然主义思维和还原论思维。相应

---

① ［美］德格利戈里：《权力与市场幻觉：制度和技术》，载［美］图尔、［美］塞缪尔斯主编：《作为一个权力体系的经济》，张荐华、邓铭译，商务印书馆 2012 年版，第 50 页。

地，这种逻辑化的市场机制有这样两大基本特征：（一）交易主体是个人、企业组织等自然主体；（二）交易基础则是基于纯粹力量的博弈机制。由此就可以得出这样的结论：一方面，基于自然主义思维，现代主流经济学把个人和企业组织等都视为自生自发的自然之物，因而市场博弈就发生在他们之间；另一方面，基于还原论思维，现代主流经济学又将个体和企业等都还原为同质的原子体，它们具有平等的交易地位并遵循同样的市场规则，从而可以实现公平的交易结果。不过，这显然面临着这样的问题：（一）个体和企业组织等市场主体并非自然之物而是社会之物，它们都与一定的社会文化和制度结构相联系；（二）这些市场主体的社会地位是不平等的：每个人所拥有的社会地位和权力是不同的，而企业组织的规模则相差极大。事实上，社会制度和市场规则本身都是个体力量或集体力量相博弈的产物，从而往往就由强势者所制定并体现其意志；因此，无论个人间的交易还是企业组织之间的交易，或者是作为消费者的个人与作为生产者的企业之间的交易，强势者都可以获得更大比例的收益份额，从而也就不是公正的。这些都意味着，现实市场机制的运行根本就无法达至逻辑化市场所"构设"的那些结果。

三、信守逻辑化市场理念的偏误

在很大程度上，新古典自由主义者对市场的鼓吹也就是基于现代主流经济学教材中抽象的形式逻辑，从而嵌入了浓厚的先验性和静态性。不过，为了给自己的市场理念进行辩护并赢得青年学子的追随和支持，一些新古典自由主义经济学人在宣扬其市场信念时往往也会求助于传统智慧。一般地，这种传统智慧主要有两个：（一）斯密的"无形的手"原理；（二）哈耶克的自发秩序理论。问题是，这些经济学人并没有真正理解斯密和哈耶克学说的全面内涵，更缺乏对这些理论中的片面性进行批判性反思的能力，从而就造成了一种绝对化的市场信念。

一方面，新古典自由主义经济学人往往致力于承袭并发扬斯密有关"无形的手"的描述。但这遇到两大问题的挑战：（一）斯密并没有揭示"无形的手"是如何运行的，而是诉诸自己所熟悉当时的习惯法，从而无意识地人格化和永久化了当时的习惯法，甚至将这些习惯视为上帝的法则。事实上，汪丁丁就指出，斯密的"无形的手"本身依赖于他的"先定和谐"思想，而这种思想又来自加尔文教派和斯多葛学派的影响；① （二）斯密本人也不是现代主流经济学所宣扬的那种自由放任主义者，而主要是用自由放任主张来限制当时国王及其臣僚对经济的任意破坏，从而促进当时的严格管制政策向自由贸易方向转化。事实上，斯密明确指出，自由贸易将会导致垄断，并进而造成社会收入的两极化和各个社会阶层的异化，从而对纯粹市场机制和那些私利行为充满了警惕。

一般地，斯密的反自由主义观点可从这样两方面加以说明：（一）国防的重要性胜于国家财富的增加，如果自由贸易最终促使别国的军事力量提高或英国军事力量削弱就应该遭到反对；因此，斯密赞成作为英国重商主义堡垒的《航海法》，主张对谷物出口实行某些限制。（二）那些整日盘算个人利益的资产阶级通常既不打算促进公共利益，也不知道自己能在什么程度上促进这种利益；而且，他们的个人利益"从来不是和公共利益完全一致"，"他们的利益在于欺骗公众，甚至在于压迫公众。事实上，公共也被他们所欺骗所压迫。"② 显然，斯密尽管信仰市场，但绝不是商人或特殊利益集团的辩护士；相反，他的目标在于说服立法者，抵制对商人既得利益集团的支持而采取行动促进共同利益。③ 为此，希尔贝克和吉列尔写道："斯密强调市场必须受法律和正义管制。这意味着斯密所考虑的不仅是一种市场经济，

---

① 汪丁丁：《经济学思想史讲义》，世纪出版集团/上海人民出版社 2008 年版，第 59 页。

② ［英］斯密：《国民财富的性质和原因的研究》（下卷），郭大力、王亚南译，商务印书馆 1974 年版，第 243 页。

③ ［美］马克·斯考森：《现代经济学的历程：大思想家的生平和思想》，马春文等译，长春人民出版社 2006 年版，第 23 页。

而且是一种法治国家的框架，以及一个人际互动领域。"① 更为甚者，自由至上主义者罗斯巴德还由此宣称，"斯密并不是应当被尊称为现代经济学或自由放任学说创立者的某个人，而是更接近于保罗·道格拉斯在 1926 年芝加哥纪念《国富论》时所描绘的形象：卡尔·马克思的一位必要的前辈。"②

另一方面，新古典自由主义经济学人往往又倾向于将其市场逻辑攀附在奥地利学派尤其是哈耶克的"自发秩序"思想之上。他们认为，市场机制重要功能在于，它有助于陌生人之间的合作，进而推动分工和专业化的发展。确实，哈耶克曾强调，社会的发展就是要增加机遇，促使个人在天赋和环境形成某种特别的组合；同时，促使知识（信息）能够迅速地传播至那些能够利用它们的人士，并为他们所用。为此，哈耶克特别重视个体知识在个人决策和行为中的作用，强调市场机制提供的一般抽象规则对个体行为的预期作用，并由此发展出了他的基于市场演化的自生自发社会秩序理论。问题是，哈耶克的自发秩序观果真合理吗？而且，这种自发秩序观完全体现出哈耶克的思想了吗？

一般地，我们可以从如下三方面对哈耶克的观点进行审视。（一）哈耶克出于提防政府的"理性自负"而强调个人知识的重要性，为防止政府代理人基于私利目的的管制和干预而强调市场机制的一般规则，但由此却忽视了社会伦理对协调分立行为和促进社会合作的基础性作用。事实上，布坎南就指出，"哈耶克对人类改革制度的有意识努力极不信任，以致他毫无批评地接受了进化论的观点。我们可以在很大程度上赞同哈耶克对社会改革和制度改革所持的怀疑主义态度，但却不须把进化过程提升到

---

① ［挪］希尔贝克、［挪］吉列尔：《西方哲学史：从古希腊到当下》，董世骏、郁振华、刘进译，上海译文出版社 2016 年版，第 352 页。

② ［美］罗斯巴德：《亚当·斯密以前的经济思想：奥地利学派视角下的经济思想史》（第一卷），张凤林译，商务印书馆 2012 年版，"导言"第 9—10 页。

具有理想作用的地步。"① （二）哈耶克基于知识的分散而强调价格对社会行为的协调功能，但他所指的并不是当前教科书所界定和推崇的静态均衡市场，而是体现为一种动态的发现过程和程序。事实上，哈耶克在 20 世纪 30 年代的辩论中就批判巴龙、兰格等过于依赖主流的新古典经济学范式，把市场价格视为每个市场参与者面对的反映所有其他市场参与者活动的社会估价，以致每个市场参与者都独立地将实际价格当作给定的数据并据以调整自己的行为。（三）哈耶克基于市场的发现功能而推崇自发的市场秩序，但他也明确指出，我们不能认为自发的市场秩序从整体上具有完全的自我调节性，为了去实施使自发的市场秩序得以形成所必须的规则，另外一种类型的制度——一个组织，即政府组织——也是需要的。② 事实上，尽管抽象的市场规则在人类社会发展过程中确实具有重要的作用，但任何规则的形成都并非仅仅是个体之间简单互动的结果，更不仅仅是个体之间博弈均衡的编码化，而是渗透了人类的理性意识，涉及群体性的努力；同时，任何市场规则都不是完美的，都无法揭示全部信息，从而纯粹的市场机制作用往往会使社会经济陷入困境，历史和现实的大量证据都说明了这一点。

上面两方面的分析都表明，时下一些新古典自由主义经济学人往往致力于其所宣扬的"市场逻辑"并没有真实而全面地反映斯密和哈耶克的洞见，而主要是接受了主流经济学教材中所宣扬的那种被逻辑化了的市场。例如，哈耶克就指出，"如何调整政府所从事的各项服务性活动，或者如何控制政府为提供这些服务而筹集和管理由它支配的物质资源的工作，乃是极为繁复的问题……我们只能够简要地指出，作为公共资源的管

---

① 转引自邓正来：《自由与秩序：哈耶克社会理论的研究》，江西教育出版社 1998 年版，第 9 页。

② Hayek, F. A., "Kinds of Order in Society", *New Individualist Review*, Vol. 3, No. 2 (1964), pp. 3–12.

理者，政府按照合法方式展开上述完全合法的活动的领域是极其广泛的。当然，我们做出这一简要阐释的目的，主要在于使人们避免产生这样一种印象，即通过把政府的强制性活动和垄断权严格限定在实施政党行为规则、保卫国防和征收税款以资助政府活动三个方面，我们的目的是要把政府完全捆绑在这三个职能上。"① 这意味着，尽管这种逻辑化市场可以溯源到奥地利学派个人主义思维和古典放任主义的结合，但它却舍弃了其中的丰富内涵，而是基于边际分析思维进行提炼和"构设"。

同时，新古典自由主义经济学不仅基于理性选择理论而把人类社会的行为和现象都视为理性选择的结果，而且还基于社会达尔文主义而将自在存在视为合理的。相应地，这些新古典自由主义经济学人也就极力强调对市场的捍卫。问题是，这种对逻辑化市场的捍卫显然建立在先验信念之上，却远离了社会现实。（一）尽管市场主体确实会如斯密所宣传的那样通过生产和交换来获取他需要的东西，但是，生产和交换却不是获得满足的唯一方式，相反，人们尤其是强势者还会通过掠夺和转移的方式占有他人的东西，而市场中个体的地位和力量本身就不是平等的；（二）尽管市场上确实如哈耶克说"存在一些完全不受人的愿望支配的力量，它们的作用加在一起，造成了一些对个人努力有促进作用的结构"，② 但是，现实市场中的行为者却并不一定会自发地采取的合作方式，从而市场互动也不一定导致合作秩序的不断扩展。

可见，尽管很多新古典自由主义经济学人崇尚市场机制，但从根本上说，他们真正捍卫的只是主流经济学教材上所描述的一种逻辑化的市场，它基于自然主义思维将异质性市场主体还原为同质的原子个体；但由此，它也

---

① ［英］哈耶克：《法律、立法与自由》（第 2、3 卷），邓正来等译，中国大百科全书出版社 2000 年版，第 332 页。

② ［英］哈耶克：《经济、科学与政治：哈耶克思想精粹》，冯克利译，江苏人民出版社 2000 年版，第 291 页。

就不仅舍弃了对市场交易的权力结构分析，而且忽视了市场主体的真正行为逻辑。事实上，在现实世界中，市场主体的认知往往滞后于社会经济的发展，而且往往还会存在侥幸心理；同时，人与人之间的利益也不是自然和谐的，而是存在明显的冲突。因此，市场主体在互动中并不会自觉地采取交换和合作的方式，而是会遵循某种既定的习惯，甚至还会刻意地寻找采取掠夺和剥削方式的机会。赫什莱佛就写道："有时候，人也会攻击其他对手、从老板那里偷东西、欺骗客户。这样虽然不道德，但是也确实能获得成功。"①显然，正是基于原子个体的假设和形式理性的逻辑，这种逻辑化市场处处散发出迷人的芳香，为人类社会勾画出了一种诱人的图景，以致一些经济学人也就看不到真实市场的内在缺陷。

当然，这种逻辑化市场可以追溯到斯密，他秉承了启蒙运动的乐观主义精神而发展了先验的"无形的手"原理，从而夸大了市场的和谐一致。但与此不同，马克思深深地认识到了市场的阴暗面，并将冲突和斗争摆到了社会活动的中心位置。为此，罗默写道："斯密和马克思分析资本主义的主要区别在于：斯密论证说个人对自身利益的追求会导致对所有人都有利的结果，而马克思论证说这种话对自身利益的追求将导致无政府状态、危机和基于私有财产的制度本身的解体。因而，在斯密看来，社会成员采取的利己行为的集合对社会而言就是最优的，而这在马克思看来却是次优的。斯密说'那只看不见的手'在指导个人，利己的人所采取的那些行为社会而言会是最优的，尽管他们并不关心这一结果；而马克思则把'那只看不见的手'必做竞争的铁拳，它把工人砸碎，使他们的处境比他们在另一可行的社会制度，即基于财产的社会所有制或公共所有制的社会制度的处境更糟。"② 承·

---

① ［美］赫什莱佛（也即赫舒拉发）：《力量的阴暗面》，刘海青译，华夏出版社 2012年版，第 2 页。

② ［美］罗默：《在自由中丧失》，段忠桥、刘磊译，经济科学出版社 2003 年版，第 3 页。

袭两人的思维，就形成了马克思经济学和现代主流经济学这两大学说，并产生了对待市场的不同态度。在很大程度上，这种差异又可以归结为两者对市场主体的认知差异：马克思经济学深刻地认识到市场主体的不同质性，从而倾向于使用权力结构分析；现代主流的新古典经济学则将市场主体视为同质的，从而发展了抽象理性分析。

四、现实世界中的市场逻辑剖析

现代主流的新古典自由主义经济学之所以捍卫纯粹市场而反对人为干预，就在于将逻辑化市场混同于现实自发市场，而这种混同又源于将市场视为一种外生于人类意识和活动的自然之物。在新古典自由主义经济学看来，作为自然之物的市场有一定的发生、发展和演化的自然规律，而人为的干预则会扭曲这种自然规律。果真如此吗？其实，无论是行为者偏好、市场价格还是市场机制以及社会制度等都不是先验的，而是由人类创设的产物。尼克尔森就写道："制度影响人类选择是通过影响信息和资源的可获得性，通过塑造动力，以及通过建立社会交易的基本规则而实现的。制度创新通过提供更有效的组织经济获得的途径而对发展做出贡献，而这些途径通常导致经济基础性的调整。"① 正因如此，我们应该对现实市场进行审视，剖析市场机制的真实逻辑，从而挖掘其内在的问题，而不能简单地将市场逻辑化和合理化。那么，我们又如何认识市场的真实逻辑呢？一个基本思维就是：破除还原论思维，考虑现实世界中市场主体的异质性，从而引入权力结构进行分析。据此，这里针对上述逻辑化市场理念逐一进行拷问。

首先，市场主体的行为是自由平等的吗？

① ［美］尼克尔森：《制度分析与发展的现状》，载［美］V. 奥斯特罗姆、［美］D. 菲尼、［美］H. 皮希特编：《制度分析与发展的反思：问题与抉择》，王诚等译，商务印书馆1996 年版，第 2 页。

现代主流经济学的逻辑化市场将市场主体视为同质的原子个体，它们根据有利于自身的功利原则采取行动而不受外来干预，从而是平等自由的。但显然，这里存在两个基本逻辑问题：（一）这种不受干预的自由只是消极自由，这种无干涉的消极自由实质上体现了马克思所讲的"物的依赖性"社会关系。马克思写道："每一个主体都是交换者，也就是说，每一个主体和另一个主体发生的社会关系就是后者与前者发生的社会关系。因此，作为交换的主体，他们的关系是平等的关系。"① 但是，马克思又认为，抽象而普遍的外部关系只具有形式上的平等，此时个人转而受到资本的支配；（二）市场异质主体所享有的自由并不是同等的，这在贫富分化的社会尤其如此。史蒂文斯写道："政府对人们实施强制而市场是非强制性的，这不过是一种过分简化的说法。市场也以非常现实的方式强制人们。富人和穷人不可能同等自由地做出经济决策。如果你是穷人，你可以自由地为低工资工作或撤出你的劳动，这取决于比地生存的偏好。如果你是失业的煤矿工人或钢铁工人，没有任何人告诉你必须移居到其他城市或州，但你仍然受到市场的强制。不管怎样，市场和政府间存在区别，区别之一是买卖双方自由和自愿决定价格和产量的相对程度。自愿行为程度越大，我们就说市场起更大作用。政府施加在自愿行动上的约束越大，市场发挥的作用就越小。"② 因此，纯粹市场中的自由只是金钱权力的自由，而金钱的依附者则只是保留的形式的"自由"。罗格·加罗蒂（R. Garaudy）就将"资本主义制度下的自由称为热带丛林法则——自由鸡棚中的自由狐狸。"③ 然而，现代主流经济学却不从人类的需求实现以及市场交换的后果来剖析自由的程度，而是在自然主义思维支配下将基于力量的市场机制与"自由"交换等同起来，从而形成了支

① 《马克思恩格斯全集》第 30 卷，人民出版社 1995 年版，第 195 页。

② ［美］史蒂文斯：《集体选择经济学》，杨晓维等译，上海三联书店/上海人民出版社 1999 年版，第 69 页。

③ 转引自［德］费彻尔：《马克思与马克思主义：从经济学批判到世界观》，赵玉兰译，北京师范大学出版社 2009 年版，第 233 页。

配性的市场化原教旨主义。显然，这种逻辑化市场观只会误导社会大众对真实市场的认识，并使得真实市场的实践遭到进一步的扭曲。

其次，自发市场机制可以实现分配的公正吗？

按照现代主流经济学的逻辑化市场理念，激烈的市场竞争使得企业在边际成本等于边际收益处生产以获得最大化利润，因而每个生产要素所获的报酬必然等于其边际贡献；同样，激烈的市场竞争使得市场主体在供求平衡处交换以获得各自的最大化剩余，因而不受干预的市场交换结果是公正的。但显然，这两者都存在严重的逻辑缺陷：（一）体现劳动贡献的边际生产依赖于生产要素之间具有独立性和生产规模报酬不变这两大条件，而这两大条件在现实生活中是根本不存在的；（二）体现公平剩余的市场交换依赖于初始资源的平等占有和交换程序的公正合理这两大条件，而这两大条件在现实生活中往往也很难得到满足。事实上，市场经济中劳动收入往往不是基于贡献原则而是社会原则，决定于特定的分配规则以及由此支持的谈判力量；当异质性市场主体存在明显不对等的社会地位时，无论是资源的初始占有还是财富转移的程序制定都控制在少数人手中，从而就无法实现所谓的分配正义。同时，异质性市场主体因个体力量的差异也难以实现交换平等：（一）交易起点上，因资源的占有以及财富的集中而存在交易主体地位上的不平等，这是马克思经济学强调的；（二）交易过程中，因交换程序的不健全以及信息机制的不通畅而出现交易剩余分配上的不公正，这是现代经济学所关注的。因此，纯粹市场下的分配往往只是有利于掌控金钱权力的一方，有利于具有更大势力的狮子以及善于利用规则的狐狸，而对于弱小的羊群则是相当不利的。

其三，自发市场机制可以促进收入的均等化吗？

现代主流的新古典自由主义经济学尽管承认因劳动能力的差异而产生的收入差距，但又认为，收入差距在拉大到一定限度之后就会出现缩小的趋势，这就是库兹涅茨发现的"倒U形"曲线收入分配规律。为此，大多数主流经济学人都为现实收入差距辩护，反对人为干预来缩小这种收入差距，而期待市场机制的自发作用，否则收入差距只会拉大而不会缩小。然而，这里我们必须分清收入差距变化曲线中前后不同变化趋势的不同原因。（一）收入差距变化曲线中前一段的扩大主要源于自发市场的马太效应，这种马太效应最终会导致社会收入分配两极化，这也是坎铁隆、马克思等很早就提出的所有权集中规律。事实上，财产权利本身就是指并不需要符合特殊功能性角色的权利，而当控制权附属于可转让媒介时就会发生积聚或集中乃至出现失衡；显然，财产权利可以作为初始权占有，也可以来自以前所有者的转让，这种易积累、易积聚和易转移等特性也就会产生自发的集中。（二）收入差距变化曲线中后一段的缩小主要源于社会干预的转移效应，这种社会干预主要促使弱势者的力量联合和直接的立法来保障弱势者的基本诉求，这也是康芒斯、加尔布雷思等强调的抗衡力量。事实上，收入分配本身就是社会力量博弈的结果，而随着财产权利的集中，其所有者将在谈判中拥有越来越强大的权势，从而也会获得越来越有利的收入份额。显然，这是一个自我强化的过程，也就是市场经济中的马太效应。为此，一个良善的社会就体现为：存在一系列法律来限制那些附属于特定功能角色的财产权利的使用，使之不会因累积效应而膨胀，这也正是民生主义的经济干预政策之理论基础。同时，正是通过抗衡力量的引入以及对财产权利的"约束"壮大了弱势者在谈判中的力量和地位，从而最终使得收入差距拉大的趋势出现缓和甚至转向缩小。

其四，自发市场机制可以达致社会效用的最大化吗？

现代主流的新古典自由主义经济学认为，"无形的手"可以实现个人利益与他人或社会利益之间的和谐一致，从而个体私利行为将会导向社会福利最大化。例如，为了追求利润最大化，生产者就会趋向于生产那些消费者比较偏好并愿意出高价的产品；同时，生产者还会通过不断提高技术、减少浪费来降低生产成本以获得更大的价格优势，而这又有利于消费者剩余的提高。显然，每个消费者剩余的提高也就是社会效用的提高，因而现代主流经济学强调，纯粹市场机制必然会导向社会效用的最大化。问题是：（一）个人效用并不等同于社会效用，而市场机制则是以效益为导向的资源配置机制。结果，每个人追求私利最大化而往往置社会需求于不顾，从而导致了商品集体选择的不平衡。（二）"无形的手"原理是以不存在外部性为条件的，而外部性在现实市场中却普遍存在；外部性的一个显著效应就是人们的需求往往受到他人的影响，从而产生了很多非真实性需求。事实上，现代社会的商品生产越来越不是体现消费者主权而是生产者主权。究其原因有二：（一）生产者和消费者的数量是不平等，较少数量的厂商更容易形成同盟；（二）生产者和消费者对产品的信息是不对称的，厂商更了解产品的质量和成本等。正因如此，纯粹市场经济体系并不能提供满足社会大众需要的产品：（一）市场机制所激发的效益原则往往会忽视社会目标，从而导致私人富裕和公共贫困共存；（二）现实市场中生产者往往比消费者拥有更大权力，从而导致生产往往是生产者基于利润的供给而不是消费者基于需求的诱导。一个明显的事实是，现代社会生产和创造出越来越多的并不紧迫的私人产品需求，而那些更紧迫的公共品需求却存在明显的滞后和不足，这是加尔布雷思在《富裕社会》中指出的。

其五，自发市场机制可以推进社会制度的帕累托优化吗？

福利经济学第一、二定理将市场竞争和帕累托优化联系在一起，帕累托优化原则强调变动过程中没有任何人的利益受损，这与西方社会的基本价值观相适应，因而帕累托优化也就成为现代主流经济学评估制度变迁的基本原则。问题是：（一）导向帕累托优化的是有效市场，它以完全理性和完全信息为前提，而这在现实生活中往往是满足不了的。格林沃德-斯蒂格利茨定理指出，当市场不完备、信息不完全时，市场从来不会自己达到限制性的帕累托最优。[1]（二）根据抽象的逻辑化市场理论，不损害任何一人利益的帕

---

① ［美］斯蒂格利茨：《政府为什么干预经济：政府在市场经济中的角色》，郑秉文等译，中国物资出版社 1998 年版，第 72 页。

累托优化似乎是可行的；但在现实的市场逻辑中，帕累托优化作为制度改革的原则会遇到严重的问题，即使实行了也可能造成社会的不正义。事实上，以帕累托优化作为制度改革的原则具有这样的问题：（一）这一条件似乎太强了，从而影响了它在指导实践中的可行性。究其原因，任何社会制度都关涉大量的个体，而这些个体之间的利益又难以形成一致同意的社会福利函数；因此，政策或制度的任何变动都将几乎肯定会给某些个体带来成本，从而必然引起这些受损个体的反对，进而导致制度变迁和改革的滞后和中断。（二）这一条件又似乎太弱了，从而在实践中具有强烈的保守性。究其原因，帕累托优化原则只要求没有任何人遭受损失，而没有考虑改革受益的分配比例问题；因此，它可以被用来为基于力量结果所界定的那种现实生活中所发生的任何制度变革取向进行辩护，成为维护和强化既得利益者的工具。① 这些也都在德沃金的《原则问题》一书中得到强调。

其六，自发市场机制可以推动社会秩序的持续扩展吗？

现代主流的新古典自由主义经济学认为，市场主体的逐利行为可以充分利用市场上的分散信息，促进社会分工和专业化的发展，从而促进社会秩序的持续扩展，因而自生自发市场秩序也就构成了哈耶克社会哲学的重要组成部分。问题是，包括哈耶克在内的几乎所有经济学家都没能够清楚地揭示出市场是怎样处理庞大信息的，也没有令人信服地指出何种市场能够最有效地处理这些信息。事实上，市场主体为了个人利益最大化往往会刻意隐瞒私人信息乃至会故意制造出错误信息，从而引发并加剧社会秩序的混乱。（一）人类社会的历史实践就表明，基于自发秩序演化的社会发展结果并不像哈耶克所宣称的那样只朝演化这一维方向前进，而是往往会呈现出另一种内卷化的状态；（二）奥地利学派的门格尔、维塞尔、拉赫曼以及科兹纳等人也都认识到市场竞争在协调个人计划方面并不必然具有效率，从而不能过分信任

---

① 朱富强：《帕累托改进原则能否应用于社会改革？实践的可行性和内在的保守性》，《学术月刊》2011 年第 10 期。

自发秩序的扩展性。① 一般地，社会秩序的扩展就意味着分工半径的延伸和社会合作的深化，但现代主流博弈论基于个人理性的社会互动却得到了囚徒困境的结果。显然，囚徒困境表明，现代主流经济学所引以为傲的理性行为实际上潜含了"致命的自负"。其实，新古典自由主义经济学之所以把自生自发的市场秩序视为扩展性的，就在于它坚持私利和公益之间存在自然和谐一致的观点，而这种一致性又是建立在人具有长远理性这一基础之上。但是，这种逻辑显然是有问题的：（一）基于行为功利的个体理性本身具有短视性，它往往关注一次性或短期的功利量；正因如此，基于个体理性的行为往往就达不到集体理性的结果，以致社会经济中的囚徒困境和混沌现象比比皆是，如金融泡沫、各种经济风潮都是如此。（二）短视的功利性也会造成市场秩序的规则扭曲和竞争失度，导致市场信息的扭曲以及相应的交费费用飙升，造成自然和社会资源的掠夺性开发和枯竭，从而阻碍市场秩序的持续扩展。事实上，整个资本主义的发展基本上都是以经济的不断波动和资源的巨大浪费为基础的，这不仅为马克思所强调，而且熊彼特也认为，资本主义问题的关键不是管理现存结构，而是如何创造和毁灭它们，这一过程也就是所谓的"创造性毁灭"，这是经济发展的本质。

其七，自发市场机制可以实现"优胜劣汰"结果吗？

现代主流的新古典自由主义经济学基于还原论而认定市场主体是生而平等的，那么，为何社会中又存在大量的不平等现象呢？西方社会的基本答案就是：平等是指潜力上的平等，而现实中的人们因努力和付出不同而带来不同的成就。其中，富人因辛勤劳动、积极进取心和节俭禁欲而致富，穷人则因懒惰、不负责任和浪费而贫困。这样，一方面，富人应该得到他们的收入和财富，因为他们是适应社会的，而且他们是通过使自己变得有钱或者保持

---

① 参见贾根良：《西方异端经济学主要流派研究》，中国人民大学出版社 2010 年版，第104 页。

有钱证明了自己的适应性；另一方面，穷人之所以贫困都是他们自己犯错误的结果，他们往往智力低下、不务正业、没有远见和缺乏雄心。曾任耶鲁大学校长的牧师伊莱莎·威廉斯就说："正如理性告诉我们，所有人都是出生而来的故而是自然地平等的，也就是说，所有人对他们自身有平等的权利，同样对他们占有的事物也有平等的权利……并且每一个人对于他自身享有所有权，他身体的劳动和他的工作完全是他自己所有的，对于这些除了他自己之外他人并没有权利……接下去的结论当然是，没有人对其他人的人身和财产享有权利，并且如果每个人都对其自身和财产享有权利，他当然也有权利去保护他们……从而拥有对侵犯他的人身和财产的行为进行惩罚的权利。"[①]相应地，现代主流经济学承袭西方社会的这种根深蒂固的自然主义思维及其衍生出的社会达尔文主义思潮，将"物竞天择、适者生存"的生物学教条运用到人类社会之中，从而把现实存在的都是为合理的。例如，"私利追求有助于整个社会的繁荣""以供求来决定商品价格是市场经济的基本要求""市场中的经济人行为是合法的，甚至也是合理、合情的，否则就会被淘汰""强者获利符合优胜劣汰的自然选择说"，诸如此类都是写证。问题是，只有在公平的规则下，竞争的优胜才是优秀者，人们所获得的报酬才等于他的贡献。而迄今为止的社会制度和市场机制都是基于力量博弈所决定的，主要体现为强势者的偏好和意志，因此，人们获得的收入往往不是体现他的贡献，而是体现他的权势。在很大程度上，现实社会中的那些高收入者只不过是特定分配规则下的优胜者，而不是为社会做出相应贡献的优秀者；而且，一个人越是能够适应和善于利用社会分配规则，就越能以较小的贡献获得较高的收益，从而也就越容易成为社会竞争的优胜者。也即，人类社会中存在一个明显的"蟑螂性存在法则"：那些善于利用现有分配规则并具有攫取他人或社会利益的强大能力的人往往更容易

---

① ［美］罗斯巴德：《自由的伦理》，吕炳斌等译，复旦大学出版社 2008 年版，扉页。

生存和繁衍；而且，市场机制越不成熟、社会制度越不完善、分配规则越不公正，蟑螂性人物就越容易生存和繁衍。① 显然，将市场机制与社会达尔文主义联系起来实际上就是体现了这些蟑螂性人物的利益，马克思将这些人称为社会寄生虫。布罗姆利则指出："自由市场很容易变成仅仅是保护原有制度设置的另一种说法，其目的是保护那些在现状中受益的人。"②

可见，现实世界中的市场远非主流经济学教材所宣扬的逻辑化市场那样完美，而是存在一系列的严重缺陷。简要表现在：（一）异质性市场主体因所处地位的差异而享有的自由程度是不同的；（二）自发市场机制下的收入分配主要是基于社会原则而具有较强的不公正性；（三）自发市场机制内在的马太效应会导致社会财富分配两极化；（四）自发市场机制下的产品供给主要是基于生产者的收益原则而非消费者的效用原则；（五）自发市场竞争因社会函数的阿罗不可能定理等原因而难以顺利导向帕累托优化；（六）自生自发市场秩序的扩散往往会因个体理性的短视性而陷入囚徒困境状态；（七）掠夺性市场竞争中获胜的往往是善于利用既定规则和利用权力设计规则的蟑螂性人物。事实上，主流经济学教材中所崇尚和宣扬的那种逻辑化市场在现实世界中是根本不存在的。赫舒拉发就强调："主流经济学一直都着重传达虽然重要但又较为片面的一点，那就是自利可以带来善意，以至于几乎把其阴暗面都忘掉了。"③ 而且，以教材中的逻辑化市场来为现实市场辩护，为那些不合理的现实事物进行辩护，只会强化现状，从而看不到现实世界中的问题，更找不到解决问题的方向和途径。布罗姆利写道："制度架构的原状几乎是不存在的。想象原状是自然

① 朱富强：《"蟑螂性生存"还是"优胜劣汰"？基于现实收入分配之决定机制的思考》，《社会科学战线》2012年第12期。
② ［美］布罗姆利：《充分理由：能动的实用主义和经济制度的含义》，简练等译，上海人民出版社2008年版，第36页。
③ ［美］赫什莱佛（也即赫舒拉发）：《力量的阴暗面》，刘海青译，华夏出版社2012年版，第2页。

的是犯了自然主义的谬论；想象原状能实现一些有用的且超凡的目标——譬如改善社会福利——是犯了目的论的谬论。原状只有一个可取的特征——它保护了那些在其中生活得非常舒服的人，但损害了那些处于不利地位的人。事实上，拥护自由市场只是为那些在原有制度中生活得很舒服的人服务的战斗口号。这就像那些拥有令人愉快的经济资产的人坚持认为政府的首要目的是——当然他们指的应该是——保护财产权。提出这个论断的人根本没有顾及穷人和不幸的人。"① 当然，这里仅仅是对现实世界的市场逻辑及其实际结果做一简洁的归纳总结，而每一部分的深入剖析都由其他专门文章展开。

五、区分逻辑化市场和真实市场逻辑

通过仔细的剖析，我们就可以发现真实世界中的市场逻辑和主流经济学教材宣扬的逻辑化市场之间存在的显著差异：一方面，真实世界中的市场主体是异质的，其行为嵌入在社会制度和文化伦理之中；另一方面，逻辑化市场却把市场主体还原为同质化的原子个体，其行为往往遵循经济模型中所使用的那种精于计算的理性选择方式。正是基于理性的形式逻辑，现代主流的新古典自由主义经济学认为，自利的个体会在"无形的手"引导下会自发地导向合作，因为完全理性的个体会考虑他们当前的选择对未来的后果影响，从而互惠机制就成为自利的个体选择合作的主要动力。然而，考虑真实世界，每个人并非如此完全理性并能考虑长远，尤其是，市场信息的不完全更加使得人们的机会主义成为可能，从而导致合作并非就是自发市场秩序的必然结果。

关于这一点，范伯格就写道："尽管互惠机制很重要，但是我们不能期

---

① ［美］布罗姆利：《充分理由：能动的实用主义和经济制度的含义》，简练等译，上海人民出版社 2008 年版，第 13 页。

望它在整体上能够为囚徒困境情况中的合作行为提供足够的激励，而这种激励在一些特定的限制条件下是可能的……在互惠机制不能产生足够的非正式的私人制裁去阻碍欺骗的情况下（比如由具有高度流动性的个体组成的大群体），我们就会要求有组织的实施措施来使合作的行为规则成为可行，无论这种有组织的实施措施是建立在被相关群体所采用的刻意协议的社会契约的基础之上，还是由足够强势的一方来实施。"① 同样，康芒斯也写道："合作并不是产生于一种预先假定的利益的协调，像以往经济学家相信的那样。它之所以产生，是由于有必要从所期待的合作者之间的利益冲突造成一种新的利益协调——或者至少是秩序，如果不可能做到协调。这就是那种说服、威胁或强迫的谈判心理……协调不是经济学的一种假定的前提——它是集体行动的后果，这种集体行动的目的就在于维持那管制冲突的规则。"②

正是基于逻辑化市场信念，现代主流的新古典自由主义经济学推崇市场机制，推崇基于力量的自由交换，从而为市场收入以及相应的社会分配结构进行辩护。但在现实世界中，每个市场主体的谈判势力是不同的，从而必然导致获得的收入份额不等同于其劳动贡献，与其应得权利相差更大。这可以从如下两点审视。（一）个体间直接交换的结果根本上取决于他们的力量对比，从而必然有利于强势一方；因此，纯粹市场机制下的收入分配根本上不是体现个人的劳动贡献或者应得权利，而是基于力量博弈的均衡结果。（二）影响博弈均衡的力量结构很大程度上又是社会制度的函数，一个社会的文化风俗和法律规章都构成了个体在直接博弈中的力量因子，从而影响博弈的均衡和收入分配结构。马克思很早就指出，在资本主义制度中，工资水平根本上取决于劳资的力量对比，其中劳动者处于极端劣势的一方，之所以如此就在于生产资料为少数雇主所占有；特别是，当面临庞大的失业军时，

---

① ［德］范伯格：《经济学中的规则和选择》，史世伟、钟诚译，陕西出版集团/陕西人民出版社 2011 年版，第 117—118 页。

② ［美］康芒斯：《制度经济学》（上），于树生译，商务印书馆 1962 年版，第 13 页。

单个劳动力的谈判力量往往非常低，从而只能获得较低甚至是最低生活费的工资。正是由于在迄今为止的人类社会中，根本就不存在如主流经济学教材所设定的那种在经济力量和社会地位上都相似的同质个体，社会个体无论是在自然力量还是社会地位上都是不平等的，这些不平等就构成了现实市场中交换主体的权力差异以及交换程序的利益偏向，并对市场交换的供求关系以及最终的工资水平产生了根本性影响。

显然，考虑真实市场中的主体异质性和力量结构，基于力量博弈得出的必然逻辑结果是：分配正义的缺失。同时，分配正义的缺失反过来又巩固和加大了不平等：社会不平等程度越大，导致分配制度就越不正义，越是体现了强势者的意志和利益诉求，从而导致社会的收入分配越不平均，进而又扩大了社会的不平等程度。正是基于这种循环，人类社会就如卢梭所说，由早期的自然不平等发展到了现代的社会和政治的不平等。在很大程度上，一个社会的收入分配状况往往体现了一个社会的平等程度以及由此衍生的法律制度的完善程度，因此，为了促进社会的分配正义，就需要积极通过社会制度的创设和完善来改变不平衡的力量结构，如《劳动法》《工厂法》《最低工资法》等社会制度往往可以改变劳资谈判的力量对比。① 事实上，正是由于真实世界的市场逻辑将会导致有利于强势者的收入分配以及收入财富的不断集中，导致那些善于利用不公正社会制度和分配规则的蟑螂性人物不断滋生和繁殖；而基于教材上的逻辑化市场信念来为真实世界的市场辩护，则维护和促生了社会业已存在的恶现象，并进而加剧了不断升级的恶性竞争和社会矛盾。为此，一个有责任心的学者就应该关注现实社会制度本身的不完善和不正义性，关注社会正义的演化和发展，而不应该简单地将个体间直接的博弈均衡合理化，更不应该简单地把强势一方的意志上升为法律。同样，一个有责任心的政府更应该关注现实

---

① 同时，社会制度也受历史和道德的影响，因而马克思强调工资水平中包含了道德和文化的因素。

市场机制的缺陷，要通过规则的制定等不断完善现实市场，而不能简单地将其应尽的责任推给市场，更不能将市场等同于那种纯粹基于力量决定的"自然"市场。

因此，我们有必要对主流经济学教材宣扬的逻辑化市场和真实世界中的市场逻辑进行甄别，不能将理论的虚构当成现实的存在并为现实辩护，甚至由此将现实市场的问题都归咎于人类干预的结果，这犯了交叉混同谬误。①关于这一点，我们可以进一步审视巴斯夏的一个观点："社会主义者和经济学家最深刻、也随无法调和的分歧在于：社会主义者相信，人们的利益从根本上是对立的；经济学家则相信，人们的利益天然是和谐的，或者说，必然会一步一步地实现和谐，这就是全部分歧所在"，"从人的利益根本对立这一前提出发，逻辑上，社会主义者必然企图寻找某种组织，以消灭利益冲突，只要有可能，甚至要消灭人们心中的自私之情"，相反，"如果上天没有错，如果它按下面的方式安排了万物：在正义的法则之下，人们的利益总是会自然地以最和谐的方式彼此调适……那么，对法律，我们只能要求其维护正义、自由和平等"。② 其实，这两个流派都搞错了：一方面，就人与人之间利益关系的本质而言，互补性是根本性，无论是个人能力的发挥还是整体利益的做大都依赖于个体之间的共同合作；另一方面，就人与人之间利益关系的现实而言，冲突性是迄今为止的主要特征，因为做成的蛋糕毕竟无法满足那些欲求无限的所有个体。显然，无论是社会主义者还是主流经济学都没有能够对本质和现实之间做出区分：社会主义者看到了现实，却将现实看成了本质；那些主流经济学人则解释了本质关系，却以为这种本质关系会在现实中自然呈现。只有对现实世界中的市场逻辑和教材上的逻辑化市场有清

---

① 朱富强：《逻辑关系、逻辑前提与经济学理论的发展和反思》，《天津社会科学》2013年第1期。

② 参见［法］巴斯夏：《财产、法律与政府》，秋风译，商务印书馆2012年版，第187—188页。

醒的认识，我们才能避免两种极端态度。肖特就曾指出，"这个世界的人似乎分为两类：一类人认为市场是医治一切问题的良方，另一类人认为市场是引致市场所有问题的根源。"①

六、结语

本章区分了逻辑化市场和现实市场的逻辑并对两者间的差异做了甄别，进而集中考察现实市场的内在缺陷。事实上，现实市场远不如新古典自由主义经济学所宣扬的那样有效。美国著名投资家（巴菲特的黄金搭档，伯克希尔·哈撒韦公司的副主席）查理·芒格就写道："伯克希尔取得了非凡的业绩，但我们从来毫不留意僵化的有效市场理论。我们也从来不曾留意从这种思想上派生出来的各种理论。人们将这些学院派经济学理论用于公司的理财，进而演变出诸如资产定价模式等等荒谬的理论，我们从来不去注意。"②当然，这并不是要贬抑市场机制的积极作用，更不是要否定市场经济在现代社会中的主体地位；相反，是为了深化对现实市场运行逻辑的认知，反思基于主流教材上逻辑化市场的政策误导；由此，就可以促进现实市场的改进和完善，以防止市场机制的内在问题积累得越来越严重，乃至危害社会经济的持续发展和整个社会的和谐稳定。市场机制之所以可以通过人为的努力不断加以完善，就在于它并非如现代主流经济学的逻辑化市场理念所认定的那样是自然之物，更不等同于"新古典自由主义"宣扬的资本主义市场；相反，市场本身就是人类的一个创设，它的合理性也依赖于我们对现实市场逻辑的认识以及我们对社会发展的认知。

---

① ［美］肖特：《自由市场经济学：一个批判性的考察》，叶柱政、莫远君译，中国人民大学出版社 2012 年版，第一版前言。

② 《查理·芒格近 2 万字详谈学院派经济学的 9 大缺点》，http：//finance. ifeng. com/c/7k77g7dQcRy。

其实，按照马克思和布罗代尔等人的理解，市场机制的积极功能就在于促进交易的公正合理，并有效实现社会的互惠合作，而这种功能得以发挥的基本前提是存在社会经济地位大致平等的市场主体。为此，布罗代尔等认为资本主义的本质特征不是自由市场而是垄断，马克思则强调要重建基于个人所有制的市场。在很大程度上，正是着眼于现实世界中的市场逻辑而非逻辑化市场的先验信念，马克思在承认市场促进资本主义物质发展的同时，也对市场潜在的问题进行深刻的解释，并通过所有制的改造等措施来为市场交易提供更平等的基础；在马克思心目中，取代资本主义旧社会的共产主义社会"将是这样一个联合体，在那里，每个人的自由发展是一切人的自由发展的条件"①。因此，要使市场机制公平有效地发挥作用，关键在于存在社会经济地位大致平等的市场主体，而这有赖于抗衡力量的引入，从而也就需要积极发挥政府的作用；同时，还应该且必须不断调整和修正市场规则和市场伦理，将市场竞争与社会公平有机契合起来，从而不断完善和优化我国的社会主义市场经济体制。

---

① 马克思、恩格斯：《共产党宣言》，人民出版社 1964 年版，第 46 页。

10. 现实市场中的定价特性和逐利行为：

自由价格和企业家的考辨

导读：基于逻辑化的市场理念，新古典自由主义经济学人往往将由供求决定的市场价格视为自由的公平价格，将那些攫取巨额财富的商人视为创造性的企业家。但实际上，在现实世界中，不平等的社会地位和力量结构往往是决定市场价格的根本因素，而富豪的财富取得往往是利用不公正的分配规则。正是混同了逻辑化的市场和现实市场的逻辑，新古典自由主义经济学往往看不到现实市场的缺陷，反而以逻辑化市场来为现实市场的逻辑进行辩护，从而就缺乏对自由价格和企业家的内涵辨识，进而又引发出现实社会经济的一系列乱象。

一、引言

新古典自由主义经济学人对市场机制主要基于两大维度：（一）打造逻辑化市场，从而为之提供严格的逻辑基础，这是新古典经济学的视角；（二）剖析市场过程，以独特视角为之阐释，这是奥地利学派的视角。显然，第一种的市场维护建立在严格的假设条件之上，而这往往容易受到质疑和挑战；因此，新古典自由主义经济学人也就逐渐从第一种视角转向第二种视角。实际上，这些经济学人原来接受的主要训练几乎都是新古典经济学的理性逻辑，因而早年也热衷于数理建模和计量实证，集中研究委托一代理机制和博弈论等；但是，近年来却急速转向奥地利学派，以此来为他们常年持守的市场有效说提供支持。显然，这几乎全是承袭了奥地利学派的主张：自由价格充分浓缩了市场主体的偏好等信息并有助于协调其行为，而企业家则从非均衡价格中发现和抓住利润机会并促使市场的动态演化。不幸的是，在自然主义和功能主义思维的支配下，新古典自由主义经济学主要只是吸收奥地利学派所提出的概念，却抛弃了这些概念和术语中蕴含的更深层次内涵；尤其是，由于受先验的理性和均衡观的束缚，新古典自由主义经济学依旧混同现实市场和逻辑化市场，从而误解了自由价格和企业家的真实内涵，甚至以此为现实世界中的定价体系和逐利行为进行辩护。本章就此做一剖析。

二、新古典自由主义经济学的市场误解

新古典自由主义经济学对市场存在严重的错误理解，一个重要原因就在于，它以抽象而非历史的眼光来看待自由价格和企业家的内涵，进而基于肯定性理性思维将现实存在的市场价格和商人看成自由价格和企业家。这里，首先对此做一总体性拷问。

一方面，就自由价格而言，新古典自由主义经济学将之定义为由供求决定的价格。但是，这种理解仅仅停留在事物的表象上，而真正的理论研究贵在深入到实质层次。因此，有必要作这样的进一步设问：供求主要是由哪些因素决定的？一般地，偏好和收入是影响供求的两大重要因素。相应地，这又引发新的思考：（一）市场偏好又是如何形成的？是源于基本生活的真实需要还是源于社会诱致的虚假需求？（二）市场收入又由什么决定？是基于市场主体的劳动贡献还是由特定的分配规则所决定？也即，上述分析可归结为这一问题：市场价格本身是一个自然产物还是社会产物？

另一方面，就企业家而言，新古典自由主义经济学往往将企业家视为善于捕捉盈利机会并满足市场需求之物而最大化自身利益的人。但是，这种定

义显得过于笼统，而无法对现实市场中不同的牟利行为进行区分和评估。因此，有必要作这样的进一步设问：现实社会中被称为"企业家"的那些富人是如何聚集起巨额财富的？一般地，生产和交换是市场主体获取财富的两大主要领域。相应地，这又引发新的思考：（一）厂商在生产领域中是否会努力创造满足社会最大需要的产品？市场上的盈利机会是源于消费者的真实需求还是生产者的诱导创造？（二）厂商在交换领域中是否会遵循公平交换原则？市场上的交易结果是否体现了交易剩余的合理分配？也即，上述分析可归结为这一问题：那些"企业家"的财富是源于自身所创造的满足市场需要的新价值还是源于他人所创造价值的转移？

其实，新古典自由主义经济学之所以将市场中的价格视为自由的，将富人的财富视为合理的，并称之为"企业家"，根本上就在于，它基于自然主义思维将市场主体还原为同质的原子个体，这些原子个体的行为又约化为形式的数学逻辑。正是基于这种逻辑前提和逻辑关系，新古典自由主义经济学获得了一个逻辑化市场，并得出边际生产力分配理论：每个人都获得与其贡献相对称（或相一致）的收入。但是，现实社会中的市场主体根本上是异质的，他们在市场中所处经济地位、所掌握信息以及所拥有的技能等方面都存在巨大差异；相应地，基于个体力量博弈所决定的市场价格根本上也就不是自由，而主要取决于强势者的偏好，日益垄断化的资本主义显然如此。同时，构成现实市场的那些正式或非正式的规则本身也是社会互动的产物，强势者不仅可以更好地利用现有规则以获取更大的收益分配，而且还可以影响市场规则的制定；相应地，那些在商业和市场中拥有强大权力的人往往并不是为社会创造最大价值的人，而是善于利用规则乃至制定规则的人，从而也就不是由工作本能驱动的真正的工程师型企业家，[1] 在社会制度和分配规则不健全的发展中国家更是如此。

---

[1] 朱富强：《捍卫和尊重何种企业家：兼对企业家精神及其创新活动的性质甄别》，《社会科学辑刊》2019 年第 1 期。

最后，需要指出，新古典自由主义经济学之所以集中于对市场价格的研究，将价格体系视为资源配置的基本方式，也在于它的基本前提假定：无限的欲望和满足欲望的有限手段，而自由价格是配置有限手段的工具。① 然而，固然价格是重要的，但诸如技术、权力、动机等在对生产和分配来说也是重要的，甚至价格本身就是特定制度的产物。同样，现代主流经济学之所以重视企业家的功能，将企业家视为社会经济发展的引领者，也在于它的基本前提假定：市场的公平竞争和提高竞争所依赖的创新，而企业家是促进市场竞争和创新的主体。然而，固然创新在市场竞争中是重要的，但诸如社会地位、信息、权力等对在市场竞争中获得优势来说也同样重要，乃至绝大多数富人也只是特定社会制度和分配规则下的优胜者，而不是对社会经济做出相应贡献的企业家。

可见，基于定义所展示的理想状态是一回事，而现实世界中的实际情形又是另一回事。事实上，尽管现代经济学往往将市场视为配置资源的唯一机制，是衡量经济绩效的唯一指标，但市场本身并不是中性的。德格利戈里就指出，"那些让我们几乎完全依赖市场决策的人，忽略了权力在塑造市场行为中的作用。"② 不幸的是，很多经济学人都简单地继承了主流经济学教材的说教，从而无意和有意地混淆了逻辑化市场和现实世界中的市场，进而通过偷换概念的方式误导社会大众。为此，我们就必须对逻辑化的市场和现实的市场逻辑加以界定和区分，只有如此，我们才能更好地理解潜藏在所谓"自由价格"和"企业家"背后的制度因素，并由此进一步深化对现实市场中价格机制的认识，洞悉那些被称为"企业家"的富人在社会经济发展中所起的真实作用。

---

① 参见［美］图尔：《自由抉择的经济：政治经济学的规范理论》，方敏译，华夏出版社 2012 年版，第 31 页。

② ［美］格利戈里：《权力与市场幻觉：制度和技术》，载［美］图尔、［美］塞缪尔斯主编：《作为一个权力体系的经济》，张荐华、邓铭译，商务印书馆 2012 年版，第 50 页。

三、如何理解"自由价格"的现实存在

新古典自由主义经济学往往将市场经济等同于资本主义经济，将市场等同于资本主义市场，如国内一些经济学人往往将美国视为自由市场的典范。问题是，资本主义市场果真满足自由价格这一要求吗？

（一）现代资本主义是否存在自由市场

在很大程度上，自由竞争和自由价格的基本条件就是：市场主体地位大致平等，产品质量大致相似，以及市场信息大致完备。显然，在现实生活中，只有农产品集市（我们日常所逛的菜市场）才大致是一个自由竞争的市场；从历史上看，这种自由市场也主要出现在封建社会后期的工业品市场，至多是 20 世纪 30 年代以前西方社会的主要现象。当时，占主导地位的是小型私有企业，没有哪个企业拥有显著的市场权力，竞争市场上的价格调整也具有相当程度的自由和灵活性。但是，无论是马克思主义学说还是罗宾逊夫人的垄断竞争说，无论是舒尔茨的报酬规模递增说还是时下流行的主流化理论，无论是加尔布雷思的二元体系论还是施斯蒂格勒的生产者俘虏论，它们都表明，市场的自由竞争必然会导向垄断。正是经过这种演进，在当前欧美社会，大多数行业都已经为少数几家巨型企业所支配，如制药、地产、石油、咨询、运动器械等等，这些公司以非灵活的、受到管制的价格进行交易。①

法国年鉴学派第二代领袖布罗代尔就强调指出，"资本主义与市场经济不同，这是我经过漫长的研究得出的基本结论"。② 在布罗代尔看来，资本

---

① ［美］米恩斯：《集体资本主义的问题和前景》，载［美］图尔、［美］塞缪尔斯主编：《作为一个权力体系的经济》，张荐华、邓铭译，商务印书馆 2012 年版，第 185 页。
② ［法］布罗代尔：《15 至 18 世纪的物质文明、经济和资本主义》（第三卷），施康强、顾良译，生活·读书·新知三联书店 1993 年版，第 722 页。

主义的本质特征不是自由市场而是垄断，正是控制市场的垄断成为把资本主义同封建主义以及最终的世界社会主义制度区别开来的基本因素。（一）大资本家在贸易、生产、金融领域总是无所不用其极，他们通过染指所有这些领域才能获得垄断优势；因此，成功的资本家本质上是拒绝专业化的，那些仅作为商人或工业家而专业化的人往往只能退居其次。（二）一切垄断都是以政治为基础，政治权力往往制造非经济摩擦而使垄断者进入市场、制定价格，并保证人们购买那些并不急需的东西；在很大程度上，没有政治的支持，任何人都不可能成功地主导经济、抑制经济或限制市场力量。也就是说，资本主义并不等同于市场经济，甚至是反市场经济的；究其原因，市场经济本质上是竞争的和信息透明的，而资本主义则确定了大资本在交换中的垄断地位。沃勒斯坦也写道："经济生活是守规律的，资本主义是不寻常的；经济生活是可预知的领域，资本主义是投机的领域；经济生活是透明的，资本主义是朦胧的和晦暗的；经济生活指涉低额利润，资本主义指涉的则是不同寻常的高额利润。经济生活意味着解放，资本主义意味着丛林；经济生活中是真正的供需自动调节的价格，资本主义中是权力和狡诈控制的价格；经济生活内含控制的竞争，资本主义倾向于消灭控制和竞争；经济生活由普通人主导，资本主义则为霸权所保护，是霸权的物化。"①

当然，如果我们把真实世界的市场和逻辑化的市场区分开来，市场概念仅仅用以说明存在由行为主体自主决定的商品生产和交换关系，那么，我们也可以把市场视为资本主义经济制度的重要特征。即使如此，我们还是应该保持这样两点清晰认识：（一）不能简单地将市场机制等同于纯粹的资本主义交换关系，因为交换关系和交换规则在不同时空下是不同的，往往会呈现不同的市场形态和不同的交换规则；（二）不能简单地将资本主义市场合理

---

① ［美］沃勒斯坦：《否思社会科学：19 世纪范式的局限》，刘琦岩译，生活·读书·新知三联书店 2008 年版，第 250 页。

化，而是要剖析现实资本主义市场内含的利益取向，从而揭示出其内在问题并加以改进。一般来说，只要存在商品或服务在人际间的交换，这就构成了市场经济。为此，卢曼认为，与市场经济相对立的概念不是计划经济和国家活动，而是自给自足经济。[1]

同时，人类社会也根本不存在所谓的自然市场，因为交换方式或规则本身都不是自然之物，而是人类的"创设"。显然，在不同时空下，由于人际间进行商品和服务交换的方式或规则往往存在不同，从而就产生出不同形态的市场经济。为此，张夏准就写道："自由市场根本不存在。每个市场都有一些规则和界限在制约着选择的自由。市场之所以看起来自由，就是因为我们完全不在乎市场背后的制约因素，因而也就看不到它们的存在……只有市场经济学家宣称的捍卫市场只有并防止政府出于政治动机进行干预，这种基本主张是错误的，因为政府常常卷入进来参与经济活动，而那些自由市场主义者也与其他任何人一样深受政治动力的影响。"[2]

那么，人类社会是如何创设包括市场机制在内的社会制度或规则的呢？这涉及一系列的问题：（一）由谁来制定规则？这往往取决于社会的力量结构。（二）决策者如何制定规则？这往往取决于决策者的利益偏好和社会文化伦理。（三）规则能否有效运行？这往往取决于规则是否与社会大众的认知水平以及社会正义的发展层次相适应。事实上，基于物化劳动的形态演变以及各类具体物化劳动在生产中的地位不同，人类社会本身可以划分为劳力社会、地力社会、资力社会、智力社会以及协力社会（或称序力社会）这几个发展阶段；这几个阶段都存在交换和市场，只不过市场的主导要素并不相同。其中，劳力社会中处于主导地位是劳力，因而谁掌控了劳力，谁在市场中就处于主导地位；同样，地力社会中处于主导地位是土地，因而谁拥有

---

① ［德］卢曼：《社会的经济》，余瑞先、郑伊倩译，人民出版社 2008 年版，第 65 页。
② ［英］张夏准：《资本主义的真相：自由市场经济学家的 23 个秘密》，孙建中译，新华出版社 2011 年版，第 2 页。

了土地了，谁在市场中就处于主导地位。[①] 显然，资本主义交换关系只不过是市场的一种形态，表现为资本（力）占主导（或优势）地位的交换关系；为此，在资本主义市场中，交换规则和交换关系都有利于资本，交换结果也必然有利于资本所有者。

由此，我们可以对"自由价格"的实际内涵做一审视。新古典自由主义经济学之所以将现实市场尤其是资本主义市场中由供求关系决定的价格视为自由的，就在于其内含的自然主义思维。自然主义思维的基本特征是：将个体和企业组织等经历漫长演化而成的市场主体都视为自然主体，由基于自然主体互动而形成的供求关系所决定的价格则是没有受到其他人为干涉的，从而是自由的。但显然，这种"自由"仅仅是从无干涉的消极意义上而言，其实质上只是体现了强者的自由，因为强者拥有"自由"定价的自由。其实，在市场机制中，任何生产要素的"自由"价格都直接取决于该要素的供求关系，而影响供求的深层次因素又在于该要素及其所有者在经济活动中所处地位及其谈判力量：如果该要素稀缺并由此拥有垄断地位，那么它在市场上的"自由"价格就高。

显然，在前资本主义时期，由于交易的稀少性使得财产权利还没有发生大规模的集中，日常生活中的交易者在经济地位上相对来说是平等的，相应地，"自由"价格在很大程度上取决于劳动投入及其决定的生产成本。但是，资本主义市场的发展却使得财产权利快速集聚和集中，参与经济交易的主体在经济地位上也就越来越不平等，相应地，"自由"价格在很大程度上就取决于经济地位及其衍生出的谈判力量。正因如此，布罗代尔将前资本主义社会中存在的经济活动称为真正的市场经济，这是一种透明的和自由竞争的，其价格在一定程度上体现了公平诉求；相反，资本主

---

① 参见朱富强：《有效劳动价值论：以协调洞悉劳动配置》，经济科学出版社 2004 年版，第 7 章第 2 节。

义社会中的经济活动则是投机的和高度垄断的，其价格主要反映了强势者的利益诉求。① 而且，由于现代资本主义市场具有高度的垄断性，如果听任市场机制的自然作用，那么，就必然会产生有利于资本所有者的利益分配；尤其是，市场机制下的收入分配具有马太效应，从而财产权利呈现出明显的集中趋势。

（二）现代市场经济中的所有权集中

坎铁隆、马克思、维塞尔以及帕累托等很早就发现并提出了在任何经济社会形态下都存在的所有权集中规律，这种所有权集中规律体现了迄今为止的社会机制和市场机制下的财富运动规律，也体现了社会分配的马太效应。在政治主导的社会机制下，社会财富分配是社会权力较量的结果，而社会权力又是不断自我强化的，从而导致财富不断向社会强权者流动和集中；在资本主导的市场机制下，社会财富分配是金钱权力较量的结果，而金钱权力也是不断自我强化的，从而导致财富不断向金钱强权者流动和集中。同时，在迄今为止的人类社会中，社会权力和金钱权力又是相互支持和相互渗透的，这就强化了社会阶层的存在。例如，2013 年伦敦政治经济学院的研究就显示，英国社会的阶层变化比社会学家要预测的慢得多。以前在社会学界普遍认为，英国只需 400 年就可以实现阶层的大轮换，但伦敦政经的研究却发现 800 多年来，英国的社会阶层构成几乎未改变。②

在现代商业社会中，不受干预的市场自由必然会导致财产权利的集中；而且，经济活动越是不受干涉，财产权利的集中就越是明显。这可以基于面板数据对同一经济体作历时性比较，也可以基于横截面数据对不同经济体作

---

① 参见［法］布罗代尔：《15 至 18 世纪的物质文明、经济和资本主义》（第二卷），顾良译，生活·读书·新知三联书店 1993 年版。

② 《研究显示英国八百年来社会阶层几乎未改变》，http：//www.guancha.cn/europe/2013_11_01_182590.shtml。

共时性比较，以窥见一斑。

首先，就基于面板数据对同一经济体的历时性比较而言。我们可以以美国为例加以说明，因为美国社会崇尚自由竞争和优胜劣汰，尤其是 20 世纪 70 年代后更是受新古典自由主义的全面支配，从而市场马太效应就异常显著，美国社会的收入差距也在不断拉大。事实上，从 1970 年到 2000 年这 30 年间，美国 100 个最富 CEO 的收入相对于普通工人的倍数，从 1970 年的 49：1 上升到 1988 年的 373：1，再进一步上升到 1998 年的 2388：1。① 桑德尔写道：由于经济干预政策，"从 1950 年到 1978 年，穷人与富人一样分享了经济增长的收益；低收入、中等收入以及中高收入的美国家庭的实际收入增加了一倍，证实了经济学家水涨船高的说法。可是，从 1979 年到 1993 年，这个说法不再恰当。这个时期几乎所有提高的家庭收入都跑到最富裕的 1/5 人口手上去了。大多数美国人的情况变糟了。"② 事实上，世界各国的收入差距在 20 世纪 80 年代以后有显著的回升趋势，而这一时期也正是新自由主义经济学最为强盛的时期。③

其次，就基于横截面数据对不同经济体的共时性比较而言。由于美国社会对市场的崇拜比欧美其他国家更为明显，结果，美国社会的收入差距就比大多数发达国家都要大；而且，由于收入差距的扩大以及由此衍生的马太效应，美国社会的社会迁移率也比大多数发达国家都低，美国儿女未来的收益受父母和家庭的影响更大。早在 20 世纪 70 年代，布罗代尔就写道："美国陶醉于'个人奋斗'的口号，就是说，单枪匹马去开创自己的事业，这是全民族的光荣和榜样。成功的事例在美国或别处当然都有，但除了其中不免

---

① ［美］鲍尔斯等：《理解资本主义：竞争、统制与变革》，孟捷等译，中国人民大学出版社 2010 年版，第 307 页。

② 参见［美］桑德尔：《民主的不满》，曾纪茂、刘训练译，凤凰出版传媒集团/江苏人民出版社 2008 年版，第 384 页。

③ 《关于全球收入与财富不平等，你想知道的都在这》，http：//www.sohu.com/a/259169907_733526。

狡诈耍滑以外，实有的成功事例比人们所说的要少得多。希格门·狄亚蒙津津乐道地揭露，美国的所谓'个人奋斗'成功者怎样隐瞒自己利用了几代人积累的家产（如欧洲的资产者从十五世纪就开始积聚财产一样），作为获得成功的跳板。"① 而随着 20 世纪 70 年代后新古典自由主义在美国的勃兴和泛滥，美国子女的生活对父母以及上辈的依赖关系更趋强化；《纽约时报》的一篇文章就指出，最近 5 项独立研究发现美国社会流动性低于加拿大和西欧。② 事实上，社会迁移率往往与是福利水平呈高度的相关性：社会福利水平越高，社会成员受教育程度越公平，社会迁移率也越高。例如，斯堪的纳维亚国家的社会迁移率就比英国和美国高很多。各种数据也显示，美国社会的收入差距显著高于西欧。③

由此，我们就可以审视新古典自由主义经济学所推崇的"自由"市场。新古典自由主义经济学认为，自由市场使得每个人能够充分发挥其才能，凭借自身的努力而获得自我实现，从而促进社会阶层的流动和迁移。但我们需要进一步设问：现实市场果真是"自由"的吗，果真有利于社会流动吗？例如，一些新古典自由主义经济学也承认，"中国收入的垂直流动性要比美国高……比尔·盖茨这样的人毕竟是少数。但在中国，原来处于社会底层的人，经过奋斗或创业，进入中产阶层，这样的人就比美国多。"试想：按照社会流动性的标准，哪个国家的市场化程度更高呢？中国还是美国呢？如果将美国市场视为自由市场，这不正说明了现实市场机制恰恰有助于维护现状吗？19 世纪上半叶的美国由于存在丰富的未开发资源和未利用空间，因而美国社会的流动性也非常高，这才是美国梦被津津乐道的关键；但是，随着

---

① ［法］布罗代尔：《15 至 18 世纪的物质文明、经济和资本主义》（第三卷），施康强、顾良译，生活·读书·新知三联书店 1993 年版，第 727—728 页。

② Deparle, J., "Harder for Americans to Rise from Lower Rungs", *New York Times*, January 4, 2012.

③ 《关于全球收入与财富不平等，你想知道的都在这》，http：//www.sohu.com/a/259169907_733526。

自由市场带来的自我强化，收入差距不断拉大，因而美国梦就逐渐成为传说和传奇，而不再是现实和寻常。

四、如何理解"企业家"的现实功能

新古典自由主义经济学人极力推崇企业家的作用，将企业家视为社会财富的主要创造者和社会秩序的主要推动者。问题是，现实社会中那些被主流经济学人称为"企业家"的富人们果真起到如此作用了吗？

（一）如何理解企业家的获利方式

现代经济学对企业家的地位认同和尊崇主要源于奥地利学派的学说尤其是熊彼特的创新说。熊彼特认为，企业家是创新过程的发起者和组织者，这种创新主要体现在 5 个方面：（一）创造一种新产品，或提供一种产品的更高质量；（二）创造一种新的生产方法；（三）开辟一个新市场；（四）获得一种原料的新的供给来源；（五）建立一种新的产业组织。显然，这每一方面都有利于社会经济效率的提高，从而有利于社会财富的创造和社会经济的发展。从这个意义上说，企业家的基本特性在于创新力，根本功能体现为对社会财富的创造而非私人财富的创造：创新力越强，创造的社会财富越大，企业家精神的体现也就越充分。那么，企业家促进社会财富创造的创新力来自何处呢？关键在于他们具有某种好奇心，这种好奇心驱使他们努力突破现状。

问题是，这种好奇心不等于逐利心，逐利往往可以通过破坏或价值转移而不是创新或价值创造；同时，基于好奇心的价值创造往往也并不一定会给创新者带来私人收益，这涉及一系列的社会环境以及分配规则。事实上，在现实世界中，一个逐利者在决定是通过创新还是破坏来获取个人利益时，关键就取决于机会成本：当一个社会的市场机制不健全和分配规则不公正时，逐利者往往更倾向于通过寻租或者改变分配规则的方式而非创新或财富创造来获取收益。新古典自由主义经济学往往强调，自由市场将促进竞争和创新，但是，"就如斯密指出的，企业有想方设法减少市场竞争的动力；企业还努力确保政府不出台强硬的法律禁止它们从事反竞争行为，或者，即便出台了这样的法律，也确保它们不能被有效执行。商人们所关心的自然不是提高那种广泛意义上的社会福祉，甚至也不是为了使市场更具竞争力。他们的目标很简单，就是为了使市场为他们服务，使他们挣更多的钱……过去 30 年里某些最重要的商业创新不是关注如何使经济更有效率，而是关注如何更好地确保垄断权力或规避那些旨在使社会收益和个人回报统一起来的政府管制"[1]。例如，银行业就一直致力于使市场变得不透明，从而全力兜售越来越复杂、信息越来越不对称的金融衍生品；显然，这种缺乏透明性给银行家带来了高额利润，但同时却导致了经济成效降低。

因此，我们必须对市场上那些富人的收益来源进行审视，而不是混同不同性质的各类收益，甚至将任何捕捉机会盈利的人都视为"企业家"，从而泛化了"企业家"这一概念。显然，现代主流经济学正是犯下了这一错误，它基于逻辑化市场理念而将市场上的一切行为都视为合理的，从而为那些破坏性的逐利行为提供理论辩护。事实上，正如斯蒂格利茨指出的，"成为富人有两种方法：要么创造财富，要么掠夺财富。前者为社会增添财富，后者通过会减少财富，因为在掠夺财富过程中，财富会遭到破坏。"[2] 而且，在现实市场中，绝大多数富人都是通过后一种途径致富的。斯蒂格利茨就写道："通过审视财富分配中处于上层的那些人，我们能对美国这方面的不平等在性质上有一种认识——那些高收入者当中几乎没有谁是技术改造的发明

---

① ［美］斯蒂格利茨：《不平等的代价》，张子源译，机械工业出版社 2014 年版，第 32 页。

② ［美］斯蒂格利茨：《不平等的代价》，张子源译，机械工业出版社 2014 年版，第 30 页。

家或是改变我们对自然规律的认识的科学家"，"相反，在财富分配中占据上层的大多数人都是形式各异的商业天才"，"再进一步观察在财富分配中占据上层的那些人的成功，我们就会发现，他们的天才很多都是基于设计出更好的方法来利用市场力量和市场的不完善——并且在很多情况下发现更好的方法来确保政治为他们而不是更广泛的社会大众服务。"① 比如，为当代计算机提供数学基础的图林（A. Turing）、激光的发现者汤斯（C. Townes）、晶体管的发明者巴丁（J. Bardeen）等为人类福祉贡献卓著的科学家们都没有得到相应的奖励，众多数字产品的缔造者乔布斯、搜索引擎的创新者杨致远以及社交网络创始人扎克伯格等都是商业天才，但他们的商业帝国都是建立在巨人肩膀之上。

根本上说，发明和创新是发明家的工作，他们由好奇心和工作本能所驱动；相反，仅仅追求商业利润的人则是商人，而企业家则是将发明与商业相结合的人。相应地，尽管现代主流经济学往往将"企业家"们被吹捧为引领社会发展的人，但实际上，他们所获得的财富往往并不是源于他们对社会的真正贡献。皮凯蒂就写道："现在的全球首富、黎巴嫩裔的墨西哥地产商和电信大亨卡洛斯·斯利姆，他就经常被西方媒体形容为靠政府庇佑下（暗指腐败）的垄断租金才积累起巨额财富，而比尔·盖茨则被塑造成白手起家的企业家榜样。有时人们甚至会有这样的错误印象，好像是盖茨本人发明了全部的计算机和微处理器。如果他对生产力发展以及对全球福利的贡献能获得相应的酬劳，那么他的财富应该是现在的 10 倍（幸运的是，自从他退休之后，实际上地球上的好人从他的'积极外部性'受益良多）。毫无疑问，这种对盖茨的顶礼膜拜反映了现代民主社会要将贫富差距合理化的不可遏制的需求，对盖茨的膜拜仅仅是这种需求的副产品。……然而在我看来，盖茨实际上也在通过对操作系统的实质垄断获利（其他许多高科技创业者，

---

① ［美］斯蒂格利茨：《不平等的代价》，张子源译，机械工业出版社 2014 年版，第36—37 页。

从电信到'脸谱网'也在通过垄断租金获取暴利）。此外我还认为，盖茨的贡献也要依靠成千上万的工程师和科学家在电子和计算机领域的基础性研究工作，如果没有这些人所做的铺垫，盖茨的创新也就无从而生。但可惜这些默默无闻的研究人员并未将其每项工作都申请专利。"① 例如，博纳斯－李（Berners-Lee）就是世界互联网的发明者，但他没有申请专利，也没有限制其他人的使用，而是无偿地公开发明成果，从而也就没有为自己谋取利益。与博纳斯－李不同，比尔·盖茨则紧盯着任何一个商机，并致力于将现有技术结合在一起而获取商业利益。

最后，为了加深读者的认识，我们再以爱迪生为例做一解析。爱迪生被誉为发明大王和著名企业家，他在美国名下拥有 1093 项专利；但实际上，他真正原创性的方面并不多，很多专利是实验室团队工作和金钱购买的结果。例如，爱迪生没有发明的灯泡，在他之前的 1854 年和 1860 年灯泡已经分别为被亨利·戈培尔和约瑟夫·斯旺等人"先后"发明；而且，斯旺和戈培尔所发明灯丝的材料也是炭化的竹丝，只是两人并没及时申请专利，因而爱迪生经过上万失败所发明的毛竹丝灯只不过是重复前辈们的老路。同样，1874 年，加拿大的两名电气技师申请了一项电灯专利：在玻璃泡之下充入氮气，以通电的碳杆发光；但由于他们没有足够财力继续完善这项发明，从而在 1875 年把专利卖给了爱迪生。再如，碱性蓄电池也是爱迪生公司雇用的物理学家尼古拉·特斯拉发明的。爱迪生曾对特斯拉说，如果他完成了重新设计爱迪生公司的直流发电机，将会得到 5 万美元；但当这项任务完成之后，爱迪生却说这仅仅是美国式玩笑，而只准备把特斯拉的工资提高到每周 25 美元。结果就是，特斯拉出走并创建了"特斯拉电灯与电气制造公司"，致力于研究交流电，成为与爱迪生公司（直流电系统）分庭抗礼的最大竞争对手。事实上，爱迪生最初的"门洛帕克实验室"就是由工程师、

---

① ［法］皮凯蒂：《21 世纪资本论》，巴曙松等译，中信出版社 2014 年版，第 458 页。

机械师、物理学家等大约 14 人的队伍组成，为一项发明的数万次实验也不是由爱迪生本人完成；后来，随着爱迪生发明事业的扩大而成立公司，并吸纳了特斯拉等人的加入。因此，爱迪生的 1000 多项发明，多半来"借脑"他的团队成员或者直接购买别人的发明专利而得。①

（二）如何认识逐利行为的社会影响

为了更好地评估各类市场活动，尤其是辨识真正的企业家，我们还可以对社会财富和私人财富做一区别。一般地，财富的理解通常是基于有用性来界定的，它本质上是指满足人类需要的产品和服务，但其中隐含了这样几点认知：（一）对个体有用的东西并非就一定对社会有用，社会财富和私人财富的含义也存在根本性的差异；（二）从个体有用的财富定义具有很强的主观性，而且满足个人需要的私人财富之间往往相互冲突；（三）社会财富并不是私人财富的简单加总，而且社会财富反而会因私人财富的增加而减少。按照康芒斯的观点，社会财富决定于使用价值的丰裕，个人财产则决定于由价格计量的稀有价值。事实上，市场交易的媒介——货币只是财富的一种虚拟形态，体现了一定的财富所有权，但并不是财富本身；因此，货币的变化或增减并不会影响财富的总量，而只是导致财富的分配。例如，A 藏在衣柜里的现金被虫蛀了，此时 A 确实有了个人财富的损失，但其他人的财富却由此上升了，因而社会财富却没有变化；究其原因，A 现金的损失，意味着整个货币量的供应减少，从而会导致其他人所拥有货币的购买力上升。

然而，现实市场中逐利的行为主体所追求的恰恰是这种货币分配，而促使货币分配的基本手段则是提供对个人的有用性，从而很可能与社会的有用性背道而驰。譬如，对个人来说，无论是生产用于盗窃的锤子和开锁器还是生产用于防止盗窃的栅栏和防盗门，无论是生产用于进攻的远程攻击机、轰

---

① 在原：《爱迪生成为发明大王真实原因：有钱就是任性》，http：//news. ifeng. com/a/20151014/44922743_0. shtml。

炸机、远程火箭、航空母舰、核潜艇和弹道导弹还是用于防御的轻火器、高炮、反坦克火器和地对空导弹等，都是有价值的，因为它们都有利于掠夺他人的财富而减少自己财富的流失。但同时，它们仅仅起到财富转移的作用，并没有提高整个社会财富。事实上，如果大家都不生产这些东西又没有盗窃和对抗行为的话，更多的人类劳动可以用于生产那些对大家都有用的东西，从而增进社会的使用价值。为此，史库森就写道："注重赚取货币而不管生产产品，会偏离我们改善生活这一目标。有时，赚钱——商业和金融欺诈、偷窃、贪污，以及那些妨碍生产的行为——并不等价于改善生活水平。在这些情况下，人们是在赚钱，但却没有增进社会福利。"①

五、再论新古典自由主义经济学为何鼓吹市场

现代主流的新古典自由主义经济学极其推崇自由价格机制和企业家功能，其理由是：（一）市场主体在自由价格机制的引导下追求自利的行为可以促进社会整体福利；（二）企业家逐利的创新活动将促进基础技术进步和优化资源配置。不过，新古典自由主义经济学的这两大信念都是以逻辑化的自由市场为基础的：这种自由市场主要甚至仅仅存在于前资本主义或早期资本主义的日常生活中，参与市场交换的主体是地位相似的个体，社会经济也主要由小型私有企业主导；在这种情况下，市场价格就能够根据需求作快速反应和自动调节，企业家也根据信息灵敏地把握多变的市场形势。相应地，新古典自由主义经济学所鼓吹的自由放任政策也是以小型私有企业和灵活的市场价格这两个密切联系的假设为基础。然而，正如米恩斯指出的，这种形势在 1933 年就已经发生了根本性的变化：不仅大型现代公司成为占主导地位的企业形式，以受到管理的价格进行交换也成为

① ［美］史库森：《经济逻辑：微观经济学视角》，杨培雷等译，上海财经大学出版社 2005 年版，第 13 页。

占主导地位的市场形式。① 在这种情况下，我们就需要重新审视现实市场中的价格特征和企业家功能。克莱因就问道："政治学家并不仅仅因为政治竞争中的赢家取得了成功而对他们赞赏有加。为什么经济学家却要为市场上的赢家欢呼呢？"②

首先，新古典自由主义经济学往往将自由市场观追溯到斯密的"无形的手"原理，斯密为自由放任主义奠定了理论基础。确实，斯密所处时代的市场更接近于自由市场，但即使如此，斯密还是看到了自由市场存在的问题，从而持有的真实观点与现代主流经济学人就相差巨大。例如，斯密就指出，"基于自利心的生产活动可以增进社会收益"这一观点，仅仅"就中等和低等阶层"而言是比较适当的；但是，对那些处于垄断地位的"上流社会"而言，则并非如此。相反，资产阶级的个人利益"从来不是和公共利益完全一致"，而且，"一般地说，它们的利益在于欺骗公众，甚至在于压迫公众。事实上，公共也被他们所欺骗所压迫。"③ 斯密甚至强调，那些把资本用来支持国内产业的人，"通常既不打算促进公共利益，也不知道他自己能在什么程度上促进这种利益，由于能源投资支持国内产业而不支持国外产业，他只是盘算他自己的安全；由于他管理产业的方式目的在于使其生产物的价格能达到最大程度，他所盘算的也只是想要达到个人利益。"④ 正因如此，我们不能简单地为现实市场中的供求价格和市场主体的经济活动进行辩护，而应该深入剖析市场价格和市场活动的真实特性；同时，对市场机制

---

① ［美］米恩斯：《集体资本主义的问题和前景》，载［美］图尔、［美］塞缪尔斯主编：《作为一个权力体系的经济》，张荇华、邓铭译，商务印书馆2012年版，第186页。

② ［美］克莱因：《直面经济学中的权力：一个实用主义的评价》，载［美］图尔、［美］塞缪尔斯主编：《作为一个权力体系的经济》，张荇华、邓铭译，商务印书馆2012年版，第96页。

③ ［英］斯密：《国民财富的性质和原因的研究》（下卷），郭大力、王亚南译，商务印书馆1974年版，第243页。

④ ［英］斯密：《国民财富的性质和原因的研究》（下卷），郭大力、王亚南译，商务印书馆1974年版，第27页。

也不能局限于"要不要干涉"这一层次上，而是要更为关注如何完善市场机制这一问题。在某种意义上，斯密之所以倡导市场机制的作用，主要是为了反对当时重商主义政策对个人经济活动空间的完全压缩和对自利动机的完全压制，从而发挥自利心在经济活动中的积极效应，并倡导在"克己"的市场伦理关系中实现互惠合作。事实上，斯密在晚年一直担任着苏格兰海关和盐税委员会委员的官职，而这个委员会的基本职责就是：起诉自私者、授权没收和烧毁自私者所使用的船只、打破非法的遏制、调查私有财产，并作为重商主义的税收机关而起作用。

其次，新古典自由主义经济学之所以热衷于为现实市场中的供求价格和经济活动进行辩护，就在于，它基于边际主义思维和完全理性逻辑将现实市场视为完全竞争的。在现代主流经济学看来，纯粹市场机制中的商品价格是自由的，而且绝大多数企业通过相应的生产活动而只能维持正常利润，那些企业家则凭借其创新而获得超额利润。但实际上，现代主流经济学所描述的市场仅仅是逻辑化的市场，而现实市场中厂商本身就拥有不对称的权力。

最后，新古典自由主义经济学往往将经济学视为一种价格科学，其中自由市场是价格的发现者，而企业家则利用这种价格信号进行资源配置，但显然，这种理解也存在很大的片面性。（一）价格本身并不外生于社会，而是社会制度的产物，无论是供还是求都受到各种制度因素的影响；从这个角度上说，与其将经济学视为一门价格科学，还不如将其视为一门制度科学，经济学研究的目的就是发现制度的变化规律并促使制度的不断完善。但是，现代主流经济学却将资本主义制度视为给定的，并在一系列抽象演绎的基础上来推导市场机制的运行结果；这样，它就混同了逻辑化市场和现实市场，这种混同使得主流经济学人往往看不到现实社会经济的问题，反而热衷于为之辩护，从而又进一步误导了社会实践。（二）企业家资源配置活动的根本价值在于创造更多财富，而不是从他人或社会那儿转移财富；从这个角度上说，企业家应该遵循各种正式和非正式的制度约束，应该"义中生利"而非"见义忘利"。

但是，现代主流经济学却基于逻辑化市场理念而将一切凭借权力获胜的行为都视为"优胜劣汰"的结果，把一切赚取金钱的市场行为都等同于企业家行为；这样，就促生了对权力的崇拜和经济人行为的认同，加剧了功利主义和机会主义的盛行，促进了工具理性和金钱理性的膨胀。

因此，尽管现代社会经济的发展确实有赖于自由的市场价格和创新的企业家，但我们必须对现实市场中的价格特性和"企业家"角色进行反思，通过批判和监督来促进价格机制的完善和企业家的成长，而不是基于狭隘的理论为现实世界的价格和"企业家"活动进行辩护和鼓吹。一个典型的例子是，新古典自由主义经济学认为，企业家会在市场中积极发掘利润机会等信息并由此采取行动，相应地也就会促使价格的调整；但实际上，现实市场中的价格、质量等信息与其说是自由竞争而衍生的，毋宁说是强势者或大企业有意识地制造的。相应地，现实市场中的企业或富人与其说是通过创新来降低价格和提高质量而获得竞争优势，毋宁说是凭借其地位来制定规则和垄断信息而获得收益转移。事实上，在现实世界中，即使由两套价格间的差额而产生的利润机会是显而易见的，也不是所有人或具有冒险精神的企业家所能利用的。

在很大程度上，新古典自由主义经济学之所以为市场辩护，就在于它承袭了西方社会的自然主义思维而致力于打造一种逻辑化市场，从而看不到现实市场中不均等的权力结构。克莱因写道：权力"尽管可能是平等分配的，但从所有社会科学的观点来看，其明显特征是在现实世界社会参与者的相互作用中，它的分配显然是不平等的。我们反复重申，这种分配实际上是除经济学之外所有社会科学主观关注的焦点。经济学对此的有意回避，已经把现实打磨、擦亮、润饰为一件精美的艺术品。"① 为此，杜格和谢尔曼就把那

_____

① ［美］克莱因：《直面经济学中的权力：一个实用主义的评价》，载［美］图尔、［美］塞缪尔斯主编：《作为一个权力体系的经济》，张荐华、邓铭译，商务印书馆2012年版，第80页。

种盲目鼓吹企业家作用的主流观念称为资本神话，他们写道："有人宣称资本主义的企业家在选择从事这个危险的职业后，就肩负着社会不确定性的负担。如果更仔细地分析，我们就会清楚地发现，同公司的工人相比，大部分公司老板到底过着怎样的一种不确定的生活，尤其是当我们观察到底是工人还是老板更频繁地被解雇、受伤致残或是非自愿地退休这些问题时，这一点就更清楚了。"①

同时，正是基于自然主义思维和社会达尔文哲学观而将现实世界合理化，新古典自由主义经济学就不仅看不到问题，反而埋下了招致社会混乱的种子。

尤其是，正是受到新古典自由主义经济学的熏陶，人们越来越倾向于将现实市场中的供求价格和逐利行为合理化，越来越缺乏批判和否定意识，结果就进一步恶化而不是完善目前还很不成熟的社会制度和市场规则。例如，基于对自由市场中自由价格和自愿行为的推崇，贝克尔、波斯纳、麦肯齐等众多主流经济学家都将通奸、卖淫都视为合理而有效的，因为这些行为使得参与者的福利获得了帕累托改进。于是，美好而纯洁的爱情逐渐消失了，拜金主义到处横行；进而，性也随之发生商品化，它可以随意出卖。德格利戈里就指出，"市场理论的自由选择神话让我们去宽恕的市场活动，在其他地方却是要受到谴责的。"② 沃尔夫则写道："资本主义经济使得一些行为方式合理化，也使得另一些行为方式不合理化。因而，你最好做市场命令你做的，否则你将陷入困境。所以我们发现自己是受市场支配的。……市场就像一个我们偶然创造出来的怪物，但它现在已统治我们的生活。"③

---

① ［美］杜格、［美］谢尔曼：《回到进化：马克思主义和制度主义关于社会变迁的对话》，张林译，中国人民大学出版社 2007 年版，第 87 页。

② ［美］德格利戈里：《权力与市场幻觉：制度和技术》，载［美］图尔、［美］塞缪尔斯主编：《作为一个权力体系的经济》，张荐华、邓铭译，商务印书馆 2012 年版，第 50 页。

③ ［英］沃尔夫：《当今为什么还要研读马克思》，段忠桥译，高等教育出版社 2006 年版，第 25 页。

总之，市场本身是人类创造的而非先验之物，从而市场原教旨主义本身就呈现为一种乌托邦式的意识形态经济。从历史上看，资本主义的市场大发展源于 16 世纪的地理大发现，当时新兴的民族国家为了取得发展和扩张，迫切需要取得国际贸易中的竞争优势，而这种竞争优势根本上体现在较低的价格，进而又依赖于大量的劳动投入和低廉的工资支付。问题是，在如此低廉的工资下，人们又如何愿意去工厂工作呢？因此，为了迫使人们进入工厂，当时的国会就颁布《公有地围圈法》并用暴力将农民从公地中驱赶出来，这就是"羊吃人"的圈地运动。这反映出，资本主义的市场扩张就根本不是一个自然而是人为的过程，市场机制的"设计"往往也就体现为特定群体尤其强势者的利益诉求。为此，卡尔·波兰尼就写道："市场在重商主义制度下高度发展的时期，它们在中央集权管理——这在农民的家计经济和全国生活这两方面都助长独裁——的控制之下而发生滋长的。"① 有鉴于此，作为关注社会现实的公共知识分子，他们往往会且应该对当前社会中的各种扭曲现象及其背后的理论基础进行深刻的反思，而不是且不能简单地围于既有的思维范式为现实市场和那些逐利行为进行辩护乃至鼓吹。这对当前中国社会尤其重要，究其原因有二：（一）实用主义传统本身就已经使得中国人非常关注现实生活，从而从来就不缺敏锐地抓住市场机会而赢利的人；（二）长期的个人主义又使得中国人往往过分关注私人生活而忽视公共生活，从而导致健全的社会制度和公共秩序迟迟无法建立。

六、结语

西方主流的新古典自由主义主要以自然主义的面目出现，将没有政府干预的市场主客体都视为一种自然的存在。约瑟夫·福格尔就指出，"所谓的

---

① ［英］卡尔·波兰尼：《巨变：当代政治与经济的起源》，黄树民译，社会科学文献出版社 2013 年版，第 145 页。

市场自由首先表现在：解放市场主体的责任必须和使政府与政治家服从天然的市场法则的义务相结合。统治上的自然主义将自然法则发展过程中的原则掺杂到国家管理制度中，并由此宣称为自由经济提供了一个道德哲学上的依据。"① 也正是根植于自然主义思维，越来越多的新古典自由主义经济学人就从新古典经济学转向奥地利学派来寻求对市场的更好辩护；不过，他们依旧混同逻辑化市场和真实世界的市场逻辑，从而也就难以接受有关"市场失败"的任何分析。斯蒂格利茨等的批判是建立在对新古典经济学的逻辑化市场与现实的市场进行对比的基础之上，从而由此发现基于逻辑化市场所获得的那些结论之现实不可行性。在很大程度上，正是由于将市场逻辑化并混同了逻辑化市场和真实世界的市场，导致了新古典自由主义的勃兴和个人主义的恶性发展，并进而导致了新资本主义的崛起，新资本主义观念达成了对个人自由选择的绝对信仰与市场决定论的集合。

萨克斯就写道："所有大力推崇市场经济的学者，包括亚当·斯密、约翰·梅纳德·凯恩斯、保罗·萨缪尔森、弗里德里希·哈耶克等人，都十分清楚公共产品、环境污染和不对称信息等问题的实际存在，并且因此十分清楚政府有必要深度介入到公共教育、道路建设、科学发现、环境保护、金融监管以及其他领域的活动。没有一个人怀疑过政府在一个市场体系中应当承担的重要角色。不仅大力提倡混合经济的凯恩斯和萨缪尔森这样，极力主张毫无约束的市场的哈耶克和弗里德曼也是这样。只有哈耶克和弗里德曼之后某些主张自由市场的新手们，才会去忽略政府在确保市场机制下实现效率和公平的关键角色。"②

---

① ［德］福格尔：《资本的幽灵》，史世伟、赵弘、张凯译，中国法制出版社 2014 年版，第 32 页。

② ［美］萨克斯：《文明的代价》，钟振明译，浙江大学出版社 2014 年版，第 33 页。

11. 经济学家应该捍卫何种市场经济:

完善市场机制的两大维度

导读: 由于混同了逻辑化的市场和现实市场的逻辑并以逻辑化市场来为现实市场的逻辑进行辩护,现代主流经济学的诸多理论和政策都引发了社会经济的系列乱象。正因如此,我们不能简单地捍卫逻辑化的市场或现实的市场,而是要对现实市场进行不断改造和完善。一般地,市场机制的有效运行往往依赖于两个基本前提:一、存在社会经济地位大致平等的市场主体;二、存在相对公正合理的市场程序。因此,现实市场也应该沿着这两个维度不断完善:一、引入抗衡力量以打造平等的市场主体;二、完善制宪主义以打造合理市场规则。显然,只有以这种条件为基础的市场经济,才是我们真正要捍卫的。

一、引言

新古典自由主义经济学是如此地推崇市场机制和个人行动,乃至不少经济学人(尤其是奥地利学派学者)认为,经济学家的根本工作和人物就是说服其他经济学家、政治家和公众相信自由放任是最好的政策,除此之外就无事可做了。固然,从事经济活动的应该是自主的主体,而自主个体(或组织)间的自由交换和行为互动构成了市场经济,这意味着,市场经济应该成为现代社会经济的基础。问题在于,我们究竟应该捍卫何种市场经济?

这就涉及对市场经济的理解，也关系到市场化改革的方向。那么，是否存在一种不变的市场经济呢？更进一步地，如果市场经济是可变的，那么，现实的市场经济是否就是合理的？事实上，如果现实市场经济并非是合理的，那么，新古典自由主义经济学家为何坚定捍卫会现实市场经济呢？有鉴于此，本章尝试对市场经济的特点及其合理性做一辨析，由此来回答经济学家对市场经济的捍卫问题，进而可以研究如何完善市场机制。

二、理解市场机制的维度

要回答上述的一系列问题，根本上都涉及如何理解经济学家的角色定位和市场经济的基本特性。一方面，就经济学家所承担的基本任务而言。一般地，任何学者尤其是公共知识分子所占据的岗位都属于公共领域，学者的根本任务就在于通过不断的探索而为社会提供洞见，从而增进人类社会的认知和促进社会的合理发展；相应地，他的所作所为不应服务于特定个人或组织，否则就只是作为一个组织或团体的研发人员而存在。显然，正是作为公共知识分子而存在，发现现实社会经济中存在的问题并提出解决之道，就成为经济学家应有的社会责任和基本任务。[①] 另一方面，就市场经济的特性而言。一般地，市场经济活动构成了一国社会经济的基础，因为自主行动的市场主体可以充分地利用分散的信息，灵活地把握环境的变化，最大限度地促进技术的创新；但同时，任何现实市场又都或多或少地存在缺陷，表现为大量的市场失灵以及由此产生的社会经济困境。显然，正是基于市场经济的双重特性，集中探究市场交换和个体行为的经济学家就应该努力挖掘市场机制运行过程中所潜在的种种问题，努力寻找纠正或弥补市场失灵的思路和措施，从而提高分立的市场主体间的行为协调以促进社会合作和分工深化。

---

① 朱富强：《新古典经济学在中国的应用审视：经济学的人文性反思》，《中山大学学报》2008 年第 3 期。

从经济学说史来看，几乎所有的经济学大家都致力于现实经济和制度问题的关注，致力于对制度演化过程的考察，由此探究制度的发展方向以及寻求完善的途径；相反，集中于个人致富的技术问题，仅仅是边际革命为主流经济学带来的状况。纳尔逊就写道："在现代新古典理论在经济学中获得压倒性地位之前，大部分经济分析既是演化的又是制度的……在《国富论》的许多其他地方，斯密所关心的明显地是更广泛的国家制度结构，他所采用的方法与现代制度经济学的观点相一致。马克思当然既是演化理论家又是制度理论家。如果你考虑到马歇尔著作的宽广视野，那么他也是一个演化理论家。因此，在经济学中，囊括制度在内的演化主张理论在一种基本的方式上具有悠久和光荣的传统"，而"当新古典经济理论在经济学中占据统治地位之后，它的智力范围在日益缩小，无论是制度还是演化的经济学分析就都变成了'反文化的'。"① 在很大程度上，正是由于承袭了新古典经济学的理性分析框架，现代主流经济学越来越热衷于对理性行为的技术分析，并将现实制度视为理性个人追求效用最大化行为的互动产物，从而是有效率的。同时，现代主流经济学又将制度的理性分析推广到对市场机制的理解上，从而就看不到现实的市场机制以及社会制度所存在的问题，反而还将市场机制逻辑化和理想化，并以此为现实市场机制和社会制度进行辩护。

其实，市场本身不是先验地外在于社会制度的，而是社会制度的一部分；同时，包含市场机制在内的社会制度都是人类创设的产物，并处于从不成熟到成熟的发展过程之中。因此，现实世界中的社会制度和市场机制本身就不可能是完全有效的，其运行结果更不可能是绝对公平的，这几乎是一个不言而喻的事实。为此，作为公共知识分子的经济学家所应致力于解决的根本问题就是：探索现实制度之所以缺乏效率、缺乏合理性和公正性的根本原

---

① ［美］纳尔逊：《作为经济增长驱动力的技术与制度的协同演化》，载［澳］福斯特、［英］梅特卡夫主编：《演化经济学前沿：竞争、自组织与创新政策》，贾根良等译，高等教育出版社 2005 年版，第 20 页。

因，并由此探索推进社会制度不断成熟和完善的措施。图尔就强调，"从事社会研究是为了不断地解决社会问题"，"因此，社会研究的对象只能是那些控制着公共政策的决定与执行、（政治）冲突的解决以及生产与分配（解决）的思想和制度"。① 基于这种认识，我们就必须跳出新古典经济学教材所设定和宣扬的思维定式和理论教条，认真地剖析真实世界中的市场机制及其制度特性，并通过剖析其缺陷来推动市场机制和社会制度的持续改进。同时，这种学术诉求并不是要否定市场机制的积极作用，而是为了更全面地认识和发挥市场机制的合理功能，从而可以更清晰地理解应该捍卫何种市场以及应该如何捍卫市场。

三、现代主流经济学捍卫何种市场

经济学科的基本特性规定了经济学家努力探究现实社会制度和市场机制所存在的缺陷并促使其不断完善的基本任务，但是，现代主流的新古典自由主义经济学人基于逻辑化市场理念往往却做着相反的事情：刻意地基于一种抽象模型而纯粹的市场机制，并由此为现实市场提供辩护，而不是努力剖析现实市场的不足并不断完善它。按照逻辑化市场的观点，人类社会的一切包括价格体系、行为规则以及制度伦理等都可以且应该交给由个体互动而产生的自生自发的市场，而不要有任何组织的、社会的和政治的干涉。相应地，也就根本不需要经济学家，这就如奥地利学派学者所宣称的。但显然，这里存在一个悖论：当主流经济学人宣称经济学家的作用是告知公众有关自由市场的好处时，这隐含了主流经济学人比公众更理性或公众是非理性的这一条件，而这又与现代主流经济学将市场主体都视为理性的平等主体相矛盾。

其实，现代主流经济学的逻辑化市场理念有两个基础：（一）逻辑前提

---

① ［美］图尔：《自由抉择的经济：政治经济学的规范理论》，方敏译，华夏出版社2012年版，第31页。

是基于抽象化还原的同质主体；（二）逻辑关系是基于先验理性的形式逻辑。但是，真实世界的市场逻辑却完全不同于这种逻辑化的市场：不仅市场主体是异质的，而且市场主体的行为逻辑也不同于数理逻辑。因此，现代主流经济学所宣扬的逻辑化市场理念根本上就是先验的，这与市场本身源自人类创设、并且呈现出一种动态的发展过程相矛盾。同时，现代主流经济学之所以推崇逻辑化市场，又在于西方社会根深蒂固的自然主义思维。正是自然主义思维使得现代主流经济学极力仿效物理学等自然科学的分析范式，并将均衡视为人类社会发展的理想状态；为此，它使用了现代数学分析工具而将不断演化的市场机制打造成一种静态的逻辑化市场，并建立了一系列的理性建模和计量实证来证明纯粹市场的好处。

一般地，手段和工具本身都是中性的，它既可以用在合理的场合而产生好的结果，也可以用在不合理的场合而产生坏的结果。例如，就理性建模和实证分析而言，如果使用合理，就有助于理论逻辑的清晰和严密，有助于经验上升到理论以及理论的检验；相反，如果使用不合理，就会滋生出形式主义和庸俗主义倾向，乃至蜕化为禁锢思维的数量拜物教。再如，就国家干预和累进税制而言，如果使用合理，就有助于促进市场秩序的完善和成熟，有助于分配正义的实现和社会矛盾的解决；如果使用不合理，就会扭曲市场秩序而强化垄断、寻租等，就会进一步加剧社会财富的集中和社会两极化趋势。

问题是，在现实世界中，功利主义和机会主义的盛行使得工具和手段恰恰被用在坏的方向，由此也就导致理论与现实之间出现严重脱节。例如，在很大程度上，现代主流经济学往往倾向于在特定范式下进行理性建模和计量实证，从而借助于复杂数学的工具来强化那些逻辑化的市场理念；同时，它又否认国家干预和累进税制等可以用在好的方面，从而出现为极端的市场取向进行辩护的流行取向。林德布洛姆就写道："一个市场就像一把工具：它设计用来做特定的工作。但不适合其他的工作。由于不太熟悉它到底有什么用处，当人们可以使用它的时候却经常把它留在抽屉里。不过，有的时候，他们也在不应当使用它的时候使用它，像一个粗心地把凿子当螺丝刀使用的业余工匠。"①

在很大程度上，现代主流的新古典自由主义经济学在论述市场时就潜含着一个明显的二律背反：一方面，它论述的是一个进行着自由竞争的逻辑化市场，该逻辑化市场由同质而平等的原子个体构成；另一方面，它又将市场等同于资本主义市场，而资本主义社会中的市场主体明显不具有相等的地位和权力。哥伦比亚大学政治学教授李普曼斯坦曾在美国《外交事务》上发表文章说，美国经济上的鸿沟正在扩大，美国收入不平等的程度比任何先进的民主国家都要严重，而跟加纳、尼加拉瓜及土库曼差不多。究其原因有二：（一）市场力量的自然结果。美国崇尚自由市场主义，而市场机制下的分配机制根本上就是由力量决定，强势的管理阶层可以享受高额薪资而不必理会公司的业绩究竟如何；结果，少数精英就攫取了巨额的金融利益，而中产阶级却承担更高的风险。（二）公共政策的扭曲。自20世纪70年代迄今的公共政策持续偏向有钱人：国会一再为高所得者减税、放宽资本利得及其他投资所得的税负，而劳工政策却使工会组织更难运作以对抗力量不断高涨的资方；同时，国会还一再放松对金融市场的监理，让富有的经理人及投资者通过银行及其他金融机构创造出的衍生金融工具而变得更富，房贷户及退休者却承受更高的风险。

此外，市场机制的马太效应以及相应的市场权力集中还会衍生出一种"赢者通吃"的分配模式，如出现了锦标赛制的薪酬休系。② 相应地，也就产生出一种不健康的社会状态，它使得富者与贫者之间形成政治上的两极

① ［美］林德布洛姆：《政治与市场：世界的政治—经济制度》，王逸舟译，上海三联书店、上海人民出版社1996年版，第108页。
② 朱富强：《不确定情形下的市场定价机制：基于心理—权力结构对新古典价格理论的审视》，《财经研究》2018年第5期。

化、丧失互信，甚至彼此憎恨，从而严重扭曲了民主政治体系的运作。正是由于市场的现实逻辑往往会导向各种不公正、无效率的问题，因而就有必要对之加以干预、纠正和完善。从根本上说，市场所面对的，不是要不要或应不应受到干预的问题，而是应该如何被干预的问题。究其原因，市场本身就是一种社会习俗而非自然之物，是由人的互动行为产生的，而人的行为则又受心理的、文化的、制度的影响，因而市场必然逃不了社会的干预。那么，如何干预呢？这就涉及对规则和命令这两类方式的特性认识。

一般地，规则来自立法或基于一定程序形成的多数意见，具有普遍性和抽象性；命令则来自行政或某特定领袖或独裁者的主张，具有特殊性和具体性。在哈耶克看来，规则和命令的区别在于：做出采取行动的决策者是发布命令或指定法律的人还是正在行动的人，其中，如果是由正在行动的人进行决策，那么这就是规则。① 显然，在市场经济中，决策者是由在场者主导的，因此，市场经济中行动制约就主要来自规则。从这个意义上说，市场机制并不是不受人或组织的干预，只不过人或组织的干预更多地应该通过规则的方式进行而不是采取命令的方式。事实上，在哈耶克看来，"斯密和穆勒对政府干预的反对尤其是对'政府强制力的使用，即非一般法的正规执行，并且迎合某些特殊目的'的现象。"② 在很大程度上，哈耶克之所以强烈反对传统的社会主义计划体制，主要是出于"反对一切政府对市场的直接干预"。③ 显然，政府机构通过法规的方式对市场运行加以引导和调控不属于"直接干预"，从而也就没有妨碍市场的运行，相反，它是对市场机制的完善。史普博就指出，"有秩序的市场交易对法律规则的依赖，又是被经济学

---

① ［英］哈耶克：《自由宪章》，杨玉笙等译，中国社会科学出版社 1999 年版，第214 页。

② ［美］史普博：《管制与市场》，余晖等译，格致出版社、上海三联书店、上海人民出版社 2008 年版，第 31 页。

③ ［英］哈耶克：《经济、科学与政治：哈耶克思想精粹》，冯克利译，江苏人民出版社2000 年版，第 264 页。

家视为理所当然的事"，"亚当·斯密'看不见的手'依赖于管制市场交换的法律这一'看得见的手'。"①

然而，基于逻辑化市场理念，新古典自由主义经济学却崇尚一种由市场主体自发互动所形成的自然秩序，而极力反对来自政府或其他社会组织的干预，由此积极推行管制放松的政策。结果，却最终引发了全球性的经济危机。新古典自由主义的积极鼓吹者波斯纳就承认，资本主义的核心机制——包括中央银行、银行业以及对银行业的监管——的失败，是 2008 年美国以及全球经济萧条的原因。②

新古典自由主义者之所以极力否定政府干预的合理性和必要性，一个重要原因就在于，它简单地将干预等同于命令，或者将一般规则等同于自然秩序。进而，新古典自由主义者之所以极力反对对市场的社会干预，往往又源于这样两大误区：（一）它将市场视为一种自然存在，而与人的意识和行动无关。但显然，这种认知是不正确的，因为市场根本上是人类的一种"构设"。例如，文特森·奥斯特罗姆就写道："市场安排取决于政府安排，而与后者有关的是产权、协议关系等非市场性的东西；更确切地说，在人们看来，它们代表了确定人际关系的方式，从而产生了公认的交换关系。市场体系并不是存在于人类社会其他体系以外的绝无仅有的社会秩序；它取决于社会基础，而后者又取决于非市场性的决策机制。"③ （二）它往往将自由价格视为由供求决定的，而与制度无关。但显然，这种认知也忽视了供求关系本身就是由社会结构和社会制度所决定的这一事实。尼克尔森就写道："第

①　［美］史普博：《管制与市场》，余晖等译，格致出版社、上海三联书店、上海人民出版社 2008 年版，第 31 页。

②　［美］波斯纳：《资本主义的失败：〇八危机与经济萧条的降临》，沈明译，北京大学出版社 2009 年版。

③　［美］文特森·奥斯特罗姆：《机会、差异及复杂性》，载［美］V. 奥斯特罗姆、［美］D. 菲尼、［美］H. 皮希特编：《制度分析与发展的反思：问题与抉择》，王诚等译，商务印书馆 1996 年版，第 297 页。

一，制度发展和设计是'获得正确价格'过程的一部分，因为供给和需求的相互作用是通过制度来媒介的；第二，坏的政策随着时间的推移将从基础上破坏和扭曲制度的运行；第三，政策改革和结构调整将通过启动'获得正确价格'过程，而对经济发展过程中的制度变化过程发生实质性影响。"①

　　最后，需要指出，正是基于自然主义思维，现代主流经济学往往将市经济中的初始分配收入视为合理的。但显然，这种论断不符合其本身的分析逻辑，以致现代主流经济学陷入了一种"以子之矛，可攻子之盾"的困境。具体说明如下：现代主流经济学基于供求平衡来分析市场经济活动和相应的市场竞争结果，而供求关系则取决于市场主体的力量对比；因此，基于供求博弈所形成市场收入分配就取决于市场主体的社会力量而不是其劳动贡献，更不要说，社会力量结构还决定了相应的分配规则。事实上，根据现代主流经济学的基本观点，任何生产要素所获得的报酬都由它的供求关系决定：如果该生产要素是稀缺的，那么它的相对需求就大，在谈判中就拥有更大的力量，从而也就可以获得更大比例的分配收益。相应地，一个社会的工资水平就取决于劳动力的供求关系：在一个劳动力丰富的社会，单个劳动力的谈判力量往往比较低，从而只能获得较低的工资水平；同时，如果将社会总收入简单地分成工资和利润两大部分，那么，每一部分的分配比重就取决于两者间的力量对比：谈判力量强者将会占据相对更高的份额。这意味着，纯粹市场机制将会有利于强势者，将会导致收入差距的两极化，因而主流经济学的供求分析范式并不能为市场收入的合理性提供辩护。那么，现代主流经济学又是如何合理化现实市场中的收入分配的呢？根本途径就在于，它基于还原论思维将异质性市场主体还原为同质的原子个体，同质的原子个体在相同的交换规则和分配规则下也就得到了相同的公平结果。

_____

① ［美］尼克尔森：《制度分析与发展的现状》，载［美］V. 奥斯特罗姆、［美］D. 菲尼、［美］H. 皮希特编：《制度分析与发展的反思：问题与抉择》，王诚等译，商务印书馆1996 年版，第4—5 页。

四、发挥市场积极作用的两个维度

上面的分析强调，经济学家应该注重对市场机制缺陷的剖析。不过，剖析市场缺陷的主要目的并不是否定市场的积极作用，更不是对政府失灵的视而不见。这从两方面加以认识：（一）人类个体的价值取向往往是多元的，迄今还无法找到一致同意的价值目标，从而也就无法用统一的方法来同时实现所有人的需求；（二）人类社会的信息越来越复杂化，迄今为止还没有找到或发现比它更好的替代机制，从而也就无法简单地抛弃引导人们日常生活的市场机制。相反，我们之所以探究市场机制的内在缺陷，根本目的在于改进和完善现实世界中还很不成熟的市场机制，防止市场机制的内在问题积累得越来越严重。只有这样，才能更好地发挥市场的积极作用，更好地促进社会经济的持续发展和整个社会的和谐稳定。克莱因就写道："经济学家把注意力集中在自由市场，而政治学家并不专注于'代议制民主'；他们的注意力及汇总在它的不完善上。事实上，看起来政治经济学和政治学的进步，可以由关注这种不完善的理论家和'应用型专家'来实现。"①

问题是，又如何促进市场机制的完善和成熟呢？这就要剖析市场的基本功能以及实现这些功能的基本条件，从而可以对市场机制作相应的创设和完善来最大限度地实现这些功能。一般地，市场的积极作用主要体现协调分立个体间的行动，从而促进交易的顺利进行；同时，交易的顺利进行往往又有赖于交易结果的互利、合理和公正。瓦格纳写道："市场经济是一种互相协作的模式，社会的所有参与者相互合作，但这种互相协作和合作是社会中的人在一套特定的制度框架下，按照各自的计划和安排追求各自不同的目标

---

① ［美］克莱因：《直面经济学中的权力：一个实用主义的评价》，载［美］图尔、［美］塞缪尔斯主编：《作为一个权力体系的经济》，张荐华、邓铭译，商务印书馆2012年版，第104页。

时，无意识地达到的结果。"① 那么，如何能够保障市场交易结果的合理和公正呢？这往往又依赖于两大基本条件：（一）存在社会经济地位大致平等的市场主体，这也是马克思、布罗代尔等对市场的理解；（二）存在一个相对公正合理的市场程序，这是现代主流经济学所关注的。这里就此逐一加以解析。

（一）市场主体的平等地位

一般地，市场交易的分配结果与市场主体的初始地位直接相关：如果市场主体具有相似的平等地位，他们也就拥有相等的交易力量或谈判权力，那么，相对均等的共赢结果就得以实现；相反，市场主体的初始地位越不平等，强势者就越有能力将交易契约均衡点推向对方自愿接受的底线，从而导致交易剩余的分割就越不均等。由此，我们就可以反思现代主流经济学的一些观点。例如，根据布坎南的"宪法性契约"，无论达成什么样的协议，只要它是理性的交易结果，那么就是公平的。问题在于，现代主流经济学往往只是从自愿契约的角度设定规则，并把自愿交易的帕累托改进视为公平的，却并没有具体考虑合作剩余如何分配这一问题，而这才体现出真正的自由度及其潜含的剥削性。显然，按照主流博弈论的观点，合作剩余的分割诉诸非合作博弈，非合作博弈的结果则取决于博弈方的交易能力。鲁宾斯坦（Rubinstein）的讨价还价模型就表明，博弈方越有耐心（即贴现率越低），他获得的收益份额就越大。② 鲁宾斯坦所讲的耐心主要源于博弈方的初始地位，更多的资源禀赋使得博弈方不必过分关注短期利益。例如，在劳资博弈中，由于资本家的家底雄厚，从而往往也就具有较高的耐心；相反，工人往往无

---

① ［美］瓦格纳：《宪法、暴力和宪政秩序》，载［美］罗利编：《财产权与民主的限度》，刘晓峰译，商务印书馆 2007 年版，第 176 页。

② Rubinstein, A. , "Perfect Equilibrium in a Bargaining Model", *Econometrica*, Vol. 50, No. 1 (1982), pp. 97-109.

法忍受长时期的失业，从而耐心往往较小。正是这种初始地位的差异，使得劳资谈判的结果往往有利于资方，此时，我们也不能说劳资的收入分配是公平合理的。推而广之，只要现实社会中市场主体的初始地位是不平等的，那么，自由交易的结果就必然会有利于强势者；此时，市场交易的"自愿原则"就只是诱使弱势者接受强势者剥削的工具，而基于自发市场的帕累托优化原则也无法成为一种正义观。

同时，在市场经济中，决定市场主体之初始地位的主要因素是社会财富的占有和分配状况，而市场机制的马太效应使得金钱和财富不断集中，从而导致现代市场经济中市场主体日益不平等。在很大程度上，正是基于这一认知，沃勒斯坦把"市场"视为小人物的领域和自由的领域，以区别"垄断"这一大人物的领域、专制的领域。沃勒斯坦强调，"支持布罗代尔的'市场'就是支持世界的平等化，也就是说，为人类的自由而斗争，因而也为博爱而斗争……（相应地）它可能使市场（布罗代尔意义上的市场）的胜利不再是资本主义体系的标志，转而成为世界社会主义的标志。"[①] 事实上，现实社会中市场主体在社会地位和机会方面的不平等以及由此产生的社会不正义，也为罗尔斯深切地认识到。罗尔斯写道：在自然的自由体系中，最初的分配安排"要求一种形式的机会平等：即所有人都至少有同样的合法权利进入所有有利的社会地位。但由于没有做出努力来保证一种平等的或相近的社会条件，资源的最初分配就总是受到自然和社会偶然因素的强烈影响。……我们可直觉到，自然的自由体系最明显的不正义之处就是它允许分配的份额受到这些从道德观点看是非常任性专横的因素的不恰当影响"。[②] 为此，罗尔斯希望通过无知之幕和原初状态来消除社会成员在初始地位上的不平等，并提出以"向才能开放的前途平等"和"机会的公平平等"两大

---

① ［美］沃勒斯坦：《否思社会科学：19 世纪范式的局限》，刘琦岩译，生活·读书·新知三联书店 2008 年版，第 243 页。

② ［美］罗尔斯：《正义论》，何怀宏译，中国社会科学出版社 1988 年版，第 68 页。

原则来构设公正社会。此外，马克思也认识到，资本主义社会的不正义根本上是源于市场主体的地位不平等，尤其集中表现为财产占有的不平等；为此，他强调要重建基于个人所有制的市场，从而实现个体间的互惠和合作。不幸的是，现代主流的新古典自由主义经济学却完全忽视了这些大师的先驱性探索，它只关注交易规则的普遍性，而忽视市场主体的初始地位不平等性，并热衷于鼓吹现实的资本主义市场，从而强化了掠夺性竞争的市场。

（二）公正合理的市场程序

在市场主体的地位既定的情况下，市场交易的结果就与市场规则和程序有关：如果市场规则是相对公正的，信息沟通机制是相对完善的，那么，市场交易的结果也就是相对合理的；相反，如果不同市场主体拥有不同的信息并遵从不同的规则，或者既定的规则和信息有利于特定市场主体，那么，市场交换的结果就必然是不公正的。那么，市场规则或程序如何设立才会相对公正合理的？一般地，市场规则或程序的设立与正式的和非正式的两类制度有关，如文化伦理、社会习惯、社会规章、法律制度等，它们都会影响市场经济中的收入分配结构。（一）就非正式制度而言，马克思就曾指出，在极端的劳资关系中，工人的工资除了与劳动力价值有关外，还与特定社会的习俗伦理有关。在很大程度上，伦理道德、公平正义等都与社会风俗和文化心理有关。（二）就正式制度而言，社会制度赋予了市场主体以谈判力量，从而也就决定了他在社会分配中获得的收入份额。在很大程度上，作为社会制度重要构成要素的法律规章就成为影响收入分配的主要社会力量。正是从这个角度上说，现实市场中的收入分配结构往往体现了社会制度和法律规章的性质：社会制度和法律规章越完善，收入分配也就越合理。这也意味着，当前中国社会的收入差距之所以不断拉大，也就源于社会制度和法律规则的不健全。

同时，尽管现代主流的新古典自由主义经济学往往将市场机制等同于一般规则，而且这种一般规则往往是普遍的和不变的；但实际上，市场规则本身仅仅是一定社会的基本认知和伦理道德观的体现和凝结，而伦理道德观本身则蕴含了一个社会的基本认知。因此，市场机制本身应该包括两大内容：一般规则和市场伦理。其中，一般规则的制定和运行往往都以市场伦理为基础，离开市场伦理的一般规则是根本不存在的；而且，如果过分强调一般规则而忽视市场伦理，那么就会极大地激发机会主义心理和策略性行为，这些又引发内生交易费用的飙升和广泛的囚徒困境。事实上，新古典自由主义经济学推崇市场机制，认为个体的逐利行为能够实现效率和帕累托改进，乃至最终提高社会财富和整个社会的福利水平；同时，市场机制下的任何个人都遵循统一规则，从而不仅参与交换的个体是平等的，而且交换结果也公正的。但是，尽管市场主体的自主行为确实可以更充分地利用分散的信息，灵活把握即时环境的变化，最大化使用技术创新，因而市场经济活动就构成了一国社会经济的基础；但与此同时，任何现实市场也都存在或多或少的缺陷，表现为大量的市场失灵以及由此产生的社会经济困境。

可见，从市场主体的初始地位和市场规则的公平合理这两大维度出发，我们在为市场发挥其积极作用提供了基础的同时也为市场机制的创设和完善指明了方向。戴维·米勒就强调，"一种公正的市场经济会要求一种具有强烈的调节性和校正性的框架，而且看上去会与我们生活在其中的资本主义经济制度有实质性的差别。更确切地说，它至少要满足五个条件"，"首先，市场必须在平等的机会的背景下运作……第二，基于相类似的理由，反歧视的立法必须确保人们不管是作为雇员还是作为商品和服务的买方不会因为他人有偏见的态度而失败。第三，市场必须保持竞争性，从而使得人们只是基于他们提供的他人想要的商品和物品的份额而得到酬劳，而不是享用垄断租金……第四，围绕市场的制度应当这样运作，从而减轻而不是加剧运气的影响：既然这些影响不可能完全消除，重要的就是尽可能不要使好的和坏的运气累加在特定的生活过程之中。第五，在经济制度的非市场部门工作的人得到的收入和伴生的利益应当与市场部门中从事类似工作的人的所得具有广泛的可比性。"① 在很大程度上，这就涉及对市场结构的调整，涉及相应社会制度的建设。但是，新古典自由主义经济学的逻辑化市场恰恰撇开了结构问题，而仅仅关注市场机会的形式平等，乃至将市场主体的命运都交给"掷骰子"的上帝。从这个角度上，新古典自由主义经济学根本就不了解市场，也就无法为市场机制的建设和完善提供有建设性的建议。霍奇逊写道："新古典理论的本体论是关于原子式的个体的，不是关注结果的……新古典分析绝不是以市场为中心的，而是不了解市场的。"②

最后，需要指出，成熟的市场和相对完善的市场机制应该导向一个收入相对平等的社会，导向一个以中产阶级为主体的社会；而且，这种社会不仅有助于推进社会分工和合作，而且有助于社会民主体制的发展和完善。鲍什写道："经济平等程度的提高能够加大民主制度建立的可能性。因为个体间的收入分配更加平等，最贫困社会阶层向富裕选民提出再分配要求的压力将有所降低。相应地，对大多数生产资产的持有者而言，容忍大众民主的相关成本将减少。换句话说，由于在民主制度下资产所有者需要支付的赋税最终低于他们排斥多数民众所需的真假成本，他们会选择接受普选制。"③ 但是，20 世纪 70 年代后西方自由资本主义的发展现实却是：收入差距的持续拉大。例如，从 1973 年到 1993 年期间，美国的人均生产总值增长了 29%；但是，这种增长却没有得到平等分享：80%的工人或失去工作，或几乎不能养活他们自己；在男人中，20%的顶级收入劳动力享有国家的全部工资增长；

---

① ［英］D. 米勒：《社会正义原则》，应奇译，江苏人民出版社 2001 年版，第 277—278 页。

② ［英］霍奇逊：《演化与制度：论演化经济学和经济学的演化》，任荣华等译，中国人民大学出版社 2007 年版，第 35 页。

③ ［美］鲍什：《民主与再分配》，熊洁译，上海世纪出版集团、上海人民出版社 2011 年版，第 8—9 页。

正是顶端的 5% 的人，尤其是最顶端的 1% 的人，已经赚得了工资增长的最大部分。① 试问：我们所追求的市场经济难道就是如此吗？它能够为人类社会带来自由和平等吗？能够有助于社会民主制的建立吗？事实上，按照瑟罗的观点，真正的民主制通过致力于整个社会的善寻求它自己的善，从而向它自己征税最多；而寡头制则通过剥削社会的其他人来追求它自己的利益，从而向它自己征税最少。因此，当寡头政治取代民主建制的一个重要特征就是收入增长的不平等。显然，西方社会 20 世纪 70 年代以降的发展表明，现代自由资本主义正在以寡头政治取代民主建制，很大程度上是反民主的。相应地，这就提醒我们重新审视对将市场机制和民主体制的关系：市场经济并不等于自由放任，而应该与民主体制的发展镶嵌在一起，要基于民主体制对市场经济所基于的规则进行调整和完善，从而保证市场机制的公正合理以及由此产生的社会收入相对平等。

五、我们应该如何捍卫市场经济

市场并不是先验的，市场主体更不是处于新古典自由主义经济学所谓的自由状态之中，相反，市场规则本身就是对个体行为的约束。斯密德写道："市场规则决定一个人拥有什么样的机会以及一个人或某个集团为了获得那些能采取某种特定行动的权利拥有者的许可，能够做什么。从这一意义上讲，任何经济都不是无计划的。只要存在相互依赖性，就会存在某种规则，这种规则不是包含在由公共官员所控制的计划、指令和政策之中，就是体现在由一些官员、律师和法官来管理，建立在司法或立法基础上的私有权之中。"② 更不要说，一方面，现代社会的任何个人都根本没有不参加市场交

---

① Thurow, L., "Companies Merge, Families Break up", *New York Times*, September 3, 1995.

② ［美］斯密德：《财产、权力与公共选择：对法和经济学的进一步思考》，黄祖辉等译，上海三联书店、上海人民出版社 1999 年版，中文版序言。

易的自由，而另一方面，参与市场交易的行为主体在社会地位、意愿和能力上又都是不同的；因此，市场主体就必然承受着不同程度的强制和约束，其中，强势者往往可以利用市场机制来获得更多的利益。

在很大程度上，正是由于迄今为止的现实市场还处于不成熟状态，从而必然就存在着各种缺陷；进而，市场经济中就会出现收入差距的持续拉大、私人繁荣和公共贫困的持续共存的局面，乃至会造成周而复始的经济危机。显然，这些都对市场原教旨主义提出了告诫，并为政府对市场活动的规制提供了理论基础。在很大程度上，政府的规制就是要矫正现实市场机制的不完善和不合理性，从而促进收入分配的合理化和资源配置的有效化。为此，贝拉等就指出，基于个人自由选择的市场决定论只是一个意识形态的骗局：它利用了美国的个人主义传统和对国家的警觉，却反过来运用国家无情地实行了"市场规则"，从而制造了严峻的社会紧张状态；相应地，要破解这一困局，就要根本上改变公共政策，更新文化价值观，而不是将私有化作为解决一切困难的灵丹妙药。①

当然，这里强调现实市场的缺陷，并不是否定市场的基本作用，而是要对市场进行完善，而这又需要借助于政府和其他社会组织的作用。哈耶克就指出，"作为一个成功的政府，它应当保护运行正常的市场，竞争的可能性便取决于这个市场，而竞争又决定着一切产品和生产要素的价格，使其成为指导生产的可靠依据；同时，政府对劳动力（当然包括农民和'雇佣自己者'的人）价格至少要发挥一定影响，以满足公正和公平报酬的要求。"②尤其是，社会发展史也表明，政府管制和市场发展并不是相悖的，而是同时成长的。事实上，市场就高度发展于西欧的重商主义时期，此时无论是农民

---

① ［美］贝拉等：《心灵的习性：美国人生活中的个人主义和公共责任》，周穗明等译，中国社会科学出版社 2011 年版。

② ［英］哈耶克：《经济、科学与政治：哈耶克思想精粹》，冯克利译，江苏人民出版社2000 年版，第 259 页。

的家计经济还是国民经济生活都处于集权管理之下。因此，卡尔·波兰尼说：尽管现代经济学认为"市场经济是一只受市场控制、调节及指导的经济体制，商品之生产和分配的秩序，完全委诸此一自律性的机制"，但实际上，"自律性市场是前所未闻的，自律这个观念的出现是完全违反当时发展之趋势的。"①

在很大程度上，一些经济学人之所以推崇市场机制乃至引发了严重的市场失灵，而另一些经济学人则试图用政府调节来取代市场调节却又引发了更严重的政府失灵，就在于，他们都混同了逻辑化市场和现实市场，把市场当成了一种既定的存在，而看不到它的演化过程和优化方向。范伯格写道："'市场失灵'的发现者和倡导'真正的、不受约束的市场'的普遍效率的人们有时好像都忽视了一个基本事实，那就是纯粹意义上的'市场'是不存在的。我们所谓的市场常常指的是一个基于特定制度框架的、人们之间相互作用的系统，该制度框架通过一系列规则——无论它们是非正式的、私人实施的，还是正式的、由特定的机构——用詹姆斯·M.布坎南的话来说就是'保护性国家'实施的——界定了对于市场参与者的行为施加的某些限制。'市场失灵'有时容易让人忽视市场所依靠的规则是可变的，并且对这些规则进行调整相对于用行政机制来代替市场也许更能较好地解决人们所说的市场体系的缺陷。另一方面，'真正的、不受约束的市场'的概念有时要么听起来让人感觉好像市场是在一个制度真空的环境里运转，要么根据定义，好像预设了一个受约束的市场是建立在'合适的''适当的'规则的基础之上的，这就回避了正题：什么样的规则才符合一个'真正的，不受约束的市场'的要求呢?"②

---

① ［英］卡尔·波兰尼：《巨变：当代政治与经济的起源》，黄树民译，社会科学文献出版社 2013 年版，第 145 页。

② ［德］范伯格：《经济学中的规则和选择》，史世伟、钟诚译，陕西出版集团、陕西人民出版社 2011 年版，第 92 页。

譬如，针对"没有政府的干预，消费者面对不安全的产品时如何得到保护"这一质疑，奥地利学派的卡拉汉就回答说："要政府去保证产品足够安全的想法却会遇到不可逾越的障碍。在政府干预使价格不能正常运行之后，政府已没有办法估计消费者希望在安全、价值、便利和其他产品特性之间达成何种平衡"，而"在自由市场上这种平衡是通过企业家尽量满足消费者需求从而谋得利润来实现的"，"我们有充足的理由认为，有些企业家无休止地搜寻更多利润的来源，总会发现差价的存在并通过行动消除利差"；当然，"的确，市场运行过程并不能保证每一个这样的机会都能被发现。然而，除了追逐利润外没有其他的办法能发现这些机会，除非使猜测。但是，没有价格仅靠推测，即使偶然能够得到更好的赚钱机会，事后也总结不出成功的方法。而企业家们却有关于他们对消费者需求的评估是否成功的反馈，那就是——企业赚钱了吗？另一方面，如果政府介入链锯市场，下令要求生产的链锯必须具备某种特性。这一行为摧毁了真正的市场机制，我们无法知道消费者是否认为政府规定的链锯特征对他们来说物有所值。"进而，卡拉汉认为，私人检测机构在提供安全信息方面比政府要做得更好，因为"在自由市场上，如果检测机构无法按标准正常履行职责，其竞争者将会趁机拉走顾客，利用这种不足获利。"①

果真如此吗？一个基本的事实是，私人检测机构的服务不仅收费昂贵，而且消费者也只能运用"用脚投票"进行惩罚；这样，在市场秩序还没相对完善之前，社会呈现的往往是囚徒困境，这在发展中国家得到鲜明的证明。与此不同，社会大众可以对政府相关检测机构进行"用手投票"，通过呼吁来不断改进检测质量，替换公共机构中不称职的人士。

事实上，社会制度和市场机制的健康运行本身就是早期"政治经济学"关注的核心课题，斯密、穆勒、西斯蒙第、马克思等人都深刻地认识到市场

---

① ［美］卡拉汉：《真实的人的经济学：对奥地利学派的一个介绍》，梁豪、牛海译，上海译文出版社 2013 年版，第 162—164 页。

机制的缺陷。不幸的是，正是由于现代经济学对市场的分析存在普遍的不足，甚至根本无法深入了解市场的协调机制，从而就倾向于基于自然主义思维以及理性逻辑而预设一个预定协调机制的存在。霍奇逊就指出，由于"新古典理论在处理现实世界的市场时存在理论上的局限。因此，把新古典理论视为是'倾向市场'的，不仅是错误的，而且还过于慷慨了。其理由是，新古典经济学事实上并不了解核心的市场特性和过程。在理论上，它没有识别或包含市场的主要特征，不可能具备任何倾向市场的资格。"① 斯密等早期古典经济学家的基本观点是，在合适的社会制度和市场规则下，自利行为将会促进社会整体利益。问题是，何谓合适的社会制度和市场规则？这正是经济学家需要探究的。也就是说，经济学家不能简单地停留在对市场经济的捍卫上，而是要具体地指出：应该捍卫哪种市场经济？

六、结语

现代主流的新古典自由主义经济学人往往以逻辑化的市场与现实中的政府相比较，由此来强调对市场经济以及纯粹市场机制的捍卫。问题在于，市场本身不是不变的先验之物，而是随社会而演变的创设之物；相应地，市场类型本来就是多样的，它们之间也不存在绝对的优劣之分，而主要体现为与哪种具体社会环境相适应的问题。同时，我们并不是要抛弃基本的市场机制，而是要使得现实市场更为有效和健康；相应地，我们就需要审视纯粹市场或者现实市场所潜在的问题，进而根据环境的要求加以调整和完善。正因如此，我们在认可并捍卫市场经济的基础性作用之时，不应该简单地将现实市场的逻辑等同于逻辑化的市场而夸大它的积极作用，而是积极寻求市场机制的改进以最大限度地发挥它的积极功能。那么，我们又如何从形形色色的

---

① ［英］霍奇逊：《演化与制度：论演化经济学和经济学的演化》，任荣华等译，中国人民大学出版社 2007 年版，第 24 页。

现实市场中甄别出好的市场形态并加以维护、发展和捍卫呢？从根本上说，这就必须从市场的本质功能着手，市场的完善也就在于更好地激发市场机制的积极功能。事实上，现代社会之所以越来越倾向于依靠市场机制而非其他社会机制来引导社会经济的运行，根本原因就在于，它能够在日益纷繁复杂的社会经济关系更好地增进个体行为间的协调，从而促进社会分工与合作的深化和社会秩序的持续扩展。那么，市场机制又是如何引导个体行为的协调和合作的呢？一个直接的原因就在于，市场互动中形成了一种自我实施的契约，而这又涉及对市场契约的理解：它不是如新古典自由主义经济学所理解的那样，是随机相遇的市场主体间所达成的一次性或孤立性行为，而是根植于一系列的法律制度和社会关系之中。

麦克尼尔曾指出，契约最为主要的两个初始根源就是：一是社会，二是劳动专业化和交换；相反，"个别性交换不是契约的初始根源。契约有着比人们看到的更深远的历史和史前的发展过程，个别性交换只是组成契约第二个初始根源的交换部分的次级交换的一种形式。回溯到历史上或史前的广义的一般的交换概念简单地指，为使专业化有益，专业化要求某中互惠的产品分配过程。"① 因此，市场契约要得到有效的实施，往往就依赖这样两大条件或机制作保障：（一）存在普遍性的法律规章，这些法律规章应该尽可能地体现公正，它从外面制约着契约参与者尤其是强势者的机会主义行为；（二）存在一系列的非正式社会规范，这就是充盈在整个交易活动中市场伦理，它从内部制约着契约参与者的行为方式选择。同时，法律规章的约束效果往往取决于契约的完全程度，而现实社会中并不存在任何绝对意义上的完全契约；正因如此，纯粹依靠法律规章的约束总面临着失败的可能，从而就需要的市场伦理的补充。一般地，市场伦理是支撑市场运行的基础，也是调节市场行为的基石；而且，只有以丰富的市场伦理为基础，市场竞争和社会

---

① ［美］麦克尼尔：《新社会契约论》，雷喜宁、潘勤译，中国政法大学出版社 2004 年版，第 2—3 页。

公平才可以有机结合起来，从而实现社会主义市场经济体制的基本诉求。从根本上说，我们应该捍卫能够促进分配正义和秩序扩展的市场经济，而不是泛指一切存在选择自由的市场经济，更不能基于逻辑化市场理念来固守现实市场。

12. 社会主义市场经济体制的顶层设计：

健全市场功能的两大内容

导读：社会主义市场经济的根本宗旨不仅在于促使生产力的提高，而且最终要实现共同富裕的目标。但是，纯粹的市场机制却往往偏重于效率问题而无法解决社会不公的问题，尤其是市场机制的马太效应还会导致收入分配的两极化。为了解决市场机制的分配不公及其衍生的马太效应问题，就需要对纯粹市场机制进行修正和完善。相应地，这就需要两方面来健全市场功能：一、引入抗衡力量提高弱势市场主体的谈判力；二、不断丰富市场伦理以优化交易主体的行为。由此，我们就可以将市场竞争和社会公平契合起来，从而完成社会主义市场经济体制的"顶层设计"。

一、引言

本篇的前面三章剖析了市场经济和市场机制的特征，那么，接下来的工作就是要对市场经济的发展方向做一探索和规划，这也就是社会主义市场经济体制的"顶层设计"问题。事实上，无论是新古典经济学的追随者还是奥地利学派的信服者，他们都积极鼓吹市场化、私有化和自由化的"三化"改革。问题是，他们如何理解市场化改革的呢？一般地，他们所理解的市场化的改革和推进的一个根本性指标就是政府经济活动的减少，乃至将政府和市场对立起来；相应地，他们也就很少关注"三化"改革中出现的偏差，甚至也就无视"三化"改革衍生出的明显社会问题。但是，我们更应该认清这样两点：（1）市场本身只是一个工具，它是为特定的目的服务；（2）市场也是人为"创设"的，它在实践中不断成熟。正是从这两大意义上说，在当前中国社会发展市场经济和建设市场机制，就需要与我们的社会目的结合起来，需要充分考虑市场机制本身所嵌入价值取向。有鉴于此，本章尝试深入探究健全和保障市场功能的两大内容，由此来为社会主义市场经济体制建设提供较为清晰的"顶层设计"思维。

二、重温邓小平的南方谈话精神

邓小平在南方谈话中专门强调："计划多一点还是市场多一点，不是社会主义与资本主义的本质区别。"① 改革开放"判断的标准，主要看是否有利于发展社会主义社会的生产力，是否有利于增强社会主义国家的综合国力，是否有利于提高人民的生活水平。"②

当然，社会主义市场与资本主义市场以及现代经济学教材所宣扬的市场存在显著区别：（一）市场本身就是资本主义的内在属性，从而是实质和目的本身；但是，市场在中国只是实现社会主义的工具和手段，而社会主义的目标就是防止富的愈来愈富、穷的愈来愈穷的两极分化，最终达到共同富裕。（二）主流经济学教材宣扬的市场是一种纯粹型市场，它主要基于力量博弈来决定资源的配置和收益分配；但是，社会主义的市场本身是一种人为创设，渗入了社会主义的伦理价值。问题是，什么样的市场才能有效实现社会主义的目标呢？又如何进行市场机制的创设和完善呢？这就需要对市场机制的运行特性进行剖析。

按照新古典自由主义经济学的观点，市场主体的自主行为可以充分利用

---

① 《邓小平文选》第三卷，人民出版社 1993 年版，第 373 页。
② 《邓小平文选》第三卷，人民出版社 1993 年版，第 372 页。

分散的信息，灵活把握环境变化，最大化使用技术创新，从而可以有效地促进经济增长；同时，市场竞争有助于人尽其才，促使社会流动和收入分配平均化。库兹涅茨的"倒 U 形"曲线假说就指出，在前工业文明向工业文明过渡过程中，经济增长开始导致收入差距拉大，但经过短暂稳定时期后的收入差距将逐渐缩小。然而，无论是坎铁隆、马克思等人提出的所有权集中规律还是后来的帕累托分配定律、鲍利定律等，它们都反映出，收入差距在数百年来都没有真正缩小。为何会这样呢？这就需要区分逻辑化市场和现实市场逻辑。

　　一般地，针对现实世界的真实市场，第 9 章就做这样一系列的追问：（一）市场主体的行为是平等自由的吗？新古典自由主义经济学的市场自由观就建立在它将市场主体还原为同质的原子个体，但实际上，异质化市场主体因所处地位的差异而享有的自由程度必然是不同的。（二）自发市场机制可以实现分配的公正吗？新古典自由主义经济学基于边际生产力分配论而持有将市场收入等同于劳动贡献的公平观，但实际上，市场经济下的收入分配主要是基于社会原则而具有较强的不公正性。（三）自发市场机制可以实现收入的均等化吗？现代主流经济学基于"倒 U 形"曲线的收入分配规律而认为市场机制最终将导向收入差距的缩小，但实际上，市场机制的马太效应往往会导致社会财富分配两极化。（四）自发市场机制可以实现社会效用的最大化吗？现代主流经济学基于"无形的手"原理而认为市场下的逐利行为将导向社会福利最大化，但实际上，市场机制下的产品供给主要是基于生产者的收益原则而非消费者的效用原则。（五）自发市场机制可以实现社会制度的帕累托优化吗？现代主流经济学基于福利经济学第一、二定理而将市场竞争和帕累托优化联系在一起，但实际上，社会竞争因社会函数的阿罗不可能定理而难以自发导向帕累托优化。（六）自发市场机制可以实现社会秩序的持续扩展吗？现代主流经济学基于理性原则而认为市场主体能够充分利用分散的个人现象而促使社会秩序的持续扩展，但实际上，自生自发市场秩序在扩散中因个体理性的短视性而往往会陷入囚徒困境状态。（七）自发市场机制可以实现"优胜劣汰"吗？现代主流经济学基于社会达尔文主义而为现实社会中的巨大收入差距辩护，但实际上，市场竞争中获胜的往往是善于利用既定规则的蟑螂型人物。

不可否认，市场经济活动构成了一国社会经济的基础，但现实市场机制都存在或多或少的缺陷。这集中源于这样两方面：（一）由于市场主体是有限理性的，他的行为选择往往基于短期利益而非长期利益，从而就会产生出大量的市场失灵现象；（二）由于市场主体是异质性的，他们在市场交易中往往处于不同的地位，从而就会产生出明显的分配不公问题。显然，市场体制的缺陷在中国经历了多年实践后已经在当下社会中显露出来。为此，政府"十二五"规划就将重点转移到调节收入分配和民生体系建设方面来。然而，受主流经济学教材的影响，国内一些经济学人却极力反对政府对经济的干预，把政府干预视为是对市场规律的破坏，并认为这种干预不仅无助于收入差距的缩小，而且还会人为地扩大收入差距。问题是，自发市场果真可以最终缩小收入差距吗？在很大程度上，纯粹的市场机制至多能够解决资源配置问题，却无法优化收入分配问题，这已经为中国社会的实践所证实。为了真正理解这一点，就需要剖析现实市场机制中的马太效应。

最后，新古典自由主义经济学人之所以反对政府对市场经济活动的干预，根本上就在于，他们往往将市场视为一种外生于人类意识和活动的自然之物，而作为自然之物的市场有其自身的发生、发展和演化的自然规律。但是，正如杜格和谢尔曼指出的，这不过是"自发性的神话"。[①] 实际上，市场本身是由个体互动产生的，而个体的行为心理和方式都是一定文化意识和社会制度的产物；因此，市场本身不是一种先验的自然存在，而是一种后天的人类"构设"。布罗姆利就指出，"任何市场都是一个社会建构，而这个

---

① ［美］杜格、［美］谢尔曼：《回到进化：马克思主义和制度主义关于社会变迁的对话》，张林译，中国人民大学出版社 2007 年版，第 86 页。

建构的参数所发生的变化——即新的制度安排——也是人类的创造物"；①
为此，"制度变迁通常乍一看来像是对所谓市场的自然过程的干涉。然而这
个判断依赖于错误的前提，即指导理性计算的现行的价格体系是符合逻辑并
被社会认可的。事实上，在任何特定的时刻，一个经济系统中存在的不过是
千百个先前的集体和个体性的机械的、从而偶然的整合，它们一起创造了一
组有序的关系，从而今天的价格得以出现，今天的个体选择得以发生。"②
在很大程度上，正是由于市场机制是人为产物，它有待于在实践中不断完
善。为此，我们一方面要充分洞悉纯粹市场体制的内在缺陷，另一方面又要
市场机制的基本特性作前瞻性的理论思考；这样，我们就可以探索纠正或弥
补市场失灵的思路和措施，可以对社会主义市场体制做一顶层设计，从而缓
和长期以来"摸着石头过河"式市场突进所带来的困境，以促使市场机制
的完善来实现社会的相对公平。

三、纯粹市场机制能否实现共同富裕?

在真实市场所展示的种种缺陷中，最为集中的体现就是分配正义的缺
失：基于自由交换而获得的市场收入并不等同于市场主体的劳动贡献，与其
应得权利相差更大。这可以从如下两点审视：（一）个体间直接交换的结果
根本上取决于他们的力量对比，其结果必然有利于强势一方；因此，纯粹市
场机制下的收入分配根本上不是体现个人的劳动贡献或者应得权利，而是基
于力量博弈的均衡结果。（二）影响博弈均衡的力量结构很大程度上又是社
会制度的函数，一个社会的文化风俗和法律规章都构成了个体在直接博弈中

---

① ［美］布罗姆利：《充分理由：能动的实用主义和经济制度的含义》，简练等译，上海
人民出版社 2008 年版，第 37 页。
② ［美］布罗姆利：《充分理由：能动的实用主义和经济制度的含义》，简练等译，上海
人民出版社 2008 年版，第 12—13 页。

的力量因子，从而影响博弈的均衡和收入分配结构。事实上，在迄今为止的人类社会中根本就不存在如现代主流经济学所鼓吹的那种在经济力量和社会地位上都相似的同质个体，社会个体无论是在自然力量还是社会地位上都是不平等的，如卢梭就强调，人类社会正是由早期的自然不平等发展到现代的社会和政治的不平等。显然，社会的、政治的不平等构成了现实市场中交换主体的权力差异以及交换程序的利益偏向，这些对市场交换的供求关系以及最终的竞争均衡产生了根本性影响。这典型地表现在社会收入分配的差异上：一般地，一个社会的收入分配越不平均，社会的不平等程度就越大；而且，现有的分配制度就越不正义，它越是体现了强势者的意志和利益诉求。

而且，市场机制在收入分配上还存在明显的马太效应：富者愈富、穷者愈穷，最终导向社会收入分配的两极化。如何理解这一点呢？事实上，市场交易中的剩余分配结构取决于参与者之间的力量对比，分配结果总是有利于势力大的一方，使得强势者占有更高的收入份额；同时，更高的收入份额又进一步增强了强势者的力量，从而使得它在今后的交易中拥有更大的优势，并获得更高的收入份额……这样，不断循环往复，就出现了马太效应。同时，市场机制中的马太效应也可以从财产权利的属性上进行分析。一般地，财产权力具有这样的特点：它不需要符合特殊功能性角色，既可以作为初始权占有，也可以从以前所有者那里获得。例如，财产权利可以转换为遗产而留给继承人，如公司组织中的股东选举权。显然，当最高控制权附属于可转让媒介时，控制权就会发生积聚或集中，这种易积累、易积聚性和易转移等特性也就会产生自发的集中……这样，最终导致控制权的失衡，从而就会出现最早由坎铁隆提出的财产所有权集中规律。

因此，我们就可以发现市场机制的双重属性：一方面，自由市场机制有助于经济效率的提高和经济财富的增长，这可以从中国社会改革开放初期得到明显的反映；另一方面，市场机制也会导致经济财富和财产权利日益集中，从而使得社会经济产生严重不平等，并最终制约社会经济的进一步发展，这在中国社会改革开放后期可以得到鲜明地体认。事实上，不受干预的经济自由必然会导致财产权利的集中，这也是普遍性规律，这也可以从一个国家的面板数据之历时性比较和不同国家的横截面数据之共时性比较中窥见一斑。

首先，就一个国家的面板数据之历时性比较而言。

大凡随着自由市场的推进，马太效应将使得收入差距往往进一步拉大，乃至出现社会两极化。事实上，正是由于 20 世纪 70 年代以后崇尚市场自由竞争的新（古典）自由主义学说更全面地支配了经济学说和西方社会，从而导致西方社会的收入差距不断拉大。经济合作和发展组织（OECD）2011年的报告就称，发达国家贫富差距也创下 30 多年来最高纪录：所有 OECD 成员国中，最富有的 10% 人平均收入已达到最贫穷的 10% 人均衡收入的 9 倍。具体而言，以平均主义享誉的德国、挪威和瑞典等国家的居民收入差距拉大到了 6 倍，意大利、日本、韩国和英国为 10 倍，以色列、土耳其则超过 14 倍；同时，贫富差距最大的墨西哥达 26 倍，紧随其后的智利则超过 25 倍。其中，最为典型的是美国，美国社会历来崇尚自由竞争和优胜劣汰，更是 20 世纪下半叶以来新（古典）自由主义的发源地和输出地，因而美国社会的收入差距变化也比较明显。事实上，自从 1980 年以来，美国社会的贫富差距就不断拉大。到 2008 年，最富有的 10% 人平均收入为 11.4 万美元，这比最贫穷的 10% 人平均收入高出 15 倍；其中，最富有的 1% 人所得所占份额则从 1980 年的 8% 提高到 18%。①

同时，美国社会的现实情形与第二次世界大战之后的最初二十年形成了明显的对比。事实上，第二次世界大战后的西方各国都比较关注民生问题，社会中出现了有一种团结战胜困难的精神；但在 20 世纪 70 年代后，这种精神迅速为"物竞天择"的社会达尔文主义所取代。桑德尔写道：由于经济

---

① 王进雨、黎史翔：《穷富差距 26 倍　发达国家破纪录》，http：//www.fawan.com/Article/jj/jd/2011/12/06/112250138736.html。

干预政策，"从 1950 年到 1978 年，穷人与富人一样分享了经济增长的收益；低收入、中等收入以及中高收入的美国家庭的实际收入增加了一倍，证实了经济学家水涨船高的说法。可是，从 1979 年到 1993 年，这个说法不再恰当。这个时期几乎所有提高的家庭收入都跑到最富裕的 1/5 人手上去了。大多数美国人的情况变糟了。财富分配也明显日益不平等。1992 年最富裕的 1% 的美国人拥有全部私人财富的 42%。十年前这一数字还是 34%，现在美国人的财富集中程度比英国高出两倍还多。"[①] 事实上，1983 年美国公司总裁的中等年收入约 106 万美元，而 1993 年则上升到了 182 万美元，在 10 年间增长 70%；与此同时，几乎所有种类的工人和技术人员的中等收入却处于固定的水平。[②] 尤其是，其间大公司管理人员的收入获得更大幅度的增长，年薪超 1000 万美元越来越普遍。例如，1970 年，美国前 100 名高层管理者的收入所得是全职工人平均收入的 38 倍，2000 年该比率则大于 1000∶1。[③]

表 12-1 美国的财富分配　　　　　　　　　　　　　　单位:%

年份	1928	1950	1970	1980	1990	1999
最富的 1% 家庭拥有的份额	45	30	20	31	36	45

资料来源：Wolff, E. N., *Top Heavy: A Study of the Increasing Inequality of Wealth in America*, New York: Twentieth Century Fund, 1995, p. 8.

其次，就不同国家的横截面数据之共时性而言。

在相似经济水平的国家中，大凡越推崇自由市场，该国的收入差距就越

---

① 参见［美］桑德尔：《民主的不满》，曾纪茂、刘训练译，凤凰出版传媒集团、江苏人民出版社 2008 年版，第 384 页。

② ［美］布莱尔：《所有权与控制：面向 21 世纪的公司治理探索》，张荣刚译，中国社会科学出版社 1999 年版，第 6 页。

③ ［美］豪斯曼、［美］麦克弗森：《经济分析、道德哲学与公共政策》，纪如曼、高红艳译，上海译文出版社 2008 年版，第 209 页。

大。关于这一点，我们也可以就美国与其他发达国家做一对比。坚持自由市场的人往往认为，自由市场使得每个人都能充分发挥其才能，凭借自身的努力而获得自我实现，从而促进社会阶层的流动和迁移，这也是广为流传的"美国梦"。然而，固然美国社会出现了奥巴马、施瓦辛格、骆家辉以及乔布斯等人，但又有多少人有他们的运气呢？一般来说，无约束的竞争确实可以使得其中极少数人实现地位的蹿升，但这往往以绝大多数人的被压制为代价，而市场经济及其媒体往往会刻意地凸显和宣扬这些所谓的"成功者"，却无视被牺牲的更大部分。曾任奥巴马政府总统经济顾问委员会主席的阿兰·克鲁格就指出，一个出生在收入分配中处于底层 10% 的群体家庭的人，想在成年后上升进入上层 10% 群体，这种可能性就好比一个 5 英尺 6 英寸的爸爸，他的儿子长大后身高超过 6 英尺 1 英寸；这种情况确实发生，但并不常见。① 事实上，正是由于美国社会崇尚自由竞争和优胜劣汰，结果，美国的收入差距比绝大多数发达国家都要大很多；相应地，目前美国社会的阶层结构也比绝大多数发达国家更为明显，社会迁移性也更低。例如，伦敦政治经济学院的经济学家布兰登与其同事选择美、英、德、丹麦、挪威、瑞典、芬兰、瑞典及加拿大这 8 个国家就儿子出生时的父亲收入与儿子 30 岁时的收入之间做了关联性分析，以此来对这 8 个国家的社会迁移性进行比较。其结果与流行的美国梦截然相反：美国的社会迁移性远远低于其他国家，英国也比其他国家低很多；而且，收入差距越大的国家，其社会迁移性就越低，如北欧诸国的社会迁移性就高很多。②

同时，美国的第二次世界大战后发展史也表明，美国社会迁移性也是与其收入差距成正相关的：从 20 世纪 50 年代到 70 年代，经济干预政策使得

---

① ［美］斯蒂格利茨：《不平等的代价》，张子源译，机械工业出版社 2014 年版，第 279 页。

② ［英］威尔金森、［英］皮克特：《不平等的痛苦：收入差距如何导致社会问题》，安鹏译，新华出版社 2010 年版，第 151—152 页。

美国社会的收入差距逐渐缩小，此时社会迁移性也处于上升状态；但是，从80年代开始，自由放任政策使得美国社会的收入差距不断拉大，其社会迁移性也急速下降。相关的研究结论也出现在英国等国家。正是由于20世纪80年代以降西方发达国家普遍实行了自由放任政策，导致西方社会的收入差距逐渐扩大，社会迁移性也开始下降；此时，儿女未来的收益和地位也就越依赖于父辈和家庭：父辈或家庭越富裕，儿女也倾向于越富裕。为此，杜格和谢尔曼写道："有一种神话认为人们可以通过勤劳而致富，可以在竞争市场上取得成功。但资料显示，在美国致富的最佳途径是有一个富有的爸爸。如果你的父母是百万富翁，你就能够受到良好的教育，能够有一笔可观的资金开始你的商业生涯。这种神话使那些从这个体系中受益的人能够将这种体系很好地维持下去。"①

最后，自由市场的马太效应还可以从整个世界的收入差距变化中窥见一斑。

事实上，自1990年，推行金融自由化、贸易自由化和企业私有化的"华盛顿共识"被提出和推广以来，全球贫富差距不是缩小了而是加速扩大了。例如，世界银行学者米哈洛维科的研究表明，截至1998年，占世界人口1%的最富人群的收入相当于占世界人口57%的最贫穷人群的收入，全球基尼系数已经上升到了0.66。②"瑞士信贷（Credit Suisse）2014年10月14日发布全球财富报告称，最富有的10%人口拥有87%的全球财富，处于财富顶端的1%人口拥有48.2%的全球财富，而处于全球底层的一半人口拥有不到1%的全球财富。"③ 而且，有研究也比较了全球化时代（1980—2000）

① ［美］杜格、［美］谢尔曼：《回到进化：马克思主义和制度主义关于社会变迁的对话》，张林译，中国人民大学出版社2007年版，第89页。
② ［英］卡利尼科斯：《反资本主义宣言》，罗汉等译，上海世纪出版集团2005年版，第2页。
③ 《全球1%最富人口控制近半财富或导致经济衰退》，http://news.163.com/14/1016/07/A8LNLKDT00014SEH.html。

与之前 20 年（1960—1980）在人均收入增长率、预期寿命、婴儿和成年人的死亡率、民众的识字和受教育程度的差异，发现后 20 年几乎在所有指标的发展上都较之前 20 年有明显下滑。[1]

同时，缪尔达尔很早就指出了国际范围内的所有权集中现象：世界贸易倾向于加大已经存在的贫穷和富裕国家之间的收入差距。关于这一点，我们可以对拉美和非洲的发展历程做一审视，这两个地区执行新（古典）自由主义政策比亚洲更为全面。张夏准写道："在 1960 年代和 1970 年代，拉美的人均收入年增长率是 3.1%，高于发展中国家的平均水平；尤其是巴西，它的增长率与东亚'奇迹'经济体相当。然而自 1980 年代采纳新（古典）自由主义以来，拉美的增长率还不到'糟糕的过往岁月'的 1/3。即便把 1980 年代作为调整期排除在外，该地区的人均收入年增长率也只有'糟糕的过往岁月'的一半左右（1.7%）。2002—2005 年间，该地区表现得更差；它事实上是在原地踏步，人均收入年增长率只有 0.6%。至于非洲，在 1960 年代和 1970 年代，它的人均收入增长就相对较慢（每年 1%—2%）。但自 1980 年代以来，这个区域的生活水平居然下降了。这个成绩真是对新自由主义政体的一份谴责书，因为大部分非洲经济体在过去的四分之一世纪里实际上是由国际货币基金组织和世界银行在管理着。"[2]

四、如何缓和市场机制的公平缺失

当前中国社会经济困境所面临的一个重要挑战就是，如何减轻、缓解和控制市场机制内在分配不公及其衍生的马太效应？这就涉及对纯粹市场机制

---

① ［英］卡利尼科斯：《反资本主义宣言》，罗汉等译，上海世纪出版集团 2005 年版，第 2 页。

② ［英］张夏准：《富国的伪善：自由贸易的迷思与资本主义秘史》，严荣译，社会科学文献出版社 2009 年版，第 11—12 页。

的修正和完善。那么，如何着手呢？一般地，现代主流经济学开出的根本药方就是完善信息机制，因为它往往先验地假定，市场失灵根源于市场主体的不健全，而信息的传播必然会提高社会经济体系的效率。但试问，在一个功利主义和自利主义的社会中，如果信息是完全透明和公开的，那么，强势者不更理直气壮地要求更大的收益份额吗？而弱势者不是更容易接受不公正的分配份额吗？究其原因，在市场主体的初始地位给定并且是共同知识的情况下，市场经济中的收入分配就主要取决于市场主体的交易能力和行为方式偏好；其中，交易能力与交易方的社会力量有关，而行为方式偏好则与文化伦理有关。因此，着眼于信息机制的完善并不能政治解决分配正义问题，相反需要对市场结构进行调整，这包括权力结构和信念结构。也就是说，市场机制的发展和完善应该沿着力量和伦理两条路径展开，它涉及两大内容的建设。

（一）引入抗衡力量

完善市场机制的首要途径是引入抗衡力量以增进那些弱势者的交易能力。这包括两大内容：（一）国家通过制定《劳动合同法》和《工作条件法》等法律规章的形式直接赋予弱势者一定的力量；（二）赋予弱势者相互结盟的权力以形成更强的集体谈判力量等。事实上，收入分配本身就是社会力量博弈的结果，而随着财产权利的集中，财富集中者将在市场谈判中拥有越来越强大的权势，从而也会获得越来越大的收入份额，这是一个自我强化的过程。加尔布雷思在《经济学与公共目标》一书中就得出这样的结论："如果仃凭其自由发展，那么，一切权力，恐怕只会有利于那些特权阶层，普通大众将很难从中获得更大的益处。"① 因此，一个良善社会就体现为：存在一系列法律来限制那些附属于特定功能角色的财产权利的使用，使之不

---

① ［美］加尔布雷思：《经济学与公共目标》，于海生译，华夏出版社 2010 年版，前言第 7 页。

会因累积效应而膨胀，这也正是民生主义的经济干预政策之理论基础。

人类社会发展史表明，正是通过抗衡力量的引入以及对财产权利的"约束"壮大了弱势者在谈判中的力量和地位，从而使得收入差距的拉大趋势出现缓和甚至转向缩小。显然，基于这一思路，我们就可以对库兹涅茨提出的"倒U形"收入分配曲线进行重新审视，将此过程中的社会制度变化纳入进来加以考虑，从而分析导致"倒U形"收入分配曲线变化的真正原因。一些主流经济学人之所以基于"倒U形"收入分配曲线为当前中国社会的收入差距不断拉大的现实辩护，主要原因在于，他们认为"倒U形"收入分配曲线体现了西方社会的历史轨迹，而且这种轨迹是自由市场自发作用的结果。问题是，"倒U形"收入分配曲线果真是自由市场自发作用的结果吗？西方社会中现代的市场机制还是以前的那种市场机制吗？

事实上，库兹涅茨"倒U形"曲线假说的确切含义是：随着经济体的经济发展，人们的收入不平等先是增加，到达一个最高点，然后逐渐减小；但是，这并没有说，经济体的经济发展是在纯市场机制自发作用的结果，从而不能简单地以市场机制来解决收入分配问题。这里，我们可以对库兹涅茨的"倒U形"曲线中前后两个不同变化趋势的不同原因进行审视。一方面，就"倒U形"曲线前一阶段而言，收入差距不断拉大主要源于自发市场的马太效应，这种马太效应最终会导致社会收入分配两极化，这也是坎铁隆、马克思等很早就提出的所有权集中规律。事实上，所有权集中规律反映的是早期自由放任资本主义的一个现象，是在市场机制很不完善的情况下完全由力量博弈的结果，从而本身也只是特定的不公正社会制度下的一个映像。另一方面，就"倒U形"曲线后一阶段而言，收入差距逐渐缩小主要源于社会干预的转移效应，这种社会干预主要促使弱势者的力量联合和直接的立法来保障弱势者的基本诉求，这也是康芒斯、加尔布雷思等强调的抗衡力量。事实上，正是在社会主义学说引发的体制外抗争以及改良主义学说主导的体制内变革之共同作用下，在社会底层阶级的对抗压力以及开明立法者的有意识努力之共同努力下，西方资本主义制度以及相应的市场机制发生了很多的变化。

同时，进一步查看库兹涅茨的结论，实际上包括了四大内容：（一）在国民总产值中，作为居民要素份额，以其劳动或基本参与生产过程的直接报酬形式的分配收入所占比例而有所下降，很可能从 19 世纪中叶的 85%—90% 下降为近年来的 75%，而以资本耗费、间接税减补贴以及税前和支付个人之后的公司收入形式直接流向个人组织，如政府及公共或私人公司的收入份额都有所增加；（二）国民收入中财产收入的比例在 19 世纪中期为 20%—40%，经过一段很长时期的稳定或微弱上升后已经下降到 20% 或更低，有些国家的下降始于第一次世界大战后，有的国家始于第二次世界大战后；（三）与要素收入中资本份额下降相对应，劳动份额的上升可以归结为劳动者训练和教育投资的增加等；（四）在所考察的时期内，个人和家庭之间不同水平的收入分配在经过第一次世界大战前的长期稳定或轻微扩大后，开始显著缩小。同时，库兹涅茨还强调，"所使用的资料只涉及目前发达国家增长的后期阶段，没有充分涉及早期阶段，而这些国家的早期阶段有可能并不以资本收入份额的下降趋势和收入水平不平等的缩小趋势为特征。"[1] 由此我们可以看到，库兹涅茨的论断主要是基于从 19 世纪中叶到 20 世纪 70 年代之前的西方世界，而这正是西方社会制度大变革时期。皮凯蒂就指出，第一次世界大战和第二次世界大战期间法国和美国出现的工资不平等程度的缩小是对公共部门和私人部门的工资标准进行谈判的结果，而某些特定机构（如为此专设的美国战时劳工委员会）在谈判中发挥了重要作用；同时，美国在 20 世纪五六十年代将最低工资作为提高底层人群工资的手段，到了 70 年代却摒弃了这一手段，从而导致收入差距在 20 世纪

---

① ［美］库兹涅茨：《现代经济增长》，戴睿、易诚译，北京经济学院出版社 1991 年版，第 185—186 页。

70 年代后的不断扩大。① 更不要说，发达国家内部收入差距缩小的这段时期，正是国家之间收入差距拉大时期。因此，瑟罗强调，历史上是民主制的政府而不是市场造就了中产阶级。②

　　一般地，市场主体的社会力量和博弈能力根本上就不是先验和自发的，而是取决于初始地位和市场机制，而初始地位和市场机制很大程度上又是社会性的。例如，市场机制一系列就是由一般规则和市场伦理构成的，而无论是一般规则还是市场伦理，它们都是人类在长期互动中逐渐创设的。因此，尽管现代主流经济学常常将市场视为自生自发的，但实际上，市场并不是先验的自然之物，而是人类的"构设"之物。例如，现代主流经济学所推崇的市场机制主要有这样两大基本特征：（一）交易主体是个体、企业组织等自然主体；（二）交易基础是基于纯粹力量的博弈。但实际上，这不过是一种臆想，因为不仅个体和组织等市场主体本身就并非自然之物而是社会之物，而且这些市场主体所遵循的市场规则也不是自然之物。杜格和谢尔曼就写道："市场是通过达成无数关于解决纠纷的标准、常规、规则和法律而慢慢建立起来的一种制度。"相应地，"市场有两个重要的特征：市场是进化的和有争议的。使市场运作的业务规则、标准、常规和法律在几代人解决争议的经验中不断进化。市场并不是瞬间创造的，而是持续进化的产物。市场的特征不是自然和谐，而是争议。"③ 正因如此，资本主义市场也不是一成不变的，我们不能简单地将观察到的"倒 U 形"收入分配曲线归结为纯粹市场机制的作用，而是要剖析具体市场机制的要素和结构变动，并且，进一步地通过对市场机制的发展和完善来推动收入差距的缩小。

---

　　① ［法］皮凯蒂：《21 世纪资本论》，巴曙松等译，中信出版社 2014 年版，第 315—317 页。

　　② ［美］瑟罗：《资本主义的未来》，周晓钟译，中国社会科学出版社 1998 年版，第 241 页。

　　③ ［美］杜格、［美］谢尔曼：《回到进化：马克思主义和制度主义关于社会变迁的对话》，张林译，中国人民大学出版社 2007 年版，第 85 页。

（二）形塑市场伦理

对市场机制进行充实和完善的另一重要内容在于发展和形塑市场伦理，其中的核心是"己所不欲，勿施于人"的道德黄金律。主流博弈论已经表明，基于经济人假设的最小最大策略将会导向囚徒困境，但现实生活中，人们更倾向于互惠合作而非机会主义。在很大程度上，正是市场主体的这种互惠合作倾向导致了交易和分工的顺利进行，导致了社会秩序的持续扩展。那么，为什么市场主体不采取直接的效用最大化行为而选择合作呢？布坎南指出了三点：（一）习得和自我规定的道德规范居支配地位，这种支配地位会有意识地允许在行为方面造成可以感觉的效用损失；（二）市场主体充分考虑到了其行为的长期结果，尤其是努力促使其他互动方做出类似的回应行为；（三）社会的演化已经将合作取向纳入了理性，因为合作本身可以获得合作剩余。其中，第 1 个来自康德的定言命令，内化为人的偏好以及相应的行为机理；而第 2、3 个则从互动理性中寻求道德基础。布坎南写道："互动的各方在改变他人行为方面具有经济性的自利，而且如果在技术上可行，他们会通过投资'改变行为'促进这种利益"；"人们会理性地'希望其他人获得更好的满足'，或者更明确地说，在社会交往过程中其他人以更合作的方式与他们本身相处。"① 在很大程度上，关注自身行为对他人造成的影响并将他人的利益纳入考虑的行为方式就是"为己利他"行为机理，它强调采取利他的手段、增进他人的利益来实现自身"效用"，这一行为机理在长期的社会互动中形成，并有利于社会分工和合作秩序的扩展，从而也就构成了市场伦理的行为基础。

其实，市场本身是在人类的不断互动中逐渐创设的，从而必然渗透了人类社会的认知和道德观，市场机制的内容演化必然与社会正义和伦理道德之

---

① ［美］布坎南：《宪法秩序的经济学与伦理学》，朱泱等译，商务印书馆 2008 年版，第 241—242、243 页。

间存在着共生和互进的关系。相应地，一个"组织"良好市场也必然包含了丰富的市场伦理，它使得市场主体受互利主义而非功利主义的影响，从而更愿意采取互惠合作的行为方式。在很大程度上，市场伦理为市场主体的互动提供了一种带字符的信任关系，从而也可以节约内生交易成本。这些经济学人转向没有市场伦理的市场原教旨主义，并以数理模型为之构建逻辑基础。问题是，真实世界中的互惠合作本身体现在异质化个体之间，依赖于长期凝结的社会关系和市场伦理，而无法以相互冷淡、互不关心的理性经济人为基础，后者获得的只能是虚幻的逻辑化市场。

正是基于逻辑化市场理念，现代主流的新古典自由主义经济学过分强调抽象的规则而漠视具体的私人关系，这种理念极大地影响了商业社会的行为方式；结果，以前礼尚往来的君子之交在现代商业社会越来越变成分毫不差的即期交易，以前只要握握手就可以解决的问题在现代社会尤其是欧洲诸国中却往往要到法庭上才可以分出高低。为此，现代社会的内生交易费用不断攀升，这严重影响了市场半径的进一步拓展，从而也就对市场伦理的建设提出了要求。那么，市场伦理是如何形成的呢？罗尔斯、高蒂尔、布坎南等都从个人理性角度来推出道德原则。例如，布坎南认为，"承认伦理相互依赖性存在的那些人简单的效用最大化要求投入某些资源以实现社会互动中其他各方行为的单方改变，只要这种投资在某种范围内产生的回报超过了机会成本。……这种投资的范围是由这里预期的边际产出等于其投资的点决定的。"① 不过，伦理的内化本身具有强烈的外部性，因此，尽管一些人确实通过伦理投资而确立了自身的品牌资本，但主流经济学还是更信奉短视的经济人假设而否认个人善意或伦理投资的普遍意义。布坎南写道："经济学家之所以尤其会忽视对这种（伦理）投资进行分析，是因为其分析工具体现的效用或偏好函数是固定不变的。如果个人的偏好确实非常坚定因而不可改变，那

---

① ［美］布坎南：《宪法秩序的经济学与伦理学》，朱泱等译，商务印书馆 2008 年版，第 242 页。

么任何诱使偏好发生变化从而修正行为的投资根本就不会取得什么结果。"①
当然，人类的偏好根本上不是先验和固定的，而是社会关系的函数，与一系
列的制度、文化、心理等因素有关，而后者更大程度上是集体作用的结果。
因此，尽管从长期来看，市场伦理本身是"为己利他"机制逐渐扩展的结
果，其源头在于个人的伦理投资；但在相对较短的时期内，信任关系和市场
伦理的塑造都有赖于社会相关的制度安排，有赖于集体的伦理投资。

　　一般地，正是由于市场伦理是个人和集体进行伦理投资的结果，市场伦
理才会随时空转换而不断演化，市场机制才随社会发展而逐渐成熟和完善；
同时，市场伦理的发展和充实使得市场主体更倾向于采取合作的方式，更关
注相关者的利益诉求，从而使得市场经济的运行更为合理，尤其产生的收入
分配结构日趋公正。这样，市场伦理就与社会正义尤其是分配正义结合在一
起，两者相互促进、共同演化，从而推动市场机制和社会制度不断成熟和完
善。柯亨写道："一个按照差异原则是正义的社会，不单单需要正义的强制
性规则，而且需要一种贯穿在个人选择中的正义的社会风尚。缺乏这样一种
社会风尚，那些对提高最差者的景况来说不必要的不平等就会出现；这种需
要的社会风尚促进一种比经济游戏规则自身能够保证的更公正的分配。"②
在很大程度上，市场经济中要充满信任，根本上就在于市场交换要体现公平
和正义，需要以不断深化的社会正义来充实和塑造市场伦理，而不能简单地
基于力量博弈来损害弱势者的利益。正因如此，市场机制和社会公平的契
合，就成为人本主义者以及人本主义经济学的根本诉求。事实上，正义和伦
理的关注倾向本身就应该且必须嵌入在经济学的研究中。究其原因，经济学
根本上就是有关如何提高人类福利的学问，从而根本上不能忽视道德伦理和

---

　　① ［美］布坎南：《宪法秩序的经济学与伦理学》，朱泱等译，商务印书馆 2008 年版，
第 242 页。
　　② ［美］柯亨：《在哪里行动：论分配正义的领域》，载《马克思与诺齐克之间：柯亨
文选》，吕增奎编译，凤凰出版传媒集团、江苏人民出版社 2007 年版，第 245 页。

社会正义的关注。相应地，森就强调，自由平等、社会正义应该是人类社会追求的基本价值，也是经济学最终关注的核心。

总之，市场机制的发展和完善可以从两方面入手：（一）引入抗衡力量可以平衡市场主体的交易能力，从而使得市场博弈结果更为公平；（二）市场伦理的建设则有助于将社会正义内在于市场主体的偏好中，并展示出合作性的行为方式。事实上，尽管现代主流经济学往往试图撇开充满争论的福利问题，将市场视为一种自然的存在，而将市场机制等同于抽象的一般规则；但显然，不仅市场本身是人为的"创设"之物，而且，市场机制的一个重要内容是市场伦理。因此，我们必须摆脱抽象的逻辑化市场观而对现实市场的逻辑进行剖析，分析具体的交换方式和社会关系；尤其是，我们不能将现实市场当成自然的和合理的，而是要审视现实市场中存在的种种问题，并由此来不断发展和完善现实市场机制。一个明显的事实是，不同时空下的市场形态是不同的，不同形态市场所提供的竞争规则也是不同，并由此产生了不同的优胜者；显然，这些优胜者仅仅是特定竞争规则下的产物，从而并不就是优秀者，市场机制和竞争规则的改变将会导致优胜者的变动。事实上，优秀是指对社会发展和社会利益的积极作用而言，优秀者是社会财富的主要创造者，是社会发展的主要推动者。那么，如何使得市场机制下的优胜者接近于优秀者呢？这就必须使得社会贡献而非社会力量在市场机制的运行和分配中起主要作用，这又包括两大内容：（一）促使市场主体的力量更为均衡，从而降低力量因素在分配中的作用；（二）促使市场主体的行为更为合理，从而增进市场行为的伦理约束。只有这样，市场机制运行的结果才会日益朝符合社会公平和合理的方向发展。

五、社会主义市场经济体制的"顶层设计"

不同于主流经济学的逻辑化市场理念，真实世界的市场并不会必然导向共同富裕的社会主义目标；相反，它往往会产生有利于强势者的收入分配，并在马太效应的作用下产生收入财富的集中现象。事实上，市场交换的收入分配与市场主体的初始地位和交易程序有关，而交易程序本身又是社会选择的结果，尤其反映了强势者的地位。因此，在现实世界中，社会成员的地位越不平等，交易程序就越不合理，相应地，基于市场交易的分配结果也越不公正。在很大程度上，一个社会的收入分配状况往往体现了该社会的平等程度以及由此衍生的法律制度和市场机制的完善程度，而不是相反。事实上，市场并非就是基于力量博弈决定交换和收入，这种市场机制只会产生霍布斯式的"野蛮丛林"：一切人的行为都是短视的，从而也就不可能有真正的合作；同时，在这种掠夺性市场机制，往往是那些善于利用不公正交换和分配规则转移财富的蟑螂型人物而非创造财富的熊猫型人物更容易得到滋生和繁殖。

因此，作为具有高度责任心的经济学者，应该认真剖析现实社会制度和市场机制的不完善和不合理，充分认知现实收入分配的不正义性；同样，作为具有高度责任心的政府，更应该采取种种措施来完善现实社会制度和市场机制，通过引入抗衡力量来缓和纯粹市场机制的分配不合理。

在某种意义上，政府和市场之间的关系应该成为政治经济学的核心课题，我们不能静态而抽象地看待它，而是要从社会演化史中进行观察，尤其要发现两者的内在问题并不断加以完善。因此，这里之所以要对市场机制缺陷进行挖掘，根本上是为了改进和完善市场机制，防止市场机制的内在问题积累得越来越严重，乃至危害社会经济的持续发展和整个社会的和谐稳定。

问题是，如何改进和完善市场机制？一般地，市场经济根本上是法制经济，市场机制由一系列人类"设计"的规则所构成；同时，市场经济又是互惠经济，人类"设计"的规则根本上要保障分配结果的公正互惠。进一步地，市场规则不仅包括正式的一般规则，而且还包括非正式的市场伦理，后者从"自律"方面影响人们行为的方式选择；同时，在既定市场规则下的交换和分配结果还与力量结构有关，力量均衡与否很大程度上决定了利益分配的公正程度。因此，基于市场机制的运行特性以及现实市场机制的内在缺陷，我们就可以对社会主义市场经济体制作"顶层设计"：注重在一般规则下进行市场竞争、自由交换的同时，应该且必须将市场规则与社会公平正义契合起来；相应地，市场机制的完善需要作这样两方面的工作：（一）引入抗衡力量以提高弱势市场主体的谈判力；（二）不断丰富市场伦理以优化交易主体的行为。

进一步的问题是，对社会主义市场经济体制作"顶层设计"是否可行？这涉及人类理性和政府功能等问题。（一）就人类理性而言，新古典自由主义经济学一方面在理论建构上极其推崇理性，另一方面在实践上却对理性极其不信任，努力提防"理性的自负"。其实，人类理性的重要特征就在于，人类能够看到个人的成员利益和共同体的集体利益，并通过制定一系列的规章制度来约束个人的短期行为而确保长期利益的实现。针对市场经济活动而言，理性的作用就体现在，通过不断完善一系列正式和非正式的市场制度来缓和恶性市场竞争和促进互惠合作；而且，市场制度的成熟与人类理性的发育是同向演化的，从而体现了一个动态的过程。（二）就政府功能而言，新古典自由主义经济学往往否定政府的积极功能，而主张一个仅仅作为守夜人的最小政府，主张市场按照自然力量进行演化。这种观点根基于性恶论假设，如美国的开国先父杰斐逊就指出，"最好是把狼拦在羊圈之外，切莫相信在它进入后能够拔去它的獠牙利爪。"[1] 问题是，政府及其代理人为何先验就被设定为"狼"呢？儒家就指出，人性受环境的影响，一个良好的社会环境和有效的监督体制将会保障人们尽他的责任。事实上，当前不断完善的监督体系和日益发达的信息机制都对政府及其代理人行为起到引导和监督作用，而集思广益的民主体制更有助于政府机构有效地使用人类理性来对社

---

① Jefferson, T., *Notes on Virginia: the Writings of T. Jefferson*, *Memorial Edition*, Washington D.C.: T. Jefferson Memorial Association, 1905, p. 165.

会主义市场经济体制作"顶层设计"。

可见，上述分析为社会主义市场经济体制的"顶层设计"夯实了理论基础，并提供了基本思路：（一）由于市场体制的运行所建基于的是效率原则，因而当前社会要解决的突出问题应该集中于社会正义的缺失上；（二）由于市场分配所依据的是力量博弈，因而当前社会应该关注的重点领域应该集中在分配规则的失衡上。事实上，社会主义市场体制本质上就在于社会主义目标和市场机制的结合，主要借助市场机制的手段达致社会主义目标。其中，社会主义本质就是邓小平所讲的："解放生产力，发展生产力，消灭剥削，消除两极分化，最终达到共同富裕"，[①] 而市场机制则要求社会经济活动主要以市场主体的自主的行动为基础，以市场规则和自由交换来协调分立主体的行动。但是，纯粹的市场机制并无法保证社会主义目标的自动实现，相反，要有效实现社会主义目标，就需要不断完善现实市场机制的运行条件，而要从市场主体的平等性和市场规则的公正性等方面着手；尤其是，为了促使社会大众采取更为合理的行为方式，还要将市场规则嵌入不断深化的社会正义之中，从而使得市场伦理日益丰富和成熟。在很大程度上，只有在社会主义市场经济体制的"顶层设计"思维指导下，我们才可以更好地发现和处理市场化改革中出现的问题，并最终实现一个民主法治、公平正义、诚信友爱、充满活力、安定有序、人与自然和谐相处的社会主义和谐社会。

六、结语

现代主流的新古典自由主义经济学信奉市场机制，认为市场机制可以激励人们为逐利进行劳动投入，而"无形的手"则将个人的逐利行为导向社会利益的提高，但实际上，市场机制根据力量原则而非贡献原则分配收入，

①　《邓小平文选》第三卷，人民出版社 1993 年版，第 373 页。

而其衍生出的马太效应则会进一步拉大社会收入差距。卡尔·波兰尼就写道："亚当·斯密自己的看法是：全面的繁富必然会下渗到一般的人民；社会愈变愈富而其人民愈来愈穷是不可能的。不幸的是，后来出现的现象并不支持他的论点；当这些理论家必须面对事实时，李嘉图不得不辩称：在社会愈来愈进展时，会愈来愈难以购得食物，而且地主会愈来愈富，进而剥削资本家及工人；资本家及工人的利益互相冲突，但这些冲突却没有长远的影响力，因为工资永远无法超出基本生活水平，而利润最后也会干涸。"① 为此，我们必须对市场机制的含义以及现实市场的缺陷进行审视和挖掘。事实上，市场机制本身不是自然之物，而是人们"创设"的一系列规则以及行为规范所构成。范伯格写道："市场的实际运作情况要取决于它们被嵌入其中的制度框架之性质。然而，特别是在新古典主义时期，经济学一直聚焦于市场中的供需互动'机理'，较少关注规则和制度在影响市场运作方面的作用。"② 同时，新古典自由主义经济学所推崇的纯粹市场机制在很大程度上是指由参与互动的市场主体的力量决定交易和分配，而交易规则在很大程度上就由强势者决定，分配结果也有利于强势者。

因此，纯粹市场机制就存在这样两大缺陷：（一）它不能解决收入分配问题，反而内含了所有权集中规律；（二）它也不能解决社会合作问题，反而会引发不断升级的冲突和争夺。由此，还可以衍生出一个现象，引发竭泽而渔的逐利行为，从而必然无法促使社会的有效分工和合作，无法维系社会秩序的持续扩展。詹姆斯·加尔布雷思（约翰·加尔布雷思的儿子）就指出，"即使一个市场拥有完美的效率，它也受制于两个无可救药的缺陷。第一个与收入和权力的分配有关：市场只是根据个人输送的购买力的大小来传

---

① ［英］卡尔·波兰尼：《巨变：当代政治与经济的起源》，黄树民译，社会科学文献出版社 2013 年版，第 129—130 页。

② ［德］范伯格：《经济学中的规则和选择》，史世伟、钟诚译，陕西出版集团、陕西人民出版社 2011 年版，中文版序。

递信号。穷人对市场来说无所谓。第二个与代表范围有关：没有出生的人不会出现在商店里。他们根本不传递任何市场信号"，"市场的捍卫者谈及未来市场，或者长期合同，认为这些能满足未来的需求，可以抹杀计划的必要性。这是一个误解，这样的市场和合约只能满足今日市场主体的需求；这是一种将当下的需求和利益投射到未来的方式，以此为今日市场的主体管控风险。这与为未来的需求做准备，保卫或代表未来的需求都没有关系。在市场经济中，没有人为后来者鼓与呼。为继承者的利益鼓与呼的只能需要由外部机构和监管力量施加于市场；这是一个需要想象力的行动。市场神话中的一个重大虚妄就是相信市场有远见，这一点在经济学上并无任何基础。实际上，市场并不能做到这一点。"①

显然，为了促使现实市场机制更为合理，实现更加符合应得权利的收入分配，实现社会合作和可持续发展，我们就需要对所谓的纯粹市场机制"进行"修饰和完善。在很大程度上，这也正是马克思主义者的基本态度。沃斯利就写道："当1%的人口拥有三分之一的社会财富（资本主义社会就是这样）时，必须回答的问题是：（贫穷的）大多数人为什么接受这种状态。……大多数马克思主义者认识到，若不考虑关于财产权利以及为雇佣者工作和履行责任的义务观念就不大可能解释对这些大量的不平等的接受；同时他们还认识到，生产安排本身依赖于内在化的价值和规范的运作。"② 至于市场完善的内容和方向，则不仅要通过引入抗衡的力量来壮大弱势者在市场交易中的谈判实力，而且要通过市场伦理的塑造来影响市场主体的行为选择。事实上，市场交易所基于的契约本身并不是现代主流经济学所理解的那种"一锤子买卖"，而是涉及当事人之间的各种关系，涉及社会的普遍认

---

① ［美］詹姆斯·加尔布雷思：《掠夺型政府》，苏琦译，中信出版社 2009 年版，第 169 页。

② ［英］沃斯利：《马克思与马克思主义》，铁省林、许洋译，凤凰出版传媒集团、江苏人民出版社 2011 年版，第 61 页。

知。麦克尼尔就写道："没有社会创造的共同需求和爱好，契约是不可相信的；在完全孤立、追求功利最大化的个人之间的契约不是契约，而是战争……契约的基本根源，它的基础，是社会。没有社会，契约过去不会出现，将来也不会出现。"① 在很大程度上，当前中国社会市场机制的失范也正在于市场力量结构的不均衡和市场伦理的失落。

———————————

① ［美］麦克尼尔：《新社会契约论》，雷喜宁、潘勤译，中国政法大学出版社 2004 年版，第 1—2 页。

第 4 篇

市场伦理与社会秩序扩展

　　前面三篇从市场主体的两方面特性探究了市场失灵的原因：一是个体的有限理性，二是个体间的异质性。根本上说，不解决"人"的问题，也就无法解决市场失灵的持久性和内在性。有鉴于此，本篇则是根据造成市场失灵的这两大原因来寻求解决之道，大体上可以从两方面着手：前者依靠引入社会性和价值理性来缓和，后者依靠引入抗衡力量和市场伦理来缓和。事实上，市场和政府是推动社会秩序扩展的两大基本机制，各有作用和局限，关键在于如何发挥其有效作用而降低其内在的不足。同时，政府机制和市场机制本身也不是对立的，而是更主要呈现出相互补充和相互促进的关系。例如，古代社会的市场极不发达，相应的政府功能也就非常狭隘。相应地，思想史上一大批思想大家都力图将两者结合起来，这包括斯密、穆勒、马歇尔等人。例如，穆勒就指出，如何将自由主义对个人自由的尊重和社会主义对社会正义的关切结合起来是"未来的社会问题"。

　　那么，如何才能促进政府机制和市场机制之间实现互补和共进呢？关键在于打造出一种沟通两者的中间机制，这就是基于社会认同的伦理道德机制。一般地，就市场而言，它本身就扎根于文化伦理之中，优秀的文化伦理能够促进市场交易半径的持续扩展；就政府而言，缺乏道德规范基础，必然只有掠夺性的政府，社会也会一直陷于因争夺权力而导致的动荡之中。同时，伦理道德的培育实际上也意味着价值理性的发展，它不仅有助于缓和基于工具理性的竞争所带来的社会紧张，也可以通过责任伦理来缓和人际不平等所带来的权利冲突。然而，以奥地利学派为代表的新古典自由主义经济学往往想当然地认为"己所不欲勿施于人"的伦理先验地存在于市场之中，乃至将市场逻辑等同于君子之道，却没有深刻剖析现实市场伦理的蜕化，也缺乏对市场伦理发育和发展的探索。因此，本篇就嵌入在市场运行中的伦理及其相关问题做一解析。

13. 探究市场机制及扩展秩序的维度：

市场伦理对市场失灵的修补

　　导读：市场机制有两大基本维度：一是正式的抽象规则；二是非正式市场伦理。其中，尽管显性的抽象规则更容易为大家所熟知，但隐性的市场伦理却是市场机制运行以及市场秩序扩展的根本性基础。事实上，一般性的市场规则只能对普遍性以及恶性的机会主义行为起到抑制作用，而这在不完全市场信息和不完全契约下却不足以抑制所有的机会主义行为。有鉴于此，为了更好地提高对行为后果预期以协调个体行为，深化社会合作和推动市场秩序扩展，就必须诉诸市场伦理而建立起信任关系。在很大程度上，斯密倡导"无形的手"原理的基础就是基于"克己"的市场伦理，但新古典自由主义经济学却偏重抽象的一般规则，以致具体的市场伦理一直得不到重视，从而也对社会实践造成了严重的误导。

一、引言

　　以哈耶克为代表的奥地利学派乃至新古典经济学诸流派都把市场和法制视为自生自发秩序的两大基石以及社会秩序扩展的根本动力源泉。例如，在哈耶克看来，只有在自由市场中才会有真正的竞争，而体现为一般社会契约的法律则是竞争所依据的基本规则。相应地，哈耶克穷尽一生来阐发保障自生自发的社会秩序不断扩展的市场竞争和抽象法律这两大基本机制。然而，人类社会发展史上的大量实践却表明，人类社会中并没有那种纯粹的自发秩序，而且，无干涉或干涉度较少的社会秩序在扩展过程往往会出现中断或内卷的倾向。显然，这就为社会秩序的研究提出了两大学术任务：（一）揭示导致市场秩序内卷化发展的内在机制；（二）探索促进社会秩序持续扩展的社会机制。一般地，就前者而言，这主要源于交易双方沟通不畅或者不信任所产生的内生交易成本；就后者而言，则体现为与分工半径相适应的互信关系。

事实上，市场秩序的运行依赖于两大基本支撑：一是正式的抽象规则；二是非正式的具体伦理。这也是斯密提出"无形的手"原理的社会基础。进而，哈耶克也写道："下述两个事实乃是毋庸置疑的：第一，在18世纪伟大思想家所使用的语言当中，正是人的'自爱'甚或人的'自私利益'，被他们描述成了一种普遍的驱动力；第二，所谓'自爱'或'自私利益'，他们主要指的是一种被他们认作是普遍盛行的道德态度。然而，值得注意的是，这些术语并不意味着那种狭义的'利己主义'，亦即只关注一个人自身的即时性需要的那种'利己主义'。'自我'亦即人们应当加以关注的那种'自我'当然也包括他们的家庭和朋友在内。"① 进而，维系市场秩序的这两大支撑之间也存在这样的关系：一方面，市场伦理是支撑无数市场交易的汪洋大海，是充盈于整个市场并赋予其生命力的血脉，因而构成了市场秩序扩展的根本性基础；另一方面，抽象规则本身则是市场伦理的编码化，是支撑市场交易的骨架，因而构成了市场秩序扩展的总体保障。正是基于这两大支撑，邓正来说，市场秩序只是哈耶克自发社会秩序中的一个范型，而不能将自发社会秩序简单地化约为"市场"秩序；并且，在自发的社会秩序中，作为参与者的个人间的意图和预期的一致性乃是基本的要素。②

---

① ［英］哈耶克：《个人主义与经济秩序》，邓正来译，生活·读书·新知三联书店2003年版，第18—19页。

② 邓正来：《自由与秩序：哈耶克社会理论的研究》，江西教育出版社1998年版，第23页。

不幸的是，长期以来，嵌入新古典自由主义的正统经济学各流派却偏重或只关注市场机制中的抽象规则，并且还将这种规则视为人类互动的自然产物；进而，在理性经济人假说的指引下，正统经济学还以抽象的市场化逻辑来构造自律性市场，从而将经济体制成功地从社会关系中"脱嵌"（Disembedded）出来并主导社会运行。果真如此吗？卡尔·波兰尼很早就指出，现实世界中无论是市场机制还是市场经济都镶嵌于政治、宗教以及社会关系之中：市场主体本身就是社会关系的产物，市场交易则必须依赖于相互了解和信任的伦理认同以及基于契约的法律约束。进而，卡尔·波兰尼还强调，一个脱嵌的且完全自律的市场经济只是空想，因为如果要将市场从社会关系中脱嵌，就有如拉扯一条巨大的橡皮筋，要给市场更多的自主性，并会不断增加社会压力；而继续拉扯橡皮筋，不是使之断裂而造成社会解体，就是逼使经济回归社会嵌含的位置。① 进一步，通过对既有文献做更深入的爬梳，我们就不难发现，无论是推崇自发秩序的哈耶克还是注重市场嵌入的卡尔·波兰尼，他们实际上都将社会秩序的持续扩展置入一个社会成员认同的、开放的伦理基础之上，这就是自发秩序的伦理维度。因此，本章就此对维持市场秩序的内在支撑做一剖析，着重考察市场伦理在市场机制运行中的作用。

二、维护市场秩序扩展的伦理维度

前面的系列篇章实际上做了这样两大分析：（一）从理论层次上挖掘了市场秩序的内在缺陷，由此揭示出纯粹的市场竞争并不能自发导向社会合作；（二）在实践层次上刻画了现实市场的逻辑后果，尤其揭示了信息不完全下的市场困境。在现实生活中，社会秩序的扩展并不像新古典自由主义经济学在理论上所预期的那样井然有序，相反，内卷和困境往往成为现实市场

---

① ［美］布洛克：《导论》，［英］卡尔·波兰尼：《巨变：当代政治与经济的起源》，黄树民译，社会科学文献出版社 2013 年版，第 27 页。

经济的常态；同时，这些现象典型地出现在那些市场机制还很不成熟的国家或地区，从而也反映出当前全球市场依旧处于割裂或不成熟状态。那么，我们究竟该如何从根本上理解和解决现实市场所潜含的问题呢？

按照新古典自由主义经济学的观点，市场的根本性功能就在于，凝结和传播有关市场主体和客体的信息，进而促进市场交易的顺利进行和实现市场协调。问题是，现实世界中的市场信息又必然是不完全的：一方面，逐利的市场主体必然会尽可能隐瞒对自己有利的信息，甚至制造虚假的噪音；另一方面，价格信号也不可能凝结所有的信息，否则市场主体也就用不着搜寻信息了。正是由于市场信息是不完全的，那么，拥有信息的一方就会利用其掌控的信息而采取机会主义行为，就会产生不断增加的交易费用，而缺乏信息的一方则会努力提防这一点；进而，这种心理动机发生交互作用，最终将会抑制市场交易的进行和社会合作的展开。因此，为了保障市场交易的进行和市场秩序的扩展，就必须对那些信息偏在方的机会主义行为加以抑制；相应地，新古典自由主义经济学又诉诸一系列正式规则的建立，通过对机会主义行为的惩罚来提高对行为后果的确定性。

然而，市场中的抽象规则之所以具有一般性，根本上就在于它只是对普遍性行为进行规定，尤其是对恶性机会主义行为加以抑制。但现实生活中，大量的行为具有特殊性，不完全信息也导致识别的困难。例如，商场导售员引导你选择这款产品还是那款产品时就无法用抽象的规则加以约束，医生开列处方时更是如此。这意味着，仅仅依赖抽象的一般规则，并不足以抑制所有的机会主义行为，进而也就无法保障有效的社会分工和合作。相反，社会合作往往依赖于更高层次的社会规范，这种社会规范促使人们更主动地抑制自身的机会主义动机，更主动地寻求社会合作，这就是自律。这也意味着，人类合作所依据的机制就不局限于抽象的一般规则，而是广泛地包括其他社会规范，其中重要的就是市场伦理。事实上，自律自由是人类自由的更高层次，也是社会有序的坚实基础，从而为自柏拉图和孔子开始的中西方大哲所强调。① 同样，只有借由良好市场伦理所形塑的自律机制，我们才可以更好地预期市场行为及其后果，才可以提高市场主体之间的行为协调，才能保障社会分工和合作的顺利展开。

（一）市场机制的两大内容及其关系

市场运行的维系依赖两大基本机制：抽象的市场规则和具体的市场伦理。它们之间是相辅相成的，共同维系市场的健康运行。其中，市场伦理源于人们在共同生活、工作背景中产生的相互关注和照顾的社会关系，每个人在追求自身利益的同时也会考虑这种行为对社会或他人利益的影响。一般地，如果行为对他人造成了损害，那么也将会遭受他人的报复；基于这种预期，市场主体在一定程度上就会有意识地克制自己的逐利行为，所谓"己所不欲勿施于人"。正因如此，健康积极的市场伦理根基于"义"，市场行为也应嵌入"义中取利"和"见利思义"的伦理之中。同时，任何一个健康和成熟的市场，都蕴含着促进社会合作的丰富伦理，否则就会造成人与人之间（信任）关系的解体，人的亲社会性也会逐渐丧失。

就全世界范围而言，一方面，发达国家内部的公民之间就往往存在较好的信任互动关系，从而作为发达国家内部的共同体市场就显得相对成熟；但另一方面，国家间的外部市场迄今仍处于很不成熟状态，从而依然盛行着严重的弱肉强食现象，并由此滋生出大量的囚徒困境等。正因如此，我们在剖析市场机制时，就不能把它仅仅等同于一种交换规则，而是要考察其内含的市场伦理。森指出，"运用正规的经济模型来理解市场机制的运行，就像经济学理论研究中的标准方法那样，在一定程度上是一把双刃剑。模型可以提供对现实世界运行方式的洞见。另一方面，模型的结构有时会掩盖了某些暗含的假定，这些假定产生出某些常规关系，这些关系是这些模型赖以建立的基础。

① 朱富强：《国家性质与政府功能：有为政府的理论基础》，人民出版社 2019 年版，第 260 页。

成功的市场之所以能以其运行的方式来运行，并非只是以交换‘被允许’为基础，它还依赖于机构和制度与行为规范的坚实基础。形成并运用人们对相互之间言词和许诺的诚信，是确保市场成功的一个非常重要的因素。"①

首先，市场的根本功能在于协调行动和促进合作。

尽管新古典自由主义经济学强调市场的竞争和交换功能，但从起源学上讲，市场被"设计"出来的原初目的并不在竞争，而是把竞争作为引导社会分工和促进社会合作的手段。同时，从深化分工的角度上讲，市场更为本质的功能就体现为：（一）促进冲突性个体利益相协调的机制；（二）促进社会个体互惠合作的场所。究其原因，（一）如斯密所说，市场交易本身就是社会分工的基础，即使在自给自足的自然经济下，家庭、氏族内部也存在市场；（二）社会分工本身也蕴含了协调和合作的关系，没有合作的分工就只能是简单的分立，最终将导致市场的萎缩甚至消失。在很大程度上，市场机制的完善和发展过程也就是社会分工日益深化和合作半径不断延伸的过程，一个相对成熟的市场也就是能够促成持久而稳固的社会分工的社会机制。

由此，市场本身就不是自然的，而是深深地嵌入了人类关系和伦理。这可从两方面加以理解。一方面，任何持久而稳固的社会分工都必然要以信任为基础，从而也就建立在一定社会伦理的基础上。涂尔干就写道："人类如果不能谋求一致，就无法共同生活，人类如果不能相互作出牺牲，就无法求得一致，他们之间必须结成稳固而又持久的关系。"② 另一方面，任何持久而稳固的社会分工又会进一步塑造出相似的生活和工作的背景，从而也必然会滋生出促进认同一致的市场伦理。相应地，任何市场交换也都不是纯粹以

---

① ［印］森：《以自由看待发展》，任赜等译，中国人民大学出版社 2002 年版，第261 页。

② ［法］涂尔干：《社会分工论》，渠东译，生活·读书·新知三联书店 2000 年版，第185 页。

力量为基础，而是涉及社会伦理和习俗的考虑。可以这么说，没有基础性的市场伦理，就不可能发生任何市场交换。斯密德就写道："任何一种市场价格体系也体现着人们对某一伦理关系的起码认同，改变流行的伦理价值将有可能带来价格结构的变化。缺少了伦理价值，交换不是变坏，而是无交换可言。"①

其次，市场和组织中的行为主体都具有亲社会性。

尽管新古典自由主义经济学人倾向于把市场仅仅视为商品交换的场所，并且只是将企业等组织当作进行商品生产的场所；但实际上，任何生产都可以看成是组织的活动，即使一个人的生产也是如此。同时，市场也是一种组织，不仅是由在价格参数下控制自发交易的规则组成的制度，而且也是由组织如零售商、批发商这样的各种市场主体以沟通消费者和生产者关系的功能性实体。科斯等借用罗伯斯顿（D. C. Robertson）的话说，（企业）组织是"在无意识合作的汪洋大海（即市场）中的有意识的权力之岛，就像一桶乳酪中凝结着的一块块黄油"。② 这意味着，市场和组织本身是不可分的。哈耶克就指出，"在广义上，我们把竞争理解为有组织的群体和无组织的群体之间的竞争，也包括个人与个人之间的竞争。如果把竞争看作是'合作'与'组织'的对立物，就可能误解其本质。通过'合作'与'组织'取得结果之努力，与个人之努力一样，也是竞争的一部分。在以不同的方式组织起来的群体相互竞争中，获得成功的群体往往证明其内部关系也是有效的。"③

显然，在组织中，成员之间存在频繁的互动，由此就产生出明显的亲社会性，他们注重交往中的互惠性，甚至还会采取某种再分配方式来实现更高

① ［美］斯密德：《财产、权力和公共选择：对法和经济学的进一步思考》，黄祖辉等译，上海三联书店、上海人民出版社 1999 年版，第 39 页。

② Coase, R. H., "The Nature of the Firm", *Economica*, Vol. 4, No. 16 (1937), pp. 386-405. 见［美］科斯：《企业的性质》，载［美］普特曼、［美］克罗茨纳编：《企业的经济性质》，上海财经大学出版社 2000 年版。

③ ［英］哈耶克：《自由宪章》，杨玉笙等译，中国社会科学出版社 1999 年版，第 62 页。

程度的公平。同时，市场与组织之间也存在某种相通性，市场主体都需要通过互惠合作和分工协调来实现自己的目的，从而也就不可能完全只关心自己的利益。事实上，在任何现实社会中，行为者都具有某种亲社会性，他在追求自身利益的同时，必然要考虑到其行为不会损害他人的利益；相应地，他就会努力选择"利他"的手段来实现"为己"的目的，这就是"为己利他"行为机理的内涵。显然，正是基于"为己利他"行为机理的社会互动，为社会分工和合作的深化和拓展夯实了微观基础。有鉴于此，我们不能简单地将市场机制等同于一般规则，而是要重视其内涵的丰富而具体的市场伦理。正是这些市场伦理为日常的市场活动提供了保障，为市场交易的拓展提供了润滑剂。

其三，市场伦理充盈在前资本主义的真正市场中。

当前很多学人倾向于把封建主义视为前市场的制度，把社会主义当作后市场的制度，而将市场视为资本主义的本质特征。但实际情况并非就是如此，真正的市场活动弥漫在前资本主义社会中。例如，布罗代尔就将人类活动分成三个层面：第一个层面是"最基本的经济意义上"的"物质生活"底层，它是日常的和无意识的；第二个层面是"经济活动"，它是自觉的和公开的，其常规产生于帮助组织和重建"积极的、自觉的"劳动部门的市场过程；第三个层面是资本主义，它与特殊的、专门的或远距离的联系有关，从而是一个"投机"的世界。在布罗代尔看来，只有介于底层"物质生活"和顶层"资本主义"之间的"经济生活"层面才是真正的市场经济，它是一个"透明的、可见的和现实的"世界，产生了真正竞争性的行为；市场之下的区域即是物质生活领域，它"通常因为缺乏足够的历史文献而难以看清"；而市场之上的区域则是资本主义领域，它是集中的和相对高度垄断的领域，从而也是不明朗的。① 显然，在早期更为纯粹的市场经济中，

---

① 张芝联：《费尔南·布罗代尔的史学方法：中译本代序》，载［法］布罗代尔：《15至18世纪的物质文明、经济和资本主义》（第一卷），施康强、顾良译，生活·读书·新知三联书店1993年版，第9—10页。

充盈了丰富而具体的市场伦理，这在当时的学术思潮中得到充分反映。例如，斯密所分析的对象就是发生在邻里之间的熟人市场，相应地，他所刻画的自利行为就嵌入在特定的"伦理关系"之中，从而也就是"为己利他"行为机理的写照。

所谓的市场伦理和道德价值，其基本特性就是体现为对集体或共同体的关注，每个人都关注其行为对他人或社会利益的影响。卡尔·波兰尼就指出，在早期部落社会中，"个人的经济利益并不是最重要的，因为社群会保证它的成员免于饥馑，除非这个社群本身遭到灾变，而即使在此时，受到威胁的仍是整体的利益，而非个人的利益"；与此同时，维持社会的纽带在当时却非常重要，"第一，如果一个人不顾为整个社会所接受的有关名誉或慷慨的习俗，他就会自外于社会而成为一个流浪者；第二，从长久而言，所有的社会义务都是互惠的，满足这些义务也最符合个人之给予——获得利益"；进而，"这种状况必然对个人产生一种持续的压力，将积极上的自我利益从他的意识中除掉，直到他在许多（但并不是所有）情况中都无法从这种利益的角度来理解自己的行动所产生的结果。这种态度更因间歇性的团体活动——诸如分享共同狩获的食物，或参与大规模的、危险的部落战争——而加强。从社会为王的角度来衡量，慷慨无私的回报是如此的大，使得除了全然无私之外的其他行为都不值得一试。"① 正是基于这一社会背景，尽管随着资本主义的勃兴而盛开了功利主义思潮，但早期功利主义哲学也主要体现为对集体利益的关注，强调个体的经济行为应该对公众利益负责；相应地，尽管当时以斯密为代表的古典经济学家们强调经济自由，但他们所提倡的自利人的偏好中本身就已经嵌入了伦理意识，表现在对自己利益和行为的"克制"上。

其四，早期经济学人大多非常关注市场伦理建设。

尽管新古典自由主义经济学往往将其经济人假设追溯到斯密，但是，斯

---

① ［英］卡尔·波兰尼：《巨变：当代政治与经济的起源》，黄树民译，社会科学文献出版社 2013 年版，第 114 页。

密的自利人根本上是嵌入在特定的社会伦理关系之中，与之更相适应的是考虑他人利益并采取利他手段的"为己利他"行为机理而不是相互冷淡的经济人。① 事实上，斯密毕生几乎都在致力于人类社会中伦理道德问题的研究，在去世之前还对他早期出版的《道德情操论》一书做了最后修订；并且，在修订版中，还专门加入了论述道德理论在实际中运用的第六卷以及论述道德情操败坏的第一卷第三篇第三章。正因如此，施泰因曼和勒尔指出，"市场经济并不简单地将'自由'归结为'放任自流'。市场经济包含着高度复杂、用以规范经济过程的秩序，所以又可能促成自我负责的经济行为。"② 也就是说，市场机制本身包含了伦理内容，只有浸淫于较为浓郁而健康的市场伦理中，市场机制才可称得上是健全的，市场秩序的扩展才有坚实的基础。柯武刚和史漫飞就强调，"人类为了自己的私利而行动是人类行动的一个基本前提，但是与人们真诚合作相比，一个盗贼社会只能达到较低的满足水平。"③ 不幸的是，后来的主流经济学却只注意和宣传斯密的"无形的手"原理，而很少涉及他对人类行为中伦理道德因素的阐述，从而导致经济学日益走上了抽象化的道路。

事实上，自古典经济学后期尤其是边际革命以降，包含在经济学中的伦理学和工程学这两方面内容就加速分裂了，新古典经济学主要关注工程学方面的内容，并且把研究对象从公共领域转向了个人领域，只关心个人的收益最大或风险最小，而不在乎对社会集体的福利影响。显然，这种路线深深地影响了现代主流经济学，正如韦森指出的："在西方当代新古典主义主流学派的博大精美的数理经济分析的框架中，是容不下斯密所提出的同情心和道

---

① 朱富强：《斯密人性悖论及其内在统一性：勿将现代经济人假设归源于斯密的自利人》，《东北财经大学学报》2019 年第 4 期。

② ［德］施泰因曼、［德］勒尔：《企业伦理学基础》，李兆熊译，上海社会科学院出版社 2001 年版，中译本序。

③ ［德］柯武刚、［德］史漫飞：《制度经济学》，韩朝华译，商务印书馆 2000 年版，第 73 页。

德伦理问题的。"① 在很大程度上，当前新古典经济学教材上所宣扬的那种无伦理的市场，只不过是一种基于抽象还原思维所构建的逻辑化市场，是一种纯粹的抽象，而非现实的存在。但是，在新古典自由主义经济学宣扬下，市场就成为脱离社会关系的独立制度，抽象规则成为市场的全部；相应地，具有自然主义思维传统并且崇尚个人主义行为的西方学术界就逐渐忽视了人与人之间长期培育的私人关系，忽视了市场机制中应有的伦理内涵。最终的结果，现代社会愈向前发展，人情式的交易就衰落得越严重，市场机制所面临的困境就愈为凸显。

（二）市场伦理是市场秩序的基石

一般地，市场秩序的扩展过程体现为非正式和正式制度的演化：其中，非正式的制度主要体现在习惯、习俗、文化和价值观等方面，正式的制度则是由特定机构有意识地选择、制定或颁布的规则。同时，所有正式和非正式制度又都包含着伦理的因子，因为它们是基于人类习惯演化的结果，是以往世代所获得的"知识仓库"。这可以从两方面加以说明。一方面，在具有非零和的社会互动中，个体逐渐形成了基于"为己利他"行为机理的行为方式和习惯；同时，随着个体的行为习惯在社会中的扩散，就逐渐孕育出整个社会的习俗规范和伦理道德。在很大程度上，这种伦理道德也就构成了非正式制度的核心内容，因而非正式制度必然具有伦理维度。另一方面，正式制度是从非正式制度中演化而来的，是非正式制度的编码化和抽象化。显然，由于非正式制度反映了社会的惯例、习俗以及从中衍生出的道德伦理，因而正式制度也就嵌入了伦理内容。按照韦森的看法，制度的形成就存在着这样一个动态的演化轨迹：个人习惯（Usage）→群体习俗（Custom）→习俗中硬化出来的管理规则（Convention）→制度（Formal Rule、Regulation、Law、

---

① 韦森：《难得糊涂的经济学家》，天津人民出版社 2002 年版，第 19 页。

Constitution 等）。①

这意味着，不仅市场机制包含了伦理内容，伦理道德是市场秩序的重要维度，而且伦理道德还是维系市场秩序的基石。有效劳动价值论就指出：社会经济的发展水平主要取决于分立劳动间的协调性，而协调性则与伦理认同程度密切相关。同时，随着社会协调性的不断增进，人类社会的协调机制也发生了这样的相应演变：缘协调→契约协调→管理协调→社会协调。这样，社会发展不同阶段所出现的这些协调机制能否发挥其有效作用，往往就有赖于一个与之相适应的伦理基础以及蕴含其中的社会规范。② 例如，货币之所以能够作为普遍化交换媒介，实际上就嵌入了人们对货币制度的认可，货币制度中也体现了对发行者的信任。从这个角度上讲，"货币不仅作为一种物质资本而且作为一种社会资本发挥作用，因为它会确保行为人将在日益多样化的社会关系中使用和投入他们的货币。"③ 而且，随着市场交易半径的扩展，货币也在更广的范围内得到使用，从而也就拓展了这种信任。在很大程度上，社会分工本质上体现了分立的劳动者之间的合作，市场半径的扩展以及协调机制的增进则意味着合作广度和深度的提升，从而体现了伦理认同半径的延伸。

因此，我们就可以获得有关市场机制之伦理维度的两层含义：（一）市场秩序的演化和扩展本身就孕育出一定的道德伦理，道德伦理是市场秩序演化的结果；（二）市场秩序的进一步扩展必须以一定的道德伦理为基础，道德伦理是市场秩序有效运行的保障。也即，两者相辅相成、相互促进、共同演化。

首先，市场秩序扩展孕育了市场伦理。

一般地，无论是正式制度还是非正式制度，都是人类过去知识所凝结的

---

① 韦森：《译者的话》，载［美］培顿·杨：《个人策略与社会结构：制度的变化理论》，王勇译，上海三联书店、上海人民出版社 2004 年版，"译者的话"第 10 页。

② 参见朱富强：《有效劳动价值论的现实阐释》，经济科学出版社 2005 年版，第 7 章。

③ ［美］特纳：《社会资本的形成》，载［美］达斯古普特、［美］撒拉格丁尔编：《社会资本：一个多角度的观点》，张慧东等译，中国人民大学出版社 2005 年版，第 133 页。

产物。这种凝结的制度性知识具有两大基本特点：（一）在过去被证明是有用的；（二）人们为追求个人目标而与他人交往时必需的。事实上，社会分工的协调水平之所以得以不断提升，关键就在于这种制度知识的积累；进而，制度知识的积累又源于人类以往行为互动的合作经验，从而也有助于道德伦理的深化和扩展。此外，从物化劳动的形态以及协调机制演化的角度上讲，制度还可以被理解为关于如何协调处于分工状态下个体的知识的载体，而社会管理的本质则在于运用这种知识进行指导和协调分工。①

同时，人类积累的经验或知识主要表现为两种类型：（一）基于经验的默会管理知识。它主要为特定个人所拥有，因而只有拥有者才能加以使用。企业组织中的经理人员以及政府组织中的行政官员进行管理协调所运用的主要就是这种知识。（二）经由编码而物化的制度知识。由于基于经验的个人所拥有的管理知识具有个别性和零碎性，从而不容易交流和传播；为此，当此类经验型知识积累到一定程度以后，就可能且需要通过编码（无论是基于正式理性设计的，还是逐渐演化而成的）而显化、明示化，并附着在某种载体上而形成制度，从而得以为更多的人所理解和接受。② 从这个意义上说，制度知识协调着人们的各种行动，建立起信任，因而又有助于促使人们之间的合作。其逻辑是：（一）正是在演化的基础上，人们确认了对制度的信任；（二）随着组织的演化，人们也在更大范围内确认了对社会管理者权威的认同。

由此，从分工扩展和协调机制演化的角度，伦理道德就在市场秩序的扩展中得以酝酿和生成。进而，市场秩序的扩展对伦理道德的扩展也起到根本性的作用。特纳写道："当行为人致力于以货币形式使其自身和行为商品化时，当政权和法律发现其合法性依赖于维持货币购买力时，当各种市场以扩

---

① 朱富强：《有效劳动价值论：以协调洞悉劳动配置》，经济科学出版社 2004 年版，第 6 章第 3 节。

② 汪丁丁：《经济发展与制度创新》，上海人民出版社 1995 年版，第 13 页。

大和延伸信任的方式水平和垂直化时，社会资本的各种重要来源就会产生。在那些货币不被接受信任的社会中，在那些政权和法律中的行为人不能看到他们维持货币购买力的好处的社会中，以及在那些超越地方社区的市场不为人们所信赖的社会中，社会资本就不会超出由地方代理人和行为人实施其监督和制裁职能的社区和网络而被有效促生。"①

事实上，随着市场秩序的扩展以及信息机制的畅通，包括市场主体和客体特征的信息就会不断地扩散开来，从而为众多的市场参与者所知；基于这种共同知识，主体之间就更容易产生出互惠和强互惠关系，进而也就衍生出合作性伦理。譬如，在美国社会，由于市场较为成熟、信息也较为发达，因而市场伦理也就较为健全，市场所涵盖的经济活动范围也较广。举个例子，美国一些地方政府的区域内税收是由公民投票选择：如果大多数选民赞同，所有人都必须付税；而在此过程中，政府官员仅仅提供有关总成本与总收益以及每个纳税人的负担程度的信息，并控制着整个议程。显然，正是由于这种有效的信息披露机制，使得每个人在投票时就难以拥有策略性谈判的机会，投票人也不需要去估计其他人的需求，因而公共选择的成本是很低的。而且，这个体系在美国也被广泛地利用，各级政府通过自发形式来决定公共教育、当地资本的改善和基础设施产品的供应等。②

其次，市场伦理推动了市场秩序的扩展。

市场机制提供了一套关于行为和事件的系统性而非随机性的模式，它提供给交易双方可以预测的信息，从而促使双方采取行动并达成交易。问题是，只有当市场秩序良好时，人们才较容易预见未来，更容易寻找合作的对象以获得信息，使得有用的知识更易被发现和利用；相反，如果社会秩序混

---

① ［美］特纳：《社会资本的形成》，载［美］达斯古普特、［美］撒拉格丁尔编：《社会资本：一个多角度的观点》，中国人民大学出版社 2005 年版，第 136 页。

② ［美］斯密德：《财产、权力和公共选择：对法和经济学的进一步思考》，黄祖辉等译，上海三联书店、上海人民出版社 1999 年版，第 244 页。

乱，信任和合作必然瓦解，进而也就会阻碍市场交易的进行。为此，普罗德安指出："亚当·斯密的看不见的手能够利用人的自私使世界达到乐善者的所追求的完美的说法只是种神话。市场不是万能的。认为市场能够为生产提供很好的物质和社会条件的想法只是幻想。市场与任何交易系统一样，是建立在道德选择基础上的。看不见的手不是自然的馈赠，而是对财产权的公开选择，这种选择建立在某种程度的自我节制基础之上。"①

显然，迄今为止还没有出现完全的有效市场，这在很大程度上也就必然限制人们的交易广度和深度。有鉴于此，广为认同的道德伦理就为不完全的市场机制提供了补充，伦理认同有助于减少人们达成合作的讨价还价成本，从而有助于推动市场秩序的扩展。为此，阿罗就强调，信任在经济交换中起到有效润滑剂的作用。② 相反，在不完全的市场中，如果缺乏一个广为接受的信任体系，市场主体就难以专心致志地从事生产和交易，更加难以进行创新，在开辟的新领域中发现和利用其知识；相应的结果就是，大量的有益行动也就永远不会发生，劳动和知识的分工将难以扩展，人类生活也只能滞留在很低的水平上。③ 正是基于这一视角，市场秩序的扩展也必须以广为认同的道德伦理为基础。

事实上，1991 年东欧剧变后，福山在《历史的终结和最后的人》这本畅销书中想当然地认为，从此以后所有国家都将采取自由民主的政治制度，都将义无反顾而且不再回头地朝自由市场导向的经济前进，因而完全市场体制就成为了人类的最终行为规范。但是，这个论断忽视了自生自发市场本身的不足，从而也就预见不到苏东解体后所引发的各种混乱现象。相应地，在几年后的《信任：社会道德与繁荣的创造》一书中，福山本人就开始对其

---

① ［英］普罗德安：《伦理、金融和社会》，载［英］普林多、［英］普罗德安主编：《金融领域的伦理冲突》，韦正翔译，中国社会科学出版社 2002 年版，第 8 页。

② Arrow，K. J.，*The Limits of Organization*，New York：Norton，1974.

③ ［德］柯武刚、［德］史漫飞：《制度经济学》，韩朝华译，商务印书馆 2000 年版，第 113 页。

早期结论进行修正，认识到市场制度的发展也必须依赖丰厚的社会资本，如果摧毁社会资本来建立某种"纯粹"市场制度将是灾难性的。福山写道："从这个角度来看，历史终结之际所出现的自由民主其实并不全然'现代'。如果民主与自由主义制度要顺利运作，就必须和若干'前现代'的文化习惯并存共荣，如此才能确保这些制度运行无误。法律、契约、经济理性只能为后工业化社会提供稳定与繁荣的必要却非充分基础；唯有加上互惠、道德义务、社会责任与信任，才能确保社会的繁荣稳定，这些所靠的并非是理性的思辨，而是人们的习惯。"①

　　总之，市场秩序是演进的，这种演进的基础是文化习俗，而在文化习俗的基础上又衍生出了人类的伦理道德，这种伦理道德随着市场秩序的扩展而不断扩展和提升；同时，市场秩序的持续演进又必须以道德伦理为基础和保障，伦理认同的扩散是推动市场秩序扩展的重要维度。卡尔·波兰尼就指出，以个人主义为基础、以抽象规则为中轴的现代市场仅仅在 19 世纪和西方世界才成为配置资源的占支配地位的制度，而在世界的其他地方和在 19 世纪之前，社会主要依靠互惠和再分配来实现这种功能。② 有鉴于此，尽管新古典自由主义经济学已经逐渐将伦理排斥在经济活动的分析之外，但经济学之父斯密很早就指出，任何市场经济只有在共享的道德观的基础上才能正常运行。而且，即使作为自由经济政策的最强硬支持者之一，弗里德曼也从来不否认，市场经济对利润的追逐只有在遵循一定的道德价值的情况下才能达到其所希望的效率。③

　　实际上，资本主义之所以具有开放性，其社会秩序之所以具有扩展性，也正是资本主义在发展过程中市场伦理得以不断壮大和丰富，使得伦理认同

---

　　① ［美］福山：《信任：社会道德与繁荣的创造》，李宛蓉译，远方出版社 1998 年版，第 17—18 页。

　　② ［英］卡尔·波兰尼：《巨变：当代政治与经济的起源》，黄树民译，社会科学文献出版社 2013 年版，第 114—117 页。

　　③ ［德］施泰因曼、［德］勒尔：《企业伦理学基础》，李兆熊译，上海社会科学院出版社 2001 年版，第 25 页。

从小规模群体拓展到更大范围的个体之间。森就指出，"资本主义在全世界成功地提高了经济繁荣的一般水平，得益于使得市场交易既经济又有实效的道德和行为准则"，因此，"发展中国家必须不仅要重视审慎行为的优良品德，还要重视那些补充性价值观的作用"，实际上，"在资本主义历史中，资本主义的行为准则一直存在显著的差异，导致不同的成就和经验，其中也有不少东西是可以学习的"。① 显然，当前我们提倡人本主义，注重和谐社会的建设，也就是强调市场伦理的建设。相应地，以人为本的经济学也开始兴起，它关注真实世界中的人类行为，把经济学理论建立在"为己利他"的行为机理之上。事实上，"为己利他"行为机理与儒家学说非常合拍。例如，儒家强调的"仁"就是爱人，就是要考虑到别人的利益和偏好，也就是要遵循"己所不欲、勿施于人"的行为准则，这就是市场中的道德黄金律。

三、市场伦理对市场失灵的克服

前面已经指出，造成市场失灵的根本原因不在于市场客体的不完善，而在于市场主体的内在缺陷或不成熟，这种内在缺陷的重要体现就在于强盛的逐利心和有限的理性能力。其中，有限的理性能力使得市场主体往往着眼于眼前或短期的利益，从而容易陷入囚徒困境；强盛的逐利心使得市场主体会利用其一切资源来获取收益，从而造成社会的极度不信任。那么，如何消解逐利心和理性不足造成的合作失败和市场失灵呢？根本上就依赖于市场伦理的塑造。事实上，市场伦理本身就嵌入在行为主体的偏好及其选择之中，好的市场伦理将促进合作，而坏的市场伦理则会激发策略性行为。不幸的是，新古典自由主义经济学人对之往往熟视无睹，或者以

① ［印］森：《以自由看待发展》，任赜等译，中国人民大学出版社 2002 年版，第265 页。

市场规则来排挤和替代市场伦理，或者想当然地认定现实市场伦理具有一定先验的合作性。

为了说明市场伦理对人类行为的影响，这里首先以年轻人和年老人的行为差异引出。按照新古典经济学的理论，当参与者的时限被精确知晓而信誉完全归于个人时，那么非合作的博弈均衡将是唯一的。这里运用了后向归纳推理：一个人在其生命的最后阶段不会进行合作，因为错误的行动对他没有影响；相应地，倒数第二阶段也不会合作，以此类推，得到的行为动机就类似于有限期博弈。由此，新古典经济学构建了这样的交替世代模型：年轻人倾向于合作，而老年人将不会合作。① 事实上，如果年轻人失去合作，则记录被破坏，所有人此后都会采取短视的最优化行为；相反，如果个人在生命最后阶段不会合作，那么，年老者的自私行为就是隐含假定的一部分。然而，人类发展史的大量经验却表明，年老者的合作倾向似乎更强烈，至少总体上不比年轻人弱。这表现为：年老者更具有社会责任，更关注公共事业。如何理解呢？与此同时，在市场经济偏盛的时下社会，一些年老者又表现出极强的自私性，这可以从老人抢占座位、讹诈和碰瓷等现象看出，乃至社会上往往流传"年老者变坏，或坏人变老"的说法。这又如何理解呢？

从人类理性的本质内涵上讲，它倾向于考虑更长远的利益而不是考虑短期利益。显然，长期利益的实现往往依赖于人类合作，而合作性则与行为主体的亲社会性密切相关。同时，在现实世界中，人类行为往往会受到社会环境的影响，而不是仅仅基于期望收益的计算。从这个角度上说，人类理性并不是先验不变的，而是在长期的社会互动中不断提升。此外，无论是亲社会的社会性还是反社会的社会性，既然是社会互动的产物，是经验的结果，从而往往也就是年龄的函数。由此我们就可以分析：年老者比年轻人所经历的

---

① ［美］皮尔斯（Pearce D. G.）：《重复博弈：合作和理性》，载［法］J-J 拉丰编：《经济理论的进展：国际经济计量学会第六届世界大会专集》（上），王国成等译，中国社会科学出版社 2001 年版，第 178 页。

社会互动更多，由此获取的社会经验更大，从而往往也更倾向于合作。在很大程度上，这也说明这样两种社会现象：（一）公共领域的管理者为何往往需要一定年龄要求？一般地，所涉及的公共领域越广，对年龄的要求往往越高（国家领导人的年龄要求就比村长要高）。（二）社会主体的行为方式为何存在差异？这与不同个体的亲社会性以及理性程度有关，也与社会伦理的类型和内化程度有关。当然，如果市场（社会）伦理本身就处于不健康状态，社会互动所经受的主要是策略性行为，从而就产生了反社会的社会性；相应地，年龄越大，也就越容易成为精致的利己主义者，成为囚徒困境的推动者。实际上，这也可以从大量的行为实验中得到反映。

（一）社会合作的伦理基础

推崇自由竞争的市场主义观点认为，充分竞争的市场不仅确保了当事人的利益，而且还在一种完全不是为了实现公共福利目的的过程中产生对社会有利的副作用。孟德维尔在《蜜蜂的寓言》中就以暗喻的形式表示，追求好的东西往往会产生坏的副作用，而对恶的追求也能带来好的副作用。例如，奢侈浪费等不道德行为往往就会增进他人或公共的利益，自私自利动机也滋生出奋斗、创新等对社会有利的副作用。更进一步地，在新古典自由主义经济学人看来，个人逐利行为对社会发展的无意识促进要大于那些有意识的"利他"行为。因此，在市场活动中就不需也不应强调道德伦理，也不需要强调善的目的。也即，直接行善的意图在经济上是不值得追求的。果真如此吗？

在很大程度上，"私恶即公益"命题只不过是新古典自由主义经济学的想象，它对应于基于抽象还原思维的逻辑化市场，却与社会现实之间存在极大差距。1. 个体理性和集体理性之间本身就存在悖论。事实上，基于个体理性的行为往往陷入囚徒困境，这不但造成了环境破坏、资源浪费以及整个社会的福利损失，而且还由此产生了人类不断膨胀的欲求，以致社会内生交易费用急速上升。2. 更为严重的是，以自由交换为基础的市场机制本身存在严重的局限。事实上，基于自由市场秩序在扩展过程中往往陷入内卷化的状态，这不但无法向人们提供有效的激励，而且还缺乏促进人们合作的内在基础，甚至也根本无法应付越来越盛行的主流化趋势。相反，大量的社会经验都表明，如果在自由市场中注入相互认同的市场伦理，那么就可更好地解决自由市场的失灵问题，可以更好地理解社会中大量的合作现象。

首先，伦理认同降低了市场竞争中的交易费用。

关于伦理认同在降低市场交易费用中的作用，我们可以借寻租理论来说明。租金耗散的一个函数：$R_l = f(I_m，C_p，R，E)$，有：$\partial R_i / \partial I_m > 0$，$\partial R_i / \partial C_p > 0$，$\partial R_i / \partial R > 0$。其中，$R_l$ 表示租金耗散；I_m 表示信息不对称程度；C_p 表示竞争强度，主要与参与寻租的人数有关；R 是租金量的大小；E 表示社会的价值伦理，主要与伦理认同半径有关。根据这一公式，要有效地降低寻租所造成的浪费，就必须加强市场建设、完善信息机制、提高信息的披露程度。同时，最为重要的是培育市场伦理，基本理由是，广泛认同的市场伦理将带来高度的社会信任，"为己利他"行为机理和"强互惠"机制将成为互动各方的共同知识；此时，博弈各方都不会轻易背离合作行为，从而也有助于减少策略性行为及其带来的内生交易费用，进而也就有助于降低租金耗散。

同时，主流博弈论也告诉我们，如果是经济人行为而非"为己利他"行为机理成为共同知识，个体理性而非交往理性成为共同知识，那么，无论信息的充分程度如何，都无法避免策略性行为及其所衍生的交易费用，都无法摆脱囚徒困境。事实上，在现代日益复杂的博弈理论中，参与者、策略选择集及其相应的收益以及人的理性及其相应策略选择等都是"共同知识"，但主流博弈的基本结论却是稳态的纳什均衡，这种纳什均衡往往不是帕累托最优的。显然，要避免囚徒困境，关键是要重新界定人的行为机理，重新审查具体社会中个体理性究竟如何。同时，这也意味着，解决资源浪费的最根本思路还是在于，要从做出策略行为的"人"这一因素入手。进而，化解策略行为的关键就在于伦理认同，因为道德伦理能够使双方增进信任，从而降低交易成本。这也意味着，市场机制的运行实际上是且必须通过社会伦理来支撑，市场主体迫切需要一种社会道德，以避免在某种特殊市场规则下可能出现的行动。

其次，伦理认同缓和了集体行动中的机会主义。

关于伦理认同在缓和市场机会主义中的作用，这里借公地悲剧理论做一阐述。自 1969 年哈丁创造的"公地悲剧"一词以及奥尔森的《集体行动的逻辑》为之提供理论逻辑以来，"公地悲剧"就为新古典自由主义经济学人广泛接受，他们认定共同经营是无法排除搭便车风险的。但事实却表明，公共资源在当今世界不仅依然普遍存在，而且，这些公共资源的使用也保持着较高的效率。埃莉诺·奥斯特罗姆就描述了一系列的案件：个人使用者所组成的集团在自愿和无须承担责任的基础上有效地组织起来，成功地阻止了资源的滥用和退化，成功例子包括瑞士的高山草甸和森林的共同所有权、日本村庄的共有权、西班牙的灌溉系统以及加利福尼亚的地下水的抽取，等等。①

成功的集体行动已经如此普遍，以致哈丁本人也承认了这一点。不过，哈丁认为，也许是技术发展使得展开集体行动较以前更加容易的缘故。但我们也可以看到，自然资源的共同所有制不仅现在越来越普遍，而且也是一个长期的历史现象。例如，公地就是公社制狩猎社会和中世纪的欧洲土地所有制的明显特征。试问：技术又如何解释这种被时下经济理论视为无效却长期存在的现象呢？进而，历史展示的现象为何与经济学人所鼓吹的公地悲剧相背呢？这就涉及交易者之间的伦理关系：流行经济理论分析的主要是基于一

———————

① ［美］埃莉诺·奥斯特罗姆：《公共事物的治理之道》，余逊达、陈旭东译，上海三联书店 2000 年版。

次性行为，而一次性行为往往难以为理性合作提供基础；① 但是，人们日常交往的对象往往是多次的，或者交往的基础是人类以往行为的潜在规则，这些规则的存在保证了人们在交往上寻求合作。

实质性契约主义（contractarian）就认为，人们倾向于"公平竞争"，在其他人也公平竞争时，他们会努力进行合作。同时，这种公平的概念往往又由一个惯例来维持，这种惯例成为集体行动的成员的共同知识。例如，在中世纪时期，人们组成的共同群体并没有因为财富公有而导致灾难性的后果，群体成员往往小心地管理着公有财产；尽管群体内的每一个人都可以任意使用这些公有财产，但是你如果试图在群体共有的牲畜中加上自己的一头牛，很快就会发现一些尚未成文的规则的存在。所以，里德雷强调，哈丁并没有搞清楚公有牧场的放牧方式。② 约翰逊（Johansen）也指出，从经验上讲，搭便车并不是个严重问题：一方面，诚实可能是一个社会准则；另一方面，公共品的供给决策实际上一般不是由全体个人所制定，而是由他们选出的代表制定，而后者面临的激励集合是非常不同的。

其三，伦理纽带促进了社会交易的顺利进行。

事实上，现实社会的经济活动并不完全是新古典自由主义经济学所阐述的那种"冷漠"的市场互动过程。一般地，现代交易行为可分为：人情式的交易行为、非人情式的交易和互动式的交易行为。其中，人情式交易是最为基本的，任何交易者之间都存在或多或少的私人关系。在市场上，我们往往可以看到，即使一些交易似乎对双方都有利可图，却往往无法实际达成；相反，另一些根据市场交换原则似乎根本无法达成的交易，却成为现实。譬

---

① ［英］宾默尔：《博弈论与社会契约（第1卷）：公平博弈》，王小卫等译，上海财经大学出版社 2003 年版，第 143 页。

② ［美］里德雷：《美德的起源：人类本能与协作的进化》，刘珩译，中央编译出版社 2004 年版，第 259 页。

如，希克斯所研究的习俗经济就是以这些自发交易为基础的人情式交易，[①]而斯密德曾重点指出的身份—捐赠型交易也是建立在一定的伦理基础之上的。[②] 而且，追溯以往，越是基于习俗和伦理纽带的人情式交易在社会经济中也就越重要。

迄今为止，一大批的交易确实都是建立在习俗、宗法和宗教关系的基础之上。正如卡尔森所说："不论我们称它为习惯、法律或习俗似乎都没有关系，重要的是像汤加这样的社会并不允许其成员各行其是。这些社会自有一套规则和标准，来确定各种不同情况下的适当行为。大致而言，那些规则的作用让人们能够察觉出同伴的行为反应，因而消除他们之间的利益冲突。"[③]同样，在中国清代的土地交易中，就广泛存在"亲戚有优先购买权"的乡规民俗：卖主在土地交易之前寻找买主的过程中，往往先要遍问叔伯兄弟等有优先购买权的"亲房"；"亲房"不买再由亲及疏地遍问本家族人；本家族人不买再由亲及疏地遍问姻戚；姻戚不买则问承佃和承租人；承佃和承租人不买还要再遍问地邻。[④] 如果不遵循这样的乡规乡俗，那么，交易就可能会引起争端，进而会危害共同体的稳定，当然也就不可能有社会秩序的持续扩展。

其四，伦理认同也为社会发展提供了社会资本。

从广义经济学上说，伦理等社会软因素也是资本，也是重要的生产要素，并随着社会的发展而变得越来越重要；同时，和其他形式的资本一样，社会资本也是物化劳动的一种形态，从而也是生产性的。社会资本的提出者科尔曼就认为，除了人的技能和知识之外，人力资本的另一重要部分就是个

---

① 参见［英］希克斯：《经济史理论》，厉以平译，商务印书馆1987年版。

② ［美］斯密德：《财产、权力和公共选择：对法和经济学的进一步思考》，黄祖辉等译，上海三联书店、上海人民出版社1999年版，第40页。

③ Colson, E., *Tradion and Contract: The Problem of Order*, Chicago: Academic Press, 1974, p. 51.

④ 王家年：《弥足珍贵老地契》，《金融经济》2014年第3期。

体与他人共事的能力。这就是社会资本，它用来指团体和组织中，人们为了
共同目标而一致努力的能力。① 而且，如果我们把实在的物质资本等当做社
会的硬件，伦理资本和制度资本则是引导人际交往和社会发展的"软件"；
随着社会的推进，软件通常要比物质资本等硬件更加重要。尤其是，伦理和
制度一旦形成或设立，它对社会所造成的影响就是长期的、累进的和难以撤
销的，相应地，对伦理和制度的投资之差误所引起的社会损失远比由于硬件
投资的失误所引起的损失更严重。

一般地，当一个社会缺乏社团意识，人们对于唾手可得的经济机会只能
望洋兴叹时，该社会就出现了"社会资本赤字"，这会对社会经济的发展造
成严重的不良后果。例如，如班菲德对意大利南部小镇的研究就充分证实了
这一点：由于该村的人对家庭以外的任何人都缺乏信任或忠诚，这些人实际
上似乎都成了极能恶意中伤和拉生意的"经济人"典型，所有行动都从个
人利益的角度来仔细计算，为他人做事不属于他们考虑的内容，而那些主张
为他人做事的人则被看成另有企图。这样，该村尽管面临洪水的侵害，却没
有设法共同进行控制；该村的人虽然都很平和，相互间也不偷窃，却似乎没
有认识到相互依赖性。结果，这个村庄变得非常贫穷，几乎不存在集体行
动。② 德威对爪哇农民市场的研究则提供另外的例子：华裔人控制了当地贸
易，并通过复杂的家庭亲缘网结合在一起，默契关系使他们成为占主导的商
人阶层。③

（二）市场主体间的私人关系

对市场秩序持续性的反思，也充分体现在广泛而持久存在的价格离散之
中。施斯蒂格勒曾指出，"一定程度的价格离散持续存在，主要源自知识的

① 参见［美］科尔曼：《社会理论的基础》，邓方译，社会科学文献出版社 1990 年版。
② Banfield, E., *The Moral Basis of a Backward Society*, New York：Free Press, 1958.
③ Dewey, A. G., *Peasant Marketing in Java*, New York：Free Press, 1962.

老化。（因为）供求条件、从而要价的分布，是不断变化的。……此外，买主和卖主的变化也会导致对市场的无知。"① 根据施斯蒂格勒的观点，价格所反映的就不仅仅是有关供求客体信息的函数，而且也是体现供求主体特征的函数。由此也就可以推测，同一商品的价格往往因市场主体的不同而会存在差异。譬如，旅游者在一个市场上支付的价格往往高于本地人。究其原因，两者相对特定市场行为特征是不同的：旅客与当地市场缺乏互动，本地人则与卖主形成了互动的交易关系。推而广之，即使在逐利的市场交易，交易者之间也充盈着特殊的私人关系。

更为明显的事实是：家族企业往往更愿意雇佣具有亲缘关系的管理者。为什么呢？在中国的外资企业往往倾向于雇佣西方人作为高层管理人员。为什么呢？而且，即使家族内外的管理者担负着同样的职责，家族成员也往往被给予更高的工资；即使在那些外企中的中、西方的管理者担负同样的职责，西方人的工资往往也比中国人要高得多。那么，在市场竞争的情况下，为什么这些企业一定要雇佣这些成本更高的管理者呢？这似乎都是与经济学中追求最大化的理论背道而驰的。新古典自由主义经济学认为，自由的市场竞争可以自动地取消歧视。但显然，现实却似乎并非如此。究其原因，这种歧视往往与最大化本质上又是相通的，其关键在于社会的主体之间存在着不同的信任关系，而这种信任关系本身就是可以带来收益的资本。

首先，主流化时代的生产与消费互动。

主体特性对市场交易的影响在主流化竞争的智力社会中表现得尤为明显。究其原因有二。（一）智力社会的商品和服务越来越具有公共品的特征：商品生产的固定成本很大，边际成本则微乎其微，因而商品的效用在于它能够服务的客户数量。事实上，同样一个商品服务对象越多，所体现的价值就越大，从而供给者所能获得的收益也越多。在这种情况下，商品的供给

---

① ［美］施斯蒂格勒：《产业组织和政府管制》，潘振民译，上海三联书店、上海人民出版社 1996 年版，第 75 页。

者希望尽可能地获得尽可能多的客户。（二）智力社会的商品的消费往往是连续性的：消费者的口味也往往会由于原初的消费而陷入锁定，但与此同时，一旦人的口味发生变化，就很难再转变回来。事实上，据估算，一家公司赢得一位新客户要比留住一位现有的老客户多花费四倍的精力。[1]

受之影响，在主流化时代，商品和服务的供给者就必须努力维持与消费者之间的良性互动关系。事实上，已经有越来越多的商品和服务的供给者将注意力越来越贯注于客户的可盈利性、关系、持续力和忠诚方面。这也意味着，市场中主体对交换而言变得越来越重要，其中关键就是市场主体本身的信度。譬如，正是良好的信誉支持了苹果公司在 1996 年陷入困境时得以东山再起，据调查，当 1996 年苹果公司陷入困境时，该公司的 91% 的用户表示他们对公司恢复元气抱有充分的信心。而且，有数据显示，在 1995 年曾购买苹果电脑的客户中，有 87% 的人在 1996 年再次购买了一台苹果电脑。[2]事实上，在主流化时代，客户和供应商之间的信誉关系突出地表现在互惠上，需要建立长期的合作关系。

其次，服务价格中内含的私人关系。

互惠是维持长期而稳定的市场交易的基础。不过，互惠除了体现在日常的服务上外，还突出表现在它的价格制定上。事实上，现实中的服务往往具有不同于一般商品的特点：（一）服务者往往是异质性的，这阻碍了不同服务在成本上的比较；（二）服务产品是异质而无形的，这阻碍了不同服务在价格上的比较。相应地，这也意味着，服务价格是很难确定的。那么，现实世界中又是如何确定服务商品的价格呢？一般地，服务具有搜寻、经验和可信三类属性可帮助区分：（一）在购买和使用前可以估价的服务具有搜寻的

① ［美］科马里：《信息时代的经济学》，姚坤译，江苏人民出版社 2000 年版，第 57 页。

② ［美］勒维斯：《非摩擦经济：网络时代的经济模式》，卞正东等译，江苏人民出版社 2000 年版，第 35 页。

属性；（二）那些在购买和使用之后才可以估价的具有经验的属性；（三）那些无法完全估价的服务具有可信的属性。显然，有形商品更可能具有搜寻的属性，服务则具有更强的经验和可信的属性。例如，R. 贝里和 M. S. 约德夫认为，服务产品的定价必须在价格和客户估价的服务属性之间建立和传递一种明确的关系。

正是基于服务商品的特定，也就出现了三种不同的定价策略：（一）以满意度为依据定价，因为在购买无形资产时存在一定程度的不确定性，公司可以通过提供服务担保和与利益相关的定价服务来使不确定性减低到最低，如按统一价格收费；（二）关系定价，商家利用为客户提供价格和非价格的长期契约巩固双方间的关系，从而建立一系列稳定、持久的相互作用，或者将一种或多种服务捆在一起的"价格包"方式出售；（三）效率定价，理解、管理和减低成本是效率定价的基石，为了效率，价格结构应该使其竞争对手在短期内难以模仿，同时，节约客户的成本也必须真正增进他们在价值上的感觉。显然，在所有这三种大家尤其是前两张定价中，都审慎地嵌入了服务供应者和消费者之间的死人关系，都体现了长期互惠的关系。

其三，市场定价中的主体性特征。

在上述三种服务商品的定价机制中，前两种定价方式更普遍，即使第三种定价方式也是建立在增进客户利益的基础上的，因而这三种方式都体现出了交易中的主体性特征。① 然而，新古典经济学家以及奥地利学派学者却往往将价格的形成仅仅视为一种抽象化的编码行为，完善市场功能也成为编码的一个内容：市场越发达，价格包含的信息就越丰富，也意味着市场越完善。显然，根据这种观点，在图 13-1 中，如何将市场价格逐步向东北区域移动，从而变成经过较好检测的编码和抽象就成为经济学的一个重要任务。但是，布瓦索却指出，主流的新古典经济学却从一开始就将经济人置于东北

① ［美］科马里：《信息时代的经济学》，姚坤译，江苏人民出版社 2000 年版，第 69—70 页。

331

区域而回避了这一问题，相应地，西方经济学家为发展中国家和经济转型国家所设计的一系列经济改革政策也都是建立在完善的市场之上。[①]

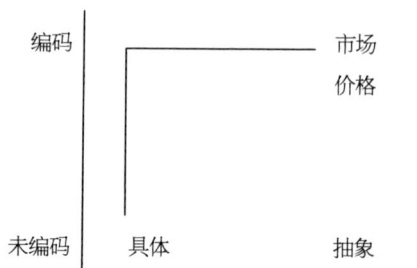

图 13-1　价格的结构

为什么理论与实践之间会存在不一致呢？就在于流行的观点所内在的一系列致命缺陷：（一）尽管价格的形成提供了一个高度内缩的抽象信号，但在编码的过程中必然会流失一些信息，有时甚至是至关重要的信息，其中重要的一点就是丧失了有关主体性特征的信息；（二）尽管新古典经济学人宣称价格已经包含了市场上所有可以得到的信息，但他们所理解的信息仅仅是可以统计或计量的客观信息，而将人与人之间的私人关系完全舍弃了，从而忽视了私人关系也是造成价格离散的重要因素。由此，我们就可以清楚地认识新古典经济学的问题：一方面，它将交易仅仅视为依赖于一些客观信息，从而片面地强调，完善的市场机制有助于降低外生的和内生的交易费用，进而会促进社会合作的达成；另一方面，它又忽视了编码过程中的信息损耗和扭曲，而是往往想当然地从完善的市场角度考虑问题，从而不去考虑现实的真实状况。

其四，发展中国家的改革实践启示。

在很大程度上，由于新古典经济学忽视了充盈于市场中的伦理因素，进

---

① ［英］布瓦索：《信息空间：认识组织、制度和文化的一种框架》，王寅通译，上海译文出版社 2000 年版，第 120 页。

而以逻辑化市场理论指导乃至西方学者直接参与发展中国家的改革实践，从而就引向了适得其反的结果：造成更大规模和更趋严重的协调危机。无论是20世纪80年代的拉美诸国还是20世纪90年代的东欧和俄罗斯改革，都是非常典型的例子。因此，传统计划经济国家以及其他发展中国家要理顺社会的协调关系，首先要做的不是盲目地移植一些发达国家的外在制度，照搬它们的经验，而是如何真正地完善适合自身文化和社会环境的市场机制，逐渐完善市场机制的协调功能。这就要求，在建设较为发达的信息机制的同时，更需要注重市场伦理的建设，而这方面的建设则与自己传统文化相适应。

这有两方面原因：（一）市场的信息往往是不完全的，这是机会主义之所以盛行的社会基础；（二）要使信息的偏在方显露其信息，不但不能靠纯粹的强制，而且也不能用诱骗的方式，而应采用促使其自愿披露的方式，这就需要认同和激励。事实上，信息激励机制的成本通常是高昂的，也是不完全的；因此，要在尽量减少激励成本的同时使得机制充分有效，其中重要的方面就是要产生一种自动可执行的机制。同时，尽管自动可执行协议并不排斥法院在履行协议中的强制作用，但它基本上是指协议的当事人依靠日常习惯、合作诚意和信誉来执行契约；其中，声誉在协议的自动执行过程中起到很大作用，而它的基础是市场在起作用，而声誉本身则体现了行为主体之间的特殊关系。从某种意义上讲，声誉也是一种特殊的资本，可以带来长远的回报，但却很可能会毁于一旦；因为一旦丧失信誉，就可能丧失今后交易的机会。①

总之，对社会合作的深化和市场秩序的扩展来说，伦理认同是重要的。事实上，只有以广泛的伦理认同为基础，人们之间才可以建立起真正的信任关系；相反，如果没有这种相互信任，几乎所有日常生活都难以进行。卢曼就写道："若完全没有信任的话，他甚至次日早晨卧床不起。他将会深受一

---

① 朱富强：《有效劳动价值论的现实阐释》，经济科学出版社2005年版，第251—252页。

种模糊的恐惧感折磨，为平息这种恐惧而苦恼。他甚至不能够形成确切的不信任，并使之成为各种预防措施的基础，因为这又会在其他方向上预先假定了信任。"① 显然，相互信任本身就体现了社会交往中的伦理关系，而道德伦理在经济活动中就具有这样两大作用：（一）可以减少相互提防的策略性行为，从而减少了市场失灵的概率；（二）可以减少了国家强制合作的刺激和约束，从而也减少了政府失灵的概率。

事实上，完善的市场本身涵盖了健全的法律规则和健康的市场伦理这两个方面内容，而抽象的法律规则要发挥有效作用也必须根基于一定的市场伦理。布隆克就写道："自由市场这只看不见的手，尽管它有不可怀疑的力量，但是它仍不足以确保许多牵涉到人类幸福以及能让人们对人类进步抱乐观态度的社会目标的实现。因此，如果我们想保护环境，减少贫困和失业，避免恶性竞争的后果，那么自由市场就很有必要由强有力的道德框架、社会凝聚力和有理性的政府干预来支撑。这种支撑性的框架不应为铺天盖地的对个人利益的赞美或片面的对最大限度的放开和贸易自由化的热衷所动摇，因为假如个人对自身利益的自由追求与社会的合作和强有力的政府之间必要的平衡被打破而无法修补的话，那么持续的人类进步就不太可能。到那时，人类就会完全乞怜于自由市场——沦为它的奴隶，而不是成为它的主人。"②

四、结语

通过剖析自生自发社会秩序的内在结构，我们就可以发现新古典自由

---

① ［德］卢曼：《信任：一个社会复杂性的简化机制》，瞿铁鹏译，上海世纪出版集团2005年版，第3页。

② ［美］布隆克：《质疑自由市场经济》，林季红等译，江苏人民出版社2000年版，"前言"。

主义经济学所藏到的市场原教旨主义的逻辑缺陷，揭示纯粹市场机制在现实中运行失灵的内在原因，并由此挖掘现实生活中市场秩序得以持续扩展的伦理基础。事实上，新古典自由主义经济学所描绘的那种帕累托最优、社会福利最大的均衡状态往往有赖于社会大众的共同行动，而之所以会出现这种共同行动，就在于这种行动为参与者所共同赞同，与广泛认同的伦理价值观相符。然而，新古典自由主义经济学的分析却仅仅考虑个人的单独行为动机，没有考虑他人的相应行为，从而就难以达到有效市场结果。譬如，从理论上说，技术进步将会产生诸如新的有效的度量方法，从而可以降低交易费用；但是，已出现的少量系统经验资料却表明，在发达国家中技术进步的净效应却是提高了交易费用。为什么呢？关键就在于，前者是从孤立个体角度而言的，后者则是关注社会整体效果，两者之间在市场经济中往往存在悖论。

一般地，市场经济的偏盛将使得个体利益和工具理性得到凸显，而工具理性又使得市场主体在与他人的交往中往往采取算计而非关爱的行为，相互之间的算计就必然导致内生交易费用的提升，进而导致市场交易的萎缩或中断。西方社会是如此，发展中国家也可能重蹈西方社会由纯粹市场所导致的困境。为此，古莱就说："无论是发达社会还是发展中社会，其最基本的问题既不是社会或政治性质的问题，也不是技术问题，而是关于道德的问题。在技术普及、各国相互依赖的当今世界里，什么样的生活好、什么样的社会好？物质的丰裕一定会带来生活的充实吗？"① 事实上，这种伦理和信任关系根本上嵌入在具体的个人关系和社会结构之中，那些具有相近旨趣和共同伦理的个体之间更容易产生交易和合作，这才是真实的市场和社会。阿罗甚至说，唯自利论的自由放任世界模式"不能存活十分钟；它要真正运转起

---

① ［美］古莱：《残酷的选择：发展理念与伦理价值》，高銛、高戈译，社会科学文献出版社 2008 年版，"前言"第 1 页。

来有赖于错综复杂的互惠网络，即使是相互竞争的公司和个人。"① 因此，重视交易中的人情因素，塑造普遍的伦理认同，应当成为当前积极反思的重要课题，因为它是市场协调机制得以高效发挥的基础。

① 参见［英］戴尔：《卡尔·波兰尼：市场的限度》，焦兵译，中国社会科学出版社2016年版，第90页。

14. 伦理认同对微观经济活动的协调：

信息节约、信息传递和交易费用

导读：市场过度竞争往往会导致欲求的膨胀和对位置的争夺，进而促使内生交易费用飙升和市场信息的扭曲。在这种情况下，要降低交易费用、节约市场信息以及提高信息的使用效率，最关键的因素就是增进交易双方间的信任，这就依赖社会伦理的认同。尤其是，随着信息时代的到来，社会信任在信息传递和社会合作中更为重要。

一、引言

为了构建所谓的纯理论体系，新古典自由主义经济学刻意舍掉伦理等因素。问题是，现实世界中的人毕竟是社会性动物，作为人与人之间关系集中体现的伦理在社会交往中根本上就不可能被忽略。韦森就指出，"经济学可以不讲道德，经济学家们可以是道德色盲，但市场运行却不能没有道德基础，市场秩序也不是没有伦理之维。"[1] 同样，中国台湾地区的何宗武也指出，"市场不能凌驾社会而支配全人类生活；价格机能不是那双看不见的手，以人文关怀为基础的伦理才是调和'市场、国家和社会'和谐的看不见的手。"[2] 理论和

---

① 韦森：《经济学与伦理学：探寻市场经济的伦理维度与道德基础》，上海人民出版社 2002 年版，第 106 页。

② 何宗武：《经济理论的人文反思》，载黄瑞祺、罗晓南主编：《人文社会科学的逻辑》，（中国台北）松慧文化 2005 年版，第 417—472 页。

实践也都表明，忽视伦理而过分重视纯粹市场竞争必然会导向这样的结果：不仅产生出对物质利益的争夺，而且还产生出对相对效用的争夺。在现代商业社会中，这种争夺导致功利主义和机会主义恣意横生，内生交易费用不断攀升，这反过来又对交易的顺利展开构成严重障碍。

事实上，无论在何种市场中，只要市场竞争是由纯粹的自利心所激发，就不可避免会产生各种信息扭曲和打埋伏行为，就必然会导致市场交易费用的上升。这可从两方面加以说明：（一）当市场萎缩而使得潜在的交易对象数目减少时，就会遇到威廉姆森所谓的"少数谈判问题"；（二）当市场扩张而使得交易对象的频繁变动时，就会导致重复交易的概率减少，产生明显的市场"稀疏型"效应。此外，随着市场经济对机会主义行为的催生，在有限理性这一拇指规则支配下的社会互动使得交易成本更为飙涨：（一）市场客体的不确定性和市场主体的有限理性相结合，将会增加长期合同的缔结成本；（二）少数谈判和机会主义相结合，则会增加一系列短期合同的缔结成本。① 那么，如何节约交易费用以促进社会合作的展开呢？这就有赖于市场伦理的基础。在很大程度上，伦理认同是社会秩序扩展的基石：（一）伦理能够极大地节约由于市场中的机会主义行为所引发的内生交易费用；（二）伦理能够最大程度地传播和使用有限的信息。

问题是，如何节约并最大化使用稀缺性信息呢？一般地，信息节约的关键在于社会信任，这种社会信任使得行为主体不担心他人利用其披露的信息而实施不利于自己的行为，相反，可以充分利用共享的信息进行协调和合作。在某种意义上说，基于伦理认同的信任本身就是市场交易的润滑剂，没有信任甚至就不可能发生任何交易。如森指出的，"一个交换经济的成功运行依赖于相互信任以及——公开的或隐含的——规范的使用。"② 相应地，

---

① 张军：《现代产权经济学》，上海人民出版社、上海三联书店1994年版，第12页。

② ［印］森：《以自由看待发展》，任赜等译，中国人民大学出版社2002年版，第262页。

伦理认同也就成为信息节约的重要机制，成为市场交易的社会基础：一个社会的信息机制越不发达，或者信息状况越复杂，就越需要倚赖这种信任关系。卢曼就指出，"在不断提高的社会复杂性的条件下，人们能够而且必须发展出比较有效的简化复杂性的方式。"① 因此，本章就伦理对市场主体行为的塑造来揭示其对社会经济的影响。

二、内生交易费用膨胀的市场现状

按照新制度经济学的观点，制度的优劣可以根据经济运行的交易费用加以判断。但不同于运输费用，交易费用根本上是由不对称的信息所引起的。同时，非对称信息可分为两类：（一）外生的非对称信息，它是指自然状态所具有的一种特征、性质和分布状况，这不是交易人所造成的，而是客观事物本来所具有的；（二）内生的非对称信息，它是指在契约签订后，其他人无法观察到的，事后也无法推测的行为。显然，前者主要是信息传递过程中的客观障碍所致，它产生出外生交易费用；后者则主要是受人为操纵的结果，是内生交易费用的基础。也即，根据信息不对称的不同类型，交易费用可以分为外生交易费用和内生交易费用两类，其中，交易费用的持续上升主要源于内生交易费用方面。

在很大程度上，新古典自由主义经济学致力于促进信息传递的市场机制建设，主要目的是为了消除外生的信息非对称性。固然，外生的非对称信息的解决主要是社会技术问题，这是市场客体的发展和完善，而不涉及行为主体的特征以及人与人之间的互动。问题是，在一个以"个人利益"为导向的社会中，外生的非对称信息与内生的非对称信息往往难以分开：只要存在外生的非对称信息，这些信息的偏在者也必然努力寻求内在的非对称信息优

---

① ［德］卢曼：《信任：一个社会复杂性的简化机制》，瞿铁鹏译，上海世纪出版集团2005年版，第11页。

势。正因如此，研究信息披露的机制设计理论最终落脚点主要是针对内生的信息不对称方面。一般地，机制设计主要涉及两个方面的问题：（一）信息问题，即所制定的机制是否是信息最有效的，也就是说，实现这个社会目标所需要的信息量能否减少到最少；（二）激励问题，即在所制定的机制下，每个人即使追求个人目标，其客观效果是否也能正好达到社会所要实现的目标。[①] 进而，激励机制根本上有关于市场主体的策略性。

就当前社会经济的现实而言，发展中国家中的交易成本之所以如此快速地上升，其中的关键就在于，受物欲主义和功利主义的影响，整个社会的追求正快速从需求向欲求的方向转变，从而导致了内生交易费用的迅速膨胀。譬如，根据麦金农[②]和爱德华·肖的理论，[③] 主要以低利率和低汇率为特征的金融压制是发展中国家经济发展的根本障碍。但显然，这仅仅是从信息的外生不对称上而言的，实际上从信息的内生不对称可能是更主要的。金融史专家杜恂诚就认为，从中国开放以来的实际情况来看，利率抑制并不构成主要的困难，改革中出现的一些现象也不能简单地归结为金融压制而主要应归咎为信息约束；并且，总结了中国金融业信息约束的几方面表现：（一）银行对企业的甄别过程中；（二）有业务关系的银企之间；（三）商业银行的总分行之间；（四）中央银行和商业银行之间；（五）监管机构和上市公司之间。[④] 在这些方面，信息不对称主要都是由策略性行为所引发的，属于内生交易费用。

内生交易费用之所以会急速上升，除了市场主体为了最大化地满足物质

---

① 参见田国强：《激励、信息及经济机制设计理论》，载《现代经济学前沿专题（第一集）》，商务印书馆 1989 年版。

② 参见［美］麦金农：《经济发展中的货币与资本》，卢骢译，上海人民出版社、上海三联书店 1997 年版。

③ 参见［美］爱德华·肖：《经济发展中的金融深化》，周庭煜等译，上海三联书店1988 年版。

④ 杜恂诚：《金融深化中的信息约束》，《上海经济研究》1999 年第 4 期。

需求外，更重要的是由竞争所产生的对社会位置的争夺，这是市场外部性的显著特征，进而产生了不断膨胀的"欲求"而非需求。霍布斯曾指出，如果共同利益和个体利益之间没有分歧，他们根据天性增进个体利益的行为也有助于公共利益；问题在于，人类的快乐常常是在于把自己和别人作比较，感到得意只是出人头地的事情。① 正因如此，人类理性竞争的结果，就不是为了合作，不是为了帕累托改进，而是尽可能地压倒对方，即使损害自己也不顾。为什么会这样呢？这就归咎于市场经济所滋生出的扭曲性伦理，它关注的是个人在竞争中的优胜而不是互惠。斯达克指出，人们相对经济地位的关心是由人们的妒忌心产生的，并且使经济增长对社会福利的正作用消失。② 进而，我们又如何缓和乃至克服这种异化的社会状态呢？这同样也必须诉诸伦理，这是一种合作性伦理。通过良好教育来改变和弱化人们的妒忌心态，塑造"为己利他"行为机理，从而就可以使经济增长产生正的社会福利效果。

之所以要重视伦理的培育和塑造，也在于人们之间的信任度往往存在累积效应：如果信任被破坏，沟通被停止或扭曲，就会导致进一步的相互不信任；相反，一旦人们建立了信任关系，这种关系也就容易维持下去，信任关系存在的时间越长，维持下去的几率也就越高。有鉴于此，针对泽尔腾提出的连锁店悖论（Chain-store Paradox），一些学者就提出了相应的善意理论。善意理论假设效用支付可以分为两部分之和：（一）"初级"效用，它线性依赖于现金支付；（二）"次级"效用，它取决于博弈一方对对方的社会关系的判断，该社会关系属性由超博弈以往历史和决策影响初级效用的方式决定。一般假设，次级效用反映了这样的倾向：（一）友好的气氛比不友好的气氛更为偏好；（二）博弈一方不希望被认为他在辜负对方信任的意义上是

---

① ［英］霍布斯：《利维坦》，黎思复、黎廷弼译，商务印书馆 1985 年版，第 130 页。

② Stark，D.，"Altruism and the Quality of Life"，*American Economic Review*，Vol. 79，No. 2 (1989)，pp. 86-90.

"自私的"；（三）博弈方因辜负对方而获得的负效用的强度与此前相互持续合作的阶段长短正相关。

最后，市场内生交易成本的膨胀还导致了价格的离散。按照流行的经济学观点，价格离散的原因在于，卖主在探明其竞争对手的要价过程中需要一定的成本。不过，即使这一成本为零，离散现象还是存在的。① 因此，产生价格离散的因素并不局限于此，更主要是与买主搜寻次数的有限性以及市场上存在的机会主义有关。一般来说，交易对象相距越远，买主的搜寻次数越少，可能发生的机会主义倾向也就越严重。不过，随着信息传播机制的建设和市场机制的完善，这实际上就大大缩短了市场主体之间的距离，从而产生密集市场效应。马克思就指出："人口比较稀薄但交通工具比较发达的国家，就比人口比较多但交通工具不发达的国家有更大的人口密度。就这个意义上说，北美合众国北部诸州，就比印度有更为稠密的人口。"② 正因如此，每个国家都比较重视交通、信息以及其他市场基础设施的建设。但同时，我们也可以看到一个明显的反例：中国和印度等国的人口密度要比西方高很多，但这两个国家的分工似乎都还停留在比较粗浅的层次上。为什么呢？一个重要原因就在于，这两个国家的市场机制还正处于形成之中，尽管基本的抽象规则通过效仿和移植已经初步建立，但非正式的市场伦理却由于很难移植而至今仍处于缺失状态。也就是说，这两个国家的市场规则和市场伦理还不配套，还缺乏一个整个社会上相互信任的文化，正是市场伦理还没有发育成熟，从而造成人们之间的心理距离无法缩短，进而也就限制了市场分工的扩展和深化。

可见，随着市场经济无节制地发展及其衍生的堕落效应，传统伦理价值观就日趋解体，而市场内生交易成本则急速上升；相应地，资源浪费和低效

---

① ［美］施斯蒂格勒：《产业组织和政府管制》，潘振民译，上海三联书店、上海人民出版社 1996 年版，第 84 页。

② ［德］马克思：《资本论》（第一卷），人民出版社 1963 年版，第 375 页。

率之间就出现自我膨胀倾向，最终导致整个市场的困境和社会的解体。从人类发展史可以看出，当一个社会不存在法律或者没有成文法典，该社会依旧可以长期存在；但是，如果一个社会伦理道德已经丧失而只留下硬邦邦的法律，那么该社会必然是可怕的，必然不可持久。可以说，正是由于商业主义的膨胀排挤了社会伦理并促使社会伦理的迅速解体，导致整个人类世界逐渐步入了这种恶性循环之中。由此，我们就可以解释这类现象：西方社会中的伦理衰落深深影响了其他地区（如儒家社会），而发展中国家的伦理失范又反过来诱发了西方跨国企业的违规行为。例如，李和奥尔就曾指出，由于寻租的性质，政府干预经济活动将呈现这样的规律"一项政府政策造成的市场扭曲越是严重，有关人员和利益团体享有的租或剩余就越多，于是这项政策就越难以得到纠正，因为任何矫正扭曲的努力都会遇到来自既得利益维护者的强有力的抵抗。"① 有鉴于此，即使崇尚经济分析法学以及作为法律自由主义者的代表人物，波斯纳也强调伦理的重要性。波斯纳写道："诚实、可信和友爱降低交易费用……邻里和睦……减少外在成本……仁爱降低对高成本公共福利项目的需求，关心则减少社会浪费。"②

三、节约信息资源的市场伦理

不同学科的理论似乎都指向，节俭是大自然的一般原理。莫泊丢（Maupertuis）的最小作用原理表明，如果大自然发生某种变化，这种变化所需要的作用数量必须尽可能地少。例如，费马（Fermat）提出的光学中的最小时间原理说明，在从一点到另一点所有可能的路线中，光线所走的路线是所有的路线中所需时间最短的。再如，爱因斯坦的相对论提出的最短路线

① Lee & Orr, "Two Laws of Survival for Ascriptive Government Policies", in *Toward Theory of the Rent-Seeking Society*, Texas A. & M., University Press, 1980, pp. 113-124.

② Posner, R., *Economic Analysis of Law*, Boston: Little, Boown and Co. 1986, pp. 238-239.

假设说明，任何自由粒子在空间时间里所走的路线是最短路线。同样，按照现代熵理论，熵是关于物理系统状态的信息不确定性的测度，而信息量是熵的负值；负熵是有序化的微观反映，而有序化是负熵的宏观表现。也就是说，信息量是一个系统组织化程度的度量，一个系统的熵就是无组织化的度量；相应地，系统有序化增加也就是负熵的增加，这是由信息量的增加带来的。同时，人类可观察的数据的增长表明，人类和所有独立存在的生物体一样，寻求以最小的能量支出或熵的最小增加来维持他们的时空实体。这意味着，当信息和内聚力相互作用时，生物进化应当表现出一种固有的效率或节俭倾向，这反过来应符合熵的产生最小化原则。

节约原理同样可以拓展到人类社会和经济活动中，对信息的节约也就成为衡量一种机制是否有效的重要标准。究其原因，一方面信息对市场运行和经济活动是至关重要的，另一方面信息根本上又是不充分的和稀缺的。这意味着，提高效率的根本方法就不是无限制地增加信息量，而是要在致力信息节约的基础上提高信息使用效率。其实，施斯蒂格勒对信息成本所下的定义就是，从一无所知变为无所不知的成本。在一般情况下，人们之所以常常宁愿保留无知，就在于获取信息的成本往往会变得高不可攀。这意味着，通过信息机制建设、促进信息交流等途径来抑制交易费用具有内在局限性。进而也意味着，我们需要探求另外更基础、更有效的途径，而不是一味地收集信息；或者，可以将信息更有效地凝结在某种载体中，从而借助载体转移而促使信息更方便地传播。显然，一个重要载体就是人类社会在长期实践中逐渐形塑的习惯、习俗以及社会伦理规范，它们凝结了人们在实践中获得和积累的信息。

一般地，承袭、遵循并扩展人类社会所凝结的伦理规范，也就是充分利用了既有的信息，进而也就节约了信息成本。这也意味着，遵循规范的行为并不是非理性的，而是具有高度的社会理性，因为它充分吸收了前人的经验和知识。根本上，伦理体现了互动双方之间的信任关系，从而有助于人类的行为协调，进而在社会合作的形成和深化过程中起到积极的润滑剂作用。事实上，任何市场主体都有自己独特的并只有自己才了解的信息，在缺乏信任的状态下，任何市场主体都会努力隐藏这些个人信息；相反，只有在相互信任的状态下，这些信息才容易得到披露和共享，进而才能更容易达成市场交易。从这个角度上说，要节约信息的使用以及提高信息效率，最关键的因素就是增进交易双方的信任。阿罗也曾强调说过："对彼此的话有某种信任，这对个人是有益的。在缺少信任的情况下，要就可供选择的制裁措施和担保人做出安排，成本将变得十分高昂，而且许多互利合作的机会将不得不被放弃。"① 相反，有了相互信任，人们甚至可以在缺乏相当信息的基础上产生同样的合作行为和动机。所以，福山指出，"现代化制度固然很重要，但还不足以构成现代繁荣经济和社会福祉的充分条件，如果一套制度要运作顺畅，还必须配合若干传统的社会习惯与伦理习惯。契约的存在容许陌生人在缺乏互信基础下得以共事，但是当共事双方真的信任双方时，他们的合作过程绝对更有效率。"②

当然，在市场经济中，不少市场主体之间也维持着长期而频繁的交易行为言，从而产生为非常强烈的信任关系。只不过，如果这种信任关系仅仅局限在个人性互动之中，那么，它的范围和深度往往就非常有限，信任半径也必然较为狭窄。在很大程度上，作为一种社会资源，信任的"生产"和"使用"同样要遵守节约的规律：一个人无法与所有人建立双边的信任关系，而一个多边的信任关系则可以大大降低建立一个个孤立信任关系的成本。同时，互动双方建立信任关系的资源因受时间、精力等限制而必然是有限的，相应地，要节约这种资源，也就要努力重复使用由双方建立起来的信

---

① Arrow, K. J. , "The Organization of Economic Activity", in *Analysis and Evaluation of Public Expenditure: The PBB System*, Jiont Economic Committee, 91st Congess, 1st Session, Washington D. C. : US Government Printing Office, 1969, p. 62.

② ［美］福山：《信任：社会道德与繁荣的创造》，李宛蓉译，远方出版社 1998 年版，第 171 页。

任关系，并使之向外拓展和推广。显然，双边的信任和伦理关系的扩展也就是价值伦理认同的普及化，这就形成了社会共享的伦理关系。笔者在《合作的文明》一书中就指出，伦理是人类互动演化的产物，是基于"为己利他"行为机理的相互利他主义扩展的结果。而且，如哈耶克所说，这种演化"普遍趋向于最经济地利用资源"。① 事实上，当个人面对错综复杂的世界而无法迅速、准确和费用低廉地做出理性判断以及现实生活的复杂程度超出其理性边界时，往往就可以借助于普遍的价值观念、伦理规范、道德准则、风俗习性等相关意识形态来走"捷径"或抄近路。

同时，按照现代主流经济学的观点，市场经济中的机会主义行为往往会受到法律制度的制约。问题是，法律制度本身往往需要非常高的执行成本，更不要说很多合同本身就是不完全的。不过，如果市场主体本身就根植于良好的市场伦理，并且对现行制度安排的法理性具有强烈的认同和信赖感，那么，机会主义行为就自然会淡化很多。这里，又涉及法律制度安排上的公正性以及执行上的有效性等问题。一般地，如果制度安排本身是不公正的，那么，它就会受到那些被不公正对待的人们在内心深处的漠视；如果法律制度执行不力，那么，那些强权者就可以把自己的意志凌驾于法律之上，正如我们当前看到的。所有这些都将提高单纯凭借法律制度来支撑市场运行的成本。那么，制度安排的公正性又何以体现呢？根本上，公正不能仅仅反映为由力量结构对比所展示的强者偏好，而应该更主要体现出对社会公意以及弱势者的关怀。我们可以从两方面加以理解：（一）力量对比本身是在不断变动的，基于力量的制度安排就具有不稳定性；（二）信息不对称状况本身就是力量的一个维度，那些拥有信息的一方当然可以利用制度安排来实行机会主义行为。相应地，法律制度要得到维护和执行，更重要的是与社会习俗和伦理相一致，从而得到社会大众的认可，从而才可能尽可能地节约制度安排

---

① 转引自［英］哈耶克：《致命的自负》，冯克利等译，中国社会科学出版社 2000 年版，第 12 页。

的设立成本和执行成本。

关于基于力量博弈的制度安排中所潜含的机会主义倾向，我们可以通过比较美日的社会制度安排窥见一斑。一般来说，崇尚个人主义的美国社会更倾向于基于力量博弈来"设计"制度，而受儒家集体主义影响的日本更注重社会的公正和和谐。正因如此，两个国家的人们对制度的认知就存在很大的差异。与美国相比，日本总人口中律师人数所占比率要小得多。相反，日本人口中工程师人数的比例则要比美国大得多。

总之，良好的道德规范、价值伦理有助于节约信息和资源，进而成为促进市场有效运行的润滑剂；尤其是，随着价值伦理的扩展，导致社会信任和伦理认同半径的扩散和拓展，乃至形成一个多方位的信任网络，进而推动市场交易和社会合作的半径延伸。威廉姆森将信任分为三种类型：算计性的信任、个人信任、制度的（或带连字符）的信任；其中，制度信任是指合约被嵌入其中的社会与组织环境。[1] 威廉姆森说，负责调整相互联系的个人在处理发生的问题时，除了可以利用机构的信任关系外，还可利用个人的信任关系；在个人诚实被认为起作用的地方，当交易道德受到损害时，负责相互联系的个人可能拒绝参与利用（或依赖）在合同字面上钻空子的机会主义行为。[2] 一般地，在其他条件相同时，以个人信任为特征的独特的交换关系能够承受更大的压力，从而显示更大的适应性；但是，联系密切的社会中或者集体主义的文化中，个人的行为往往要受制于集体的偏好，制度的信任也就日益重要。

四、促进信息传递的伦理认同

从信息经济学的角度讲，提高行为协调和增进社会合作的最直接途径就

---

[1] 参见［美］威廉姆森：《治理机制》，王健等译，中国社会科学出版社 2001 年版，第 10 章。

[2] Williamson, O. E., *The Economic Institution of Capitalism: Firms, Market, Relational Contracting*, New York: Free Press, 1985, pp. 62-63.

是加强信息交流。同时，信息交流主要包括两大方面：信息的传递和信息的接受。进而，为了更有效地促进信息的传递和接受，往往需要对信息加以编码，将默会的信息明示化。一般来说，有效的编码具有这样的功能：让客体或客体系统传播我们希望传播的东西，传播它所能够传播的东西，传播它应当传播的东西。同时，信息之所以需要编码，还在于，信息在传播过程中不可避免地会出现扭曲，也就是会夹入噪音。按照莫尔斯（Moles）的观点，传播中的噪音实际上可以被看作发送者不想发送的信号，或接受者不想接受的信号。为此，莫尔斯开出了两个处理杂音的处方。（一）减少渠道的容量。为了更有效地利用剩下的渠道容量，要使通过渠道的信息有更大程度的代码编纂。当然，这需要事先在发送者和接受者之间有共享代码。（二）使编码水平保持不变，事先在传播伙伴之间实现更大的环境共享。显然，这两方面都需要增加伙伴间共享的共同知识。事实上，这在传统共同体中是广泛存在的，如家庭组织中就共享家庭伦理，而企业内的隐性协调也有赖于较为健全的企业文化。相应地，进入现代社会，由于交往范围不断扩大、交易对象不断增多以及交易频率日益提高，导致社会成员之间的共享环境大大地扩大了。在这种情况下，如果要使得信息交流同样甚至更加有效，就必须大大拓展原先的共同价值观；而且，由于此时的交易越来越体现在个体之间，因而道德共同体向道德秩序演化也就成为社会发展的必然趋势，此时社会伦理的培育就愈发显得重要了。

然而，信息的编码对交流也会产生双重效应：一方面，可以提高信息交流的确定性，进而促进信息的扩散；但另一方面，信息也会受到某种程度的压缩，乃至可能丢失数据和信息，从而导致信息损失。实际上，人们在日常生活中也总有这样一种感觉，认为发送者知道得比接受者多。这是因为，发送者往往保持着一个"沉默系数"，不管他如何想表达出来，也难以做到。推而广之，信息根本上具有某种程度的私人性，这种私人性体现了信息的默会特质；相应地，即使拥有者可以无意识地利用这些信息，但有时甚至自己也感受不到它的"实际"存在，更不用说将它传递给他人了。所以，弗洛伊德的理论强调：发送者本人从不真正"知道"他知道多少东西，他的很多知识沉浸在其无意识的深处。而且，这种默会信息除非心灵相通者是难以领会的，更难以接受这种默会信息。

正是由于市场中存在着大量难以编码的知识，导致发送者和接受者之间必然存在某种的信息不对称。在这种情况下，为了使得信息交流更为丰满，促使市场交易更为顺畅，就必须依赖交易双方之间的信任；而这种信任是建立在共同价值和期望之上，反映了先前交易中的软性投资，如商业中的品牌、学校的声誉、人的信誉等。相反，在一个不信任的环境中，不但无法充分领会对象的信息，而且，信息的传递双方还会对信息进行故意的过滤或编辑加工，以给对方造成某种假想以谋取个人的私利。在这种情况下，反而可能会使得一些消极信息的传播受到压抑，从而破坏组织的适应能力。① 譬如，在很多国家的股市中，那些抱着圈钱目的的上市公司往往会恶意地搞出多种账本以应付不同的对象，这不仅误导了股民的投资，也严重扰乱了资本市场的秩序，最终则会损害这些上市公司自身的利益。这是因为，股民已经不再信任上市公司了，这表现为股票市场往往周而复始地陷入几乎崩盘之境。

在很大程度上，有效的编码常常只是解决了传播的技术问题，而在语义和实效层面则往往会造成新的问题。事实上，传播的有效性是通过适合"程度"来度量的，即用其作为信息源的目的和实际达到的结果之间的差别来度量；因此，这就需要依赖共享环境，以此来节约信息传送、编码的努力和时间。一般来说，这主要涉及两个方面：（一）信息基础设施，即基础信息的编纂；（二）社会认同关系，即价值伦理的塑造。显然，不论是缺少共同的代码、共同的背景还是共同的价值，均会阻止或阻碍知识从局部知识向

---

① ［美］R. 布鲁斯·萧：《信任的力量》，王振译，经济管理出版社 2002 年版，第18 页。

科学知识转化。所以，郑也夫指出，信任是对社会复杂性和不确定性的简化。齐美尔则认为，信任产生于知识和无知的结合。① 相应地，胡塞尔的现象学则强调，自然科学的技术不能应用于社会行动分析，社会行动往往只能作为主体意识间的"活的体验"来把握，这种行为难以抽象为客观的知识。

在市场交易中，交易双方之间的信任关系之所以会成为影响合作达致的关键因素，究其原因，信任本身就体现为一种社会资本，是否拥有丰富的社会资本在智力社会越来越成为整个社会发展的潜能。社会资本的提出者科尔曼就指出，社会资本反映了在社会或其下特定的群体中成员之间的信任普及程度，也就是体现了一个社会中的伦理关系状况。显然，这不同于一般的人力资本，因为人力资本主要体现为个体身上所凝结的物化劳动（技能），而社会资本则体现为人与人之间的关系，是人与人之间行为的润滑剂。一般来说，个人可以自己采取行动去增加自己的人力资本，但是，团体却无法单纯靠个人行动的积累以增进整体的社会资本，而这种社会资本只有在社会环境中才能生成，而这需要社会成员的共同培育。

人类文化学家爱德华·霍尔根据信息环境的差异将文化环境分为高环境文化和低环境文化：高环境文化处理的是丰富、具体和未编码的面对面交流的数据，这种数据是复杂的、多方面的和微妙的；低环境文化则在清晰、简单和客观的情况下将编码的抽象数据的选择性使用作为交易的方向。② 显然，霍尔的划分反映了不同社会对知识整理上的差异，并且，强调了低环境文化信息交流的有效性。但需要指出的是，霍尔的分析还着眼于资力社会，在这种社会中，物质资本是生产的关键要素，法制可以有效地界定物质资本的归属和运用，从而以其明确性而保证了有关物质资本使用的信息，从而比较有效。然而，随着社会的发展，特别是随着知识的加速生成，通过编码这

---

① 参见郑也夫：《信任论》，中国广播电视出版社 2001 年版，第六章。

② ［英］布瓦索：《信息空间：认识组织、制度和文化的一种框架》，王寅通译，上海译文出版社 2000 年版，第 362 页。

种手段来加速知识的交流必然会遇到越来越多的限制（主要是速度上的滞后性）。这也意味着，未来社会中更可能呈现的是具体的、未编码的面对面交流的知识，而这种知识的交流的基础就在于伦理的认同。

可见，随着信息时代的到来，信息传递和社会合作更依赖于社会信任。在很大程度上，正是由于社会信任的式微和崩溃，造成了当前社会整合的危机。为此，近年来，很多学者都对日益凸显的诚信危机做了多方面的分析。一般认为，造成当前诚信危机的主要原因有：（一）伦理问题，这体现出一个社会非正式组织的制约缺位；（二）制度缺陷，这是由于正式组织的不完善而造成的监督不力；（三）金钱理性的推动，体现为功利主义的影响；（四）网络泡沫，这是新经济起飞阶段伦理没有相应调整的必然结果；（五）行业自律不足，表明一个社会的中介组织还不完善以及行业伦理没有形成；（六）政府不当干预和政策多变，这直接体现为政府角色的错位和职能效率的不足；（七）信息不对称，也反映出缺乏有效的信息凝结载体——伦理认同。事实上，正如法国哲学家塔尔德（Tarde）在《模仿规律》一书中指出的，随着社会的发展，模仿不受遗传的支配，因而也就不受时空限制的支配，文化伦理的扩散也并不要求空间和时间上的接近。与此相应，道德的社会认同也就越来越不受地域的限制：传播网络越密集，模仿的范围就越大，文化一体化的范围也就越广。也就是说，随着人类交往的扩大以及世界性市场的形成，人类社会要在更大范围内建立有效协作分工的秩序，就不能仅仅依赖根本上对那些恶行为进行制约的社会正式的法律制度，而是要培养出基于"为己利他"行为机理的共享伦理。

五、结语

新古典自由主义经济学通过舍掉伦理等因素而把市场主体还原为相互冷淡的孤立原子，并在理性逻辑的基础上构建出有效市场理论。然而，如果忽视人与人之间的伦理关系而受一种纯市场竞争的意识形态之支配，那么，人类理性就会变成冷漠、自利，变成自私、市场也就变成巨兽，狡诈、犯罪、掠夺和斗争就会充斥我们生活的方方面面，互惠的合作也就根本实现不了。在很大程度上，正是由于近现代以来对伦理建设的忽视，资本主义"自由市场对财富增长的追求事实上导致了我们社会道德水平的持续下降"。① 这就要求我们对舍去伦理内容的现代主流经济学进行反思。正如贝克尔指出的，利己主义者之间的劳动分工可能会鼓励欺骗和逃避责任，而不是有机团结；一种思想感情的和谐是有效率的劳动分工的原因而不是结果，从劳动分工到感情和谐之间的唯一联系是利他主义家庭和其他组织的生存和繁荣。②

事实上，市场交易、分工和运行都根基于某种契约，而契约有完全契约和不完全契约之分。进而，不同契约往往又对应不同的交易模式：完全契约下的市场交易往往基于一般规则，并且是一次性的；不完全契约下的市场交易往往基于市场伦理，并且是多次的。譬如，社会学家科尔洛克的实验就表明，在完全契约下，90%的交易关系持续时间短于三轮，而且大多数都是一次终结；而在不完全契约下，只有40%的交易关系持续时间短于三轮，而大多数交易者都与他们的合作者建立起某种信任关系。同时，在契约不完全时，人们往往会尝试信任交易者，维持对他们的忠诚，由此不仅会提升交易者之间的信任关系，而且也会促进市场的正常运转。③ 显然，几乎所有的契约都是不完全的，从而也就必然嵌入某种信任关系；而且，基于信任之上的不完全契约往往更易于促进市场交易和社会合作。

最后，需要指出，即使在民主决策的社会中，如果缺乏一定的伦理基础，那么依据纯粹的多数力量进行决策或行动，必然会导向独裁或寡头；进

---

① 〔美〕布隆克：《质疑自由市场经济》，林季红等译，江苏人民出版社2000年版，第10页。

② 〔美〕贝克尔：《家庭论》，王献生、王宇译，商务印书馆1998年版，第310页。

③ 〔美〕鲍尔斯：《经济动物》，刘少阳译，浙江教育出版社2018年版，第147页。

而，反复的争斗不但会造成社会的动荡，也会导致整个民主体制的崩溃。究其原因，在民主决策中，整个的行动是由部分多数成员的意志决定的，而这些自利的多数成员结成联盟肯定会损害少数人乃至整个社会的长期福利；进而，如果根据简单多数通过规则，社会成员就会为不断结成最小多数而行动，这就会造成联盟的不稳定而引发社会的动荡。既然如此，资本主义社会为什么能够保持总体上的民主体制平稳呢？在很大程度上，这也就与资本主义现实体制中的伦理基础有关。正如森所说，"资本主义需要比单纯的利润最大化更加复杂的动机体系，这一点已经以不同的形式，经过很长的一段时期，被许多重要的社会科学家，如马克思、韦伯、托尼（Tawney）和其他人所认识到。非利润动机在资本主义的成功中发挥了重要作用，这并不是一个新论点，只不过这方面的丰富的历史证据以及按这个方向展开的概念论证在当代专业的经济学中经常被忽视了。"①

---

① ［印］森：《以自由看待发展》，任赜等译，中国人民大学出版社 2002 年版，第263 页。

15. 社会伦理对宏观经济运行的影响：

伦理衰退、信息扭曲与经济滞涨

导读：伦理的衰落和信任的缺乏导致信息传递的失真，导致虚假信息的炮制，进而强化了信息的不确定；这又会进一步影响人的行为方式，破坏经济系统的稳定性，乃至引发社会经济的动荡。在很大程度上，20 世纪 70 年代以后滞胀的出现以及当前世界的经济波动都可以归咎为社会伦理的衰败以及相应法治力量的萎缩。相应地，为了保障社会秩序的不断扩展以及社会经济的持续发展，就需要重建日渐式微的社会伦理，需要增进人与人之间的信任关系。

一、引言

第 14 章从微观上剖析伦理认同对引导和协调市场行为的作用，进而揭示了伦理培育对市场经济的意义，本章则进一步从宏观上考察伦理扭曲对社会经济的影响。事实上，如果对现实经济活动做一番考察，就会发现大量的社会现象和经济行为正在受到扭曲性社会伦理的影响，这是造成宏观经济波动和市场经济活动萎缩的重要原因。例如，在 21 世纪的新千年伊始，世界著名的大公司——安然、世通、施乐、默克等都相继发生了信用危机，引发了人们对整个会计行业乃至整个社会经济发展的不信任，在很短的时间内就造成了道琼斯指数下跌约为 35%。

一般地，信用缺失引发的问题主要表现为：（一）提高交易成本而降低效益，进而造成社会资源的极大浪费；（二）影响投资需求和消费信贷，导致国内需求的不足而造成通货紧缩；（三）影响政府政策应有作用的发挥，宏观调控效果也因此大打折扣；（四）扭曲正常的市场信号，造成市场经济秩序的混乱而延缓市场化进程；（五）阻碍企业规模扩展，导致国际竞争力下降。在很大程度上，当前很多问题都可归结到伦理的丧失，从而导致了掠夺性市场规则的出现。为了便于读者洞悉社会伦理对社会经济的影响，本章借法伊格的分析来引入伦理因素以探究滞胀现象，因为滞胀往往被流行观点视为一种纯粹经济现象。

二、滞涨的信息根源

为了考察社会信任对经济增长以及宏观经济运行的影响，我们对第二次世界大战后的西方经济发展做一个经济史的回顾和分析。

（一）市场政策的现代失效

在解决 20 世纪 30 年代的经济大危机中，凯恩斯主义经济学发挥了重要的理论指导作用，由此一跃而成为主流经济学，并在随后的 40 年时间内维持了主流地位。但是，到了 20 世纪 60 年代末 70 年代初，欧洲历史却首次出现了经济衰退和通货膨胀相结合的怪物——"滞涨"；同时，面对这一新现象，凯恩斯主义理论并不能提供合理的解释，也无法提供有效的解决措施。这就使得凯恩斯主义经济学遭受现实意识的挑战，进而就会陷入严重的信任危机。值此之际，欲取而代之的一些新流派就开始蓬勃兴起，它们加紧了对凯恩斯主义经济学的全面攻击。例如，凯恩斯主义对货币作用的估计不足，引起货币主义的抗衡；凯恩斯主义对供给方面分析的缺乏，引起了供给学派的讨伐；凯恩斯主义对人类理性的忽视，则遭到理性预期学派的无情鞭挞。发展到 20 世纪 80 年代初，新古典宏观学派的代表人物卢卡斯和萨金特等人开始宣布凯恩斯主义已经死亡；有学者甚至指出，如果有谁还自称是凯恩斯主义者就会引起学术界的嘲笑。①

当然，由于西方社会根本思维上的自然主义特质以及经济学所具有的建构理性主义特质，当时攻击凯恩斯经济学的诸流派大多从个体理性出发，认为凯恩斯强调的货币幻觉等心理因素低估了人们的预期能力。实际上，新兴的货币主义学派、理性预期学派、供给学派、真实经济周期学派等的共同特点就是强调人们的理性能力，以完全理性来重新构建宏观经济学。正因如此，这些流派主张回到马歇尔的新古典经济学中去，用建立在市场出清和经济行为始终实现最优化的假定基础之上的宏观经济学理论来取代凯恩斯主义经济学；因此，尽管这些学派的研究重点并不一致，却往往统称为新古典经济学宏观学派。譬如，卢卡斯等就认为，凯恩斯主义理论存在两个基本的困境：1. 非市场出清缺乏充足微观的基础；2. 凯恩斯主义模型中的预期假定与最大化行为不一致。

然而，20 世纪 80 年代新古典宏观学派所推出的政策依然无法有效解决经济长期低迷问题，相应地，新古典宏观经济学的政策可信度也受到了极大的质疑。被视为"货币学派"新领军者的本杰明·弗里德曼（Benjamin Friedman）就指出，新古典自由主义政策在实践中并没有取得突出效果，远远低于各阶层的厚望。举例如下：1. 理性预期学派根据自然率假说认为通货膨胀无害，但事实是，当美国通货膨胀率由 1980 年的 10% 下降到几年后的 3% 时，产量却下降很大，总需求下降也很多；2. 货币主义主张单一的货币规则，但在 1982 年后的几年里，美国一方面经济增长最快，另一方面却出现了最剧烈的通货紧缩；3. 在供给学派的减税政策方面，在 20 世纪 80

---

① ［英］布赖恩·斯诺登、［英］霍华德·文、［英］彼得·温纳齐克：《现代宏观经济学指南》，苏剑等译，商务印书馆 1998 年版，第 344 页。

年代的减税过程中，美国的储蓄率却是下降的。①

在很大程度上，20 世纪 80 年代美国经济的增长是建立在不断堆积的财政赤字基础之上：美国的财政赤字 1982 年为 1342 亿美元，1983 年为 2308 亿美元，这一水平一直维持到 1989 年；与此同时，美国的外债由 1980 年的 7377 亿美元增加到了 1989 年的 21752 亿美元，内债则由 1941 亿美元增加到了 6769 亿美元。② 正是这些赤字和债务挖空了过高经济增长的物质基础，因此，新古典经济学派政策经过 10 年多的推行，美国经济反而陷入了困境，而且增长越来越乏力：1983—1989 年的平均 GDP 增长率为 3.8%，1989 年为 2.5%，1990 年为 0.8%，1991 年为-1.2%。与此同时，在整个 20 世纪 80 年代到 90 年代初，失业浪潮也席卷了整个西方工业国家：欧共体 12 国失业人数近年高达 1700 万，平均失业率为 11%，美国的失业率也达 7%，失业人数超过 800 万。③

因此，尽管新古典宏观经济学是针对滞胀而生，但它也没有真正解决滞涨问题。这意味着，这些新兴理论与现实之间也存在明显脱节。麦吉和法伊格就指出："在这种知识界的大混乱中，不管作出多么积极的努力来挽救失败的理论，棘手的经济现实都将使这番心血徒然无功。"④ 为什么会这样呢？正因为所有这些传统经济理论对滞涨的解释都缺乏说服力，我们就有必要对此展开更为全面视角的探索。事实上，新古典宏观经济学理论都是以理性为基础的，都是源于对物的处理，并把经济现象看成是独立于人的客观存在；但是，到 20 世纪 70 年代，随着物质资本的日益丰富，人力资本而非物质资

---

① 刘涤源、文建东：《凯恩斯就业理论在美国的传播与发展》，《经济评论》1993 年第 3 期。

② ［巴西］多斯桑托斯：《新自由主义的兴衰》，郝名玮译，社会科学文献出版社 2012 年版，第 104—105 页。

③ 漆光瑛、张冬梅、朱富强：《国家干预的艺术：凯恩斯主义经济学沿革》，当代中国出版社 2002 年版，第 197 页。

④ ［美］麦吉、［美］法伊格：《政策失误、宏观经济的不稳定与未来纳入统计的经济部门》，载《地下经济学》，郑介甫译，上海三联书店、上海人民出版社 1994 年版，第 104 页。

本越来越成为关键的生产要素，而人力资本的载体——人——也再也不能像物一样被随意配置。正因如此，莱宾斯坦倡导的非配置的 X-低效率开始显现了，这就导致政府政策的失灵。

（二）政策失效的伦理因素

现代社会的人力资本之所以难以得到有效配置，和人与人之间的信任关系密切相关。一般地，如果人与人之间的关系是高度信任的，那么，我们就容易预期他人的行动，从而就容易形成协作；相反，如果人与人之间缺乏信任，那么，每个人都会努力隐藏自身的信息和行动，从而就会导致社会成本的提高。在很大程度上，滞涨在 20 世纪 70 年代的出现，也与社会信任关系有关。为此，法伊格提出了一个未登记收入假说：随着经济活动从登记部门转到未登记部门，像实际经济增长率、就业率和生产率这样一些基本经济指标就可能被低估；这样，未登记的经济增长就使得官方经济信息系统所给出的信号与现行经济产生脱节，从而就应该重新审视的经济现实而非经济理论。事实上，越来越多的经验资料表明，未登记的经济规模很大；而且，在整个 20 世纪 70 年代，许多高度发达西方国家中的未登记经济规模都在持续扩大。① 所谓未登记收入，主要就是指地下经济，而地下经济是对形形色色的未被观察到的经济部门的总称，这个概念本身至今还不是清晰的，也有各种各样其他称呼，如洞穴经济、影子经济、非正式经济、隐蔽经济、平行经济、黑市经济、第二经济、家庭经济等（尽管这些概念的外延不一样）。那么，低下经济规模为何会出现并持续扩大呢？这就与社会信任和伦理关系有关。

一般地，"全部未登记收入"可以被看成是由以下三部分组成：1. 被当地法律认为是"非法的"、被禁止的经济活动产生的收入；2. 在非市场上

---

① ［美］麦吉、［美］法伊格：《政策失误、宏观经济的不稳定与未来纳入统计的经济部门》，载《地下经济学》，郑介甫译，上海三联书店、上海人民出版社 1994 年版，第 108 页。

（或物物交换）的合法经济活动中产生的收入；3. 由合法市场活动（货币）产生，因种种理由逃避了国民收入和生产核算账户度量的收入。① 例如，墨菲在 1978 年和 1982 年的研究认为，在美国，非市场部门约占市场经济的 37%—51%。在 1960—1070 年之间，这个部门在美国的国民生产总值的比重下降，但在 1970—1976 年间又上升了，这显然与美国的经济增长状况正相关。再如，法伊格测估了 20 世纪 60 年代和 70 年代美国货币的未登记经济的相对增长：除了两次短暂的中断外，未登记部门从 1966 年开始急剧增长。法伊格等认为，正是这些未登记部门经济的相对的急剧增长导致了 20 世纪 70 年代政府统计的系统扭曲，并影响了政府的政策措施。② 究其原因，如果社会指标本身的错误，就会给公众和政策制定者就传送了误导的信息，这样就会产生"政策幻觉"效应：政策制定者不考虑未登记经济的存在而只对观察到的经济信息做出反映的过程；而且，一旦决策所依据的信息受到系统扭曲，那么即使是理性的个人和决策者，也会产生非理性行为。

基于对实际活动的重新审视，麦吉和法伊格指出，在这种情况下，经济学仍然可以坚持已是多数理论基础的理性行为假设，但是，理性的行为在扭曲的信息指导下产生的却是非理性的结果。③ 那么，如此急剧膨胀的地下经济是如何产生的呢？基本原因是，随着西方社会原有社会结构的解体，客观的、非个人的道德标准丧失了，而功利主义者行为得到了承认和提倡；在这种情况下，社会上的信任关系也日益消退，而滞胀就与社会价值伦理的失落和对政府信任的下降有关。尤其是，第二次世界大战后市场经济的急速膨胀，市场堕落效应日益明显，以致人们对各种公共机构以及当

---

① ［美］法伊格：《地下经济的含义及其测定》，载《地下经济学》，郑介甫译，上海三联书店、上海人民出版社 1994 年版，第 18 页。

② ［美］法伊格：《地下经济的含义及其测定》，载《地下经济学》，郑介甫译，上海三联书店、上海人民出版社 1994 年版，第 60 页。

③ ［美］麦吉、［美］法伊格：《政策失误、宏观经济的不稳定与未来纳入统计的经济部门》，载《地下经济学》，郑介甫译，上海三联书店、上海人民出版社 1994 年版，第 105 页。

权者（如政治家、警察和军队）的信任也迅速下降，社会资本也正在明显减少。有数据表明，许多国家由于对政府的信任度的急剧下跌，遵守税法的意识也正在日渐淡薄。① 例如，美国政府公信力从 20 世纪 60 年代开始一直处于下降的趋势并于 20 世纪 90 年代就达到了历史最低点：在 1958年，被调查的 73% 的美国人认为他们"大多数时候"或"差不多总是"相信联邦政府是尽职的，而到 1994 年这一数字降到了 15%；相应地，那些"从未"或"仅仅有时候"信任政府的人从 1958 年的 23% 上升到了1995 年的 71%—85%。②

为此，萨克斯就指出，"美国的经济、政治和整个社会都已经出现了很严重的问题。美国人正处在某种糟糕的边缘：谨慎、悲观和愤世嫉俗"，"与此同时，人们对政府的本质和功能也产生了普遍的怀疑和不满。美国人日益觉得自己已经被华盛顿的官员们所疏远。大多数人（71% 对 15%）将联邦政府描绘成'一个主要关心自身利益的特殊利益集团'，这可以说是人们对美国式民主可悲状态的一个令人震惊的评论……美国政府以一种现代历史上从未有过、在其他高收入国家也从未有过的方式失去了美国民众对其应有的信心。美国人在根本上对联邦政府的动机、伦理和圣人能力产生了怀疑"；而且，"这种信息的丧失还延伸到对美国大多数主要机构的态度方面……民众不仅不信任联邦政府及其机构，而且还深深地不信任银行、大企业、新闻媒体、娱乐公司或工会组织"。③ 表 15-1 表就反映了美国公民对政府的信任度状况。

---

① ［美］阿尔福德、［美］法伊格：《社会系统中的信息扭曲：地下经济与"观察者—受调查者—政策制定者反馈"》，载《地下经济学》，郑介甫译，上海三联书店、上海人民出版社 1994 年版，第 73 页。

② ［美］福山：《大分裂：人类本性和社会秩序的重建》，刘榜离等译，中国社会科学出版社 2002 年版，第 56 页。

③ ［美］萨克斯：《文明的代价》，钟振明译，浙江大学出版社 2014 年版，第 11 页。

表 15-1　公众对美国政府的信任度指数

年份	1958	1964	1966	1968	1970	1972	1974	1976	1978
PDI[a]	50	55	34	25	9	8	−26	−30	−39

PDI[a]：表示在关于对联邦政府信任度的问题上，回答"始终或大部分时间信任政府的人的比例"减去"有时或根本不信任政府的人的比例"。

资料来源：《美国全国选举研究资料手册》（1958—1978），密歇根大学调查研究中心 1983。①

（三）信任度的下降及原因

其实，西方社会政府公信力的下降具有普遍性的特点，不仅体现在美国的各级政府和各个职能部门中，也蔓延到其他欧洲发达国家，成为一种全球性现象。1. 所有层级的政府公信力都在下降。民调显示，美国不仅是联邦政府，而且州政府和地方政府的公信力都在流失。虽然在州层级，尤其是地方层级，这种公信力相对来说比联邦政府要高一些。如 1997 年民调显示的联邦、州和地方政府的数值分别是：22%、25% 和 38%。2. 所有的公共部门的公信力都在不同程度下降。这些公共部门包括银行、企业、工会、律师、医生、大学、公立学校以及媒体等。比如，在相同的时期，对大学的信任从 61% 下降到 30%，对大公司的信任从 55% 下降到 21%，对医院的信任从 73% 下降到 29%，对新闻媒体的信任从 29% 下降到 14%。3. 所有类别的公众都对政府信任下降。政府公信力的流失，不限于那些愤世嫉俗的人们之中，而是普遍地存在于黑人和白人、男性和女性、穷人和富人之中。政府公信力的缺失存在于每个重要的社群之中。4. 所有发达国家政府的公信力都有下降的趋势。不仅美国政府的公信力下降，加拿大、英国、意大利、西班牙、荷兰、挪威、瑞典等也在下降。

---

① 转引自［美］阿尔福德、［美］法伊格：《社会系统中的信息扭曲：地下经济与"观察者—受调查者—政策制定者反馈"》，载《地下经济学》，郑介甫译，上海三联书店、上海人民出版社 1994 年版，第 74 页。

正是由于政府公信力的不足，这就严重影响了人们的投票意愿。例如，根据 2010 年的美国人口普查结果，美国拥有总人口 3.08 亿，其中，年满 18 周岁的占 76%，因而大约拥有 2.3 亿的合法选民。但是，2008 年美国总统大选的"登记选民"总数却只有大约 1.3 亿人。也即，至少有 35%或者说 7000 多万符合选民资格的美国人根本就不去登记为选民，从而根本就不会去参加各类政治选举。更进一步讲，即使在登记选民中也只有 50%—60%在美国总统选举中投票，这也意味着，在全体符合选民条件的美国人之中至多只有 39%的人投票选举总统，而国会选举的投票率则更低。甚至，选举也变得越来越民粹和功利：选民主要看候选人能否给自己带来好处，而不再关注候选人的操守和能力。正是在这种情形下，也就产生了特朗普这种将政治当生意的总统。为此，萨克斯也写道："我们在选举政治过程中变得越来越随波逐流，却不愿意严肃地考虑解决一长串问题，不管这些问题来自庞大的预算赤字、战争、医保、教育、能源政策、移民改革、竞选资金改革还是其他更多的问题。"[1]

同时，除了政府的可信度下降外，公民之间的私人信任也开始有所下降。萨克斯进一步写道："对本国机构失去信任的同时，美国人彼此之间也缺乏信任。由社会学家罗伯特·普特南（R. Putnam）领导的一个团队的研究发现，美国社会中的公民意识正处于下降趋势。美国人更少参与社会事务了，而且他们彼此之间也更不那么信任了。他们已经从公共广场撤退到自己家中，在工作之余主要是坐在电脑、电视或其他电子媒体工具前消耗时光。在种族多元化社区，信任的缺失程度更高，用普特南的话来说，那里的人们是'盘坐一族'。"[2] 在很大程度上可以说，正是由于社会信任度的下降，严重制约了社会分工和合作的展开，从而也就造成当下西方国家乃至整个世界的经济困局。

---

① [美]萨克斯：《文明的代价》，钟振明译，浙江大学出版社 2014 年版，第 12 页。
② [美]萨克斯：《文明的代价》，钟振明译，浙江大学出版社 2014 年版，第 12 页。

从某种程度上讲，对政府的不信任也是社会不信任蔓延的结果。例如，在 1965 年和 1975 年间，美国的杀人犯罪急剧飙升，这一时期恰恰是联邦政府公信力下降的时期；同样，从 1950 年到 1990 年，美国结婚和离婚的比率从 4.3∶1 下降到了 2∶1，其间核心家庭日趋解体，单亲家庭的孩子越来越多。1995 年《华盛顿邮报》民意测验也显示，不信任他人的人也可能不相信联邦政府和其他机构，人们互不信任是美国人对联邦政府和重要国家机构失去信任的主要原因。针对一项民意调查中的这样一个问题：一般来说，你认为大多数人是可以信赖的呢，还是在与人打交道时怎么小心都不过分呢？20 世纪 60 年代初期，认为大多数人可以信赖的人比认为不可信的人多 10%；而到 90 年代，认为大多数人不可信的人要比认为可信的人多 20%。①

最后，我们需要思考：当下社会的信任危机是如何产生的呢？究其根本原因就在于，西方过于重视工具理性的社会观。基督教的预定论认为，只有一部分人才是上帝的选民，而这些选民是世俗中的成功者；因此，西方社会崇尚个人主义和功利主义，崇尚权力控制和征服扩张，只有在扩张中才可以体现自身的价值。正是基于这种价值理念，西方社会一直处于扩张和争斗之中，这种状况一直延续到第二次世界大战以后以及 20 世纪 60 年代。但是，随着第二次世界大战后东西方陷入冷战格局，西方社会的扩展受到抑制，即使 20 世纪 90 年代初东欧社会主义开始解体，西方社会也难以像以前那样从世界其他地方转移财富；在这种情况下，内部的纷争就开始兴起，从而社会伦理也日益衰败。

三、滞涨分析的伦理经济学模型

法伊格等认为，当前世界的经济波动以及 20 世纪 70 年代以后滞胀的出现都是社会伦理衰败以及法治萎缩的结果，从而建立一些模型来对滞胀进行

---

① ［美］福山：《大分裂：人类本性和社会秩序的重建》，刘榜离等译，中国社会科学出版社 2002 年版，第 56 页。

分析。这里分两方面加以介绍。

（一）通过变动货币供给而稳定利率的情况

首先，我们来分析允许货币供给变动而维持利率稳定的情况，而根据菲利普斯曲线的形态，这种情况又可以分为两种基本模型来进行分析。在图15-1中，A 点是初始稳定点，即零通货膨胀和充分就业；显然，在该点，货币增长率等于实际收入增长率，U_n 是自然失业点。

1. 垂直的菲利普斯曲线

我们考虑未登记经济的一次性外生冲击，这主要受战争、政府腐败等影响，公众对政府的信任下降，以前在登记部门就业的就会转向未登记部门，而声称自己失业；显然，由于登记部门的失业增加，导致观察到的菲力普斯曲线向右移动。这种信息，诱使政府采取扩张性的货币政策，随着货币供给的增加，由于货币增长率超过了实际收入增长率，通货膨胀也随之上升。在这种情况下，实际的失业率仍然在 U_n 的水平，但观察到的却在 U_1 上；这样，就出现了滞涨现象。如果外部冲击继续发生，或者如果公众对政府政策意向不存在幻觉，观察到的菲力普斯曲线就会进一步向右移动。最后，观察到的是向右倾斜的菲力普斯曲线，详细的分析见图 15-1。

2. 向上倾斜的菲力普斯曲线

我们考虑存在税收情形下对滞胀的影响情况：一般来说，提高税率会降低产量和就业，因此，长期的菲力普斯曲线将向右上方倾斜。显然，在一个外生冲击下，未登记部门外生增加，当局的反应是增加货币供给，结果导致通货膨胀；这时，由于实际税率因通货膨胀的诱导而使纳税等级上升，因而供给效应将失业率提高到 C 点，观察到的失业率则提高到 D 点。接着，观察到的失业率的上升，又进一步导致产生实际的和观察到的滞涨的非意想结果的"反周期"政策的反应。最终，这种过程自动地导致实际和观察到的滞涨螺旋上升，详细的分析见图 15-2。

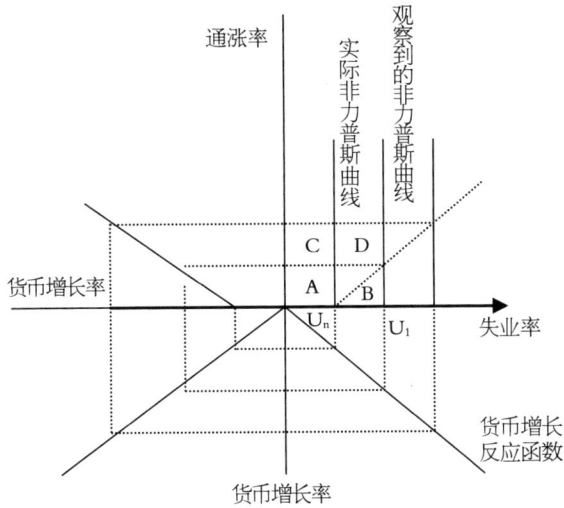

图 15-1　未登记经济部门的外生变动效应
——垂直的菲力普斯曲线和反周期的货币政策

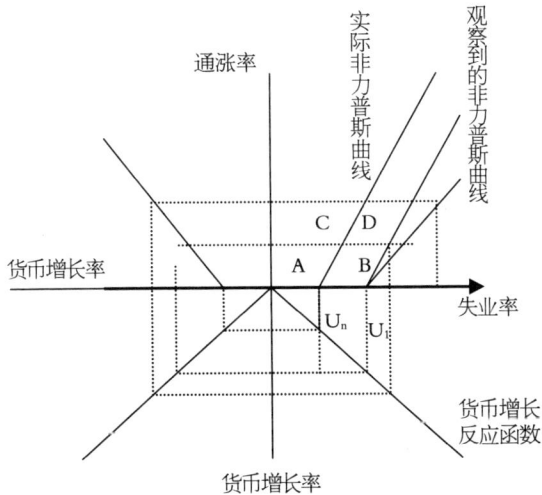

图 15-2　未登记经济部门的外生变动和内生转移效应
——向上倾斜的菲力普斯曲线和反周期的货币政策

（二）价格稳定而允许利率波动的情况：财政赤字膨胀的说明

其次，我们来分析允许利率波动而维持价格稳定的情况。上面实际分析的是一个允许货币当局采取积极的反周期政策的情况，在这样的经济中，货币政策的操作是稳定利率，而允许货币增长率有较大幅度的波动。不过，许多国家的政府由于接受历史上的通货膨胀教训，而更倾向于采取比较严格的控制货币总量增长的政策，从而控制通货膨胀，而允许利率的波动。

显然，在这种政策的主导下，当一个外生的冲击使得经济转向未登记部门时，货币政策就不能借助货币发行来适应政府信贷的需求。也就是说，财政赤字实际上就不许通过向公众借债来弥补。因此，在这种情况下，我们合理假定，政府采用补偿性财政政策，其中主要依靠经济中的自动稳定器：在经济萧条时，由于税基减少，在固定的税率下，使税收缩减。因此，由于受外来冲击而使经济向未登记部门转移时，每一利率水平下所观察到的失业水平都比实际失业水平为高；相应地，根据观察到的失业水平所做出调节的财政政策会自动产生更大的赤字，从而促使这种恶性循环不断下去并自我强化。在这种情况下，只要自动稳定器机制是由观察到的失业率提高所触发的，政府就只有增加借款；这样，就会提高利率，而利率的提高又使得失业率上升，从而迫使经济沿着利率更高和失业率更高的不稳定方向发展。详细的分析见图 15-3。

上面的分析表明，信息扭曲能从根本上影响经济系统的稳定性：当货币政策以充分就业为目标时，信息扭曲的结果就是使滞涨更加恶化，而基于经济自动稳定器机制的财政政策则可能带来更高的赤字和更高的利率。因此，现代社会中这两种经济的恶性现象都是起源于人们伦理的衰落，特别是对政府的不信任感的上升。这也意味着，重新建立和发展社会的伦理认同是智力社会中社会发展的根本保障。

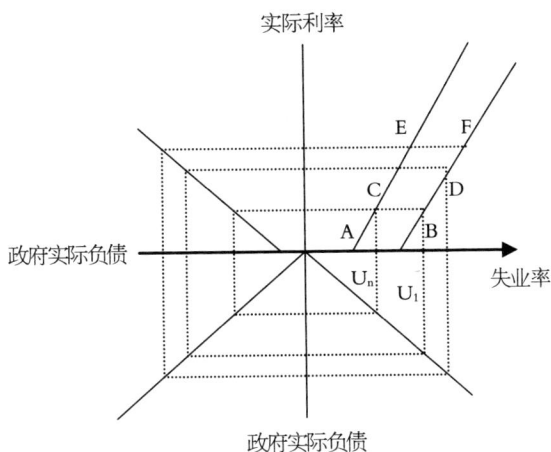

图 15-3 未登记经济部门的外生冲击效应
——基于自动稳定器机制的财政政策

四、结语

人类生活世界往往称为"社会"，但这往往并非名副其实。究其原因，迄今的世界还只是机械的联合，充满了孤立无助和欺诈掠夺，还没有形成真正的利益共同体。表现为，政府和市场依然处于严重的割裂状态。用一个作家的话说就是：无政府状态加上一个街道警察。之所以如此，就在于缺乏一个能够有助于提升价值理性的责任伦理和信任关系。在很大程度上，正是由于伦理的扭曲和信任的缺失，导致市场信息的混乱，导致政府政策的实效。埃莉诺·奥斯特罗姆在 1998 年担任美国政治学协会主席的就职演讲时就警告说："几代公民权势愤世嫉俗，彼此间不糊信任，对政府更加心存质疑。要想解决社会两难问题，关键是信任，而我们现在可能是自掘坟墓，葬送掉自己的民主生活。"[1]

---

① ［瑞典］罗斯坦：《政府质量：执政能力与腐败、社会信任和不平等》，蒋小虎译，新华出版社 2012 年版，第 189 页。

　　"人而无信，不知其可也"，无论是对个人还是组织或者政府都是如此。按照现代主流经济学的理论，每个人都是理性，从而不可能经常受到政府的（长期）欺骗。同样，"上梁不正下梁歪"，如果政府及其官僚无法自律，无法尽其职责，如何能够教导百姓遵守法制呢？正因如此，现代社会科学各分支都开始重视社会资本的研究，重视文化伦理的培育。鲍尔斯和金迪斯指出，"社会资本逐渐引起人们的重视并不是因为它自身的优点，而是由于市场和政府都存在缺陷"，"主张政府干预的一方重视社会资本是因为它肯定了在解决社会问题的过程中信任、慷慨和集体行动这些因素的重要性，从而反对这样一个观点：明确界定的产权和竞争的市场可以成功地驱使自私动机实现公共目标，至于公民美德则并非必要。自由放任的支持者对社会资本着迷则是因为它表明，在市场失灵的地方，住宅区、父母教师协会和保龄球社团等组织而非政府就可插手解决这些问题。"①

　　然而，现代主流经济学却极力撇开了伦理因素的考虑，而把市场视为一种纯自然的存在，并由某种的抽象的先验规则所构成。显然，这不仅极大地影响了社会大众的思维和认知，而且还严重误导了社会经济政策。现代经济学之所以忽视伦理学内容的关注，主要原因有二：1. 经过漫长时间的演化和建设，西方社会已经形成了与资本主义市场规则相适应的市场伦理；2. 正如森指出的："当这些行为模式随处可见的时候，很容易忽视它们的作用"。② 问题是，在中国这样的发展中国家中，由于还处于从计划向市场的过渡过程，市场伦理必然还很不成熟，并且也难以获得一般规则的支持和强化；与此同时，一些经济学人和社会大众却已经深受现代主流经济学的思维影响，以致无伦理的市场理念深深地左右了人们的日常行为和市场交易，也

　　① ［美］金迪斯、［美］鲍尔斯：《人类的趋社会性及其研究：一个超越经济学的经济分析》，浙江大学跨学科社会科学研究中心译，上海世纪出版集团 2006 年版，第 70 页。
　　② ［印］森：《以自由看待发展》，任赜等译，中国人民大学出版社 2002 年版，第262 页。

深深地影响了政府在经济发展中的政策制定。

最后的问题是，商业社会和市场经济的发展为何会导致社会伦理的瓦解呢？根本上就在于，它塑造出一种高度理性的市场主体和社会环境，致力于对自然秩序的均衡分析；进而，这还得到新古典经济学的广泛认同和传播，它试图在自然主义基础上构建一般性制度来弥补社会信任的不足，进而贬斥具体的个人关系。然而，正如格兰诺维特指出的，"用制度设计取代信任导致霍布斯的自然状态，也就是理性的个人会有动机发明各种方法钻制度的漏洞；于是乎，很难相信日常经济生活不会为更多欺诈的诡谋所污染"①。更进一步地，商业和市场伦理之所以如此膨胀，还在于，它所嵌入自然主义思维与基督教也紧密结合在一起，从而使得人们专注于这种自然秩序的超自然干涉，进而削弱了人们对自身行为所应担负的责任感。也正是在这个意义上，卡尔·波兰尼认为，基督教的信仰体系破坏了道德规范，"宗教伦理的问题不在于它是宗教，而在于它不是真正的伦理。"②

---

① ［美］格兰诺维特：《镶嵌：社会网与经济行动》，罗家德等译，社会科学文献出版社2015年版，第8—9页。

② 参加［英］戴尔：《卡尔·波兰尼：市场的限度》，焦兵译，中国社会科学出版社2016年版，第11页。

16. 市场经济何以愈益重视伦理维度：

知识生产和交易中的分工与合作

导读：市场经济给人类社会带来的显著负效应就在于，个人主义的偏盛和膨胀以及社会伦理的式微和解体，这瓦解了社会成员之间的信任，进而阻碍了社会分工和合作的拓展。这种负效应在知识时代或智力社会将尤其显著，原因在于，知识要素具有分散性和互补性、私有性和公共性，知识创造和交换的顺利进行都以伦理认同和社会信任为基础。尤其是，智力社会的网络化趋势又为伦理发展带来了双重影响：一方面，网络社会的来临对社会注入了新的道德内涵；另一方面，网络化社会中新的伦理建设又会遇到一系列的两难困境，正因如此，如何构建与网络社会相适应的伦理关系，就成为当今世界所面临的一个深刻课题。

一、引言

人类不仅具有"为己"的动物性本能，而且具有关爱他人和社会的亲社会性，基于两者的契合就可以提炼出更为真实的人类行为机理："为己利他"行为机理。当然，尽管"为己利他"行为机理是人类社会中合理的且普遍性的依据，但它的形成和拓展却有赖于整个社会的理性互动，根基于在相似情境中衍生的移情效应。事实上，如果社会互动是基于不对等的社会关系，体现出一方对另一方面的强制，"为己利他"行为机理就难以得到切实的践行和拓展；相应地，社会上的伦理关系就会受到扭曲，人性和社会伦理在演化过程中就会进入一种异化轨道，最终将引发整个社会的行为扭曲和秩序失范。同时，无论是嵌入亲社会性的"为己利他"行为机理还是体现合作性的社会伦理，它们的孕育、演化和成熟都是人类社会沿着正确轨道长期发展的结果。但是，在相当长的一段时期内，人类社会的力量分布却存在严重的不平衡，不仅早期社会中存在着自然的不平等，而且后来通过国家政权机构的控制更是滋生和壮大了政治的不平等；结果，在不平等情境下的社会互动就必然会强化强者的机会主义和掠夺行为，进而导致社会伦理出现了明显的异化，乃至显著地偏离了其本质。

当然，在传统社会中，社会财富或价值的创造主要依靠劳动投入。因此，尽管异化型伦理滋生出了一种单向控制而非相互合作的社会关系，但此时的这种控制和监督却可以迫使那些被监督者投入更多的劳动量，从而维持和促进了社会经济的发展。与此不同，随着人类进入智力社会或协力社会，社会财富或价值的创造转变为主要依靠劳动分工和协调为主，只有分立劳动间的协调水平获得持续增进，才可以推动社会秩序的持续扩展。① 此时，分立劳动间的协调水平如何得以不断提高呢？根本上就在于，分立劳动者之间具有高度的认同性，这就依赖一种不断深化的合作性伦理关系。在很大程度上，一个有序的社会秩序离不开良性的伦理关系。有学者就指出："如果我们把社会政策的目标规定为人类共同生活的到的话，那么肯定是因为社会政策的运作不是出于经济计算的考虑。但是它无疑涵括了一种普遍提高富裕水平的目标。我们想以同等程度考虑两个方面的因素，即经济和伦理方面的因素。"② 显然，在传统伦理关系被工业社会极端地排斥和扭曲的今天，我们

---

① 参见朱富强：《有效劳动价值论：以协调洞悉劳动配置》，经济科学出版社 2004 年版，第 4 章。

② ［德］米勒-阿尔马克：《经济秩序的社会观》，载［德］何梦笔主编：《秩序自由主义》，董靖等译，中国社会科学出版社 2002 年版，第 55 页。

就有必要有意识地培育市场主体的亲社会性，引导"为己利他"行为机理在市场活动中的践行和拓展，进而促进合作性的社会伦理得以确立和完善。鉴于此，本章对智力社会这一新时代所要求的伦理特性做一前瞻性解析。

二、知识特征及分工中的伦理要求

笔者在《有效劳动价值论：以协调洞悉劳动配置》一书曾以决定生产力水平的关键性生产要素之变迁为视角，将社会历史发展划分为这样几个阶段：劳力社会、地力社会、资力社会、智力社会以及协力社会。当前知识或信息日益凸显的后工业社会，实际上也就是从资力社会转向智力社会的过渡时期。① 同时，基于生产要素的特性视角展开观察，人类社会也正在经历一个否定之否定的循环过程，从"以人为本"的劳力社会重新回到了"以人为本"的智力社会。其差异在于，早期劳力社会中的"人"主要是指具有相当同质性的体力劳动者，当前智力社会中的"人"则是日益异质化和多样化的脑力劳动者。一般地，智力社会的最根本特征就在于，知识及其嵌入在人身上的人力资本将取代传统的物质性资源而成为一切生产的"最终要素"；同时，知识又具有以往一切生产要素根本不同的特点：难转让性、难积累性、难积聚性。正是由于知识的这种独特性，智力社会将会呈现出不同于传统社会的情形：一方面缓和甚至消除了以往社会的矛盾和困境，另一方面也衍生出一些新的、更为艰巨和复杂的问题。也即，人类社会将处于一个重要转折点或新的发展点，进而也就带来了史无前例的新课题。特别是，在智力社会中，知识生产要素的使用将面临着一系列的二律背反困境，因而核心议题就在于如何协调多样化的个人和多样化的知识生产要素。

---

① 参见朱富强：《有效劳动价值论：以协调洞悉劳动配置》，经济科学出版社 2004 年版，第 7 章。

（一）知识的分散性和互补性

为了厘清智力社会的种种现象，把握智力社会的经济发展特征，根本上需要考察作为生产要素的知识与其他各种生产要素的相似和相异之处；其中的关键是，识别知识内在的矛盾特征：分散性和互补性。

首先，就知识的分散性而言。知识生产要素具有不同于以往任何生产要素的显著特征，即难转让性、难积聚性和难积累性。1. 知识难以转让是指，父辈很难像转移资本等有形财富那样将一生所获得的知识转移给子孙，因而子孙就不能像传统社会接受巨大土地或资本那样迅速获得具有领先于其他人的先天（事先）优势，同时，也难以从其他人那里方便地接受到巨大的人力资本转让。2. 知识难以积聚是指，由于人脑的容量有限，每个人的学习时间和精力甚至生命长度也是有限的，他不可能无限制地提升他的人力资本。3. 知识难以积累是指，知识具有即时性和易逝性，它不像资本那样可以窖藏，所谓"学如逆水行舟，不进则退"。基于上述几大特征，知识就会随着社会的发展而越来越分散，任何个体都越来越难以拥有自己所需要的全部信息。

同时，知识还具有频繁更替性，即使过去曾经拥有很多知识，但不久就可能失去价值。德鲁克就说，"知识不同于其他任何一种资源。知识具有持续的自我否定的特点，今天的知识到了明天可能就是无知的代名词。"① 这就意味着，个人拥有的知识性生产要素将不会越积越多，相反很可能随着年龄增长而越来越少。与此同时，人类社会的知识总量却在不断积累，这样，任何主体所拥有的知识占整个社会知识的比例都会越来越小。这就如哈耶克所说，个人的"无知"程度将越来越严重，无知将成为社会个体的普遍特征。正因如此，在以知识为主要生产要素的智力社会中，企业规模也会受到

① ［美］德鲁克：《德鲁克论管理》，孙忠译，海南出版社 2000 年版，"前言"。

越来越大的限制，甚至变得越来越萎缩（特别是相对量更加明显）。相应地，个人或企业在运用其拥有知识要素进行生产时，也就越来越依赖与他人所拥有的知识生产要素进行合作。哈耶克说："文明帮助我们克服个人知识局限性的方法之一便是对无知的征服，但是其具体做法却不是使他获取更多的知识，而是使他能够利用那些广泛分散于个人之中的知识。"①

其次，就知识的互补性而言。知识的互补性远远要高于以前的劳动、土地、资本等生产要素。这体现在两个方面。1. 知识资源在使用上具有互补性，两个知识单独运用于经济活动时各自获得的收益的加总小于它们联合运用于经济活动时的收益。汪丁丁认为，只要知识是稀缺的，知识的互补性就必定占据经济上的主导地位；而当知识积累到一定程度并出现知识过剩时，知识的互替性就相应占据主导地位。② 2. 知识资源在开发上具有互补性，这是因为知识开发本身具有非常强的外部性，没有联合的独自开发是非常困难的。事实上，如果人人都不愿让别人享受自己知识的外部性，那么就会出现一个囚徒困局，知识创新也就必然会遭到遏制。譬如，管理者想将其他员工的想法据为己有，那么员工的知识供给动机就会遭到削弱。特别是，当员工感到这将危害自己今后的地位时，如暴露自己的弱点或失去信息上的筹码而更加容易被解雇，他们就很可能隐藏自己所拥有的知识，以在困难时期可以增加自己的不可或缺性。

同时，在初入智力社会的当今，知识作为一种正在崛起的生产要素显然是稀缺的。此时，如果知识的正外部性能够为他人充分使用，那么知识的使用效率就会大大提高，进而也就可以缓解知识的稀缺程度。正是从这个意义上说，互补性就成为知识要素的重要方面。相应地，如何有效利用分散而又

---

① ［英］哈耶克：《法律、立法与自由》（第1卷），邓正来等译，中国大百科全书出版社2000年版，第13页。
② 汪丁丁：《自由人的自由联合：汪丁丁论网络经济》，鹭江出版社2000年版，第143页。

互补的知识来提高人与人之间的行为协调，就成为智力社会的一个重大课题。同时，要实现知识的互补还需要考虑知识的这样两大特征：1. 异质性，这使得知识结构越来越复杂，信息也可能越来越不对称，从而增加了知识合作的难度；2. 私人性，以知识为核心内容的人力资本具有强烈的私权性质，它几乎从来不会为他人所完全占有，甚至也无法为他人所认知。在很大程度上，知识的这些特征都决定了智力社会具有不同于以往各类社会的明显特征，进而也就为知识的互补增加了难度。

（二）知识分工深化的伦理要求

随着智力社会的来临，有效的知识开发、创造及应用体制就为社会经济发展夯实了基础和注入了动力。问题是，怎样才能提高知识的创造率、利用率？这就有赖于知识分工的深化。

首先，知识分工是社会分工的基础。事实上，知识分工自古就存在，因为劳动分工本身就根基于知识的分立。哈耶克就曾指出，"经济学长期以来一直都在强调这一情势中所存在的'劳动分工'问题。但是，经济学却很少强调知识分立性的问题，同时也很少强调这一事实，即每一个社会成员都只能拥有为所有社会成员所掌握的知识中的一小部分，从而每个社会成员对于社会运行所依凭的大多数事实也都处于无知的状态。然而需要指出的是，构成一切先进文明之独特特征的东西，正是下述两个因素：1. 对那种比任何一个人所掌握的更多的知识的利用；2. 这样一个事实，即每个人都在一具有内在一致性的结构中活动，而这个结构所具有的大多数决定因素则是他所不知道的。"①

同时，相对于劳动分工，知识分工又体现为一种更高层次的分工，主要是根基于专业化经济而非先天的比较优势。哈耶克说，知识分工比劳动分工

----

① ［英］哈耶克：《法律、立法与自由》（第 1 卷），邓正来等译，中国大百科全书出版社 2000 年版，第 11 页。

的含义要多，简单地说，"技术"仅仅指一个人在他的行业中所使用的知识，而同时，为了能对社会变化的过程说出些道理，我们必须懂得一些更深一层的知识，这些知识是人们不直接使用有关行为选择可能性的知识。① 但智力社会却存在这样的双重特性：一方面，知识存量的迅速膨胀；另一方面，人脑的容量、人的学习时间存在明显的限度，从而导致知识必然会进一步分散。正因如此，在知识日益显示出威力的智力社会，原来一直隐藏在有形的具体劳动之下的知识分工就变得越来越重要性。哈耶克甚至说，如果斯密的劳动分工理论已经成为经济学的基石，那么由劳动分工所引起的知识分工实际上应作为社会科学的经济学的中心问题。②

其次，知识分工依赖于伦理认同。一般地，知识分工有两个层次：第一个层次是知识应用的分工，这是从劳动分工的深化意义上说的，随着智力社会的推进，劳动分工的知识因子的比重越来越大；第二个层次是知识创造的分工，知识的创造本质上也是一种生产性劳动，因此知识创造的分工也是一种广义上的劳动分工。正是知识的特性以及知识分工的需要，产生了深化伦理认同的压力。一方面，知识具有分散性，每一个社会成员都只能拥有全部知识中的一小部分；而且，人类知识的增长将不断开拓着无知的新领域，人们知道得越多，所掌握的知识在全部知识中所占的比例就越小。另一方面，知识具有互补性，知识作为个人的知识而存在；同时，个体知识的差异反而增强了合作的群体力量，使其超出个人努力的总和。哈耶克就强调，文明的生成就是始于个人能够利用自己知识范围以外的更多的知识来追求自己的目标，只有这样才能突破无知的藩篱；③ 而且，整体越复杂，我们就越得凭借

---

① ［英］哈耶克：《工程师和计划者》，载秋风编译：《知识分子为什么反对市场》，吉林人民出版社2003年版，第25—28页。

② ［英］哈耶克：《个人主义与经济秩序》，邓正来译，生活·读书·新知三联书店2003年版，第74页。

③ ［英］哈耶克：《自由宪章》，杨玉笙等译，中国社会科学出版社1999年版，第44页。

在个人之间的分散的知识。①

　　同时，正是由于知识具有强烈的互补性，这就涉及如何有效地处理知识使用的分工和互补性知识的交流问题。一般地，知识应用和知识创造之间的分工往往有助于快速提高知识生产效率，进而造成技能的广泛分散，并对经济活动产生重要意义；但同时，这也可能导致知识在创造和应用之间的脱节，从而就需要形成广泛共识的连结。赫兹里特（Hazlitt）指出，"如果没有一个较广框架内的信任，个人往往难以专心致志地利用其专业知识，也很难去新领域中发现知识，结果大量的有益行动永远不会发生。"② 进而，汪丁丁也指出形成共识的两个基本条件：1. 主体间物质生活的互惠性，即交易带来的好处；2. 主体间共享的基本伦理意识。③ 这就意味着，要形成普遍的合作，就要培育普遍认同的伦理。事实上，在一个缺乏信任的组织中，每一个人都倾向于贬低他们从别人那里获得任何知识的重要性，并极大地粉饰他们已经拥有的知识的力量；结果，这就使得众多知识无法实现有效交易和传播，这也正是智力社会中低效率的根源。

三、知识生产和交换中的伦理问题

　　知识是智力社会的关键生产要素，也是制约智力社会发展的瓶颈。相应地，智力社会的发展就面临着两大基本问题：1. 知识的生产，知识的丰盈程度直接关系到社会的发展潜力问题，这涉及知识生产要素的创造问题；2. 知识的交换，知识的流动程度直接关系到知识的利用效率问题，这涉及知识

---

　　① ［英］哈耶克：《通往奴役之路》，王明毅等译，中国社会科学出版社 1997 年版，第52 页。

　　② 转引自［德］柯武刚、［德］史漫飞：《制度经济学》，韩朝华译，商务印书馆 2000年版，第 113 页。

　　③ 汪丁丁：《自由人的自由联合：汪丁丁论网络经济》，鹭江出版社 2000 年版，第133 页。

生产要素的配置问题。显然，由于知识要素本身的独特性，如分散性和互补性、私有性和公共性，导致了知识在生产和交换上具有明显的群体性和社会性，从而也就必然涉及人与人之间的伦理关系。

（一）知识生产中的两难困境

相较于其他产品的创造，知识创造的最大特色在于如下两方面中潜含的两难困境：1. 知识产权保护方面；2. 知识创造的报酬激励方面。

首先，在知识产权的保护方面，存在着知识的利用效率（知识应用的最大化）和创造效率（知识产出的最大化）之间的二律背反。

一方面，知识的公共性决定了，只有在不存在利用障碍的情况下，才能最大程度地实现知识的价值。从这一意义上说，诸如专利、版权和基于商业秘密的财产权等的作用对社会总福利而言都是无效率的。我们从两方面加以说明。1. 过度强调"知识产权"将妨碍知识的传播和交流，最终反而会损害知识的创造，因为知识创造过程离不开交流和合作。例如，美国 IT 行业中曾出现了以微软（Microsoft）、太阳（Sun）和离努斯（Linux）为代表的三种产权安排，其中，微软的操作是传统的"封闭产权"模式，离努斯则是新型的"开放产权"模式，而太阳的产权安排形态介于两者之间。在这三种产权安排中，实际上，太阳和离努斯的产权模式更有发展前途，美国政府对微软的反垄断起诉实际上也主要针对它对"操作系统""应用程序"和"浏览器"的全面控制妨碍了未来技术创新者潜能的发挥。① 2. 过强的知识产权保护事实上也是不合理的，因为如果只为知识的创造效率辩护而要求严格的知识产权制度，就可能忽视了知识创造不同于物质产品的独特之处：所有的知识创造都是建立在他人工作的基础之上，加强知识产权往往意味着提

---

① 转引自崔之元：《"看不见的手"范式的悖论》，经济科学出版社 1999 年版，第138 页。

高了随后知识研究的关键部分的成本，从而减慢创新的步伐。①

另一方面，知识产权的私有性则决定了，如果得不到足够力度的产权保护，人们就会失去知识创造的激励，这导致知识的创造效率下降。事实上，在现实社会中，由于对知识财产权界定的困难性，对知识产权的保护往往是不完全的，以至常常会出现知识产出不足的现象。早在 1962 年阿罗就指出，发明活动不能达到最优状态的主要原因在于：不确定性、不可分性和不可得性。不确定性主要源于发明者的非中性风险偏好，而市场上目前的一些分散风险的保险工具是有局限性的。不可分性阻碍了按边际成本定价原则的运用。发明报酬的不可得性主要在于：1. "发明知识"在任何生产领域的运用都必然会使它曝光，至少是部分的曝光，并且，其价值对购买者来说在他拥有该知识之前是不知道的，而在他知道时他实际上已不费分文地得到了知识，因此很难充分地要求付款；2. 如果该思想可运用作进一步的研究的话，对该信息的收费将降低信息的利用水平。② 如何解决知识创造和利用的二律背反也就是智力社会中的重要课题之一。

其次，在知识创造的报酬激励方面，则存在着报酬的激励效率和知识创造的投资效率之间的二律背反。

一方面，知识产品的公共性表明，知识产品很难从市场上获得回报；相应地，如果缺乏足够的报酬激励，知识创造的投入就会不足，这就是研究和发明的投资中的"公共产品效应"。另一方面，知识产品的可重复使用性表明，同一知识的重复制造并不会为整个社会带来额外价值；相应地，如果提供过强的报酬激励（例如实行锦标赛式的报酬机制），就可能引起对知识创造的投资拥挤而造成资源浪费，这就是研究和发明的投资中

---

① ［美］斯蒂格利茨：《知识经济的公共政策》，《经济社会体制比较》1999 年第 5 期。

② 张五常：《经济解释：张五常经济论文选》，商务印书馆 2000 年版，第 398 页；［英］布瓦索：《信息空间：认识组织、制度和文化的一种框架》，王寅通译，上海译文出版社 2000 年版，第 6 页。

的"过度投资效应"。① 显然，上述两大效应，一个引起投资不足，另一个引起投资过度，从而又在更大范围上形成了悖论。因此，如何克服知识创造中的悖论，实质上也就是如何协调知识创造的分工以及知识利用的分工问题，这也是智力社会面临的重大课题之一。

同时，市场经济中还存在一系列内在机理，导致知识创造中往往存在过度投资现象。1. 存在着一般效应，尽管未发现的知识是共有财产资源，但只要平均产出有利可图，或者期望收益大于投入成本，市场主体就会对知识研发进行投资。2. 存在着一种"投机效应"，即使信息本身没有或很少有社会生产性的价值，它也可能被用来当作从未知情者向知情者转移财富的工具，从而也具有私人价值。这种同一知识复制的现象实质在于争相获取既定潜在收益，这类似于寻租现象，而这种过度投入实际上也就意味着租金耗散。3. 在所谓的圣杯模型中，人们为了使自己的投资不会白费，往往存在着发明冲动，从而进一步导致租金耗散和降低社会总收益；② 而且，这种冲动性的发明，与先入优势的强化效应一起更加促进了发明的掠夺性开发，造成知识研究投入的拥挤和资源的浪费。因此，如何避免知识资源的浪费，这是市场经济所面临的更重要的课题。

（二）知识交换中的伦理认同

任何交易的完成都必须有交易的场所，知识交易也需要存有一个组织良好的市场。③ 同时，由于知识具有不同于一般产品的独特特征，知识市场也

---

① ［美］赫什莱佛（也即赫舒拉发）、［美］赖利：《不确定性与信息分析》，刘广灵等译，中国社会科学出版社 2000 年版，第 306 页。
② ［美］赫什莱佛（也即赫舒拉发）、［美］赖利：《不确定性与信息分析》，刘广灵等译，中国社会科学出版社 2000 年版，第 310 页。
③ ［美］普鲁萨克、［美］D·科恩：《知识买主、卖主与经纪人：知识的政治经济学》，载［美］D·尼夫等编：《知识对经济的影响力》，邸东辉译，新华出版社 1999 年版，第 157 页。

就不完全是传统意义上的市场；尤其是，考虑到知识难以由正式的合约强制执行，因而知识交易所依赖的市场实际上只是一种"准市场"。

一般地，知识市场的存在需要有这样几个基本条件，而这些条件与产品市场相似但又有所差异。1. 稀缺性。知识具有稀缺性的原因在于：一是每个人的经验和学识受到时间和经历的天然限制，二是社会发展导致知识的需求日益增加。2. 信任。信任的两大特点是：一是必须是可见的，即参与交换的双方必须直接体验到互惠，必须有直接证据表明信任存在；二是应该是广泛的，否则市场就会变得信息不对称。在知识交易中，信任比影响知识市场效率的其他因素更重要，相互信任是进行知识交易的核心。① 3. 市场信号。它指的是表明知识存在于何处以及如何得到它的信息，知识市场要比产品市场更为专业化。4. 地位和教育。这如产品市场的品牌，也是显示实力和信心的方式；相应地，在知识交易中，头衔、地位以及教育是表明谁有或应该有价值的最普通的正式信号。例如，现实生活中就常常根据受教育水平来决定是否雇佣以及支付多少薪水。

同时，知识交易的客体——知识——最重要的特点就在于价值的不确定性。由此就衍生出知识价值的测不准原理：一方面，如果知识不公开，就无法了解它的真正价值；另一方面，如果知识一旦公开了，也就失去了原先的价值。② 一般地，只有那些效用很确定的知识产品，才容易在市场进行交易；而且，这些知识产品需要具有一定可识别的规范，这就是那些具有很高程度的编码和抽象水平的知识产品。特别是，知识交易中存在着这样三个特殊性质：1. 卖主并不放弃他出售的知识的所有权；2. 可能的买主额外地增加一单位与他拥有的相同的知识没有任何好处；3. 买主在事实上得到它之

① ［美］普鲁萨克、［美］D. 科恩：《知识买主、卖主与经纪人：知识的政治经济学》，载［美］D. 尼夫等编：《知识对经济的影响力》，邸东辉译，新华出版社1999年版，第170页。

② ［英］布瓦索：《信息空间：认识组织、制度和文化的一种框架》，王寅通译，上海译文出版社2000年版，第1页。

前不能真正对他可能得到的知识作出评价。上述每个特点都会引起知识交易与其他产品交易的巨大差异。

首先，就第一个特点而言，由于知识的出售不是所有权和使用权的丧失，因此，1. 知识的价格往往是一次性的和特质的，而非连续性的；2. 知识一旦被定价，对不同的个人收取的费用可能会相差迥异；3. 很大一部分的知识通常只是在企业中或网络中积累起来，而根本不能确定一个价值进而难以和货币进行交换，如商标的价值就是如此。由于这种特征，知识的交易也往往以非正式形式分享或交易，如技术诀窍的交易；或是通过不同形式的合作，如合资企业、外国直接投资、合作研究协议等。这也意味着，随着社会的发展，以合作形式出现的组织将越来越普遍。

正是由于知识的保留性以及知识的易逝性和互补性，知识交易往往从这样三方面得到回报：1. 互惠。这不是指知识卖主能够直接从知识买主那儿得到相同价值的知识作为回报，而主要是指他因容易与别人分享知识而出名；这样，更多的人愿意与他分享知识，相应地，作为知识卖主而闻名会使他成为更有效的知识买主。也就是说，在知识交易中，互惠与声誉是相关的。2. 声誉。这主要是指拥有作为有价值的知识源的声誉能带来工作的保障、提升和其他奖赏。3. 利他主义。由于知识让渡并不会损害自己的利益，因此，利他主义在智力社会中可以而且应该更加盛行。

其次，就第二、三个特点而言，更是反映出知识交易中对产品质量的信息不对称性。一般认为，在现实生活中，人类在与他人交往时受制于知识上的两种不足：1. 未来的不确定性，这使得人们只能靠适应性理性行事；2. 横向不确定性，这是指人们很难了解资源、潜在交易伙伴的精确特征。正是这种信息的不对称性，导致了知识交易中存在显著的对策性行为，这不仅提高了交易费用，甚至也阻碍了知识的交易。一般认为，"知道什么"和"知道什么"的知识容易成为知识商品，而"知道怎么做"和"知道是谁"的知识是属于"隐含经验类知识"，更难于编码化和度量。

显然，如果合作伦理在社会中取得支配地位，那么，知识交易就会比有形商品的交易更加容易。其原因是：（一）由于知识是无形的，因而知识的流动没有摩擦，没有成本；（二）由于知识的赠予对自己并不会造成损害，因而知识的所有者也不关心在知识分享时自己会得到或失去什么。但是，如果社会上利己主义和机会主义倾向的盛行，每个人都希望在竞争中取胜，那么，这反而导致知识交易比其他产品的交易更加困难。这种现象意味着，要推进知识的交易，除了建立一个较为完善的知识识别机制外，更重要且基础性的条件是建立在互惠基础上的伦理认同。哈里森·怀特曾说，如果一个社会中精于算计、善于保密的知识拥有者盛行，那么，可能的知识买主就不会有足够的资金来诱使卖主与其分享这些技能，进而使得知识交换被降低到最低程度。

总之，随着人类社会向智力社会迈进，知识成为日益重要的生产要素；同时，知识不同于以往其他生产要素的特征，使得社会分工以及市场交换变得越来越复杂。在这种情况下，为了使社会秩序持续、有效扩展，就必须存在一个将复杂性简化的机制。卢曼就指出，"归根到底，复杂性增加和简化都属于人类回应世界结构的互补的方方面面。……人类经验的社会维度，以及它的两方面：添加复杂性和吸纳复杂性的可能性，增加了复杂的潜力，从而扩展了人类世界。"[1] 在智力社会中，回应信息爆炸的简化机制就是信任。卢曼说："哪里有信任，哪里就有不断增加的经验和行为的可能性，哪里就有社会系统复杂性的增加，也就有能与结构相调和的许多可能性的增加，因为信任构成了复杂性简化的比较有效的形式。"[2]

---

[1] ［德］卢曼：《信任：一个社会复杂性的简化机制》，瞿铁鹏译，上海世纪出版集团2005年版，第10页。

[2] ［德］卢曼：《信任：一个社会复杂性的简化机制》，瞿铁鹏译，上海世纪出版集团2005年版，第10页。

四、结语

伦理认同和相互信任对维系在社会和组织的生存和发展是至关重要的，它不但可以有效地降低组织和交易中的监督成本，防止机会主义行为，而且可以降低不确定性，从而有助于资源的整合和协调。正如布鲁斯·萧写道的："当我们试图想象出一个没有信任的世界时，信任的重要性就会突显。在这样的世界里，我们中的每一个人都会逐渐变得怀疑一切事物。轻则人们之间会变得冷漠；重则人们之间充满恐惧。在没有信任的世界里，领导者会被认为是自谋私利和独断专行。几乎没有人愿意听从他们的领导，没有人会相信其他人的能力——只有愚蠢的人和急功近利者才会寻求建议和帮助。在这样的世界里，人们更愿意单独工作或以家庭式的团队工作方式工作。他们担心自己会依赖他们所不了解的人。由于对一个项目或一个目标的建议可能会被贯彻实施，也可能不被贯彻实施，所以这些建议变得毫无意义。由于人们不相信他们提供的产品或服务能够得到支付，所以所有交易都要使用现金结算。人们想当然地认为一切各种言论都是在进行误导。在这样的世界里，对其他人采取狡猾的做法是最实际的态度。在这个没有信任的世界里，倒是对律师有很大的需求。"①

实际上，一些曾对人类行为进行过深入考察的学者如帕特南、班菲尔德、阿罗等人都指出，世界上很多的经济落后状况都可以通过缺少一个相互认同的伦理来解释。有学者甚至也将道德提升到一种资本的角度，分析了道德资本在生产过程中起的独特的协调作用。② 然而，市场经济的发展却导致了个人主义的偏盛和膨胀以及社会伦理的式微和解体，这不仅瓦解了社会成

---

① ［美］R. 布鲁斯·萧：《信任的力量》，王振译，经济管理出版社 2002 年版，"前言"。

② 王小锡：《论道德资本》，《江苏社会科学》2000 年第 3 期。

员之间的信任，而且阻碍了社会分工和合作的拓展。市场经济的负效应在知识时代或智力社会将尤其显著，因为知识生产要素的使用更需要合作，更依赖社会成员之间的信任，更需要广泛认同的社会伦理这一基础。为此，不少学者都强调，"经济人"不讲道德是走不了多远的。然而，在当今的社会现实中，信任培育还远不能令人满意。正如希尔斯指出的，现代社会根本不是藤尼斯意义上的"社会"，"它没有灵魂，没有爱，没有忠诚，只有自我至上，高度的非个人化，而且缺乏任何整合力量，只有利益和强制"。① 在很大程度上，这也正是当前社会危机的根源，相应地，通过道德和伦理的重塑就是当前对社会进行整合的基本途径。

尤其是，智力社会的秩序扩展依赖广泛认同的伦理，而市场经济的发展又导致伦理的衰落和解体，这就构成当今世界所面临的一个深刻课题。究其原因，智力社会的网络化趋势为伦理发展带来了双重影响：一方面，网络社会的来临对社会注入了新的道德内涵，社会伦理的建设成为至关重要的社会基础设施；另一方面，网络化社会中新的伦理建设又会遇到一系列的两难困境，从而对如何构建与网络社会相适应的伦理关系又提出了新课题。根本上，网络社会中伦理关系的核心就是重建信任机制，形成普遍的社会信任关系。郑伯埙就写道："从过去讲求价格机制的市场式组织，演变为讲求理性管理的科层式组织，再转变为介于市场与科层间的网络式组织，而网络式组织运作的基本机制，则为信任。"② 最后，在当今中国社会中进行伦理的培育和改造将面临着更为严峻的双重压力：1. 近代以来中国传统的伦理已经几乎丧失殆尽，而西方的那一套伦理规范又没有成功地移植过来，从而出现了严重的伦理缺位；2. 当前的社会经济环境在加速变化，西方本身的伦理

---

① ［美］希尔斯：《人际关系论》，载［美］米尔斯等著：《社会学与社会组织》，何维凌等译，浙江人民出版社 1986 年版。

② 郑伯埙：《企业组织中上下属的信任关系》，载郑也夫等著：《中国社会中的信任》，中国城市出版社 2003 年版，第 13 页。

关系也在不断变革，已经迷失于文化和伦理之中的中国更是不知何去何从。在这种情况下，正本必须清源，必须对中国的传统伦理、现实环境以及社会发展的特点有个系统的清晰梳理和认识，才能真正寻找到重塑社会伦理的切入点和重点。

跋

　　正文通过引入个体有限理性和人际异质性而对新古典经济学的人性假设做了稍许改变，由此就可以对那些为纯粹市场的有效性进行辩护的流行理论和原理提出严重拷问和挑战，进而也就深刻揭示了现代主流经济学所内含的逻辑缺陷。既然如此，为何流行的新古典自由主义经济学还如此盲从市场呢？这就涉及先验的政治信念和哲学思维问题。本书在最后的跋文中对此做一全面的梳理和剖析。

17. 唯理思维与市场崇拜之吊诡：

现代主流经济学的逻辑问题

导读：现代主流经济学存在着明显的内在紧张和背反：在理论上，它采用建构理性主义思维，致力于最优化的分析和制度，不仅由此推导出人类社会的完美均衡，而且还将这种社会存在合理化；在实践上，它却推崇演化理性主义，致力于社会自发秩序的探索和宣扬，不仅强调市场根本上具有开放性和不确定性，而且将对社会经济的任何干预都是违背自然正义的。现代经济学的理论特点源于：（一）西方社会根深蒂固的自然主义思维；（二）英国"古典"传统被启蒙运动所改造。相应地，现代经济学的实践主张则源于：（一）西方社会根深蒂固的个人主义意识形态；（二）对近现代政府干预造成的"理性自负"之反思。

一、引言

现代主流经济学存在明显的内在背反：（一）在理论上，它根基于建构理性主义思维，致力于最优化的分析和制度，不仅由此推导出人类社会的完美均衡，而且还将这种社会存在合理化；（二）在实践上，它推崇演化理性主义，致力于社会自发秩序的探索和宣扬，不仅强调市场根本上具有开放性和不确定性，而且将对社会经济的任何干预都视为是违背自然正义的。同时，这种悖论充分体现在同属新古典自由主义的经济学诸流派中：新古典经济学就热衷于理性建模，奥地利学派则崇尚自发市场秩序。为什么会出现这种悖论呢？这就需要从西方社会的自然主义认知思维及其对经济学演化的影响以及西方主流社会的意识形态中去把握：一方面，现代经济学理论上的分析思维是唯理主义的；另一方面，个人主义是西方社会尤其是启蒙运动后的根本意识形态。正因如此，无论是西方文化还是西方学术都有着内在的紧张，乃至出现不同派别和团体的对立。最后的跋文就此做一梳理和解析。

二、现代主流经济学的内在紧张概述

众所周知，西方社会的认知源于古希腊的自然哲学，原初的求知动机是出于好奇心而对自然世界展开的探索，从自然规律中发现了普遍主义的自然法和自然秩序，并把从自然世界中所得出的观念应用到对城邦和人类秩序的思考之中，从而形成了一种由外而内、由物而人、由自然而社会的思维路径；同时，西方社会将从对自然秩序的探究中获得的知性逐渐反思到人类社会中，由物性思考人性，由自然秩序思考社会秩序，从而产生了自然法、行为主义、社会进化论、社会有机体等理论。显然，正是出于对自然规律的探索以及对人类社会生活的思考，衍生出了人类最初的理性思维。

这种基于自然主义的理性思维大体可以追溯到古希腊和古罗马时代：首先，自古希腊以来，尊崇理性、张扬理性、发展理性的理性主义一直是西方知识界主导性和统摄性的思想潮流；其次，随着古希腊的理性精神在 12 世纪被西方社会挖掘出来，源自古希腊的自然主义一元观与源自希伯来的一神教宗教观相结合就形成了主导西方文化的基督教文明，它把自然规律上升为上帝意志的体现。正是由于将所有世界都归功为上帝的创造，因此，在研究人类的生活世界时，西方社会也就倾向于把从自然界中观察到的特征运用到人类社会中，并以上帝的旨意进行解释，从而就产生了先验的自然秩序和人性观。

正是根基于自然主义思维，西方社会的理性主义就不断朝肯定性理性方向发展：一方面，对人类能力的肯定，导致在经济理论的构建上具有深刻的建构性和唯理性；另一方面，对上帝秩序的肯定，导致对自然秩序的认知上具有强烈的解释性和辩护性。并且，尽管西方社会后来衍生出了演化理性主义和建构理性主义两大传统，但总体上，建构理性主义一直都占主导地位。同时，经过资本主义意识形态的宣扬，个人主义在西方政治哲学中也逐渐占据主导地位，它为个人自由、经济自由以及市场经济提供支持。显然，这两者同时嵌入在现代主流经济学之中，从而造成了现代主流经济学内在的逻辑紧张。

首先，理性主义传统深深地左右了自边际革命以降主流经济学的理论思维和学说，进而塑造出了现代经济学的基本形态和面目。[①] 熊彼特曾指出，"哲学领域内几乎没有一种观念不是从希腊流传下来的，而许多这些观念虽然与经济分析没有直接关系，却和分析家的一般态度与精神有着较大关系。"[②] 正是受这种思潮的影响，古典主义末期以降，主流经济学不仅将其研究对象转向了资源配置这一工程学内容，而且在研究思维上也快速走上了科学主义的技术化道路，这在边际革命时期的那些学者身上得到充分的体现。进而，正是由于经济学的研究对象具有强烈的物质性，源自古希腊的自然主义思维就逐渐渗透乃至全面支配了现代主流经济学，乃至深深地打上了建构理性主义特质。

其次，个人主义贯穿于西方文化的始终，并支配了现代西方政治哲学。事实上，西方文化有两大来源：古希腊的工具理性和希伯来文化中的价值理性。两者的共同特征就在于，都强调个人主义，关注人类对自然的支配和控制；相应地，这就导向了根基工具理性的经济人假设，进而产生由物性而入

---

① 朱富强：《现代主流经济学为何热衷于数理建模？兼析唯理主义在经济学中的渗透》，《贵州社会科学》2013 年第 1 期；载《新华文摘》2013 年第 8 期。

② ［美］熊彼特：《经济分析史》（第 1 卷），朱泱等译，商务印书馆 1991 年版，第 105 页。

人性的自然主义分析思路。自然主义思维及其派生的科学主义方法论一个基本特点就是强调研究的客观性，为此，它倾向于将社会行为主体抽象为不受环境影响的原子主义个体，从而便于使用严谨的数学逻辑和工具进行分析。在这种思维的指导下，当经济学帝国主义者将经济学的研究对象重新从物质领域拓展到其他社会领域时，他们也同样遵循个体主义和工具理性的分析逻辑，这就导致了经济人假设以及理性分析框架的泛滥。究其原因，自然主义思维强调研究的客观性，因而它也要求将人抽象为不受环境影响的原子式行为主体。正如莱斯指出的，"数学—物理学这样的自然科学，几个世纪以来已经成为西方文明中精确科学的'自明'的基础和模型。它的成就和方法论的巨大价值，和对于确定科学概念本身所带来的影响，要求对这种科学特别地提出关于科学的人的意义问题。"[①]

最后，建构主义的理性思维与个人主义的分析路径相结合，造成了现代主流经济学的内在紧张。具体悖论体现为：它所根基的建构主义理性思维必然在理论上主张和维护经济计划，但同时，它所根基的个人主义政治哲学导致在政策主张上又会极力反对政府对自发市场的干涉。这里从如下两方面做一说明。

一方面，唯理主义思维使得现代主流经济学朝数理化方向发展，热衷于构建一个个最优化的数理模型；同时，具有唯理色彩的个人主义也很容易地转化为集体主义，从而使得现代主流经济学可以为计划经济提供了理论支持。正如米塞斯所说的，"我们时代普遍接受的认识论学说并不承认，自然科学研究的事件领域和作为经济学与历史学研究对象的人类行动领域之间存在基本差别。人们充满了一些关于'统一科学'的混乱思想，这就是必须根据牛顿物理学研究质量与运动时所依据的方法来研究人类行为。根据这种所谓的研究人类问题的'实证'方法，他们计划建立'社会工程'，这种新

---

① ［加］莱斯：《自然的控制》，岳长龄等译，重庆出版社1993年版，第156页。

技术可以使未来有计划社会的'经济沙皇'能以一种工程师利用技术处理无生命的物质的方式来处理活生生的人。"① 在很大程度上，正是基于为新古典经济学提供理论基础的一般均衡模型，一些经济学家从中逻辑地导出经济计划乃至共产主义可行的结论，这正如瓦尔拉斯后继者帕累托、巴龙等所做的。

另一方面，唯理主义导出的经济计划以及相应的统制政策又是现代主流经济学人在政治立场和社会价值上所不可接受的。这源于两大原因：（一）古典主义末期以降尤其是随着边际革命的兴起，主流经济学人逐渐接受了自然和谐的假设并把资本主义制度视为既定合理存在；（二）20 世纪以降，一些中央计划经济国家的计划实践和集体主义运动造成了思想和自由的普遍丧失，这让西方经济学人对这种建构理性主义的后果产生了警觉和否定。特别是，进入了以信息为要素主体的后现代社会后，人们更深刻地发现，依靠建构理性所构建的法律规章等根本上无法解决信息社会中不断膨胀的内生交易成本问题。在很大程度上，正是过分强调工具理性和建构思维，导致了西方社会发展的不断动荡以及秩序扩展的中断。

三、建构理性对经济学的渗透

西方理性主义有两大传统：建构理性主义和演化理性主义。古希腊开出的这两种理性传统分别为欧洲大陆和英伦群岛上所承袭，并且在不同时期所处的地位也是此消彼长。有学者说，一部西方哲学史也就是理性主义占主导地位而不断演变发展的历史。② 显然，正是基于这两种理性主义的不同理解

① ［奥］米塞斯：《经济学的认识论问题》，梁小民译，经济科学出版社 2001 年版，英文版序言。

② 参见程恩富、胡乐明等：《经济学方法论：马克思、西方主流与多学科视角》，上海财经大学出版社 2002 年版，第 163 页。

和继承，形成了不同时空下的经济学流派，如早期英国经济学具有浓厚的演化主义特性，法国经济学则具有强烈的唯理主义色彩。不过，经过启蒙运动的洗礼，古希腊理性中的演化传统却逐渐湮没了，而复兴于法国的建构理性却得到偏盛，它导向了日趋极端的唯理主义，并直接影响到现代经济学的研究思维。关于这一点，我们可以从两方面加以理解。（一）理性本身是对中世纪对人性压抑的反动以及对古希腊的自然理性精神的回归，尤其是，对那些处于躁动状态中的社会大众来说，具有外在逻辑的唯理主义具有更强的鼓动性，从而更容易被接受和传播。因此，古希腊自然哲学中源于对自然征服的个体的、工具的和建构的理性思维就被从自然拓展到了人类社会，而这种由物性而入人性的分析思路显然与经济人假设及其分析框架相一致。（二）尽管当时英国在物质力量上已经处于了世界领先地位，但由于经验主义演化传统在表达上缺乏系统性，内容上也比较含混；因此，西方社会对英国制度的解释往往是法国式的：不仅法语成为当时学术争论的通用语言，源自英国的思想家也往往受到法国的影响。

特别是，到 19 世纪末，随着市场失灵问题在市场化进程中日益暴露，源自英国的古典自由主义就逐渐丧失了它原来的标记：政治上反对权威主义，经济上赞成市场活动；相反，英国内部源于培根和霍布斯的唯理主义传统逐渐得到挖掘，影响深广的边沁主义更是深受法国传统的影响。例如，梅因就指出，"边沁所暴露的显然是来自法国的谬见，有很多是来自经过法国变化的罗马假设，并且除非参照了罗马假设，这些诡辩是不容易理解的。"[①]在这种情势下，曾经对古希腊传统中演化理性主义的复兴做出很大贡献的撒克逊传统也就逐步向建构理性主义靠拢；相应地，"当英国自由党领袖们像借鉴英国传统那样借鉴法国传统时，两者传统最后完全混同。结果，在英国，正是信奉边沁哲学的激进主义者战胜了辉格党人，从而掩盖了两者之间

---

① ［英］梅因：《古代法》，沈景一译，商务印书馆 1959 年版，第 52—53 页。

的基本差别。"① 为此，哈耶克感慨道：近现代以来，"'理性'和'自然法'这两个术语的含义完全改变了。'理性'的含义原先包含着这样一种意思，即心智具有一种辨识或界分善恶的能力，也就是对何者符合业已确立的规则与何者不符合这些规则作出界分的能力；然而，它的意思后来却变了，仅意指一种从明确的前提中进行演绎并据此建构这种规则的能力。另一方面，自然法的观念也变成了一种'理性法'的观念，进而成了一种与它的愿意正好相反的观念"。② 正因为这种唯理主义的哲学背景以及经济学所研究对象的物质性，经济学一开始就承袭了古希腊的自然主义思维方式，并深深地打上了法国建构理性的特点。

一般地，现代经济学科的独立以及理论体系的建立可以追溯到斯密，而斯密之所以能够写出这样一部旷世巨著，一个重要原因在于，斯密在访问法国期间与重农学派的魁奈、杜尔阁等进行了亲密接触，重农学派的"自然秩序"概念深深地影响了他，从而启发他寻求人类社会中的万有引力。其实，比斯密稍早并作为其良师益友的休谟，也广泛地关注了对商业、货币、利息、外贸、税负和人口等问题，并提出了很多前瞻性的洞见，这些洞见通过通信和交谈的方式对斯密的学术发展和经济思想产生了重要影响。甚至有人指出，如果休谟自己也写一部经济学著作的话，也将反映斯密《国富论》中的几乎所有思想。但是，休谟却没有撰写出一部系统的经济学理论著作。为什么呢？根本性原因就在于，休谟与斯密所使用的研究方法具有较大差异：休谟选择的是经验主义道路，斯密则深受抽象与演绎的理性主义之影响，尽管间或也夹杂一些经验主义。事实上，尽管经验和历史对"明鉴"和反思起到积极的作用，但几乎没有一位奉行经验主义思维的经济学家曾经

---

① ［英］哈耶克：《自由宪章》，杨玉生等译，中国社会科学出版社 1999 年版，第82 页。

② ［英］哈耶克：《法律、立法与自由》（第 1 卷），邓正来等译，中国大百科全书出版社 2000 年版，第 21 页。

建立过系统的经济学理论，以后的历史学派学者也是如此。顾准就说过："唯理主义者往往都是大科学家。"① 同时，到了斯密时代，重农学派已经黯然失色，重商主义也已寿终正寝；在这种情况下，斯密独自构建的古典经济学就没有对手勘与匹敌，从而使得斯密在经济学界取得了尊崇无比的地位，进而也奠定了后来经济学研究的基本方向。这样，后来西方经济学界（无论是李嘉图影响下的英国学派还是萨伊领导下的法国学派）基本上都是对斯密经济学的继承，从而也就必然具有强烈的唯物主义和自然主义特性。

同时，整个西方的社会经济思维还深受罗马法的影响。正如熊彼特指出的，"直到十八世纪末期，大多数论述经济问题的作家，假如不是商人，就是僧侣或职业法学家；这两种类型的经济学家的学术训练大部分来自罗马法与宗教法规，所以有一条自然的渠道使得罗马法学家的概念、精神、甚至某些癖性，习气都一起进入了经济分析的领域。自然法则是这些概念中基本的一个。"② 但是，经过文艺复兴和启蒙运动的熏陶，自然法则中的理性主义而非演化主义逐渐占据主流，罗马法也就打上越来越深刻的理性烙印。一个明显的事实是，尽管洛克、休谟、斯密以及伯克等人都承袭了英国的演化主义传统，从而都强调人们基于自爱心的利益追求最终将导向公共利益的提高，但正如哈耶克指出的，"他们并不主张彻底的放任自流，实际上他们的论点也属于法国的理性主义传统，任何古典经济学都从来没有为之辩护过。"③ 因此，随着经济学研究对象的转变并日益注重纯理论的构建，经济学就越来越多地吸纳了自然主义的思维方式。这表现为：自李嘉图、萨伊、西尼尔以及穆勒之后，英国的古典经济学和新古典经济学加速走上了基于建构理性的唯理主义研究路径。所以，哈耶克说："甚至像'经济人'这一著

---

① 《顾准文集》，贵州人民出版社 1994 年版，第 349 页。

② ［美］熊彼特：《经济分析史》（第 1 卷），朱泱等译，商务印书馆 1991 年版，第112 页。

③ ［英］哈耶克：《自由宪章》，杨玉生等译，中国社会科学出版社 1999 年版，第93 页。

名提法也不属于原来意义上的英国进化传统。如果稍微夸张一点儿的话可以说，在那些英国哲学家看来，人在人性上是懒惰、懈怠、短视和浪费的，只有通过环境的压力，才能使其行为更节俭一些，并使其学会精心注意让手段适合于目的。'经济人'的提法及其他类似构想，与其说属于进化传统，不如说是属于理性主义，它们只是由年轻时期的穆勒引入古典国民经济学的。"①

　　尤其是，随着边际革命的兴起，经济学更是抛弃了对社会结构演进的关注，而局限于稀缺性资源的配置问题；相应地，经济学也逐渐转变为一门工程学，嵌入其中的自然主义倾向也就更为凸显。实际上，边际效用学派的早期先驱大多是欧洲大陆的，这包括德国的屠能、戈森和曼戈尔特等，法国的古诺、杜普伊特、詹金和瓦尔拉斯，奥地利的门格尔、维塞尔和庞巴维克等；至于英国的西尼尔、边沁和杰文斯等人，他们也几乎都受到了欧洲大陆思想的影响。最后，经过马歇尔的努力，终于构建出了一个相对成熟的经济学体系和分析框架，从此成为经济学的主流；在此框架下，经济学家试图像处理自然物一样配置社会资源，改造和设计社会制度，从而使得经济学的建构理性色彩日益浓厚。特别是，伴随着近代物理学、化学、天文学、地理学和生物学等自然科学的发展，社会科学领域也滋生出了实证主义思潮，并确立了以寻求确定性、准确性、验证性为基本目标的实证论思维方式；显然，这就进一步将理性数学化、工具化了，乃至经验证实原则也成为科学与非科学的划界标准。同时，第二次世界大战以后，经济学的实用主义倾向越来越明显，这导致这种偏重于实证的数量化倾向最终为主流经济学所吸纳，并在第二次世界大战之后的几十年内得到了极度的偏盛。这样，第二次世界大战之后，新古典经济学又发生了进一步的转换，嵌入其中的建构理性主义色彩也更为浓厚。

----

① ［英］哈耶克：《自由宪章》，杨玉生等译，中国社会科学出版社 1999 年版，第 **94** 页。

事实上，尽管现代主流经济学的名称"新古典宏观"似乎是继承了英国"古典"或"新古典"的传统，但实质上，其基本思维已经经受了法国唯理主义传统的改造，从而带有了强烈的建构理性特征。一般地，法国人基于笛卡儿建构理性主义传统而倾向于把构造深邃思想体系的任务交托给人类的头脑，而不是像英国的经验主义者那样依赖观察和经验。①

米洛夫斯基就指出，新古典经济理论具有很深的笛卡儿传统。② 例如，笛卡儿传统具有这样七大特征：（一）笛卡儿分析哲学要求科学是机械的、非人格的，并将发现的环境和证明的环境隔绝开来，而对科学家个人的思维过程极不关心，事实上也不关心科学家群体的思维过程；（二）把探究过程划分为"演绎"和"归纳"，把演绎过程当做一系列不相关联的逻辑陈述来分析，而在归纳的分析则缺乏可靠的归纳逻辑；（三）"逻辑"的含义被解释为数学公理化；（四）在科学哲学和科学史之间有一条不可跨越的鸿沟，科学永远是通过自身完成重组的，从而对历史并没有真正的需要；（五）哲学的作用是去规定和捍卫科学方法的那些正确规则，尽善尽美保证了科学工作的合法性；（六）精神和肉体的分离规定了我们对自己所思的了解要胜于对世界的了解，因而所有的实证都是为了减少个人的怀疑；（七）知识是完整地积累起来的，知识一旦获得就能够完整地传递给其他研究者。

相应地，现代经济学的"理性经济人"几乎在每一个方面都符合上述特点：（一）新古典经济学不关心经济行为人个体的世纪思维过程，而是服从于一种机械的、非人格的理性理想；（二）理性选择被分割为理性选择规则和独立给定的禀赋，并把前者的逻辑作为首要对象；（三）"逻辑"的含义被解释为数学公理化；（四）在新古典经济学与任何特定经济的历史之间有

① ［美］斯皮格尔：《经济思想的成长》（上、下），晏智杰等译，中国社会科学出版社1999年版，"导言"。

② ［美］米洛斯基（此书译为米洛夫斯基）：《制度主义经济学的哲学基础》，载［美］图尔主编：《进化经济学（第1卷）：制度思想的基础》，杨怡爽译，商务印书馆2011年版，第68—69页。

一条不可跨越的鸿沟，市场总被假定为有效率的；（五）新古典经济学所描述和捍卫的是市场组织的正确规则，尽善尽美保证了它的合法性；（六）精神—肉体的分离规定了我们对自己所思的了解胜于对世界的了解，从而必须用一种自给自足的个体精神评价程式来系统阐述经济理论；（七）资本积累被视为类似于知识的积累，是互不相关的单位的一种递增累积。

现代主流经济学的法国特性集中表现在，尽管依然使用新古典经济学所提供的供求分析思维，但其基本框架却是基于瓦尔拉斯的一般均衡。熊彼特就高度评价法国对经济学的贡献："要是只计算最高成就，我们似乎会倾向于把法国经济学摆在所有国家的首位。"① 熊彼特尤其赞颂瓦尔拉斯的成就："就纯理论而言，瓦尔拉斯在我心目中是所有经济学家中最伟大的一个；他的经济均衡体系其实就是把'革命的'创造性和古典的综合性统一起来，是经济学家所写的不亚于物理学成就的唯一著作。同它比起来，那个时期以及那个时期以外的大部分著作，无论其本身多么有价值，有多大主观创造性，看上去都好像一艘巨轮旁的一叶小舟，像是力不从心的拙劣尝试，想要领悟瓦尔拉斯发现的真理的某一方面。它是经济学想要取得严密科学或精密科学资格所走道路上的显著界标，现在虽然已经过时，仍不失我们时代许多最优秀著作的后盾。"② 正是基于法国的建构理性思维，现代主流经济学使用大量的数学工具，乃至整个经济学的研究几乎都被数理经济学取代。

而且，这种建构理性思维也为计划经济提供了理论基础。正如哈耶克指出的，"在过去100年里人类所掌握的运用自然力量的方式，对造成这样一种信念，即对社会力量的类似控制能力也会使人类的条件大为改观，毫无疑问起了极大的作用。根据某种独一无二的整体计划，采用工程技术的办法处

---

① ［美］熊彼特：《经济分析史》（第3卷），朱泱等译，商务印书馆1994年版，第135页。

② ［美］熊彼特：《经济分析史》（第3卷），朱泱等译，商务印书馆1994年版，第114页。

理一切形式的人类行为，将被证明也能在社会中取得像无数工程项目一样的成功——这种结论实在是太有道理了，它怎能不让为自然科学成就欢呼雀跃的大多数误入歧途呢？"[1] 在某种程度上讲，正是主流经济学内在的建构理性特征，促进了计划经济的蓬勃发展，而计划经济的勃兴又进一步导致了经济学走上了数理化的道路。譬如，1936 年丁伯根开发了包含 24 个方程的有关荷兰经济的宏观经济计量模型，1939 年又开发了第一个关于美国经济（1919—1932 年间）的包含 48 个方程的宏观计量系统，在第二次世界大战期间又为英国经济建立了一个小模型，这些模型借助统计分析测定反应系数和"前导和滞后"。再如，1955 年，克莱因与金德尔伯格共同构建了由 22 个方程组成的美国年度经济的"克莱因—金德尔伯格模型"，还试图把经济合作与发展组织国家、7 个经互会国家和其他发展中国家的模型联立起来，构成一个包含 5000 个方程的全球性宏观经济模型，以分析国际间的经济波动及其扩散，并预测国际贸易与资本动向。[2]

总之，现代主流经济学具有强烈的建构理性的唯理主义特质：（一）它秉承自然主义的分析思路热衷于一般均衡模型的构建和分析，大量的相关研究者也因此而获得了诺贝尔经济学奖，这种思维导向和学术激励也是大量的理工科进入经济学领域的原因；（二）它热衷于基于效率原则的功能分析，并以此为社会提供政策建议，试图如自然科学般地对社会领域进行改造或指导，而对市场效率的分析框架——帕累托改进——也是源于瓦尔拉斯的洛桑学派。因此，现代主流经济学的思维与其说是英国式的，不如说是法国式的，经济学已经实现了从具有相当演化特性的英国古典经济学向具有唯理主义的现代经济学的转化。当然，这一转化过程也经历了较长时期。按照汪丁

---

① ［英］哈耶克：《经济、科学与政治：哈耶克思想精粹》，冯克利译，江苏人民出版社 2000 年版，第 243 页。

② 参见程恩富、胡乐明等：《经济学方法论：马克思、西方主流与多学科视角》，上海财经大学出版社 2002 年版，第 295 页。

丁的看法，经济学在马歇尔之后理性主义运动经历了三个阶段：第一阶段从马歇尔《经济学原理》问世起至 20 世纪 50 年代萨缪尔森的《经济分析基础》止，此阶段是把马歇尔的局部均衡分析框架转化为特定目标函数的数学模型，从而构建了主流经济学在条件约束下极值求解的基本路径；第二阶段从 20 世纪 60 年代初到 80 年代末，此阶段阿罗等逐步构建了一般均衡的分析框架，并发展了动态均衡和最优化理论的分析；第三阶段从 20 世纪 90 年代开始，至今方兴未艾，此阶段通过博弈论的引入把自然主义理性引入到人与人的互动关系之中。①

四、现代经济学唯理化的原因

经济学的建构理性特质之所以日益隆盛，究其原因，现代社会科学的理论主要勃兴于启蒙运动以后，而启蒙运动的核心就是唤醒知识分子的理性；在这种情况下，理论家逐渐倾向于把理性视为人类实际行为的依据，或者希望基于建构理性发现社会的规律并用之指导人们的实践。正因如此，奥地利学派就对基于数学逻辑的均衡分析路径持强烈的怀疑态度，认为数学逻辑是功能的、侧重形式的而不能带来对基本经济联系的任何真正理解，因而数学化经济关系的努力是无用的；并且，奥地利学派还特别反对新古典经济学的数学均衡模型分析方法，对占据主流地位的新古典经济学大加批评，特别反对应用数学工具。② 与此同时，奥地利学派将分析主要着眼于对制度和非均衡条件的研究，他们仅仅把市场价格当做众多影响商品和服务交换的深层力量所产生的表面现象和附带现象，进而认为经济学就应该研究这些深层力量和本质原因；由此，奥地利学派发展出了一套独特的研究视角，关注于主观

---

① 汪丁丁：《"卢卡斯批判"以及批判的批判》，载《在经济学与哲学之间》，中国社会科学出版社 1996 年版，第 1—19 页。

② 王军：《现代奥地利经济学派研究》，中国经济出版社 2004 年版，第 3 页。

性、时间、不确定性、非均衡、自发过程、知识分散和协调的影响和作用等。不过，由于奥地利学派缺乏相应的工具为这些现象建立模型，从而被认为"科学性"不足，因而主流经济学还是在瓦尔拉斯模型基础上建立了新瓦尔拉斯的分析方法；而且，也正是基于自然神学的思维，源于英国的马歇尔理论范式也最终为新生的瓦尔拉斯范式所取代，以后的两代经济学家接受的教育都以瓦尔拉斯一般均衡作为当代经济学理论的核心。①

因此，尽管现代主流经济学强调市场对资源的自发配置作用，并由此认为主流经济学具有演进理性的特性；但是，其分析思维却是建构理性的，具有强烈的功能主义特点。这种特质体现在主流经济学的大量均衡增长模型中，而这些均衡增长模型又是以一般均衡为基础。例如，罗森伯格就指出，一般均衡理论没有经验性的内容，"经济的一般竞争性均衡是正规的政治哲学的一种"。② 这也意味着，现代主流经济学印有浓厚的先验的建构理性主义特性，并由此导向了两大分支——数理经济学和计量经济学。

一方面，就数理经济学而言。基于个人主义的先验思维，现代主流经济学先验地以经济人作为分析的前提假定，把一些源于自然界的原理视为社会科学领域不言自明的公理，并由此得出演绎的结论。韦伯就写道："为了获得规律——因为它确信这是科学应当追求的最高目标——它的出发点是这样一个事实，即我们总是直接地体验到人类行为之联系的实在性，因而——它认为——可以借助公理系统的自明性直接阐明人类行为的进展，并揭示其'规律'。但是，认识的惟一精密的形式，即对直观自明的规律的阐述，同时也是允许推论到不能直接观察事件的惟一形式。因此，至少对经济生活的基本现象来说，按照与精密自然科学的类比构思一个抽象的、从而是纯形式

---

① ［美］金迪斯、［美］鲍尔斯：《人类的趋社会性及其研究：一个超越经济学的经济分析》，浙江大学跨学科社会科学研究中心译，上海世纪出版集团2006年版，第119页。

② ［美］罗森伯格：《经济学是什么：如果它不是科学》，载［美］豪斯曼编：《经济学的哲学》，丁建峰译，世纪出版集团、上海人民出版社2007年版，第334—352页。

的命题的体系，是精神上把握生活多样性的惟一手段。……精密的经济学理论确认一种心理动机的影响。其他理论的任务则是以类似的方式在具有假定的有效性的命题中阐明其他一切动机。对于理论工作的结果——抽象的价格形成理论、利息理论、租金理论以及其他诸如此类的理论——来说，常常被以完全想像的方式，要求它们能够按照——据说——与物理学命题的类比使之用于给定的实在前提演绎出对生活现实有效的量上的确定的结果，因而也就是最严格意义上的规律，因为在目的给定的情况下，人的经济在手段方面是有明确'规定'的。"①

　　另一方面，就计量经济学而言。随着主流经济学将社会制度看成如自然秩序一样是先验和既定的，这又发展和壮大了功能主义的分析思路，它将既有的制度视为合理的存在，从而着重分析这种社会既存现状是如何形成的；因此，现代主流经济学强调基于经济现象的分析以及现象之间的功能联系，而这种分析的根本上只是对经济现象提供某种解释。当然，主流经济学的自然主义理性思维也要求对自然进行利用和改造，因而主流经济学并不满足于对现象的解释，而是试图在几个源于自然主义的公理基础上通过演绎分析发现社会经济规律，并借助于功能分析而为实践提供指导；同时，自然主义的前提就是可以后验地从历史资料研究中得出经验规律，② 因而分析事物之间功能联系的实证主义分析得到了畸形的发展，以致出现了没有实证就不是研究的声音。正因如此，现代主流经济学的教育片面强化了计量经济学课程，将之视为所有经济学专业必修的核心课程；尤其是，当前国内的经济学教育已经被异化成不再需要经济学基本理论的学习，更不需要进行思想的思辨，而只要接受较为系统的计量经济学的训练。究其原因，如果想要在主流经济

---

① ［德］韦伯：《社会科学方法论》，李秋零等译，中国人民大学出版社 1999 年版，第25—26 页。

② ［奥］米塞斯：《经济学的认识论问题》，梁小民译，经济科学出版社 2001 年版，第7 页。

学刊物上发表文章，只要寻找一些数据、然后使用某种计量工具进行处理就可以了。正因如此，现代经济学中各种功能主义的分析工具获得了长足的发展，各种模型、统计方法乃至程式化的分析软件不断涌现，从而进一步壮大了主流经济学分析中的工具理性。

事实上，功能主义的前驱是社会实证主义，而社会实证主义大体上源于19世纪的法国，其创立者是孔德。19世纪的法国社会革命和改革运动蓬勃发展，因而当时有越来越多的人相信，社会进步是可能的，而且，社会组织可以在理性原则的指导下获得重构。在孔德看来，人类行为主要不是受智识的制约而是受制于本能和情感，智识只是帮助我们选择达到目的的最好手段；同时，人类的目的又是本能的产物，其中，自我中心和关注自身的本能比社会性的或关注他人的本能更有力量。不过，孔德又认为，尽管自利的本能促使我们去工作、去获取知识并且相互合作，但利他的本能在智识力量的支持下最终将会取得优势，因为我们的人性相对于我们的兽性总是在不断上升。也即，孔德有关人类进化的观点表现为：（一）它是智识的力量胜过本能的力量；（二）它是关注他人的本能胜过关注自身的本能。而且，这种进化运动的根源在于社会中日渐强化的劳动分工，这种劳动分工本身就是社会有机体的不断增加的复杂性所致的结果；因此，政府的需要以及它的功能都可以从劳动分工的原则中推导出来，政府专门化的职能就是确保社会成员之间的协调和合作。为此，孔德在经验反思的基础上发展了一种实证哲学，这种实证哲学主张社会关系由政府来调节，因为政府是人的社会本能的产物，政府的主要任务就是维持和巩固社会有机体的平衡和稳定，并且，孔德还以此理论建立了基于等级的政治制度。

孔德之后，法国的涂尔干进一步发展了这种实证主义。涂尔干认为，社会分层主要缘起于人口密度的增加，虽然这些变化导致了压力，但共识的源泉可以在劳动分工中找到，劳动分工是体现社会团结的显著事实。在现代社会中，社会团结不再基于广泛分享的社会价值，而政府和法律需要履行两种非常重要的职能：（一）组织关于新秩序的"集体意识"；（二）发挥整合机制的作用。在英国，斯宾塞则发展了社会进化论，认为社会从同质状态向异质状态演化，工业社会是高度分层化的，其政府则表现出对权力之范围和扩散的限制；随着文明的演进，政府将逐渐衰落。后来，穆勒利用社会进化论的思想，架通了从自由放任主义到由政府进行社会调整的观念，进而又促使政治激进主义发展到经济社会主义。接下来，实证功能主义又为费边主义和新自由主义所继承，这些思想也逐渐反映到经济学中。

由韦伯夫妇创建的费边社信奉渐进主义的必然性，相信通过一种渐进的方式来完成的转型，社会主义终究能够得到实现。实际上，费边主义的根本理想就是社会主义目标。哈耶克说："马克思主义和费边主义的区别是，前者赞成革命，后者主张渐进。"① 因此，费边主义者们试图将功利主义和进化论的方法结合起来，以打造一种集体主义的意识形态。（一）费边主义者认为，边沁的理论没有提供一种根据来确定效用原则究竟是旨在最大化个人的幸福还是全体人民的幸福，因而将功利主义解释为支持社会团结的原则；（二）费边主义者从进化论者那里继承了一种实证科学精神以及认为社会进步遵循自然规律的观念，并对这些观念进行了调整以适应以社会团结为基础的法国社会实证主义。正因如此，费边主义者往往被称为社会工程学和"进化论理性主义"的先驱。费边主义者认为，社会是一种在功能上高度分化的社会，在其中，个人成为社会有机体的造物，同时也是这个有机体的组成部分，因而建立在民主制的基础上的国家必须承担协调社会秩序的职责；因此，为了在一种高度分化而又得到系统化协调的社会秩序中建立一个更有效率和更具备专业素质的政府，当务之急就是需要一批职业化的行政管理精英。

不过，费边模式的进化论理性主义也暴露了一种精英主义与平均主义之

---

① ［英］哈耶克：《自由宪章》，杨玉生等译，中国社会科学出版社 1999 年版，第396 页。

间的紧张。于是，后来以 1880—1914 年期间大量的干预性立法浪潮为背景
（这些立法许多是自由党政府的产物），又发展出了以霍布豪斯和格林为代
表的新自由主义。他们不仅反对经验主义，而且对功利主义也持批判态度，
从根本改变了自由主义政治思想传统中关于国家角色的观念，而发展出一套
远离功利主义的理性计算倾向的国家理论。他们认为，国家不仅充当保障物
质福利的一套工具，而且还是一种共同体和公民感的渊薮，一个表达所有阶
层所共享且为所有利益集团所承认的善恶标准的机构。譬如，格林认为，社
会不是孤立的原子的集合，而是一个为了实现共同目的而存在的有机体；因
此，他发展出一套关于公共福利和人类自由的理论，其基础是一种肯定性的
自由概念：自由是做某事或享有某物的实际能力，而不只是不存在外部约束
的状态。最后，在美国出现的以杜威、詹姆斯和皮尔斯为代表的实用主义哲
学，最终将实证主义转换为功能主义。实际上，实用主义就是实证主义和唯
心主义的中庸之道，是介于自由主义和社会主义之间的思想。在实用主义那
里，真实和有用合二为一，并强调理论只能在实践当中完成，哲学应当摈弃
抽象的形而上学，而投身于社会工程之中。

　　显然，传统的功能主义分析路径和新自由主义的思维在经济学领域也为
凯恩斯所继承和进一步发展。表现为：（一）凯恩斯大大推进了新自由主义思
想，摒弃了自亚当·斯密为代表的古典经济学到以马歇尔为代表的新古典经
济学关于市场机制自动调节能保证实现充分就业均衡的观点，并通过有效需
求理论而提出了通过国家干预、调节经济以求减少失业的政策主张；（二）凯
恩斯努力拓展经济学的功能性分析，而且建立其所谓的通论，凯恩斯刻意地
排斥历史主义和制度主义的学术遗产。不过，凯恩斯认为，首先需要解决的是
当时世界性的经济危机问题，从而并不注重理论逻辑的严密性。事实上，在凯
恩斯看来，"从长远来看，我们都死了。"为此，哈耶克就指出，"凯恩斯相信，
和遵守传统的抽象规则形成的世界相比，他通过计算一些可预见的后果，能够建
立起一个更加美好的世界。……'从长远来看我们终有一死'这种说法是一种

很典型的表白，即不愿意承认道德设计长远后果——我们无从体验的后果，对那些有长远目光的通过学习得到的规则，倾向于弃之如敝屣。"[1]

事实上，一方面，凯恩斯试图以非均衡分析来构成对新古典经济学范式的冲击，并且深深地怀疑数学在经济学中的应用，谴责经济学中的形式化取向；但另一方面，凯恩斯又继承了新古典经济学中注重量、主观心理和供求均衡的分析的研究方法。例如，凯恩斯以将"社会结构"及分配关系抽象掉而以三个心理规律作为其就业理论的基础，同时在对货币市场、产品市场、生产要素市场进行均衡分析的基础之上构建了一般就业理论。与此同时，瓦尔拉斯的微观经济学在希克斯、萨缪尔森的著作问世之后也于20世纪40年代被广泛接受，于是，新崛起的数理经济学家如汉森、萨缪尔森、哈罗德、希克斯等就充分利用了凯恩斯的这些思想而构建了一个数学的"凯恩斯主义"体系。正因如此，尽管凯恩斯反对古典和新古典主义传统中的一般均衡理论构建而注重心理因素，但他自己所宣称的"通论"却在新崛起的数理的瓦尔拉斯主义经济学家当中产生了极大反响。特别是，经过其弟子和信徒的希克斯和兰格等人的努力，两者进一步结合在一起，凯恩斯经济学被确立为作为瓦尔拉斯微观经济学之补充的一般宏观经济理论。

希克斯等看来，凯恩斯之所以不做均衡理论构建，并不是反对均衡的分析思路，而仅仅是没有时间来做均衡理论的构建，因而把凯恩斯的非均衡分析看成是他专注于为实践服务的现实结果。也正是在凯恩斯理论的基础之上，希克斯1937年在《凯恩斯先生与"古典学派"》一文中提出了影响广泛的IS—LM分析，解决了整个经济系统的利息率和产出的同时决定问题，"巧妙"地克服了所谓的凯恩斯体系在内在一致性方面的逻辑问题，并同时将过程分析、不确定性、"乐观情绪"以及其他非理性因素掩盖在两条似乎可确定的曲线之下，从而实现了凯恩斯理论的瓦尔拉斯式的延伸，将两种截

---

① ［英］哈耶克：《致命的自负》，冯克利等译，中国社会科学出版社2000年版，第62页。

然不同的体系——凯恩斯经济学和"古典经济学"——融为一体。同时，希克斯在 1939 年的《价值与资本》一书中还进一步试图把凯恩斯宏观经济理论建立在其精心阐发的瓦尔拉斯一般均衡论的微观基础之上。[1] 正是通过清除掉凯恩斯关于不确定性、预期和有机整体哲学的思想，凯恩斯的信徒们将凯恩斯经济学宏观经济学和瓦尔拉斯一般均衡体系终于结合到了一起，从而也使得凯恩斯主义经济学带上了深深的建构理性的特点。斯诺登等写道："凯恩斯的《通论》被嫁接到上升中的瓦尔拉斯研究传统中，而非衰落中的马歇尔研究传统中，尽管后者曾给凯恩斯以灵感。凯恩斯之后宏观经济学的主流发展为瓦尔拉斯研究传统中的一些流派所领导。非主流学派屈居一隅，其中后凯恩斯主义对马歇尔有着某种程度忠诚，而奥地利学派以门格尔为师祖。"[2]

总之，具有强烈功能主义色彩的现代主流经济学本质上是建构理性的，这种建构理性实际上是接受了法国经济学的思维逻辑，使得承袭英国新古典经济学的理论体系在社会运动的过程中得到了改造。而且，当凯恩斯主义经济学的"正宗"被转移到美国并形成势力强大的主流经济学之后，这种功能主义和建构理性的唯理主义传统也随之从英国移植到美国，甚至更为强盛。一方面，基于科学主义的发展路径，经济学通过大量运用数学而使得理论体系更为严密化。一个最为明显的例子是瓦尔拉斯的一般均衡论，该理论在 20 世纪 30 年代后经过希克斯、萨缪尔森、德布鲁、阿罗以及哈恩等人的发展已经形成了非常精致的模型，并广泛应用于社会的政策目的。另一方面，凯恩斯的宏观经济理论又经过库兹涅茨以及希克斯等人的阐释，演化出了一个国民经济核算体系，这种国民经济核算体系使人民能够估量经济活动

---

[1]　参见程恩富、胡乐明等：《经济学方法论：马克思、西方主流与多学科视角》，上海财经大学出版社 2002 年版，第 279 页。

[2]　[英] 斯诺登等：《现代宏观经济学指南：各思想流派比较研究引论》，苏剑等译，商务印书馆 1998 年版，第 497 页。

的水平，并为政府的政策提供了一个可靠的理论框架。同时，在此基础上，弗里希、丁伯根、克莱因、库普曼和里昂惕夫等人又发展起了一项重要的经济分析技术或学科——计量经济学，计量经济学使得经济学的建构理性特征更为明显。显然，正是由于这种建构理性的特征，凯恩斯的国家干预主义在第二次世界大战以后迅速转化为众多国家的经济计划的理论基础，也正是从这个角度上说，传统的社会主义经济学与凯恩斯主义具有非常强的相通性。

事实上，现代主流经济学的唯科学主义的方法的始祖可以一直追溯到孔德、圣西门、黑格尔以及笛卡儿，这导致对政府干预经济的鼓吹和经济计划的盛行。与此相应，基于市场的自生自发秩序就受到了压制，为此，哈耶克展开了持久的孤声呐喊。哈耶克认为，"不管是他（凯恩斯）还是他的学生，都不承认扩展秩序必须建立在长远的考虑上。"① 究其原因，这种唯理主义思维以自然主义的一元观来看待社会现象，断言一切社会事物都由必然的规律联结在一起，因而人类借助自身理性可以在科学的基础上有目的地调控社会的进程。正如雷斯曼指出的，"贯穿于经济学的世界观于物理学和化学的世界观一样，认为经济活动领域是根据人的才智可以掌握的自然规律在运转。"② 当然，不同人对经济学中的这种"自然规律"所涵盖的含义是不一样的，有的认为可以通过人的理性来设计出人为秩序来符合自然秩序，而经济学的任务就是要阐明这种客观的经济规律；另有些人则从自然界的和谐状态出发，强调在自由市场的支配下，个人通过劳动分工进行的合作可以达到社会的和谐状态。事实上，自然秩序之所以被视为是和谐的，源于自然物本身是没有感情反应的，其中 些事物消失而另一些生成都没有引发"抱怨"之声，从而往往得出"存在即合理"以及"存在即和谐"的命题。但

---

① ［英］哈耶克：《致命的自负》，冯克利等译，中国社会科学出版社 2000 年版，第 63 页。

② ［英］雷斯曼：《经济学家和资本主义为什么总是招来非议》，载秋风编译：《知识分子为什么反对市场》，吉林人民出版社 2003 年版，第 146—161 页。

是，任何社会个体都是具有感觉表达能力和自觉反抗能力的，因而社会冲突显而易见地就会表达出来，从而存在着不同的理解：或是和谐的，或是冲突的。但不管如此，现代主流经济学强调社会领域中"自然规律"的存在性，并努力去发现它，也就必然认为这种自然规律并不完全等同于社会呈现的现象，从而试图引导社会去遵循这些规律，甚至是创造自然规律合理运行的条件，因而必然具有强烈的建构理性主义的色彩。

五、市场崇拜与唯理主义思维之吊诡

在第二次世界大战后的很长一段时间内，基于建构理性主义的经济学理论对有效配置极度匮乏的物质资源发挥了积极的作用；但同时，建构理性在实践中也开始不断膨胀，最终导致乌托邦的出现和理性的自负。

（一）20世纪30年代的计划与市场论战

随着计划经济在苏联的建立以及向全世界范围的推行，在20世纪20—30年代就爆发了一场有关市场与计划的大争论。其背景是：一方面自由资本主义的缺陷在当时已经显而易见，另一方面苏联已经建立起了社会主义生产资料公有制的社会实践。当时争论的中心问题是：经济计划能否解决资源的有效配置和经济运行的效率问题，社会主义经济应该采取什么样的方式来运行？这构成不同哲学取向和研究思维的学者展开争论的中心问题。当时的争论双方是：以奥地利学派的米塞斯、哈耶克以及罗宾斯等为一方，否定计划经济的运行方式的有效性和合理性；以巴龙、泰勒、迪根森以及兰格等为另一方，对计划经济持赞同态度并从理论上提供支持。论战的最后结果是，暴露出门格尔开创的奥地利学派思维与新古典经济学思维之间及其对现实问题上的深刻分歧：计划经济的最强烈支持者是那些新古典主义经济学家，他们所做的只是将新古典经济学理论应用于计划的制度背景下；计划经济的最激烈反对者几乎都是奥地利学派学者，他们最终退回到门格尔的思想传统中汲取营养。

论战的挑起者是奥地利学派的米塞斯，他在1920年发表了《社会主义社会中的经济核算》一文，首先对社会主义运行的有效性提出质疑，从而引发了对社会主义的福利争论；接着，1922年又发表了《社会主义》和《人类行为：关于经济学的一篇论文》进一步扩展了他反对计划经济、支持自由放任的观点。米塞斯否定经济计划的可行性，其理由是，这种计划方式不能解决价值的合理计算和资源的合理配置问题。米塞斯的推理逻辑是：人们从事任何行为的目的都是为了实现自身利益的改善，这种欲望会转化为使效用最大化和利润最大化行为，而这种行为又会把稀缺性资源引向效率最高的用途中；因此，米塞斯承继维塞尔的思想，即使用公有制代替私有制，也不能根除需求、稀缺以及相应的合理计算问题。在米塞斯看来，借助市场价格帮助是进行合理价值计算的唯一途径，因为市场价格就是人们以能够获得满足的方式进行财产贸易的结果；同时，只有市场定价方式不仅用于制成品而且也用于所有中间品和生产要素的条件下，经济合理地使用可资获得的资源才成为可能。但在计划经济中，生产资料公有制解体了生产资料市场，以致生产资料的价值无法用货币表现出来，货币无法发挥显现生产资料稀缺性程度的作用，进而无法确定生产决策和投资的经济效率问题，也就必然无法实现资源的合理配置。米塞斯强调，"哪儿不存在自由市场，哪儿就不存在价格机制；不存在价格机制，也就不存在经济核算。"①

显然，米塞斯的挑战使得价格体系对"理性的经济核算"的必要性被结合到了瓦尔拉斯模型中，而这一观点已经遭到了帕累托的弟子巴龙等的反驳。巴龙在1908年的《集体主义国家的生产部》一文中就提出，在生产资料公有制条件下，中央计划机构可以通过联立方程的途径推算出计算价格，

---

① von Mises, *Economic Caculation in the Socialist Commonwealth*, Auburn：Ludwig von Mises Institute，1920（1990），pp. 110-111.

从而实现社会资源的合理配置；也就是说，私有企业经济和社会主义经济在分配上都可以用瓦尔拉斯方程组来描述，都可以应用同样的最优资源分配原理，都可以实现帕累托最优意义上的效率。在米塞斯的论点发表后，泰勒在1929年发表了《社会主义国家中的生产指导》一文，也证明了社会主义经济可以靠试错法来解决这个问题；迪根森1933年发表的《社会主义共同体中的价格构成》则进一步认为，计划当局可以容易地获得生产技术和个人偏好和禀赋，并通过一套瓦尔拉斯方程组获得求解。巴龙等人的回驳使得奥地利学派对社会主义的攻击退到"第二防线"，即不否认计划经济条件下有合理配置资源的理论的可能性，而是否定其在现实经济生活中的实际可能性。例如，米塞斯又进一步指出，没有生产资料市场必然失去对企业领导人的刺激，失去对领导人的评价标准；同时，国家任命的企业经理都是有着不同目的和抱负的官僚，他们在对待国家财产和对待私人财产的态度是不同的。尤其是，官僚们往往需要服从命令，这根本不同于在企业投机中冒着个人资本和名誉危险的企业经理人员，因而社会主义无法担负资本配置的功能和在一个动态背景中有效引导资源所必须的企业家的精神。

接着，哈耶克、罗宾斯等人也加入到论战之中，他们支持米塞斯的观点，从而启动了第二回合的论战。尤其是，哈耶克在1935年之后陆续发表系列文章来对经济计划进行以及社会主义经济的运行方式进行批判和攻击。他们所持的一个基本理由是，计划经济运用巴龙方程来定价需要具有收集和处理庞大信息的能力，但现实世界根本无法做到。例如，哈耶克强调，如果我们拥有所有相关信息，掌握有关可资使用的手段和资源的全部知识，并且能够从一个给定的偏好系统出发，那么资源的最佳使用就纯粹是一个逻辑问题，其答案也就隐含在上述假设之中；但现实社会所面对的经济问题是，经济计划必须运用的有关各种情势的知识，"从来就不是以一种集中的且整合的形式存在的，而仅仅是作为所有彼此独立的个人所掌握的不完全的而且还常常是相互矛盾的分散知识而存在的。"有鉴于此，哈耶克提出，"社会经济问题就不只是一个如何配置'给定'资源的问题……社会经济问题毋宁是这样一个问题，即人们如何才能够确使那些为每个社会成员所知道的资源得到最佳使用的问题，也就是如何才能够以最优的方式把那些资源用以实现各种惟有这些个人才知道其相对重要性的目的的问题。"①

那么，如何有效运用这些分散的知识呢？哈耶克认为，"这必须由那些熟悉这些特定情势的人——亦即那些直接了解相关变化以及即刻可以被用来应对这些变化的资源的人——做出最终的决策"，而"根本不能指望这个问题可以通过另一种方式得到解决：先把所有这样的知识都传递给某个中央机构，并在这个中央机构整合了所有这类知识以后再发布命令。"② 为此，哈耶克认为，市场机制在信息方面优于中央计划体制：1. 在市场机制下，许多市场参与者同时进行数量较小的多次计算，而在中央计划机制下则需要进行庞大的中心计算；2. 市场机制所需要的信息量小，而中央计划所需要传播的信息量则极为庞大。也就是说，哈耶克和罗宾斯等人开始从米塞斯所持的社会主义分配"不可能"命题中后退了，他们着重从实践而非理论对社会主义的经济计算能力进行了批驳。

不过，此时加入论战的兰格在 1936—1937 年连续两期发表了《社会主义经济理论》一文，对奥地利学派的观点尤其是哈耶克的社会主义计算能力问题做了系统地反驳。兰格承认，社会主义经济体制要做出资源配置的合理决定，就需要某种计算相对价值的方法；为此，兰格超越苏联的高度集中的计划体制，提出了一种计划模拟市场的经济运行模式。主要特点是：1. 存在真正的消费品市场，消费品价格自由涨落，消费者有选择商品的自由；2. 劳动者可以自由选择职业和劳动岗位；3. 不存在生产资料市场，即生产

---

① [英]哈耶克：《个人主义与经济秩序》，邓正来译，生活·读书·新知三联书店2003 年版，第 116—117 页。

② [英]哈耶克：《个人主义与经济秩序》，邓正来译，生活·读书·新知三联书店2003 年版，第 126 页。

资料的价格由中央计划部门规定，这种价格仅为会计价格，只具有计算作用。由此，兰格认为，社会主义经济中的均衡价格决定过程实际上非常类似于竞争市场中的价格形成过程，其中，中央计划部门也起到市场的调节作用，这包括规定组合生产要素一级选择一个工厂生产规模的规则、确定一个产业产量的规则、确定分配资源的规则以及在会计中将价格当做参数使用的规则。

同时，按照兰格的理解，在决定价格过程中，中央计划部门不需要不同商品价格的任何可能组合下产生的不同商品数量的完整清单，也不需要如哈耶克所预期的那样解几十万个甚至如罗宾斯设想的那样解几百万个方程；唯一需要求解的方程只是消费者和生产经理的那些方程，而这些工作恰如目前竞争市场中一样。在兰格看来，只要国有企业的经理人被要求进行真正的市场竞争，并在中央委员会规定的价格基础上最大化地获取利润，那么，计划经济就可以以真正市场上可以完成的方式从市场信息中获得隐藏（影子）价格，并利用这些信息在集中控制的公司中进行资源分配；即使中央委员会选择了错误的价格，但经过简单的试错过程也可以很快揭示出正确的价格。事实上，在兰格的方案中，并不要求计划当局根据有关技术、偏好和禀赋的具体指示去求解数量巨大的方程，而只需要通过瓦尔拉斯拍卖机制就可以找到真实资本市场的市场出清价格。这样，兰格等人的反驳为计划经济提供了进一步的理论基础，而这种理论基础又是源自新古典经济学。沃恩就指出，"20 世纪 30 年代社会主义经济学最强烈的支持者是那些新古典主义经济学家，他们做的也不过就是将那些传统经济学理论应用到另一个不同的制度背景下而已。"①

显然，经过两个回合的论战，仅仅就理论逻辑而言，社会主义者似乎取得了胜利。例如，德莱诺斯基说："现在每个人都同意，米塞斯关于社会主义

---

① ［美］沃恩：《奥地利学派经济学在美国——一个传统的迁入》，朱全红等译，浙江大学出版社 2008 年版，第 55 页。

经济计算在理论上不可能的主要观点是错误的。"① 甚至连熊彼特也认为，
"社会主义的纯逻辑性并无错误。"② 究其原因，如金蒂斯和鲍尔斯所说：
"（尽管）瓦尔拉斯模型经常被用来为私有制企业的市场经济作正当辩护。但
事实上，……这些理论也完全能够为财产的社会所有制和中央计划经济作辩
护"；究其原因，"价格并不一定要由市场作用或其他机制来制定。……一个
中央计划者可以担任瓦尔拉斯拍卖人角色，他可以制定出完全与经济效率兼
容的价格。"③ 事实上，米塞斯认为，社会主义制度下存在委托—代理间的激
励不相容问题，代理人往往不考虑委托人（计划当局）的利益，而私有产权
则可以极大地缓解这一委托—代理问题。④ 问题是，有什么理论能够证明市场
可以解决委托—代理问题，而计划经济却不能吗？要知道委托—代理中的委
托人和代理人都只是符号，既可以是市场主体也可以是计划当局。所以，当时
的奈特攻击米塞斯说，他错误地用市场理论来否定中央计划的可能性。⑤

　　在很大程度上，正是由于现代经济学中的建构理性为经济计划提供了理
论基础，因此，马歇尔声称赞成社会主义的最终目标，瓦尔拉斯则被尊称为
半社会主义者，庞巴维克被称为资产阶级的马克思，而维克塞尔则是资产阶
级的激进分子。熊彼特甚至认为，"正是'资产阶级'经济学家，在那个时
期提出了有关社会主义经济的合理理论；正是马歇尔、埃几沃斯和维克塞
尔，把自由与完全竞争可以使所有的人获得最大满足这一学说降到了无关痛

---

　　① Lavioe, D., *Rivalry and Central Planning*: *the Socialist Caculation Debate Reconsidered*, Cam-
bridge: Cambridge University Press. 1985, p. 4.
　　② ［英］熊彼特：《资本主义、社会主义与民主》，吴良健译，商务印书馆 1999 年版，
第 265 页。
　　③ ［美］金迪斯、［美］鲍尔斯：《走向统一的社会科学：来自桑塔费学派的看法》，浙
江大学跨学科社会科学研究中心译，上海世纪出版集团 2005 年版，第 116 页。
　　④ ［丹麦］福斯：《奥地利学派与现代经济学》，朱海就等译，中国社会科学出版社
2013 年版，第 102 页。
　　⑤ ［英］迈克尔·波兰尼：《社会、经济和哲学：波兰尼文选》，彭锋等译，商务印书馆
2006 年版，第 189 页。

痒的泛泛之谈的水平"，而且，"维塞尔、帕累托和巴龙这三位完全不赞同社会主义的领袖，创立了实质上是有关社会主义的经济理论，从而对社会主义学说做出了社会主义者自己也从未做出的贡献。"①

（二）理性模型建构与市场经济主张的分裂

经过这场大辩论，哈耶克等人开始反思计划经济赖以为理论和思维基础的瓦尔拉斯模型，认为以瓦尔拉斯术语来进行辩论是明显错误的。哈耶克指出，社会主义者似乎认为，一旦资源的价格确定了，生产就可以找到资源的最佳投入组合；但实际上，生产更多地依赖主观判断而非客观的模仿，未来的价格也完全是对世界未来各种状态的判断而没有客观的现状可循。既然如此，公司经理人员又以什么作为根据来进行判断呢？中央计划者又如何模拟市场调节这门知识的能力呢？显然，经济计划的支持者忽视了个体经济决策的细节，市场经济中人们决策所使用的恰恰是那些具体时间和具体地点下的具体知识。为此，哈耶克开始关注这样一系列的主题：经济生活中无处不在的变化、详细具体的知识的重要性，市场过程规范秩序的概念。哈耶克强调并把市场视为一个动态的竞争过程，正是竞争使得分散性知识得以传播和运用；但是，社会主义者的论点却基于新古典经济学的均衡思维，从而把市场协调的知识问题抽象掉了。

一般地，瓦尔拉斯模型建立在完全竞争的基础上，完全竞争也成为新古典经济学判断现实市场有效性的基准。但是，哈耶克强调，"完全竞争理论所讨论的东西，根本就没有理由被称之为'竞争'"，而且，"这种完全竞争理论多得出的结论在指导政策制定的方面也无甚作为。"② 究其原因，哈

---

① ［英］熊彼特：《经济分析史》（第3卷），朱泱等译，商务印书馆1994年版，第209、344页。

② ［英］哈耶克：《个人主义与经济秩序》，邓正来译，生活·读书·新知三联书店2003年版，第138页。

耶克认为，"在现代竞争理论所关注的那种竞争均衡的状态中，不同个人的基据被假设成彼此调试的，但是真正需要解释的问题却是这些基据彼此调试之过程的性质……（它）没有告诉我们那些条件据以产生的方式。"① 相应地，受哈耶克的影响，奥地利学派学者就开始反思瓦尔拉斯模型，并试图构造一个更为合理的奥地利学派分析基础来取代瓦尔拉斯模型。奥地利学派的反思集中在两大方面：1. 区分了两类市场：一是被理解为完全静态的一般均衡市场模型，二是被理解为动态企业家发生过程；2. 开始强调激励问题，即使社会主义计划在理论上是可行的，但社会主义公有制使得利润归于国家而不是个人，从而无法保证追求私利的个体有积极心自觉地去完成计划，以最有效的方法来获得稀缺资源。

在很大程度上，也正是源于这次计划争论，门格尔的思维精髓被哈耶克等人重新挖掘出来并获得了进一步的发展，从而就促使了奥地利学派的复兴。事实上，由于门格尔的早期门徒主要发展了其思想中近似于正在成型的新古典经济学所讨论的观点，而知识、无知、时间、过程等门格尔的真正创见却遭到了忽视；尤其是，随着马歇尔新古典经济学的确立，奥地利学派的后继者们为了加入更大的学术圈，就不得不用更多的新古典术语来发展奥地利观念。但是，经过这场大辩论，市场中的分散知识在决策中的重要性获得了认识，奥地利学派与新古典经济学对市场理解的深刻差异也得到了暴露。柯兹纳就写道："在米塞斯关于社会主义计算的论文发表以后的四分之一世纪里，发生的情况是原先作为大多数经济学家共识的单一而模糊的市场途径开始分解成两个分离的、截然不同而且聚焦明确的两个部分。一个组成部分被理解为完全静态的一般均衡市场模型；另一个组成部分被理解为动态企业家发现过程。"②

---

① ［英］哈耶克：《个人主义与经济秩序》，邓正来译，生活·读书·新知三联书店2003年版，第140页。

② ［美］柯兹纳：《市场过程的含义》，冯兴元等译，中国社会科学出版社2012年版，第109页。

为此，奥地利学派就对一般福利经济学提出了根本性批评：旨在论证政府干预之合理性的一般福利经济学所关注的是在假设所有有关偏好和生产技术之信息是已知和给定的条件下寻找可利用资源之最佳用途，经济问题在这里只是简单地运用正确的手段获取恰当的目标的数学问题，因而制定政策所要考虑也就是如何更好地处理社会所面临的静态经济问题。

事实上，无论是新古典主义经济学还是社会主义经济学，都假定能够完全了解市场中的所有问题。但真正的问题确在于：人们如何知道我们首先想到的是什么？① 市场上每个人都只有不完全的知识。哈耶克写道："帕累托和巴龙这两位学者以及许多其他论者只是做了这样两项工作：第一，陈述了合理配置资源所必须满足的那些条件；第二，指出了哪些条件在本质上是与竞争市场的均衡相通的。他们的工作与那种试图阐明人们在实践中如何才能发现可以满足那些条件的资源配置方法的努力截然不同。帕累托本人（巴龙继承了他的全部学说）根本就没有声称他已经解决了这个实际问题，而是明确否认了人们能够在没有市场帮助的情况下解决这个实际问题的可能性。"② 为此，从 20 世纪 30 年代末到 40 年代，哈耶克都在致力于构造一个更为合理的奥地利学派分析基础来取代瓦尔拉斯模型。

在哈耶克看来，具有与主流经济学中建构理性相通的社会主义仅仅是一些较为活跃的知识分子的思想，而不是一般大众的思想，更为真实的是社会实践。也就是说，尽管西方社会具有强烈的源于自然主义的先验理性和建构理性，但这往往仅仅停留在理论上，而在长期以来的实际生活中，人们还是以习俗为主。譬如，哈耶克就认为，古希腊人时期的斯多葛主义本质上反映的是个人自由理想，并通过罗马作家的作品而传到了近代。事实上，在哈耶

---

① ［美］沃恩：《奥地利学派经济学在美国——一个传统的迁入》，朱全红等译，浙江大学出版社 2008 年版，第 55 页。

② ［英］哈耶克：《个人主义与经济秩序》，邓正来译，生活·读书·新知三联书店 2003 年版，第 136 页。

克看来，在整个罗马帝国时期和中世纪时期人们的日常生活都是基于习俗的，在查士丁尼下令编撰法典之前，整个欧洲大陆流行的是一套高度个人主义的私法，法律更多地被看作是对政府权力的限制，而不是这种权力的行使。正因为如此，哈耶克将其后半生都用于追寻现实中的人们是如何行为的，他们的理性特质又是如何？在哈耶克看来，理性在人类事务中只具有相当小的作用，个人的行为基本上都是受习俗引导的，从而试图把建构理性主义的理论传统拉回到演进理性主义的实际传统中去。

所以，韦伯说："再也没有比起源于自然主义成见的理论与历史的混同更危险的了。这种混同所采取的形式，要么是相信那些理论的概念图像中记载下了历史现实的'真实'内容，即它的'本质'；要么把它们当作普罗克拉斯提斯之床来使用，历史在此被削足适履；要么把'理念'实体化为一种处在现象之流背后的'真正'现实，实体化在历史中起作用的实在'力量'。"① 这也正是哈耶克重建个人主义分析路径的根本原因。在哈耶克看来，真正的个人主义是反唯理主义的，其基本的认知思维是，"人类并不是一种具有极高理性和知性的存在，而是一种十分缺乏理性且极易犯错误的存在，而且人类所犯的具体错误也惟有在一种社会过程之中才能够纠正。"② 而波普则认为，休谟的怀疑论已使这种证实的理性主义完全破产，即使逻辑实证主义的概率主义也不能挽救它，因而试图通过赋予"理性主义"以新的含义来拯救理性主义，这就是"批判的理性主义"。正是基于建构理性内在的认识论狂妄，很早之前就有一些学者陆续对理性主义进行批判，从而促进了非理性主义的崛起。特别是，进入 20 世纪后，由于科学发展的负面社会效应日益显露，物质主义和工具理性主义的弊端导致了西方社会的精神危机，贬低理性和逻辑的力量，否认真理性知识，鼓吹信仰、意志、直觉乃至

---

① ［德］韦伯：《社会科学方法论》，李秋零等译，人民出版社 1999 年版，第 30 页。
② ［英］哈耶克：《个人主义与经济秩序》，邓正来译，生活·读书·新知三联书店 2003 年版，第 13 页。

本能的非理性主义思潮更是泛滥开来。在这种情况下，尼采、齐美尔、福柯、萨特、卢卡奇等现代哲学家都对此种理性主义展开了猛烈的批判，库恩和费耶阿本德的历史主义更是起到了"告别理性"的范式作用。①

正是对建构理性的不信任，以哈耶克为代表的奥地利学派经济学家就猛烈批判兰格等人提出的以计划模拟市场来制定价格、调节运行的思想。奥地利学派的理由是：中央进行计划的手段是有限的，而实际经济运行是复杂的，这使得中央计划部门无法完全代替市场的功能，进而也就难以真实模仿配置资源的市场机制。实际上，兰格也清楚知道，不解决计划手段问题而单凭靠中央计划部门对千百万种商品的试错，计划代替市场的运行模式就缺乏现实运用的价值。不过，20 世纪中开始逐渐出现电子计算机、控制论、信息论、系统工程、运筹学、投入—产出平衡理论等一系列新的科学技术和有关理论，同时，西方经济学积极吸取了这些新的科学知识并把它们运用到生产领域和大型组织管理当中，这样，西方经济学就进入了所谓的"精密科学阶段"。基于这一形势，兰格又转而积极吸收这些成果以为他的计划工作服务，他运用计量经济学在研究市场工程的政治经济学方面与经济统计学之间架起了桥梁，认为在社会主义计划经济的条件下，社会主义经济平衡计算、计量经济学、控制论和规划学这些学科的实际效果可以得到充分的发挥。在兰格看来，借助计算机的帮助，求解几千个方程是完全可能的，为所有的商品找出市场出清价格仅仅是几秒钟的事情，并且比市场本身需要的时间更少，从而经济周期可以通过迅速变动均衡价格而变得更短、更缓和。事实也确实如此，尽管社会主义的经济计划模式仍然遭到以哈耶克为代表的奥地利学派以及整个新古典宏观经济学诸学派的大力反对，但随着现代计算机技术的飞速发展和广泛运用，连自由主义的主将弗里德曼也不由得赞叹："45 年前一名熟练操作员用台式计算器需 3 个月，用当时最先进的大规模计算机需 40 个小时才能完成的一

① 参见程恩富、胡乐明等：《经济学方法论：马克思、西方主流与多学科视角》，上海财经大学出版社 2002 年版，第 167 页。

项多重回归分析，现在用电脑不到 30 秒钟即可完成了。"① 正因如此，数理化取向在西方主流经济学的理论中愈加强烈，建构理性特质更为强烈，但在实践中却仍然强调秩序的自发性。

六、现代主流经济学何以偏向市场

尽管现代主流经济学崇尚市场机制，但其思维却具有强烈的建构理性主义特质；这种建构理性的特质根源于西方社会的自然主义思维，并在 20 世纪下半叶普遍的国民经济计划化浪潮中得到急速的强化和巩固，即使在 20 世纪 80 年代以降主张国家干预主义的凯恩斯经济学已日益衰落后依然没有褪去。斯基德尔斯基就写道："持理性预期假说的经济学家一直很在意为维护市场的自由找到依据，然而，理性预期假说还是中央政府计划经济梦想的解决方案，回想一下 20 世纪 60 年代苏联数学家们设计出了庞大的线性规划，为的就是让他们的计划经济具有理性。理性预期假说的关键假设不是完全竞争，而是完全信息。如果当时苏联有能力集中现在在开放的市场随处可见的所有信息和计算力量，那么在技术上就没有理由指责苏联用理性预期假说推断的决策不具备理性。"② 同时，在很大程度上，正是基于对第二次世界大战后经济计划和国家干预所引发的问题之反动，新古典经济学重新取得了主流地位，它将经济政策转到市场机制上来；但是，新古典经济学中内在的理性思维本身就是对社会主义的延续，因而就内含了理论思维和政策主张间的悖论。斯蒂格利茨就写道："经济中的新古典模型在传播和延续市场社会主义思想方面起到了关键的作用。……如果说新古典模型（或者其前身）

---

① 李仁贵：《24 位诺贝尔奖大师解读经济学与人生》，经济日报出版社 2003 年版，第 26 页。

② ［英］斯基德尔斯基：《重新发现凯恩斯》，秦一琼译，机械工业出版社 2011 年版，第 35 页。

对经济本身的描述是正确的，那么市场社会主义确实有机会获得成功。由此看来，市场社会主义的失败，不仅使市场社会主义者的理想化为泡影，同时也对标准新古典模型提出了质疑。"① 在某种意义上，正是由于理论与实践之间存在一定的脱节，最终导致现代经济学也退化为一种脱离实际的逻辑游戏。

问题是，现代主流经济学何以从充满建构性的一般均衡理论中推导出重视市场机制的结论呢？根本上就在于其潜在的意识形态倾向。斯基德尔斯基就指出，"理性预期假说的演变还和美国梦的民主特点相关，代表着谋求自利的美国万众之意见的市场对民心的把握远远胜于政府，在美国，消费者即上帝。理性假说的追随者愿意强调理性诉求的民主性。大数规律告诉我们，群体人数越多，它的平均数就越能代表最优选择，政府是不可能去改善大众智慧的。"② 同样，罗森伯格指出，社会的基本常识表明，大量个体的自发行动将会引导社会走上社会混乱，正因如此，历史上很多先驱者都在尝试建立计划经济以选择一个最大限度地协调各方面利益的生产方案；但是，现代主流经济学还是费尽心力地构建一般均衡理论，关键就在于，一般均衡理论与西方的政治哲学——社会契约理论——是相通的。罗森伯格写道："给定契约论政治哲学所作的假定，即人们是理性的，在偏好上不是利他主义的，而且在给出一些关于信息、激励和稀缺方面不容否认的事实后，建立作为一个整体的分散的市场机制的社会由于这样计划机制的社会的认识并不难"；而且，"就公共商品而言，市场经济最引人注目之处似乎是在接受过剩或短缺的不可避免的事实之后，能在减轻过剩或短缺方面比否认这种不可避免性的计划经济要做的更好，即它不仅更经常地避免过剩和短缺，而且即使当它

---

① ［美］斯蒂格利茨：《社会主义向何处去：经济体制转型的理论与证据》，周立群等译，吉林人民出版社1998年版，第2页。

② ［英］斯基德尔斯基：《重新发现凯恩斯》，秦一琼译，机械工业出版社2011年版，第35页。

们出现时也会比较轻。市场经济尤其容易接受变革，它们能迅速引起市场变化。如果我们能证明：通过设计一种能最大限度地减轻过剩和短缺的方案，我们的简单的直接目标是利用这一方案，通过信息的集中搜集和理性计划来消除过剩和短缺，并且我们比过去做得更好，那么，我们将会给理性人采纳这一方案提供一个强有力的刺激。如果我们能表明，对于一个计划者，有太多消费者和生产者的信息要处理，也有太多消费者和生产者想隐瞒的信息，以至于过剩与短缺不可避免，而市场机制则利用了这两类关于信息的事实，那么，我们将不难使人们相信这种社会契约：市场是我们要走的路"，显然，"为什么经济学家会继续对一般均衡理论给予关注（了）。不是因为他们相信一般均衡理论在关于经济活动的描述性和预见性的精确说明方面会有所提高，而是因为他们相信它已经把市场作为一种社会体制加以接受的最佳契约论理由的一部分。"①

事实上，正是由于奥地利学派论证了嵌入在计划经济中的建构理性所潜含的灾难性的政治和经济后果，这种思维也就被吸收进新古典主义占支配地位的现代主流经济学中。为了防止"理性的自负"，现代主流经济学积极重新审视了自然主义思维：一方面，自然法是客观存在的，另一方面有限理性的人往往不能真正认知到自然法，从而也就无法设计出一个符合自然法的社会秩序。这样，现代主流经济学转向了自然主义的另一侧面——先验的个人主义，把个人主义视为先验的，不可动摇的分析基石。正是基于行为的个人主义的先验假设，现代主流经济学为其对市场机制的推崇提供了理论支持，并用普通的行为常识和历史演化来支持它的立场。在这种情况下，现代主流经济学所作的大胆假设就是"市场是有效率的"，基于市场交换最终能够达到帕累托状态，而关键是如何促进市场的完善；积极寻求的"小心求证"则是借助各种资料来论证政府失灵的必然性，因而政府的作用根本上是要受

① ［美］罗森伯格：《经济学理论的认知地位如何》，载［英］巴克豪斯编：《经济学方法论的新趋势》，张大宝等译，经济科学出版社 2000 年版，第 285—310 页。

到限制的。事实上，尽管新奥地利学派抛弃了新古典经济学中个人具有充分信息的假设，承认市场有很多缺陷，如垄断、不确定性和外部性等，但是，它依旧强烈支持自由市场和个人自由，捍卫市场在任一特定时点上有效配置资源的能力，强调市场作为发现和利用知识的机制。新奥地利学派甚至认为，政府干预几乎都是有害的，因为政府本身就是为特殊利益集团服务的；因此，奥地利学派除了继续说服其他经济学家、政治家和公众，使其相信自由放任是最好的政策外，已经无事可做了。显然，上述种种现象都反映出现代主流经济学存在理论和应用之间的悖论，进而也揭示出现代主流经济学本身内在着强烈的意识形态倾向。

也就是说，社会主义的经济计划模式之所以遭到以哈耶克为代表的奥地利学派以及整个新古典宏观经济学诸学派的大力反对，与其说是基于学理性的逻辑，不如说是出于政治和意识形态的立场。这一点为众多的学者所承认。例如，迈克尔·波兰尼就指出，"政府能直接满足经济理论的所有需求。政府计划的确能超越市场，包括税收过程、考虑社会成本及纠正市场的其他不完善之处。"同样，奈特等人对这个体系的反对意见"不是经济的而是政治的；它涉及对自由整体上的压制"。① 显然，这个观点也在哈耶克的《通往奴役之路》中做了有力的论证，他指出，"从总体上说，该国（俄国）的历程只是使得马克思主义的社会主义名声扫地。对社会主义的根本方法的普遍失望情绪来源于更为直接的体验"，这有三个基本因素，"首先，人们日益认识到，与私人企业制度相比，社会主义的生产组织方式不是具有更多的，而是具有更少的生产性；其次，人们还清楚地认识到，这一组织方式似乎并未带来一种人们所设想的更大的公正，而是意味着一种新的、专断的、比以往更不易摆脱的等级制度；再次，人们认识到，这一组织方式似乎意味着一种新的专制主义的出现，而不是所承诺的更大自由

---

① ［英］迈克尔·波兰尼：《社会、经济和哲学：波兰尼文选》，彭锋等译，商务印书馆2006年版，第189页。

的出现。"① 正是由于学理上无法驳倒经济计划，因而现代主流经济学就转
向从奥地利学派中吸取个人主义意识形态，并通过对理性的重新定义来为个
体的自主行为辩护。这样，现代主流经济学在实践上极力反对集体主义和国
家干预而推崇自发的市场主义，从而形成了理论思维上和政策主张上的不一
致性。

当然，在计划与市场的论战中，奥地利学派深入剖析了计划经济的理性
基础，进而引入了非均衡和演化理性的分析逻辑；相应地，这场辩论也促使
现代主流经济学重新去审视人类理性，其结果就是有限理性概念越来越多地
被引入到各种经济模型之中。不过，以一般均衡为基础的主流经济学根本上
还是唯理主义的，各种经济模型都建立理性行为的假说之上，有限理性往往
只不过是引入信息不充分以及偏好扩展这些次要假设。究其原因，经济学的
人性认知根植于西方传统文化之中，它将自然秩序和自然法视为先验的，人
们不但可以通过自身理性来认知它，而且还可以对各种因素的特点进行安排
或制定其明确的功能而更好地设计它。也正是基于这种自然主义的理解，形
成了现代主流经济学中强烈的建构理性主义思维，进而也就可以为经济计划
提供理论基础。然而，自建构理性应用社会实践而造成近代社会的动荡之
后，那些崇尚个人主义和自然秩序的学者获得了新的话语权，他们致力于重
新剖析人类与自然间的关系，从而进一步发掘和宣扬了早期的自然法和自然
秩序思想。这些自然派学者认为，人本身是"无知"的，没有能力认识自
然秩序的真谛，更没有能力设计出一个与自然秩序相符合的社会秩序。正基
于此，自然秩序和人为秩序就构成了西方古典主义对秩序认知的二分法，而
对两者关系的认知则决定了不同学者的基本思维和政策主张：高估人类理性
者认为人可以设计出符合自然秩序的理性，低估人类理性者则强调人只能顺

---

① ［英］哈耶克：《自由宪章》，杨玉笙等译，中国社会科学出版社 1999 年版，第
398 页。

应自然秩序。

不过，哈耶克进一步批评了这种秩序二元观，并指出在自然秩序和人类秩序之外所存在的一种自发秩序，其特点在于：独立于任何有目的的意图之外而又是在人类共同作用下形成。正是在人类的共同作用下，人类社会秩序就具有自生自发地不断演化和拓展的特征。也就是说，尽管这种自发秩序是人类作用的结果，却不是人类有计划设计的结果；进而，这种秩序实际上是把人类不断积累的知识凝结到生活经验和习惯之中，相应地，遵循这种秩序的行为也就是基于演化理性的而不是建构理性的。这样，自发秩序就被赋予了新的特质，并与基于建构理性的人为秩序相区别。所以，哈耶克说："人们会认为，自然界的秩序有一种令人赞赏和敬畏的含义，因此当把这个名称赋予一种我们往往并不喜欢的社会秩序时，我们可能有所顾虑。但是，拥有一个能够将这种秩序同人为的秩序区分开来的明确无误的概念，这一好处应当能够打消我们的顾虑。"① 显然，以哈耶克为代表的奥地利学派的哲学思维和政策主张已经逐渐渗透到主流经济学之中，进而成为现代主流经济学的一部分。但是，为了追求自然科学那样的科学性，数理出身的主流经济学人依旧热衷于在抽象假设和数理逻辑上构筑其理论，依旧热衷于构建静态而优美的均衡市场，而舍弃奥地利学派将市场作为竞争性发现过程的理解，进而就造成了理论与实践之间的紧张和冲突。

七、结语

作为现代主流经济学的两大重要分支，新古典经济学和奥地利学派都根基于西方社会的自然主义及其派生的肯定性理性思维之中。一方面，根植于对人类理性能力的肯定，新古典经济学的分析思维具有强烈的建构理性主义

---

① ［英］哈耶克：《经济、科学与政治：哈耶克思想精粹》，冯克利译，江苏人民出版社2000 年版，第 361 页。

特质，由此不仅将经济学引向数理化道路，而且还为经济计划提供理论基础；另一方面，根基于对现实世界的肯定，奥地利学派的分析思维则具有强烈的演化理性主义特质，它致力于对市场价格和竞争秩序的剖析和揭示，进而为自由市场制度提供理论基础。正因如此，现代主流的新古典自由主义经济学在理论逻辑与政策主张之间就呈现出了一种紧张和冲突关系：其理论是建立在唯理主义思维之上，而个人主义意识形态又提出市场至上的政策主张。而且，现代主流经济学的政策主张往往也就在两个极端之间来回转换：当自发社会秩序陷入内卷而导致市场经济出现问题是，建构主义理性就开始膨胀，进而导致制度设计和政府干预思潮的产生；当"理性的自负"充分暴露而市场经济运行平稳时，有效市场说又开始偏盛，进而出现对自然秩序和自由市场的盲从。

同时，尽管现代主流的新自由主义经济学鼓吹市场至上主义的政策主张，但它所依据的与其说是经济学的基本思维和原理，不如说是源于政治法律和社会哲学的个人主义和自由主义信念。事实上，数理工具本身是中性的，推崇市场经济的学者可以在一系列假设基础上来证明自由竞争市场的有效性，而主张经济计划人则可以运用它来构建集中管理模型；至于不同学者究竟如何来使用数理工具和逻辑，关键就在于它所持的先验信念。就此而言，自启蒙运动起，个人主义、个人自主、自由竞争以及自发市场就广为西方社会所接受，对这些信念的任何背离都成了政治不正确，这种政治正确信念也就构成了自由主义对社会问题进行分析的基本出发点。尤其是，法国大革命带来的动荡以及中央计划经济的失败又为这种政治正确信念提供了经验支持，乃至自由放任的市场经济学一直就占据主流地位。正是以这种大环境为基础，以哈耶克为代表的奥地利学派学者认为，基于建构理性思维的新古典经济学无视人类认识能力的有限性，妄图在貌似科学的基础上调控社会的发展，从而就对自由社会构成了威胁；同时，新古典经济学基于建构理性主义而热衷于对社会制度进行设计和改造，潜含的"理性自负"引发了近代社会的动荡和混乱。为此，哈耶克提出并批驳了"知识的狂妄"和"理性的自负"，并最终完成了从经济学分析到专注于法律和社会哲学的研究。哈耶克写道："理性最初被置于掌控一切的地位，但理性知识的增加必须被依靠一个过程，由于集体主义思想误解了这个过程，造成最后不得不以理性的灭亡为最终结局。"① 相应地，奥地利学派也转向自然主义的另一基本思维——先验的个人主义，把个人主义视为先验的、不可动摇的分析基石，从而为市场原教旨主义提供了更为坚实的理论支持。

正是基于这种个人主义的意识形态，正统经济学的理念和政策在 20 世纪 70 年代之后都迅速转向另一极端：极端地推崇市场机制，把市场视为脱嵌于社会结构而自制和自律的存在。进而，这些经济学人还在发展中国家和转型经济国家极力推行市场化、私有化和自由化的"三化"改革，但是，市场的无节制扩张反而带来了新的更为严重的社会经济问题。在苏联东欧剧变不久，约翰·罗默就写道："（20 世纪）30 年代期间，在兰格和哈耶克撰写有关市场社会主义著作的时候，苏联正在迅速思想工业化……哈耶克因此是从防御的立场去著述，而兰格也许已经深深感觉到，他的建议只是对一种必然的未来面貌的社会主义制度的微调。今天，胜负的格局已经翻转过来。然而 30 年代的社会主义赞成者和今天的资本主义赞成者所做的结论都过于仓促，因为我们只是在非常特殊的环境下才算充分理解市场的作用。"②

其实，卡尔·波兰尼就强调，市场社会中必须包含两种对立的力量：一是自由放任的动向以促使市场不断扩张，二是反向而生的保护主义以将市场扩张局限在一定方向。有鉴于此，在本书最后，我们再次重温卡尔·波兰尼的告诫："一般而言，进步是必须以社会变动的代价来换取的。如果变动的速度太快，社会就会在变动中瓦解。都铎王室及早期的斯图亚特王室调节制

---

① 转引自［德］帕普克：《知识问题及其影响：序》，载［德］G. 帕普克主编：《知识、自由与秩序》，黄冰源等译，中国社会科学出版社 2001 年版，第 12 页。

② ［美］罗默：《社会主义的未来》，余文烈等译，重庆出版社 1997 年版，第 2 页。

度变迁的速度使变迁成为可以忍受的，并且把其影响引导致较少破坏性的方向，因而把英国从像西班牙般的命运中挽救回来。但是其后却没有人将英国的人民从工业革命的冲击中挽救出来。这是人民已经盲目信仰自发性的进步，而且连当时最开明的人也像狂热教徒般追求社会之无止境及无节制的改变。这对人类生活的伪劣影响是难以形容的"；"虽然世界性的商品市场、世界性的资本市场及世界性的货币市场等组织在金本位制的推动下，为市场机制取得空前的冲力，但却同时产生另一个更深入的运动以对抗市场经济的危害性影响。社会保护自己以对抗自律性市场所具有的危害——这就是当代历史的特色。"①

---

① ［英］卡尔·波兰尼：《巨变：当代政治与经济的起源》，黄树民译，社会科学文献出版社 2013 年版，第 156、157 页。

责任编辑:曹　春　李琳娜

封面设计:汪　莹

图书在版编目(CIP)数据

真实市场的逻辑:市场主体的特性解析/朱富强 著. —北京:人民出版社,
　2020.6

ISBN 978 – 7 – 01 – 021547 – 1

Ⅰ.①真…　Ⅱ.①朱…　Ⅲ.①市场主体-研究　Ⅳ.①F014.3

中国版本图书馆 CIP 数据核字(2019)第 269063 号

真实市场的逻辑:市场主体的特性解析

ZHENSHI SHICHANG DE LUOJI SHICHANG ZHUTI DE TEXING JIEXI

朱富强　著

人民出版社 出版发行

(100706　北京市东城区隆福寺街 99 号)

北京汇林印务有限公司印刷　新华书店经销

2020 年 6 月第 1 版　2020 年 6 月北京第 1 次印刷
开本:710 毫米×1000 毫米 1/16　印张:28
字数:420 千字

ISBN 978 – 7 – 01　021547 – 1　定价:118.00 元

邮购地址 100706　北京市东城区隆福寺街 99 号
人民东方图书销售中心　电话 (010)65250042　65289539